In diesem Band sind die wichtigsten Veröffentlichungen gesammelt, in denen Jean-Paul Sartre Auskunft über sein Leben gibt – sein Leben, sein Werk, seine Zeit, die Entwicklung und die Wirkung seiner Ideen und seine Rolle in der Öffentlichkeit.

Nach dem brillanten autobiographischen Buch «Die Wörter», in dem er über seine Kindheit berichtet, hat Sartre sich über sein späteres Leben immer nur sporadisch geäußert. Er hat es in Aufsätzen über Freunde und Weggefährten getan und zuletzt, 1975, in einem überraschend ausführlichen und freimütigen Interview. So kommt den vorliegenden, hier erstmals vereinigten und teilweise erstmals in deutscher Übersetzung erscheinenden Texten große Bedeutung zu. Sie führen von der Jugend des Autors über die Jahre des Krieges, der Résistance und des illusionslosen Neubeginns in der Nachkriegszeit bis in die Gegenwart, die einerseits vom direkten politischen Engagement mit der Jugend des Mai 68 und andererseits von den Beschwernissen des Alters geprägt ist.

Jean-Paul Sartre wurde am 21. Juni 1905 in Paris geboren. Mit seinem 1943 erschienenen philosophischen Hauptwerk *Das Sein und das Nichts* wurde er zum wichtigsten Vertreter des Existentialismus und zu einem der einflußreichsten Denker der ersten Hälfte des 20. Jahrhunderts. Darüber hinaus machten ihn seine Theaterstücke, Romane, Erzählungen und Essays weltbekannt. Durch sein bedingungsloses humanitäres Engagement, besonders im französischen Algerien-Krieg und im amerikanischen Vietnam-Krieg, wurde er zu einer Art Weltgewissen. 1964 lehnte er die Annahme des Nobelpreises für Literatur ab. Jean-Paul Sartre starb am 15. April 1980 in Paris.

Jean-Paul Sartre

Gesammelte Werke
in Einzelausgaben

In Zusammenarbeit mit dem Autor
herausgegeben von Traugott König

Autobiographische Schriften
Band 2

Romane und Erzählungen
Theaterstücke und Drehbücher
Philosophische Schriften
Schriften zur Literatur
Schriften zu Theater und Film
Schriften zur bildenden Kunst und Musik
Politische Schriften
Autobiographische Schriften
Reisen

Jean-Paul Sartre

Sartre über Sartre

Aufsätze und Interviews
1940–1976

Herausgegeben
und mit einem Nachwort
von Traugott König

Übersetzt
von Gilbert Strasmann,
Edmond Lutrand,
Hans-Heinz Holz,
Annette Lallemand,
Leonhard Alfes, Peter Aschner

Rowohlt

Quellennachweis
zu den in diesem Band enthaltenen Texten
siehe Seite 249 f
Umschlagentwurf Werner Rebhuhn

1.–18. Tausend   August 1977
19.–22. Tausend   Juni 1980

Deutsche Erstausgabe
Veröffentlicht im Rowohlt Taschenbuch Verlag GmbH,
Reinbek bei Hamburg, August 1977
Copyright © 1977 by Rowohlt Taschenbuch Verlag GmbH,
Reinbek bei Hamburg
Für die französischen Originaltexte
© Éditions Gallimard, Paris, 1964, 1970, 1972, 1976.
Weitere Angaben siehe Seite 247 f.
Für das «Playboy»-Interview Copyright © 1965 by Playboy
Alle deutschen Rechte vorbehalten
Satz Aldus (Linotron 505 C)
Gesamtherstellung Clausen & Bosse, Leck
Printed in Germany
680-ISBN 3 499 14040 3

Inhalt

«Was brauchen wir eine Kassandra?»*
Über Paul Nizan

I

Valéry trat eines Tages gelangweilt ans Fenster und fragte, den Blick in der Transparenz einer Scheibe verloren: «Das Mittel, einen Menschen zu verbergen?» Gide war anwesend: verblüfft von diesem gesuchten Lakonismus, schwieg er. Dabei fehlte es nicht an Antworten: alle Mittel sind tauglich, von Armut und Hunger bis zu offiziellen Diners, vom Zuchthaus bis zur Académie. Aber diese beiden allzu berühmten Bourgeois waren sehr von sich eingenommen: Tag für Tag putzten sie öffentlich ihre Zwillingsseelen und glaubten sich in ihrer nackten Wahrheit zu enthüllen; als sie lange Zeit darauf starben, der eine griesgrämig, der andere zufrieden, beide in Unwissenheit, hatten sie die junge Stimme nicht einmal gehört, die für uns alle, ihre Großneffen, rief: «Wo hat sich der Mensch verborgen? Wir ersticken; von Kindheit an werden wir verstümmelt: es gibt nur Monstren!»

Es wäre zu wenig, wenn man sagte, derjenige, der so unsere wirkliche Situation brandmarkte, habe darunter gelitten: zu seinen Lebzeiten war er stündlich in Gefahr, in die Irre zu gehen; nach seinem Tode drohte ihm etwas noch Schlimmeres: um ihn für seine Klarsichtigkeit zu strafen, trachtete eine Verschwörung von Krüppeln danach, ihn verschwinden zu lassen.

Er war seit zwölf Jahren in der Kommunistischen Partei, als er im September 1939 seinen Austritt erklärte. Das war das unsühnbare Vergehen, die Sünde der Verzweiflung, die der Gott der Christen mit Verdammnis bestraft. Die Kommunisten glauben nicht an die Hölle: sie glauben an das Nichts. Sie beschlossen, den Genossen Nizan zu vernichten. Inzwischen hatte ihn eine Kugel im Genick getroffen, aber diese Liquidierung stellte niemanden zufrieden: es genügte nicht, daß er aufgehört hatte zu leben, er hätte überhaupt nicht existieren dürfen. Man überredete seine Bekannten, daß sie ihn nicht wirklich gekannt hatten; er war ein Verräter, er hatte sich verkauft; er bezog Geld vom Innenmini-

---

* Diesen Text schrieb Jean-Paul Sartre als Vorwort für die Neuauflage des Buches *Aden Arabie* von Paul Nizan, die 1960 bei François Maspero, Paris, erschien.

sterium, und man hatte dort Quittungen gefunden, die seine Unterschrift trugen. Ein Genosse machte sich zum wohlwollenden Exegeten der Arbeiten, die er hinterlassen hatte: er entdeckte darin den inneren Zwang zum Verrat: woher sollte, sagte dieser Philosoph, ein Autor, der in seinen Romanen Spitzel auftreten läßt, deren Gewohnheiten kennen, wenn nicht daher, daß er selbst Spitzeldienste leistete? Ein schwerwiegendes Argument, wie man sieht, aber ein gefährliches: der Exeget ist nämlich selber zum Verräter geworden; soeben hat man ihn ausgeschlossen; soll man ihm einen Vorwurf daraus machen, daß er seine eigenen Obsessionen auf sein Opfer übertragen hat? Auf jeden Fall war das Manöver erfolgreich: die verdächtigen Bücher verschwanden; man schüchterte die Verleger ein, die sie in ihren Kellern verschimmeln ließen, und die Leser, die nicht mehr nach ihnen zu fragen wagten. Diese Saat des Schweigens würde aufgehen; binnen zehn Jahren würde sie die radikalste Negation hervorbringen: dieser Tote würde aus der Geschichte verschwinden, sein Name würde zu Staub zerfallen, man würde die Tatsache seiner Geburt aus der gemeinsamen Vergangenheit streichen.

Sie mußten es schaffen: eine nächtliche Grabschändung auf einem schlecht bewachten Friedhof ist nur ein Kinderspiel; wenn sie die erste Runde verloren haben, so deshalb, weil sie uns unterschätzten. Geblendet durch Trauer und Ruhm, betrachteten die Intellektuellen der Partei sich als einen Ritterorden, sie nannten sich untereinander die «permanenten Helden unserer Epoche», und um dieselbe Zeit war es, glaube ich, daß einer meiner ehemaligen Schüler mir mit milder Ironie sagte: «Sehen Sie, wir kommunistischen Intellektuellen leiden an einem Überlegenheitskomplex!» Mit einem Wort, Untermenschen, die sich ihres Untermenschentums nicht bewußt waren. Folglich trieben sie ihren Hochmut so weit, ihre Verleumdungen an Nizans besten Freunden zu erproben: ein Test sozusagen. Das Ergebnis war eindeutig: öffentlich aufgefordert, den Beweis für ihre Behauptungen anzutreten, zogen sie sich aus der Affäre mit dem Vorwurf, wir schenkten ihnen kein Vertrauen und seien wirklich nicht nett zu ihnen.

Die zweite Runde haben *wir* verloren: in Verwirrung bringen ist nichts; wir mußten überzeugen, unseren Vorteil ausnutzen, dem Feind den Rückzug abschneiden. Unser Sieg machte uns angst: wir konnten sie im Grunde gut leiden, diese ungerechten Soldaten der Gerechtigkeit; irgend jemand sagte: «Lassen wir es gut sein, sonst werden sie noch böse.» Wir hörten nichts mehr von der Geschichte, aber innerhalb der KP machte sie heimlich die Runde, und die neuen Mitglieder in Bergerac, in Mazamet hörten ungerührt, aber ohne den Schatten eines Zweifels von den längst vergangenen Schandtaten eines Unbekannten namens Nizan.

Wenn ich darüber nachdenke, kommt mir unsere Sorglosigkeit verdächtig vor; daß wir aufrichtig geglaubt haben, der Mensch sei rehabilitiert, gebe ich äußerstenfalls zu. Aber das Werk? Ist es entschuldbar, daß wir nichts unternommen haben, um es vor der Vergessenheit zu bewahren? Es hatte mißfallen wollen: das ist sein größtes Verdienst; und ich bin heute sicher, daß es uns mißfiel. Allerdings muß ich daran erinnern, daß wir neue, schöne Seelen erworben hatten: so schön, daß ich noch jetzt darüber erröte. Die Nation will nichts verlorengehen lassen; sie beschloß, uns die unersättlichen und leeren Lagunen anzuvertrauen, mit denen sie nichts anfangen konnte: die nur vom Tod beendeten Schmerzen, die unbefriedigten Forderungen der Hingeschiedenen, kurz, alles, was nicht wiedergutzumachen war. Man übertrug auf unsere Häupter die Verdienste dieser Märtyrer, man dekorierte uns bei Lebzeiten postum. Tote ehrenhalber also: alle Welt flüsterte, wir seien Gerechte; lächelnd, leichtfertig, düster hielten wir diese edle Leere für eine Fülle und versteckten unseren unvergleichlichen Aufstieg hinter der Schlichtheit unserer Manieren. Die Tugend wurde, neben dem Whisky, unser Hauptvergnügen. Befreundet mit jedermann! Der Feind hatte die Klassen erfunden, um uns zugrunde zu richten: geschlagen, nahm er sie mit sich fort. Arbeiter, Bürger, Bauern fühlten sich eins in der heiligen Liebe zum Vaterland. In den maßgebenden Kreisen glaubte man zu wissen, daß die Opferbereitschaft sich in bar bezahlt mache, daß das Verbrechen sich nicht auszahle, daß das Schlimmste niemals feststehe und daß der Fortschritt der Moral die Technik fördere. Wir bewiesen schon durch unsere Existenz und durch unseren Dünkel, daß die Bösen stets bestraft und die Guten stets belohnt werden. Ruhmreich und versöhnt, war die Linke in die starre Agonie gefallen, die sie dreizehn Jahre später unter kriegerischem Fanfarengeschmetter ins Grab bringen sollte, und wir armen Dummköpfe fanden, sie sei gesund. Soldaten und Politiker aus England und Algerien zertraten unter unseren Augen die Résistance, verwässerten die Revolution, und wir schrieben in den Zeitungen, in unseren Büchern, daß alles zum besten stehe: die erlesene Essenz dieser vernichteten Bewegungen war in unsere Seelen übergegangen.

Nizan war ein Spielverderber. Er rief zu den Waffen, rief zum Haß auf: Klasse gegen Klasse; mit einem ausdauernden, tödlichen Feind kann man keine Vergleiche schließen; töten oder getötet werden: kein Mittelweg. Und niemals schlafen. Mit charmanter Unverschämtheit hatte er sein Leben lang, den Blick auf die Fingernägel gesenkt, wiederholt: glaubt nicht an den Weihnachtsmann. Er war tot, der Krieg war soeben zu Ende gegangen: in alle französischen Kamine wurden Schuhe und Stiefel gestellt, und der Weihnachtsmann füllte sie mit amerikanischen Konserven. Ich bin sicher, daß diejenigen, die damals in *Aden*, in *Antoine Bloyé* blätterten, die Lektüre bald mitleidig abbrachen: «Vorkriegsliteratur;

11

einseitig und entschieden veraltet.» Was brauchen wir eine Kassandra? Wenn er noch am Leben wäre, dachten wir, hätte er unsere neue Subtilität geteilt, oder, was dasselbe sagt, unsere Kompromisse. Was hatte ihm seine leidenschaftliche Reinheit bewahrt? Eine verirrte Kugel, nichts anderes; kein Grund, sich zu rühmen. Dieser niederträchtige Tote lachte sich im stillen einen Ast: er hatte in seinen Büchern geschrieben, ein französischer Bourgeois über vierzig sei nur noch ein Gerippe. Und dann hatte er sich davongemacht. Mit fünfunddreißig Jahren. Jetzt liefen wir, seine Mitschüler, seine Genossen, aufgetrieben von der Blähung, die wir unsere Seele nannten, auf den öffentlichen Plätzen herum und verteilten an all und jeden unsere Lamourette-Küsse[1]. Und wir waren vierzig Jahre alt. Die Unschuld zu beschützen war unser Geschäft; als Gerechte sprachen wir Recht. Aber wir ließen *Aden* in den Händen der Kommunisten, weil wir diejenigen verabscheuten, die unsere Verdienste leugneten.

Nach dem Gesetz ist ein solches Verhalten strafbar: Verweigerung der Hilfeleistung für einen Menschen in Gefahr. Wenn wir diesen Kollegen nicht moralisch liquidiert haben, so deshalb, weil uns die Mittel dazu fehlten. Die Rehabilitation war eine Farce. «Du quasselst, du quasselst, das ist alles, was du kannst.»[2] Wir quasselten: unsere schöne Seele, das war der Tod der anderen; unsere Tugenden, das war unsere völlige Ohnmacht. Tatsächlich wäre es Sache der Jugend gewesen, den Schriftsteller Nizan wieder zum Leben zu erwecken. Aber die jungen Leute von damals – heute vierzigjährige Gerippe – dachten nicht daran. Was bedeutete ihnen, die gerade einer Epidemie entronnen waren, jenes endemische Übel, der bürgerliche Tod? Nizan verlangte von ihnen, daß sie in sich selbst zurückkehrten, als sie glaubten, endlich aus sich herausgehen zu können. Oh, natürlich, sie würden sterben. Sokrates ist sterblich, Madame liegt im Sterben, Madame ist tot: man hatte sie auf der Schule berühmte Texte auswendig lernen lassen, *Le Lac*[3], eine Predigt von Bossuet. Aber alles zu seiner Zeit: und jetzt wollten sie leben, da sie fünf Jahre lang geglaubt hatten, sterben zu müssen. Als Jugendliche waren sie von der Niederlage betäubt worden: sie waren niedergeschlagen, daß sie niemanden mehr respektieren konnten, weder ihre Väter noch die beste Armee der Welt, die sich getrollt hatte, ohne zu kämpfen. Die Besten hatten sich der Partei ergeben, die ihnen alles wiedergegeben hatte: eine

1 Adrien Lamourette hielt am 7. Juli 1792 in der Gesetzgebenden Nationalversammlung eine zur Eintracht zwischen der Linken und der Rechten mahnende Rede, die so überzeugend wirkte, daß die politischen Gegner einander umarmten. Die Eintracht dauerte aber nur bis zum Abend desselben Tages. (Anm. d. Übers.)

2 Anspielung auf den Papagei aus *Zazie in der Métro* von Raymond Queneau. (Anm. d. Übers.)

3 Gedicht von Alphonse de Lamartine. (Anm. d. Übers.)

Familie, eine Ordensregel, einen friedlichen Chauvinismus und ein Ansehen. Kurz nach dem Krieg geriet jene Jugend außer sich vor Stolz und Demut; sie fand ihr Vergnügen in einem leidenschaftlichen Gehorsam; ich habe gesagt, daß sie uns allesamt verachtete: aus Kompensationsbedürfnis. Sie kniff die Zukunft, bis sie blutete, um sie zum Singen zu zwingen; man kann sich vorstellen, daß das schreckenerregende Geschrei dieser aufgescheuchten Vögel die dünne, eisige Stimme Nizans übertönte, die zukunftslose Stimme des Todes und der Ewigkeit. Andere Jugendliche befreiten sich in Tanzkellern sacht von dem Druck, der auf ihnen lastete: sie tanzten, sie liebten, sie besuchten einander, und bei umschichtigen *Potlatch*-Orgien[1] warfen sie die Möbel ihrer Eltern aus den Fenstern: kurz, sie taten alles, was ein junger Mensch tun kann. Einige lasen sogar. Natürlich waren sie ohne Hoffnung. Alle. Die Hoffnungslosigkeit war Mode. Sie bezog sich auf alles außer auf das harte Vergnügen, ohne Hoffnung zu sein. Außer auf das Leben. Nach fünf Jahren taute ihre Zukunft auf: sie hatten Pläne, die treuherzige Hoffnung, die Literatur durch die Hoffnungslosigkeit zu erneuern, den Überdruß an großen Weltreisen kennenzulernen, die unerträgliche Langeweile des Geldverdienens oder des Verführens von Frauen, oder ganz einfach ein verzweifelter Apotheker oder Zahnarzt zu werden und es eine lange, eine sehr lange Zeit zu bleiben, ohne ein anderes Unbehagen als das am menschlichen Geschick ganz allgemein. Wie fröhlich sie waren! Nizan hatte ihnen nichts zu sagen: er sprach kaum vom menschlichen Geschick im allgemeinen, häufig von sozialen Angelegenheiten und von den Formen unserer Selbstentfremdung; ihm waren eher der Schrecken und die Bitterkeit vertraut als der Rausch der Hoffnungslosigkeit; an den jungen Bourgeois, mit denen er verkehrte, haßte er sein Spiegelbild, und ob sie ohne Hoffnung waren oder nicht, sie nahmen ihm jede Hoffnung. Man hob seine Bücher für die sieben mageren Jahre auf, und man tat gut daran.

Schließlich kam der Marshall-Plan: der Kalte Krieg traf diese Generation von Tänzern und Getreuen mitten ins Herz. Wir anderen, die Alten, verloren dabei ein paar Federn und alle unsere Tugenden. «Das Verbrechen macht sich bezahlt; man bezahlt für das Verbrechen.» Bei der Rückkehr dieser goldenen Sprüche verreckten unsere schönen Seelen unter Verbreitung ekelhafter Gerüche: eine nützliche Entrümpelung. Aber die Jüngeren zahlten für alle. Die Kellerratten wurden bestürzte alte junge Leute. Die einen ergrauen, andere bekommen eine Glatze, wieder

---

1 *Potlatch* bezeichnet die bei vielen Indianerstämmen verbreitete Sitte, den rivalisierenden Stamm im Verschenken oder Vernichten der eignen Reichtümer zu überbieten. (Anm. d. Übers.)

andere einen Schmerbauch. In geronnenem Zustand ist diese Spannungslosigkeit nur noch ein Hohlraum. Sie tun bescheiden, was nötig ist, verdienen ihr Brot, besitzen einen Peugeot, ein Haus auf dem Lande, eine Frau, Kinder. Aber mit ein und demselben Flügelschlag haben Hoffnung und Verzweiflung sie verlassen. Diese Jungen schickten sich an zu leben, sie «fuhren ab»: ihr Zug ist auf freier Strecke stehengeblieben. Sie werden nirgends ankommen und nichts unternehmen. Gelegentlich kommt ihnen eine undeutliche Erinnerung an ihre prachtvolle Ausgelassenheit; dann fragen sie sich: «Was wollten wir denn eigentlich?», und es fällt ihnen nicht ein. Diese Angepaßten leiden an chronischen Anpassungsschwierigkeiten, sie werden daran sterben: Clochards ohne Armut; man mästet sie, sie sind zu nichts zu gebrauchen. Ich erinnere mich noch, wie sie mit zwanzig waren, so lebhaft, so fröhlich, beflissen, uns abzulösen. Wenn ich heute ihre vom Krebs der Befremdung zerfressenen Augen betrachte, sage ich mir, daß sie das nicht verdient haben. Was die ergebenen Vasallen betrifft, so haben die einen ihre Huldigung nicht erneuert, und die anderen sind auf das Niveau von Hintersassen abgesunken. Sie sind alle hilfsbedürftig: die einen fliegen dicht über dem Boden herum, aber ohne sich setzen zu können; diese aufgescheuchten Mücken haben alles verloren, als erstes die Schwerkraft; die anderen haben ihre Fortbewegungsorgane geopfert und im Sand Wurzel geschlagen, der kleinste Windstoß kann diese Pflanzen in einen Schwarm verwandeln. Dieselbe Bestürzung vereint Nomaden und Seßhafte: wo ist bloß ihr Leben geblieben? Nizan kann antworten. Den Hoffnungslosen wie den Getreuen. Nur glaube ich kaum, daß sie ihn lesen wollen oder können: für diese verlorene, hinters Licht geführte Generation läutet dieser kraftvolle Tote die Totenglocke.

Aber sie haben Söhne von zwanzig Jahren, unsere Enkel, die den Tatbestand ihrer und unserer Niederlagen aufnehmen. Bis vor kurzem sagten die Wunderkinder «Scheiße» zu ihren Vätern und gingen mit Sack und Pack zur Linken; der Aufrührer, das war klassisch, wurde militant. Aber wenn die Väter links stehen? Was dann? Ein junger Mann suchte mich auf: er liebte seine Eltern, aber, sagte er streng: «Es sind Reaktionäre!» Ich bin älter geworden, und die Wörter mit mir; ich war verwirrt, ich glaubte es mit dem Sproß einer wohlhabenden, ein wenig bigotten, vielleicht liberalen und Pinay wählenden Familie zu tun zu haben. Er belehrte mich eines Besseren: «Mein Vater ist Kommunist seit dem Parteitag von Tours.» Ein anderer, Sohn eines Sozialisten, lehnte zugleich die S. F. I. O.[1] und die KP ab: «Die einen verraten, die andern

1 Section Française de l'Internationale Ouvrière; französische Sozialdemokratie. (Anm. d. Übers.)

14

verknöchern.» Und wenn die Väter konservativ wären, wenn sie Bidault unterstützten? Glaubt jemand, daß sie die Söhne anziehen könnte, die Linke, dieser am Boden liegende große Kadaver, in dem die Würmer sitzen? Es stinkt, dieses Aas; Militärregime, Diktatur und Faschismus gehen aus seiner Verwesung hervor oder werden daraus hervorgehen; um sich nicht davon abzuwenden, muß man sehr daran hängen. Uns, die Großväter, hat sie hervorgebracht: wir haben von ihr gelebt; in ihr und durch sie werden wir sterben. Aber wir haben den jungen Leuten nichts mehr zu sagen: fünfzig Jahre in der zurückgebliebenen Provinz leben, zu der Frankreich geworden ist, das entwürdigt einen. Wir haben geschrien, protestiert, unterzeichnet und mitunterzeichnet; wir haben, unseren Denkgewohnheiten entsprechend, erklärt: «Es ist unzulässig . . .» oder: «Das Proletariat wird es nicht zulassen . . .» Und heute schließlich sind wir immer noch da: wir haben also alles hingenommen. Diesen jungen Unbekannten unsere Weisheit und die schönen Früchte unserer Erfahrung vermitteln? Von Niederlage zu Niederlage haben wir nur eines erfahren: unsere völlige Ohnmacht. Ich gebe zu: das ist der Anfang der Vernunft, des Kampfes ums Leben. Aber wir haben alte Knochen: und wir entdecken, daß wir nichts erreicht haben, in einem Alter, in dem man daran denkt, sein Testament zu machen. Sollen wir ihnen sagen: «Werdet Kubaner, werdet Russen oder Chinesen, wie ihr wollt, werdet Afrikaner»? Sie werden uns antworten, daß es ein wenig spät ist, die Herkunft zu wechseln. Kurz, Buchhalter oder Schläger, Halbstarke oder Techniker, sie kämpfen, ohne Hoffnung und ohne Hilfe, gegen den Erstickungstod. Man glaube nicht, daß diejenigen, die sich für eine Familie und einen Beruf entscheiden, resignieren: sie haben ihre Gewalttätigkeit gegen sich selbst gekehrt und zerstören sich; von ihren Vätern kaltgestellt, machen sie sich aus Rache zu Krüppeln. Die anderen schlagen alles kurz und klein, gehen auf jeden beliebigen mit allem beliebigen los, einem Messer, einer Fahrradkette: um ihrer Malaise zu entfliehen, werden sie alles in die Luft sprengen. Nichts fliegt in die Luft, sie finden sich auf der Wache wieder, blutbedeckt: es war ein schöner Sonntag, am nächsten Sonntag werden sie es besser machen. Ob man Schläge austeilt oder einsteckt, ist gleichgültig: Hauptsache, es fließt Blut; in der Benommenheit, die diesen Schlägereien folgt, leidet man nur an den Verletzungen, man hat das traurige Vergnügen, an nichts zu denken.

Wer soll mit diesen *angry young men* sprechen? Wer kann Licht in ihre Gewalttätigkeit bringen? Nizan: er ist ihr Mann. Von Jahr zu Jahr hat ihn sein Winterschlaf jünger gemacht. Gestern war er unser Zeitgenosse, heute ist er der der jungen Leute. Zu seinen Lebzeiten teilten wir seinen Zorn, aber schließlich hat keiner von uns «die einfachste surrealistische Tat» vollbracht, und heute sind wir alt; wir haben unsere Jugend so oft verraten, daß es sich für uns einfach gehört, sie mit Stillschweigen zu übergehen. Unsere alten Erinnerungen haben ihre Krallen und ihre Zähne verloren; zwanzig – ja, ich muß einmal zwanzig gewesen sein, aber ich bin fünfundfünfzig, und ich würde nicht wagen zu schreiben: «Ich war zwanzig. Niemand soll sagen, das sei die schönste Zeit des Lebens.» Soviel Leidenschaft – und so erhabene – aus meiner Feder wäre Demagogie. Außerdem würde ich lügen: das Unglück der Jüngeren ist total, ich weiß es, ich habe es vielleicht früher selbst empfunden, aber es ist noch menschlich, weil es von Menschen herrührt, von der Generation ihrer Eltern; unser Unglück rührt von unseren Arterien her; seltsame Gebilde, halb zerfressen von der Natur, von Vegetationen, bedeckt mit Ameisen, gleichen wir den lauwarmen Getränken, den idiotischen Malereien, die Rimbaud amüsierten. Jung und gewalttätig, eines gewaltsamen Todes gestorben, kann Nizan vortreten und mit unseren heutigen Jugendlichen sprechen: «Ich werde niemandem erlauben . . .» Sie werden ihre eigene Stimme wiedererkennen. Er kann den einen sagen: «Ihr sterbt vor Bescheidenheit, wagt es, zu verlangen, seid unersättlich, setzt die furchtbaren Kräfte frei, die sich unter eurer Haut im Kreise drehen, scheut euch nicht, den Mond zu fordern: wir brauchen ihn.» Und den anderen: «Richtet euren Zorn gegen die, die ihn hervorgerufen haben, versucht nicht, eurem Unheil zu entwischen, findet seine Ursachen und zerschlagt sie.» Er kann ihnen alles sagen, denn er ist ein junges Ungeheuer, ein prachtvolles junges Ungeheuer wie sie, das ihr Entsetzen vor dem Sterben und ihren Abscheu vor dem Leben in der Welt, die wir ihnen zurechtgezimmert haben, teilt. Er war allein, er wurde Kommunist, hörte auf, es zu sein, und starb allein, in der Nähe eines Fensters, auf den Stufen einer Treppe. Dies Leben erklärt sich aus seiner Unbeugsamkeit: aus Empörung wurde er zum Revolutionär, und als die Revolution dem Krieg weichen mußte, fand er zu seiner revoltierenden Jugend zurück und endete als Empörer.

Wir wollten beide schreiben. Er veröffentlichte sein erstes Buch, lange bevor ich von meinem auch nur eine Zeile geschrieben hatte. Wenn wir zu der Zeit, als *Der Ekel* erschien, Wert auf feierliche Einführungen gelegt hätten, hätte er das Vorwort dazu geschrieben. Der Tod hat die Rollen vertauscht. Der Tod und die systematische Diffamierung. Er wird ohne meine Hilfe seine Leser finden: ich habe gesagt, wer sein natürliches Publikum sein wird. Aber ich war der Meinung, es bedürfe dieses Vorwortes aus zwei wichtigen Gründen: um die wissentliche Niederträchtigkeit seiner Verleumder für jedermann sichtbar zu machen; um die heutigen Jugendlichen zu ermahnen, seine Worte ernst zu nehmen. Sie waren jung und hart, diese Worte; es liegt an uns, daß sie gealtert sind. Wenn ich ihnen die Frische zurückgeben will, die sie vor dem Krieg hatten, muß ich mir die schöne Zeit unserer Weigerungen ins Gedächtnis zurückrufen und sie mit Nizan wiedererstehen lassen, dem Mann, der bis zum Schluß Nein gesagt hat. Sein Tod bedeutete das Ende einer Welt: nach ihm wurde die Revolution konstruktiv, die Linke erhob die Zustimmung zu ihrem Prinzip, so daß sie schließlich, an einem Herbsttag des Jahres 1958, ein letztes Ja auf den Lippen, den Geist aufgab. Versuchen wir, die Zeit des Hasses, des ungestillten Verlangens, der Destruktion wiederzufinden, die Zeit, in der André Breton, der kaum älter war als wir, den Wunsch äußerte, die Kosaken ihre Pferde am Bassin auf der Place de la Concorde tränken zu sehen.

II

Den Fehler, vor dem ich die Leser bewahren möchte, habe ich selbst gemacht, und zwar zu seinen Lebzeiten. Dabei waren wir eng befreundet: so eng, daß man uns miteinander verwechselte; im Juni 1939 begegnete Léon Brunschvicg uns beiden bei dem Verleger Gallimard und gratulierte mir zu dem Buch *Die Wachhunde*: «. . . obwohl Sie mich kaum geschont haben», wie er ohne Groll hinzufügte. Ich lächelte ihn schweigend an; Nizan, der neben mir stand, lächelte ihn ebenfalls an: der große Idealist ging von dannen, ohne eines Besseren belehrt worden zu sein. Diese Verwechslung war in den achtzehn Jahren, die sie schon andauerte, zu unserem sozialen Status geworden, und wir hatten uns schließlich damit abgefunden. Von 1920 bis 1930 vor allem, als Gymnasiasten und dann als Studenten, waren wir ununterscheidbar. Dennoch sah ich ihn nicht so, wie er war.

Porträtieren hätte ich ihn können: mittelgroß, schwarze Haare. Er schielte, wie ich, aber in der entgegengesetzten Richtung, das heißt, auf eine angenehme Art. Mein Schielen nach außen machte aus meinem Gesicht ein Brachfeld; er schielte nach innen, und das gab ihm den Anschein von spöttischer Geistesabwesenheit, selbst wenn er uns zuhörte. Er folgte streng der Mode, und zwar auf eine insolente Art: als er siebzehn war, ließ er sich Hosen machen, die an den Knöcheln so eng waren, daß er Mühe hatte, hineinzukommen; wenig später erweiterten sie sich zu Elefantenbeinen, die seine Schuhe bedeckten; dann verwandelten sie sich auf einmal in Golfhosen, die nur bis zu den Knien gingen und sich wie Röcke bauschten. Er schaffte sich einen Spazierstock aus spanischem Rohr, ein Monokel, kleine Kragen mit runden Ecken, spitz abgeknipste Stehkragen an; er vertauschte seine Stahlbrille mit einer riesigen Hornbrille; angesteckt von dem angelsächsischen Snobismus, der unter der Jugend wütete, nannte er sie seine «guggles». Ich versuchte es ihm nachzutun; aber meine Familie leistete dem erfolgreich Widerstand, ging sogar so weit, den Schneider zu bestechen, und außerdem mußte ein Fluch auf mir liegen: wenn ich sie anzog, verwandelten sich die schönen Kleidungsstücke in Lumpen. Ich begnügte mich damit, Nizan zu betrachten. Mit einem Staunen voller Bewunderung. Auf der École Normale legte niemand Wert auf gepflegte Kleidung, abgesehen von ein paar Jungen aus der Provinz, die stolz Gamaschen trugen und sich seidene Tücher ins Kavalierstäschchen steckten; trotzdem kann ich mich nicht erinnern, daß jemand an Nizans Aufmachung etwas auszusetzen gehabt hätte: wir waren stolz, einen Dandy unter uns zu haben. Er gefiel übrigens den Frauen, hielt sie aber auf Distanz. Einer, die ihm bis in unsere Bude folgte, um sich ihm anzubieten, antwortete er: «Madame, wir würden uns schmutzig machen.» In Wirklichkeit fand er nur an jungen Mädchen Geschmack: er bevorzugte sie dumm und jungfräulich, ihn faszinierte das schwindelerregende Geheimnis der Dummheit, unsere einzige Tiefe, und das perlmutterne Schimmern eines Fleischs ohne Erinnerungen. Tatsächlich wurde er während des einzigen Verhältnisses, das er meines Wissens jemals einging, ununterbrochen von einer völlig unbegründeten Eifersucht gequält; er ertrug den Gedanken nicht, daß seine Geliebte eine Vergangenheit hatte. Ich verstand dies Verhalten nicht, obwohl es doch ziemlich klar war. Ich versteifte mich darauf, nur eine Marotte darin zu sehen. Marotten waren für mich auch sein charmanter Zynismus, sein «schwarzer Humor», seine erbarmungslose und sanfte Aggressivität: er erhob niemals die Stimme; ich habe ihn niemals die Stirn runzeln sehen, niemals schreien hören: er faltete die Hände, vertiefte sich, wie ich schon sagte, in die Betrachtung seiner Fingernägel und ließ mit einer hinterlistigen und trügerischen Ruhe seine Sarkasmen los. Wir waren zusammen auf jeden Leim gegangen: mit sechzehn Jahren hatte er mir vorgeschlagen, Übermensch zu werden, und ich war sehr gern darauf eingegangen. Wir würden zwei sein; als Bretone gab er uns gälische Namen; wir bedeckten alle Wandtafeln mit diesen fremdartigen Wörtern: R'hâ und Bor'hou. Er war R-hâ. Einer unserer Kommilitonen wollte an unserer neuen Würde teilhaben. Wir erlegten ihm Prüfungen auf. Er mußte zum Beispiel mit lauter Stimme erklären, daß er auf die französische Armee und auf die Fahne scheiße; diese Äußerungen waren nicht so verwegen, wie wir glaubten: sie waren damals geläufig und spiegelten den Internationalismus, den Antimilitarismus der Zeit vor dem Krieg wider. Dennoch kniff der Kandidat, die beiden Übermenschen blieben allein und vergaßen ihr Übermenschentum schließlich. Wir liefen in Paris herum, stundenlang, tagelang: wir entdeckten seine Fauna und seine Flora, die Steine, waren zu Tränen gerührt, wenn die ersten Leuchtreklamen angingen; wir glaubten, die Welt sei neu, weil wir neu in der Welt waren; Paris wurde das Bindeglied zwischen uns, in den Menschenmengen dieser grauen Stadt, unter dem milden Himmel seiner Frühlinge liebten wir uns selbst. Wir gingen, wir redeten, wir dachten uns unsere eigene Sprache aus, einen intellektuellen Jargon, wie ihn alle Studenten sich schaffen. Eines Nachts stiegen die Übermenschen zur besonderen Verwendung den Sacré-Cœur-Hügel hinauf und sahen zu ihren Füßen einen Juwelierladen in völliger Unordnung. Nizan klemmte seine Zigarette in den linken Mundwinkel, verzog sein Gesicht zu einer fürchterlichen Grimasse und sagte nur: «He! He! Rastignac.» Ich wiederholte: «He! He!», wie es sich gehörte, und wir stiegen wieder hinunter, befriedigt darüber, daß wir den Umfang unserer literarischen Kenntnisse und das Ausmaß unseres Ehrgeizes so diskret zu erkennen gegeben hatten. Von diesen Spaziergängen, von diesem Paris hat niemand besser gesprochen als mein Freund: man lese noch einmal *Die Verschwörung*, man wird darin den frischen und ältlichen Charme dieser Hauptstadt der Welt wiederfinden, die noch nicht wußte, daß sie eine Kreishauptstadt werden würde. Der Ehrgeiz, der Wechsel der Stimmungen, der heftige und der sanfte Zorn: ich nahm alles, wie es kam; so war Nizan, gelassen und hinterlistig, bezaubernd; so liebte ich ihn. Er hat sich in *Antoine Bloyé* selbst beschrieben als «einen schweigsamen Jungen, der bereits tief in den Abenteuern der Jugend steckte und die Kindheit mit einer Art gieriger Überspanntheit verließ». Und so sah ich ihn. Seine Schweigsamkeit erfuhr ich am eigenen Leibe. In der *hypokhâgne*[1] waren wir sechs Monate lang verkracht, ich litt darunter. Auf der École Normale, wo wir in derselben Bude wohnten, sprach er manchmal tagelang nicht mit mir; im zweiten Jahr wurde er noch trübsinniger, er machte eine Krise durch, deren Ausgang er nicht absah; er verschwand, man fand ihn drei Tage später wieder, betrunken und in Gesellschaft von Unbekannten. Und als meine Kommilitonen mich nach dem Grund seiner «Eskapaden» fragten, konnte ich ihnen nur antworten, er habe «eine Hundelaune». Immerhin hatte er mir gesagt, er habe Angst vor dem Sterben, aber da ich verrückt genug war, mich für unsterblich zu halten, verwies ich ihm das, gab ihm unrecht: der Tod war keinen Gedanken wert; Nizans Angst glich seiner retrospektiven Eifersucht: das waren Marotten, gegen die eine gesunde Moral ankämpfen mußte. Als er es nicht mehr aushalten konnte, ging er auf und davon: er wurde Hauslehrer in einer englischen Familie in Aden. Uns andere, die wir in der École Wurzel geschlagen hatten, schockierte diese Abreise, aber da Nizan uns imponierte, fanden wir eine harmlose Erklärung: Reiselust. Als er im Jahr darauf zurückkam, war es Nacht, niemand erwartete ihn, ich war allein in meiner Bude, die Liederlichkeit

1 Das erste der beiden Vorbereitungsjahre für die École Normale. (Anm. d. Übers.)

einer jungen Frau aus der Provinz hatte mich am Tage vorher in einen Zustand mißmutiger Empörung versetzt. Er kam herein, ohne anzuklopfen; er war bleich, etwas außer Atem, finster. Er sagte zu mir: «Du siehst aber gar nicht munter aus.» Ich antwortete ihm: «Du auch nicht.» Dann gingen wir, um bei einem Glas der Welt den Prozeß zu machen, überglücklich über unser wiedergefundenes Einvernehmen. Aber das war nur ein Mißverständnis: mein Zorn war nur eine Seifenblase, seiner war echt; das Entsetzen, seinen Käfig wiederzufinden und geschlagen in ihn zurückzukehren, schnürte ihm die Kehle zu; er suchte einen Beistand, den niemand ihm geben konnte; seine Worte des Hasses waren reines Gold; meine Falschgeld. Schon am nächsten Tag floh er. Er lebte bei seiner Verlobten, trat in die KP ein, heiratete, wurde Vater einer Tochter, glaubte, an Blinddarmentzündung sterben zu müssen, gab dann, als Studienrat, Philosophieunterricht in Bourg und kandidierte bei den Wahlen zur Nationalversammlung. Ich sah ihn seltener: ich war Studienrat in Le Havre, außerdem hatte er eine Familie, seine Frau hatte ihm ein zweites Kind geschenkt, einen Sohn, aber vor allem brachte uns die Partei auseinander: ich sympathisierte mit ihr, gehörte aber nicht zu den Eingeweihten. Ich blieb sein Jugendfreund, ein Kleinbürger, den er gut leiden konnte. Warum habe ich ihn nicht verstanden? Es fehlte nicht an Zeichen: warum habe ich sie nicht sehen wollen? Aus Eifersucht, glaube ich: ich leugnete die Gefühle, die ich nicht teilen konnte. Ich ahnte sehr bald, daß er unmitteilbare Leidenschaften hatte, ein Schicksal, das uns auseinanderbringen würde; ich bekam Angst und schloß die Augen vor den Tatsachen. Mit fünfzehn Jahren wollte dieser Sohn einer frommen Mutter Mönch werden: ich habe es erst sehr viel später erfahren. Aber ich erinnere mich noch an meine verärgerte Verwirrung, als er mir beim Spaziergang auf dem Hof des Gymnasiums sagte: «Ich habe beim Pastor zu Mittag gegessen.» Er sah meine Bestürzung und erklärte mir in gleichgültigem Ton: «Es könnte sein, daß ich zum Protestantismus konvertiere.» – «Du», sagte ich empört. «Aber . . . du glaubst doch gar nicht an Gott.» – «Natürlich nicht», antwortete er, «aber ihre Moral gefällt mir.» Madame Nizan drohte, ihm den Wechsel zu entziehen, und der Plan wurde aufgegeben: aber ein Augenblick hatte genügt, mich hinter dieser «Kinderei» die Ungeduld eines Kranken erkennen zu lassen, der sich hin und her wälzt, um seiner Qual zu entrinnen. Ich aber wollte nicht, daß er diese unheilbare Qual empfand: wir hatten eine gewisse Melancholie miteinander gemein, das genügte; im übrigen versuchte ich, ihm meinen Optimismus aufzudrängen. Ich sagte ihm immer wieder, wir seien frei: er gab keine Antwort, aber das dünne Lächeln in seinen Mundwinkeln sagte alles. Dann wieder sagte er, er sei Materialist – wir waren knapp siebzehn Jahre alt –, und dann war ich es, der verächtlich lächelte; Materialist, Determinist: er spürte das physische Gewicht seiner Ketten; ich wollte meine nicht spüren. Ich verabscheute es, daß er sich mit Politik abgab, weil ich kein Bedürfnis dazu verspürte. Es war leicht, sich über ihn, der erst Kommunist, dann Anhänger von Georges Valois[1], dann wieder Kommunist wurde, lustig zu machen, und das tat ich denn auch: in Wirklichkeit waren diese starken Schwankungen ein Zeichen seiner Hartnäckigkeit: nichts ist bei einem Achtzehnjährigen leichter zu entschuldigen, als daß er zwischen zwei extremen Positionen schwankt. Was sich nicht veränderte, war sein Extremismus: auf jeden Fall mußte die bestehende Ordnung vernichtet werden. Was mich betraf, so fand ich es schön, daß diese Ordnung existierte und daß ich Bomben auf sie werfen konnte: meine Worte. In diesem echten Bedürfnis Nizans, sich mit Menschen zusammenzutun, um gemeinsam die Steine wegzuheben, die sie erdrückten, wollte ich nichts anderes sehen als die Extravaganz eines Dandys: er war Kommunist, wie er ein Monokel trug, aus einer gewissen Lust daran, Anstoß zu erregen. Auf der École litt er, ich machte ihm einen Vorwurf daraus: wir würden schreiben, wir würden schöne Bücher veröffentlichen, die unsere Existenz rechtfertigen würden, worüber beklagte er sich, da ich mich doch auch nicht beklagte? In der Mitte des zweiten Jahres erklärte er plötzlich, die Literatur langweile ihn, er wolle Kameramann werden, ein Freund gab ihm ein paar Stunden Unterricht. Ich nahm ihm das übel; damit, daß er mir auseinandersetzte, er habe einen Abscheu gegen die Worte gefaßt, weil er zu viele gelesen, zu viele geschrieben habe, und wolle Wirkungen auf die Dinge ausüben, sie mit seinen Händen schweigend verändern, machte er die Sache nur noch schlimmer: dieser Renegat des Worts konnte das Schreiben nicht verdammen, ohne über mich das Urteil zu fällen. Es kam mir nicht in den Sinn, daß Nizan, wie man damals sagte, auf der Suche nach dem Heil war und daß «geschriebene Schreie» einen nicht retten.

Er wurde nicht Kameramann, und ich frohlockte. Aber nicht lange: sein Weggang nach Aden ärgerte mich; für ihn war es eine Frage von Leben und Tod, ich ahnte es; um mich zu beruhigen, machte ich eine neue Extravaganz daraus. Ich mußte mir eingestehen, daß ich für ihn kaum zählte; aber ich frage mich heute: An wem lag es? Gibt es eine hartnäckigere Weigerung, zu verstehen, und also auch, zu helfen? Wenn

1 Georges Valois, Schüler von Georges Sorel, der bis 1925 der präfaschistischen *Action Française* angehörte, sich dann von ihr trennte und sie ebenso bekämpfte wie die Kommunisten. Sein Programm war die Errichtung eines «nationalen» Gewerkschaftsstaates. Während der deutschen Besetzung ging er in die Résistance, er wurde verhaftet und starb in einem deutschen KZ (Anm. d. Übers.)

er von seinen Sauftouren, seinen panischen Fluchten zurückkam, empfing ich ihn schweigend, die Lippen zusammengekniffen, in der würdevollen Haltung einer alten Ehefrau, die ihre Schmach gern erträgt, wenn sie nur zeigen kann, wie sehr sie darunter leidet. Es stimmt, daß er mir kaum entgegenkam: er setzte sich an seinen Tisch, finster, zerzaust, die Augen blutunterlaufen, und wenn ich dann doch sprach, starrte er mich nur haßerfüllt an. Gleichviel: ich mache mir Vorwürfe, nur die fünf Worte: «Was für ein schmutziger Charakter!» im Kopf gehabt und niemals versucht zu haben, und sei es auch nur aus Neugierde, mir seine Eskapaden zu erklären. Seine Heirat habe ich völlig mißverstanden: ich mochte seine Frau, aber für mich war die Ehelosigkeit ein moralisches Prinzip, eine Lebensregel; also mußte sie das auch für Nizan sein: ich verfügte, er habe Rirette geheiratet, weil er sie nicht anders habe bekommen können; ich wußte wahrhaftig nicht, daß ein junger Mann, der einer gräßlichen Familie ausgeliefert ist, sich nur dadurch von ihr befreien kann, daß er selbst eine Familie gründet. Ich war ein geborener Junggeselle und habe nie begriffen, daß der Junggeselle, der an meiner Seite lebte, unter seiner Ehelosigkeit litt, daß er Abenteuer verabscheute – weil sie nach Tod schmecken –, wie er das Reisen verabscheut hat, und daß er, wenn er sagte: «Die Menschen sind seßhaft» oder «Wenn ich nur ein Feld hätte . . . zeigt mir meine Bedürfnisse, meine Menschen», ganz einfach seinen Glücksanteil forderte: ein Haus, eine Frau, Kinder.

Als er *Aden* veröffentlichte, fand ich das Buch gut und freute mich darüber. Aber ich sah darin nur ein loses Pamphlet, einen Wirbelsturm von lockeren Worten; viele seiner Kameraden machten denselben Fehler: wir waren voreingenommen. Die École Normale war für die meisten von uns, für mich, vom ersten Tag an der Beginn der Unabhängigkeit. Viele können wie ich sagen, daß sie dort vier glückliche Jahre verbracht haben. Und hier sprang uns nun ein Rasender an die Kehle: «. . . die École Normale, eine komische, meist jedoch unausstehliche Einrichtung, beherrscht von einem kleinen patriotischen, scheinheiligen und mächtigen Greis, der das Militär verehrte . . .» Wir waren «Halbwüchsige, die durch ihre Schuljahre zermürbt, durch das humanistische Gymnasium und die bürgerliche Küche und Moral ihrer Familien verdorben» waren. Wir beschlossen, darüber zu lachen: «Als er hier war, hatte er nichts gegen die École; der Junge amüsierte sich ganz gut mit den zermürbten Halbwüchsigen.» Und uns all unsere braven Streiche zu vergegenwärtigen: er hatte gern daran teilgenommen. Wir vergaßen seine Ausbruchsversuche, seine Mißfallenskundgebungen, die lange Flucht, die ihn bis nach Arabien führte, und sahen in der Leidenschaftlichkeit seiner Äußerungen nur eine überspannte Rhetorik. Was mich betrifft, so war ich aus ganz dummen Gründen bekümmert, das Buch nahm meinen Erinnerungen den Glanz: da Nizan mein Leben auf der École geteilt hatte, mußte er glücklich oder unsere Freundschaft mußte damals schon tot gewesen sein. Ich zog es vor, die Vergangenheit zu retten; ich sagte mir: «Er übertreibt!» Heute glaube ich, daß sie schon tot war, diese Freundschaft, ohne daß es an uns gelegen hätte, und daß Nizan, von Einsamkeit zerfressen, das Bedürfnis verspürte, inmitten der Menschen zu kämpfen, statt mit seinem ungenauen und allzu vertrauten Spiegelbild zu plaudern. Ich bin es, der unsere Freundschaft aufrechterhalten und einbalsamiert hat, indem ich bestimmte Dinge ignorierte und mir etwas vorlog. Unsere Wege gingen in Wirklichkeit ständig weiter auseinander; es sollten viele Jahre vergehen, und ich mußte erst begreifen, welchen Weg ich selbst ging, ehe ich Nizans Weg zutreffend beurteilen konnte.

Je düsterer das Leben ist, desto absurder der Tod. Ich behaupte nicht, daß nicht jemand, der im Vollbesitz seiner Kräfte und voller Vertrauen auf die Zukunft ist, plötzlich durch das Aufblitzen einer schauerlichen Evidenz geblendet werden kann. Ich sage, daß ein junger Mann sich vor dem Sterben fürchtet, wenn er mit seinem Schicksal unzufrieden ist. Ein Student ist, bevor man ihn an der Hand zu dem für ihn reservierten Klappsitz führt, das Unendliche, das Unbestimmte: er geht ungezwungen von einem System zum nächsten über, keins hält ihn fest, er empfindet alle Gedanken als gleichwertig. Tatsächlich ist das, was man in den Lehrplänen als «Humaniora» bezeichnet, nichts als eine Unterweisung in den großen Irrtümern der Vergangenheit. Die jungen Leute, durch unsere Republiken nach dem Bilde von Herrn Teste geformt, diesem idealen Bürger, der nichts sagt und nichts tut, aber gleichwohl denkt, brauchen zwanzig Jahre, um zu begreifen, daß die Ideen Steine sind, daß sie sich in einer starren Ordnung befinden und daß man sich ihrer zum Bauen bedienen muß. Solange verbrauchte Männer, diskret bis zur Selbstaufgabe, die bourgeoise Objektivität so weit treiben, von ihnen zu verlangen, daß sie sich in Nero, Loyola, Thiers hineinversetzen, wird jeder dieser Lehrlinge sich für den Geist selbst halten, ein farb- und geruchloses Gas, das sich bald bis zu den Milchstraßen ausdehnt und sich bald zu Formeln verdichtet; die junge Elite ist alles, sie ist nichts: das will sagen, daß sie vom Staat, von den Familien unterhalten wird; unter diesem nebelhaften Ungefähr brennt ihr Leben ab; plötzlich trifft der reine Geist auf einen Prellbock: den Tod. Vergebens versucht er, ihn zu umschließen, um ihn aufzulösen: der Tod kann nicht gedacht werden. Ein Unglück fällt einen Körper; eine nackte Tatsache muß der funkelnden Unbestimmtheit der Ideen ein Ende setzen. Dieser Skandal reißt mehr als einen verschreckten Halbwüchsigen nachts aus dem Schlaf: gegen die Todesstrafe und ihre unbegreifliche Einmaligkeit ist universale Bildung keine Hilfe. Später, wenn die Individualität seines Körpers sich in der Individualität seines

Tuns spiegelt, kann ein junger Mann seinen Tod seinem Leben integrieren, kann darin nur noch eine Gefahr unter anderen sehen – unter all den Gefahren, die seine Arbeit und seine Familie bedrohen. Bei den Menschen, die das seltene Glück haben, schätzen zu können, was sie tun, münzt sich der endliche Schiffbruch, an Schrecken verlierend, je näher er rückt, in kleinen Sorgen aus.

Ich habe das Durchschnittsschicksal beschrieben. Das ist gar nichts; aber wenn die Angst die Jugend überlebt, wenn sie das tiefe Geheimnis des Erwachsenen und die Triebfeder seiner Entscheidungen wird, dann kennt der Kranke seine Wunden: sein Entsetzen davor, daß er bald nicht mehr leben wird, spiegelt nur sein Grauen bei dem Gedanken, noch länger leben zu müssen. Der Tod ist das unwiderrufliche Urteil; er verdammt die Elenden für alle Ewigkeit, nichts als das gewesen zu sein: anstößige Kalamitäten. Nizan fürchtete dieses Los: dies Monstrum schlich ziellos zwischen Monstren herum; er fürchtete, eines Tages zu explodieren, und nichts bliebe übrig. Daß der Tod die endgültige Erhellung des Lebens ist, wußte er längst, als er einer seiner Personen die Worte in den Mund legte: «Wenn ich an meinen Tod denke, geschieht mir ganz recht. Es liegt daran, daß mein Leben leer ist, nichts verdient als den Tod.» In demselben Buch erschrickt Bloyé «vor dem einförmigen Aussehen seines Lebens . . . und (dieser Schreck) kommt aus einer Region, die tiefer liegt als die blutigen Stellen des Körpers, an denen die Vorzeichen der Krankheiten entstehen».

Woran litt er letzten Endes? Warum erschien ich ihm, mehr als allen anderen, lächerlich, wenn ich von unserer Freiheit sprach? Wenn er schon mit sechzehn Jahren an die unerbittliche Verkettung der Ursachen glaubte, so deshalb, weil er fand, daß man ihm Zwang antat und daß er gegängelt wurde: «Wir sind durch Spaltungen, Entfremdungen, Kriege und Palaver gezeichnet . . .» – «Jeder Mensch ist hin und her gerissen zwischen den Menschen, die er sein kann . . .» Als Einzelkind war er sich seiner Einmaligkeit zu sehr bewußt, als daß er sich, wie ich es tat, auf die allgemeinen Ideen hätte stürzen können: ein Sklave, kam er zur Philosophie, um sich zu befreien, und Spinoza gab ihm sein Modell an die Hand: auf den ersten beiden Stufen der Erkenntnis bleibt der Mensch unfrei, weil er unvollkommen ist; die Erkenntnis der dritten Stufe sprengt die Bande, die negativen Bestimmungen: es läuft für den Modus auf dasselbe hinaus, ob er zur unendlichen Substanz zurückkehrt oder die affirmative Totalität seines partikulären Wesens verwirklicht. Nizan wollte alle Mauern beseitigen: er würde sein Leben durch die Verkündigung seiner Verlangen und durch ihre Befriedigung zu einem einheitlichen Ganzen machen.

Das am leichtesten zu nennende Verlangen geht vom Geschlecht und seinen irritierten Begierden aus: in einer Gesellschaft, die ihre Frauen für die Greise und die Reichen reserviert, ist dies das erste Unglück eines mittellosen jungen Mannes und ein Vorgefühl seiner künftigen Schwierigkeiten. Nizan sprach mit Bitterkeit von den alten Männern, die mit unseren Frauen schliefen und uns zu kastrieren trachteten. Aber, um es mit einem Wort zu sagen, wir lebten in der Zeit des Großen Verlangens: die Surrealisten wollten die unendliche Begierde wiedererwecken, deren Gegenstand nichts anderes als Alles ist. Nizan suchte eine Medizin und nahm, was er fand: aus den Werken der Surrealisten lernte er Freud kennen und nahm ihn unter seine Götter auf. Durchgesehen und verbessert von Breton und von einem gefährdeten jungen Schriftsteller, sah Freud Spinoza ähnlich: er riß die Spinngewebe, die Hüllen herunter, zwang die Gegner, die sich in unseren Tunneln massakrierten, zur Eintracht, zog unsere wütenden Ausgeburten ans Licht, löste sie auf, führte uns zur Einheit machtvoller Gelüste zurück. Mein Freund versuchte es einige Zeit mit Freud, nicht ohne einige glückliche Erfolge. Spuren dieses Einflusses findet man noch in *Antoine Bloyé*, wir verdanken ihm den schönen Satz: «Solange die Menschen nicht vollkommen und nicht frei sind, werden sie nachts träumen.» Antoine träumt: von den Frauen, die er nicht gehabt, nicht einmal zu begehren gewagt hat. Beim Erwachen weigert er sich, auf «jene so vernünftige Stimme» zu hören. Weil nämlich «der Wache und der Schläfer sich kaum je gut vertragen». Antoine ist ein alter Mann, aber Nizan spricht hier aus Erfahrung, ich weiß es; er träumte unentwegt, er träumte bis zum Tage seines Todes: seine Kriegsbriefe sind voll von seinen Träumen.

Dennoch war das nur eine Arbeitshypothese, ein vorläufiges Mittel, ein einheitliches Ganzes aus sich zu machen. Er bewunderte die Passantinnen, blasse Erscheinungen, die sich im Licht, im Dunst von Paris verflüchtigten, vage Andeutungen der Liebe; aber er liebte es vor allem, daß sie ihm unerreichbar waren: dieser kluge junge Literat berauschte sich an Privationen; das zahlt sich in den Büchern aus. Aber man glaube nicht, daß die Enthaltsamkeit schwer auf ihm gelastet hätte: ein oder zwei Verhältnisse – flüchtige Schmerzen – und, in der übrigen Zeit, hübsche, glatte junge Mädchen, die er streifte. Er wäre glücklich gewesen, wenn er in sich nur den Konflikt zwischen Fleisch und Gesetz gefunden hätte: er hätte geschlichtet, das Gesetz verurteilt: «*Morale, c'est trou de balle*» [Moral ist ein Loch im Kopf], pflegte er mit zwanzig Jahren zu sagen. In Wirklichkeit sind die Tabus heimtückischer, unsere Körper selbst werden ihre Komplizen: die Moral kam nicht zum Vorschein, aber bei allen Frauen, außer bei unberührten, paarte sich seine Verlegenheit mit einem lebhaften Widerwillen. Später, als er sein Feld und seine Menschen hatte, pries er mir mit einem erstaunten, aber präzisen Entzücken die Schönheit des *ganzen* weiblichen Körpers. Damals fragte ich mich, was ihn gehindert habe, eine so allgemeine Entdeckung zur Zeit seiner verheerenden Amouren zu machen. Jetzt weiß ich es: es war der Widerwille, ein kindlicher Ekel vor den Körpern, die seiner Meinung nach durch vorangegangene Zärtlichkeiten schlaff geworden waren. Wenn wir als Jugendliche Frauen nachschauten, wollte ich sie alle, er wollte nur eine, und die sollte ihm gehören. Er begriff nicht, wie man sollte lieben können, ohne das vom Morgengrauen bis in die Nacht zu tun, noch wie es ein Besitzen geben könne, wenn nicht der Mann die Frau, die Frau den Mann besaß. Er glaubte, daß der Mensch seßhaft, daß Abenteuer wie Reisen seien: Abstraktionen; tausendunddrei Frauen sind tausendunddreimal dieselbe, er wollte eine einzige, die tausendunddreimal eine andere war; er würde in ihr, als eine Verheißung gegen den Tod, noch die geheimsten Zeichen der Fruchtbarkeit lieben.

Mit anderen Worten, das Unbefriedigtsein der Sinne war eine Wirkung, keine Ursache. Als er verheiratet war, verschwand es: das Große Verlangen trat zurück, wurde wieder ein Bedürfnis unter so vielen anderen, die man schlecht, zu schnell oder überhaupt nicht befriedigt. Tatsächlich litt Nizan an seinen gegenwärtigen Widersprüchen nur, weil er sie im Licht der Zukunft sah. Wenn er sich einmal umbringen wollte, so deshalb, weil er auf der Stelle dem ein Ende machen wollte, von dem er glaubte, daß es nur ein Wiederbeginn sei. Seit seiner Kindheit war er von der bretonischen Bigotterie gezeichnet; zu sehr oder zu wenig für sein Glück: der Widerspruch hatte sich unter seinem Dach eingenistet. Seine Eltern waren bei seiner Geburt schon alt gewesen: diese Gegner hatten ihn während eines Waffenstillstands gezeugt; als er geboren wurde, hatten sie ihre Fehde wiederaufgenommen. Der Vater, Bahnarbeiter, dann Ingenieur bei der Eisenbahn, gab ihm das Beispiel eines technischen, freigeistigen, erwachsenen Denkens, und seine Äußerungen zeugten von einer schwermütigen Anhänglichkeit an die Klasse, die er verlassen hatte. Diesen stummen Konflikt zwischen einer kindischen alten Angehörigen der Bourgeoisie und einem Renegaten der Arbeiterklasse verinnerlichte Nizan schon in seiner frühesten Kindheit, er machte daraus das zukünftige Fundament seiner Person. Das Kind einer Putzfrau hat, so klein es auch sein mag, Teil an der Zukunft seiner Familie: der Vater macht Pläne. Die Nizans hatten keine Zukunft: der Depotleiter befand sich fast auf dem Gipfel seiner Laufbahn; worauf sollte er hoffen? Eine routinemäßige Beförderung, ein paar Ehrungen, die Pensionierung und der Tod; Madame Nizan lebte gleichzeitig in dem entscheidenden Augenblick, in dem man die Zwiebel «in die Pfanne gibt», in dem man das Kotelett «anbrät», und dem unveränderlichen Augenblick, den man Ewigkeit nennt. Das Kind war nicht weit von seinem Ausgangspunkt entfernt, die Familie nicht weit von ihrem Aufschlagspunkt: in den Fall hineingerissen, wollte es lernen, bauen, und alles löste sich vor seinen Augen auf, selbst der eheliche Krieg: nach außen hatte er sich in Gleichgültigkeit verwandelt; er existierte nur noch in ihm. Das Kind hörte aus dem Schweigen ihren Dialog heraus: das feierliche und seichte Geschwätz des Glaubens wurde ab und zu von einer rauhen Stimme unterbrochen, die den Pflanzen, den Steinen, den Werkzeugen Namen gab. Die beiden Stimmen zerfleischten einander; das frömmelnde Gerede schien sich anfangs durchzusetzen: es war die Rede von Barmherzigkeit, Paradies, letzten Dingen, und im Lichte dieser ganzen Eschatologie mußte die präzise Tätigkeit der Techniker sinnlos erscheinen: wozu sollte es gut sein, Lokomotiven zu bauen? Es gibt keine Züge in den Himmel. Der Ingenieur ging aus dem Haus, sooft er konnte; zwischen seinem fünften und seinem zehnten Lebensjahr folgte ihm sein Sohn auf die Felder, faßte ihn an der Hand, lief neben ihm her; mit fünfundzwanzig Jahren erinnerte er sich voller Wehmut an diese Spaziergänge einsamer Männer, die so offensichtlich gegen die Frau, gegen die Mutter gerichtet waren. Doch ist zu bemerken, daß er den exakten Wissenschaften die müde Höflichkeit des Worts vorzog. Ein Arbeiter wird Ingenieur, leidet an seinen Bildungslücken; sein Sohn bereitet sich auf die École Polytechnique vor, das ist der Normalfall. Aber Nizan zeigte eine verdächtige Abneigung gegen die Mathematik: er entschied sich für Griechisch und Latein. Als Stiefsohn eines Absolventen der École Polytechnique hatte ich, aus anderen Gründen, dieselben Aversionen: wir liebten die verschwommenen, rituellen Wörter, die Mythen. Der Vater bekam dennoch seine Genugtuung: unter dem Einfluß seines Positivismus bemühte sich mein Freund, das Brimborium der Religion abzuschütteln. Ich habe die Etappen dieser Befreiung genannt: der mystische Überschwang – eine letzte Aufwallung –, der ihn fast Mönch hätte werden lassen, sein Kokettieren mit Calvin, die Verwandlung seines frömmelnden Katharismus in politischen Manichäismus, der Royalismus und schließlich Marx. Er und ich behielten lange Zeit das christliche Vokabular bei: Atheisten, zweifelten wir nicht daran, daß wir auf die Welt gekommen waren, um darin selig zu werden und, mit ein wenig Glück, die anderen selig zu machen. Ein einziger Unterschied: ich war überzeugt, auserwählt zu sein; Nizan fragte sich oft, ob er nicht verdammt sei. Von seiner Mutter und vom Katholizismus stammte seine grundsätzliche Verachtung für alle weltlichen Güter, seine Angst, im irdischen Leben in die Irre zu gehen, und die Neigung – die ihn nicht verließ –, einen absoluten Zweck zu verfolgen. Man hatte ihm eingeredet, er verberge in sich unter dem Gestrüpp der Alltagssorgen eine schöne Totalität, weiß und ohne Fehl; es gelte zu jäten, das Unkraut auszureißen, das Gestrüpp abzubrennen – und diese ungeschmälerte

Ewigkeit werde in ihrer Reinheit zum Vorschein kommen. So hielt er zu dieser Zeit den Beruf seines Vaters für ein manisches, sinnloses Treiben: hier wurde die Ordnung der höchsten Zwecke derjenigen der Mittel, der Mensch der Maschine geopfert. Er hörte bald auf, an die weißen Lebenspillen, an die Seele, zu glauben, aber er behielt das dumpfe Gefühl, daß sein Vater die seine eingebüßt habe.

Diese veralteten Wahnvorstellungen hindern einen nicht am Leben, *vorausgesetzt, daß man gläubig ist.* Aber die disqualifizierte Technik rächte sich, indem sie der Religion den Hals umdrehte. Nizan blieb unzufrieden, aber seine Unzufriedenheit war jetzt entwurzelt, hing in der Luft: alles irdische Treiben ist lächerlich, aber wenn nichts existiert außer der Erde und den Menschentieren, die darauf herumscharren, dann müssen die Jungen dieser Tiere ihre Eltern ablösen und sich ihrerseits ans Scharren machen: denn eine andere Beschäftigung gibt es nicht, wenn man nicht die alten christlichen Worte verfälschen will. Als er mir den seltsamen Vorschlag machte, Übermensch zu werden, trieb ihn weniger Hochmut als das dumpfe Bedürfnis, einen Ausweg aus unserer Situation zu finden. Leider hatten wir damit nur den Namen gewechselt. In der Folge zog er bis zu seinem Aufbruch nach Aden unentwegt seine Ketten hinter sich her und prägte ständig neue Ausbruchssymbole.

Aber seine Angst wird einem völlig unverständlich bleiben, wenn man sich nicht an das erinnert, was ich weiter oben gesagt habe: er sah die mühselige, glanzlose, von Augenblicken der Exaltation erhellte Gegenwart in dem unheimlichen Licht einer Zukunft, die nichts anderes war als die Vergangenheit seines Vaters. «Ich hatte Angst. Meine Abreise war ein Kind der Angst.» Angst wovor? Er spricht von den «Verstümmelungen, die uns bevorstehen . . . Wir wissen ja, wie unsere Eltern leben.» Er hat diesen Satz in seinem schönen Roman weiter ausgeführt: *Antoine Bloyé.* Er erzählt darin das Leben und den Tod seines Vaters. Aber er spricht, obwohl er kaum in Erscheinung tritt, unaufhörlich von sich selbst: erstens ist er der Zeuge dieses Verfalls; und dann vertraute Monsieur Nizan sich niemandem an: wir wissen, daß der Autor alles, was er ihn denken und empfinden läßt, aus sich selbst schöpft, um es in dieses unregelmäßig schlagende alte Herz zu projizieren. Diese ständige doppelte Gegenwart ist ein Anzeichen für das, was die Psychoanalytiker als Identifizierung mit dem Vater bezeichnen.

Ich habe gesagt, daß Nizan ihn in seinen ersten Lebensjahren bewunderte, ihn um seine sterile, aber sichtbare Stärke beneidete, um sein Schweigen, um seine Hände, die gearbeitet hatten. Monsieur Nizan sprach oft von seinen ehemaligen Kollegen: fasziniert von diesen Männern, die die Wahrheit des Lebens kannten und die sich zu lieben schienen, sah der kleine Junge in seinem Vater einen Arbeiter und wollte in allem sein wie er; er würde seine weltliche Geduld haben, es würde nichts Geringeres als die geheimnisvolle innere Dichte der Dinge, der Materie nötig sein, um den künftigen Mönch von seiner Mutter, von dem Herrn Pfarrer, von seinem eigenen Gerede zu erlösen. «Antoine», sagt er voller Bewunderung, «war ein Körpermensch, sein Bewußtsein war nicht rein genug, um gleichgültig gegenüber dem Körper sein zu können, der es ernährte und ihm seit so vielen Jahren den bewundernswürdigen Beweis der Existenz lieferte.»

Aber der bewundernswürdige Mann kam ins Taumeln; plötzlich sah das Kind, wie er sich auflöste. Nizan hatte sich mit Leib und Seele seinem Vater ergeben: «Ich werde sein wie er.» Er mußte den endlosen Zerfall seiner eigenen Zukunft miterleben: «So wird es mir ergehen.» Er sah die Materie zugrunde gehen; das mütterliche Geschwätz triumphierte – und der Geist, diese Gischt nach dem Schiffbruch. Was ist geschehen? Er erzählt es in *Antoine Bloyé*: aus Gründen, die ich nicht kenne, denn Nizan hat in seinem Buch, obwohl er sich recht streng an die Wahrheit hält, die Begleitumstände sicherlich verändert, wollte der Mann, der als Modell für Antoine diente, mit vierzig Jahren die Bilanz ziehen. Alles hatte mit jenem falschen Sieg angefangen, einer Überschreitung der Linie zu der Zeit, als die Bourgeoisie allen «die großartige Zukunft der Chancengleichheit» versprach, als jeder Arbeitersohn «das Blankoformular eines Bourgeois-Diploms» im Tornister hatte. Schon seit seinem fünfzehnten Lebensjahr glich sein Leben den Schnellzügen, die er später fahren sollte und «die fortgerissen werden von einer äußerst zuverlässigen und äußerst beklemmenden Kraft»: und dann, 1883, ging er von der École des Arts et Métiers als achtzehnter von siebenundsiebzig ab. Wenig später, mit siebenundzwanzig Jahren, heiratet er Anne Guyader, die Tochter seines Depotleiters. Von nun an «ist alles für alle Zukunft entschieden, festgelegt. Es gibt keine Berufung». Er merkt es noch in dem Augenblick, in dem der Pfarrer sie traut, und dann vergißt er seine Befürchtungen: die Jahre gehen dahin, das Ehepaar kommt durch verschiedene Städte, zieht unaufhörlich um, läßt sich niemals häuslich nieder; die Zeit verrinnt, und das Leben bleibt provisorisch; trotzdem gleicht jeder Tag in seiner Abstraktheit allen anderen. Antoine träumt, ohne allzusehr davon überzeugt zu sein, daß «etwas geschehen wird». Es geschieht nichts. Er tröstet sich, er wird in wirklichen Kämpfen zeigen, was er kann; aber während er auf außergewöhnliche Umstände wartet, streifen ihn die normalen im Vorübergehen und lassen ihn unmerklich welken wie einen Kopf Salat. «Der wahre Mut besteht darin, die kleinen Feinde zu besiegen.» Dennoch arbeitet er sich unaufhaltsam empor; er lernt zunächst «den heimtückischsten Frieden» kennen, er vernimmt den Sirenengesang der Bourgeoisie: er weiß aus den falschen Pflichten, die man ihm auferlegt – gegenüber der Firma, gegenüber der Gesellschaft, *sogar* gegenüber seinen ehemaligen Kollegen –, etwas zu schöpfen, was man als ein Existenzminimum an gutem Gewissen bezeichnen könnte. Unterdessen «wächst der Berg von Jahren»; Jugendwünsche, Jugendhoffnungen, Jugenderinnerungen versinken «in der Finsternis der verworfenen Gedanken, in der die Kräfte des Menschen verkümmern». Die Eisenbahngesellschaft frißt ihre Angestellten: fünfzehn Jahre lang gibt es niemanden, der weniger Selbstbewußtsein besessen hätte als Antoine Bloyé: sein Leben wird bestimmt von «den Erfordernissen, den Gedanken, den Entscheidungen, die die Arbeit mit sich bringt»; kaum überfliegt er die Zeitungen: «die Ereignisse, von denen sie berichten, finden auf einem anderen Planeten statt, betreffen ihn nicht». Er liest mit Begeisterung «Maschinenbeschreibungen» in technischen Zeitschriften. Er lebt, oder vielmehr, sein Körper ahmt die Gebärden des Lebens nach. Aber die Triebfedern seines Lebens, die Beweggründe für sein Handeln liegen nicht in ihm. Tatsächlich «verwehrt ihm eine Vielfalt von Mächten, mit beiden Beinen auf der Erde zu stehen». Man könnte, wenn man ein paar Worte auswechselte, ja ohne etwas zu ändern, auf ihn anwenden, was Nizan von einem reichen Engländer in Aden sagt: «Jeder Mensch wird hin- und hergerissen zwischen den Menschen, die er sein könnte: er hat denjenigen die Oberhand gewinnen lassen, für den das Leben darin besteht, die Kurse des abessinischen Leders . . . steigen oder fallen zu lassen . . . Abstrakte Gebilde wie Firmen, Gewerkschaften, Handelsverbände bekämpfen – kann man das denn Taten nennen?» Gewiß, Bloyé hat nicht soviel Macht, aber was tut das? Ist nicht alles abstrakt in seinem Beruf: Konstruktionszeichnungen, Kostenvoranschläge, Papierkram – ist nicht alles im voraus anderswo, in weiter Ferne, von anderen entschieden? Dieser Mensch ist nur noch eine Filiale seiner Firma: bei diesem *full employment* seiner selbst ist er gleichzeitig unausgefüllt. Er schläft wenig, schont sich nicht, lädt sich Säcke und Bauholz auf den eigenen Rücken, verläßt als letzter das Büro, aber, wie Nizan sagt, «alles, was er tut, verschleiert, daß er im Grunde nichts tut». Ich kenne das: ich habe zehn Jahre meines Lebens unter der Fuchtel eines Absolventen der École Polytechnique gelebt: er arbeitete sich zu Tode, oder vielmehr hatte irgendwo, in Paris zweifellos, die Arbeit beschlossen, daß sie ihn töten würde. Er war der unbedeutendste Mensch von der Welt: sonntags ging er in sich, fand dort eine Wüste vor und verirrte sich darin; dennoch hielt er sich tapfer, Schlafsucht oder Wutanfälle aus Eitelkeit waren seine Rettung. Als er pensioniert wurde, war Krieg, glücklicherweise: er las die Zeitungen, schnitt Artikel aus und klebte sie in ein Heft. Zumindest lag sein Spiel offen zutage: sein Fleisch war abstrakt. Für den kleinen Bloyé entsprang der Skandal einem unerträglichen Widerspruch: Antoine hatte einen wirklichen Körper, abgehärtet und tauglich, begierig früher einmal; und dieser Körper ahmte das Leben nach: in Bewegung gehalten von fernen Abstraktionen, ließ er seine üppigen Leidenschaften sterben und verwandelte sich von selbst in ein abstraktes Gebilde: «Antoine war ein Mann, der einen Beruf und ein Temperament hatte: das war alles. Das ist alles, was ein Mensch in der Welt ist, in der Antoine Bloyé lebt. Es gibt nervöse Kaufleute, sanguinische Ingenieure, cholerische Arbeiter, jähzornige Notare: das sagen die Leute und glauben, an der Definition eines Menschen gearbeitet zu haben; sie sagen auch: ein schwarzer Hund, eine getigerte Katze. Ein Arzt . . . hatte ihm gesagt: ‹Sie, Sie sind ein nervöser Sanguiniker.› Damit war alles gesagt. Alle Welt konnte mit ihm umgehen wie mit einer Münze, deren Feingehalt allgemein bekannt ist. Er zirkulierte unter anderen Münzen.»

Das Kind bewunderte seinen Vater: ich weiß nicht, ob es dessen inneres Elend von selbst bemerkt hätte. Nizans Unglück bestand darin, daß sein Vater besser als andere war: nachdem er viele Warnungen mißachtet hatte, kam er, zu spät, darauf, was er war, und faßte einen Abscheu gegen sein Leben; das will sagen, daß er seinen Tod sah und ihn haßte. Fast ein halbes Jahrhundert lang hatte er sich selbst belogen, hatte er versucht, sich einzureden, er könne noch «ein anderer Mensch werden, ein Fremder, der wirklich er selbst wäre». Dann erkannte er plötzlich die Unmöglichkeit, anders zu werden. Diese Unmöglichkeit war der Tod mitten im Leben: der Tod macht Inventur, zieht eine Bilanz; aber für Nizans Vater war die Inventur schon gemacht, die Bilanz schon gezogen. Dieses schematische, zur Hälfte allgemeine Wesen teilte das Bett mit einer Frau, die in ebenso geringem Grade wie er selbst eine einmalige Person war, sondern eher eine Anstalt zur Verbreitung der nützlichen Gedanken, die man in Rom verfertigt; zweifellos hatte sie ebenso wie er einfache und gefräßige Bedürfnisse verdrängt. Er ließ seinen verängstigten Sohn ihr doppeltes Versagen spüren. Nachts stand er auf: «Er trug seine Kleider über dem Arm und zog sich am Fuß der Treppe an . . . Er ging aus dem Haus . . . ‹Ich bin überzählig›, sagte er sich, ‹ich bin überflüssig, ich bin zu nichts nütze, ich existiere schon gar nicht mehr, wenn ich ins Wasser gehe, fällt niemand etwas auf, nur ein paar Anzeigen würden erscheinen. Ich bin gescheitert, ich bin am Ende . . .› Er kam zurück . . . er zitterte vor Kälte, er strich sich mit der Hand über das Gesicht und spürte, daß sein Bart die Nacht über nachgewachsen war. In der Nähe des Hauses suchten ihn seine Frau und sein Sohn, die inzwischen aufgewacht waren, und riefen nach ihm: er hörte ihre hellen Stimmen von fern, aber er antwortete nicht, er ließ sie bis zum letzten Moment in Unsicherheit, wie um sie zu strafen. Sie fürchteten, er habe sich umgebracht . . . Wenn er sich dann zeigte, sagte er mit unterdrücktem Zorn: ‹Ich habe also nicht mehr das Recht, zu tun, was mir gefällt?› Er ging in sein Zimmer zurück, ohne sich um sie zu kümmern.»

Diese nächtlichen Fluchten sind keine Erfindungen eines Romanciers: Nizan hat mir von seinem Vater erzählt, und ich weiß, daß alles wahr ist. Das Nachdenken über den Tod treibt zum Selbstmord: in einem Schwindelanfall oder aus Ungeduld. Man stelle sich die Empfindungen eines Halbwüchsigen vor, den seine Mutter nachts mit den Worten weckt: «Dein Vater ist nicht in seinem Zimmer; diesmal bin ich sicher, daß er sich umbringen wird.» Der Tod zieht in ihn ein und läßt sich da nieder, wo sich alle seine Straßen kreuzen, es ist das Ende, und es ist der Anfang: im voraus tot, möchte sein Vater der Abberufung zuvorkommen; das ist der Sinn und der Abschluß eines gestohlenen Lebens. Aber das Leben seines Vaters besetzte Nizan wie eine fremde Macht; sein Vater infizierte ihn mit dem Tod, der den Abschluß bilden sollte. Wenn dieser enttäuschte – die Ärzte sagten: neurasthenische – alte Mann in seiner Angst aus dem Haus floh, dann fürchtete sein Sohn zwei Tode in einem: der erste, nahe bevorstehende kündigte den anderen an, gab ihm seine Entsetzensgestalt. Jede Nacht lief der Vater in seiner Todesfurcht über die Felder, und das Kind starb vor Angst. In dieser Rückkehr eines Lebens, das nichtig gewesen war, ins Nichts glaubte das Kind sein Schicksal zu erkennen; «alles ist für alle Zukunft entschieden, festgelegt, es gibt keine Berufung»: er würde ein überflüssiger junger Mann sein, dann ein Gerippe, dann nichts mehr. Er hatte sich mit der kraftvollen Reife eines anderen identifiziert; und als der andere seine Wunden sehen ließ, identifizierte sich mein Freund mit dieser tödlichen Not. Die anstößigen Streifzüge des Ingenieurs wurden immer häufiger, als Nizan in sein fünfzehntes Lebensjahr eintrat; da, mit fünfzehn oder sechzehn Jahren, schloß der Halbwüchsige eine Versicherung auf sein ewiges Leben ab: in einer letzten Anstrengung bat er die Kirche, ihm die Unsterblichkeit zu verleihen. Zu spät: wenn der Glaube abhanden gekommen ist, reicht der Überdruß an der Welt nicht aus, ihn zurückzubringen. Er lebte seine Selbstentfremdung aus: er hielt sich für einen anderen, sah jede Minute im Lichte einer anderen Existenz. Überall fand er die Fallen wieder, die man seinem Vater gestellt hatte: umgängliche und verschlagene Menschen umgarnten ihn mit Schmeicheleien und Scheinsiegen: schulischen Lorbeeren, kleinen Geschenken, Einladungen. Der Sohn des Ingenieurs würde dem Lehrstand angehören. Und dann? Die Studienräte ziehen wie die Depotleiter unaufhörlich um, durchqueren die Städte im Laufschritt, heiraten ein Mädchen aus dem Provinzkleinbürgertum und schließen sich aus Eigennutz, aus Schwäche ihren Herren an. Sind sie weniger mit sich selbst zerfallen als die Techniker? Und was ist besser? Zum Nutzen einiger großer Herren und des bürgerlichen Staats Lokomotiven zu bauen oder den Kindern einen Vorgeschmack des Todes zu geben, indem man sie tote Sprachen, eine gefälschte Geschichte, eine verlogene Moral lehrt? Zeigen die Lehrer mehr Nachsicht «mit ihren furchtbaren Schmerzen, mit den Abenteuern, die in den Klüften ihres Körpers schlummern»? All diese Kleinbürger sind vom gleichen Schlag: man drängt ihnen eine schwachsinnige Würde auf, sie kastrieren sich, die wahren Zwecke ihrer Arbeit entgehen ihnen, sie erwachen mit fünfzig Jahren, um sich sterben zu sehen.

Ich hatte mit sechzehn Jahren geglaubt, wir seien verbunden durch das gleiche Verlangen zu schreiben; ich täuschte mich. Als ungeschickten Jäger blendeten mich die Wörter, weil ich sie stets verfehlte; Nizan, in der Entwicklung weiter fortgeschritten, hatte davon eine ganze Jagdtasche voll. Er entdeckte überall welche, in Lexika, in Büchern und sogar auf freier Wildbahn, auf Lippen. Ich bewunderte seinen Wortschatz und wie er ungezwungen in seinen ersten Entwürfen die Ausdrücke verwandte, die er sich eben erst angeeignet hatte – unter anderem «Bimetallismus» und «Perkolator». Aber er war weit davon entfernt, sich völlig der Literatur zu widmen: ich meinerseits war drinnen; die Entdeckung eines Adjektivs machte mich selig; er schrieb besser und sah sich beim Schreiben zu: mit den trüben Augen seines Vaters. Die Wörter platzten oder verwandelten sich in welke Blätter: kann man sich mit Wörtern legitimieren? Im Lichte des Todes wurde die Literatur zu einem Gesellschaftsspiel, einer Abart von Canasta: ein Professor schreibt, das ist ganz natürlich; man ermutigt ihn dazu; beim Ingenieur und beim Schriftsteller werden dieselben Fallen von Nutzen sein: Schmeicheleien, Versuchungen. Mit vierzig Jahren sind alle diese Knechte Skelette; Valéry ist unter Ehrungen verborgen worden: er verkehrte mit Fürsten, mit Königinnen, mit mächtigen Industriellen, er speiste an ihrer Tafel: weil er für sie arbeitete; die Verherrlichung des Wortes kommt geradewegs den Großen dieser Welt zugute; man lehrt die Menschen, das Wort für die Sache zu nehmen, das ist weniger kostspielig. Nizan begriff das: er fürchtete, er werde sein Leben ruinieren, wenn er es damit verbringe, Stimmhauche zusammenzustellen.

Er machte sich daran, die traurigen Tollheiten seines Vaters zu *wiederholen*: er begann, wie sein Vater nachts Ausflüge zu unternehmen, zu fliehen. Er ging durch die Straßen, und plötzlich «spürte er, daß er sterben müsse, und war mit einem Schlag von allen Passanten isoliert ... Er erkannte das in einem einzigen Erkenntnisschritt, aus einem speziellen, perfekten Wissen heraus.» Es war keine Idee, sondern «eine vollkommen nackte Angst ... die jeder Form spottete». Er glaubte damals, sich einer fundamentalen, materiellen Intuition zu erfreuen, die ungeschmälerte Einheit seines Körpers in der Einheit seiner radikalen Negation zu erfahren. Ich denke, daß es damit nichts war: wir haben nicht einmal das, wir können nicht einmal unmittelbar mit unserem Nichtsein in Verbindung treten. Tatsächlich hatte ein Schock seinen erlernten alten Schmerz wiedererweckt: in ihm floh das Leben seines Vaters dahin, das Auge des *anderen Todes* öffnete sich wieder und nahm seinen bescheidenen Vergnügungen die Farbe: die Straße wurde zur Hölle.

In diesen Augenblicken verabscheute er uns: «die Freunde, die er traf, die Frauen, die er sah, waren Komplizen des Lebens, sie stellten Wechsel auf die Zeit aus». Er hätte nicht einmal daran gedacht, uns um Hilfe zu bitten: wir waren ahnungslos, wir hätten ihn nicht einmal verstanden: «Wer von diesen Narren liebte ihn geschickt genug, um ihn vor dem Tod zu schützen?» Er floh unsere raubgierigen Gesichter, schlürfenden Münder, gefräßigen Nasenlöcher und unsere stets in die Zukunft gerichteten Augen. Verschwunden. Drei Tage Selbstmord, zum Schluß ein Kater: er *reproduzierte* die nächtlichen Krisen des Vaters; sie nahmen immer größere Ausmaße an, endeten im Trunk, wieder nur in Worten: ich glaube, daß er die Tragik überzog, weil er nicht zu der vollkommenen grauenerregenden Rückhaltlosigkeit eines Fünfzigjährigen gelangen konnte. Gleichviel: seine Angst log nicht; und wenn man die tiefste und eigenartigste Wahrheit wissen will, würde ich sagen, daß es *dies* war und nichts anderes: der Todeskampf eines alten Mannes zerfraß das Leben eines sehr jungen. Er war temperamentvoll, leidenschaftlich, und dann ließ dieser unversöhnliche Blick alles erstarren; Nizan stand, weil er sich Tag für Tag selbst das Urteil sprach, jenseits seines Grabes. Tatsächlich drehte er sich im Kreise: da waren natürlich die Hast und das Entsetzen davor, am Ende zu sein, die Zeit, die verrann, der «Berg von Jahren», die Fallen, denen er mit knapper Not entging, die Menschenjagd, deren Bedeutung er nicht völlig verstand; aber da waren auch, trotz allem, seine Muskeln, sein Blut: wie will man einen wohlgenährten jungen Bourgeois daran hindern, Vertrauen in die Zukunft zu setzen? Es kam vor, daß er einen düsteren Enthusiasmus empfand, aber seine eigene Begeisterung jagte ihm Furcht ein, erregte sein Mißtrauen: wenn das eine Falle wäre, eine der Lügen, die man sich ausdenkt, um die Angst, die Qual zurückzudrängen? Er schätzte an sich selbst nur seine Empörung: sie bewies, daß er noch Widerstand leistete, daß er sich noch nicht auf dem Schienenstrang bewegte, der auf die Abstellgleise führt, unaufhaltsam. Aber wenn er über sie nachdachte, fürchtete er, sie lasse nach: sie haben so viele Decken über mich geworfen, sie hätten mich fast gehabt; sie werden es wieder versuchen. Wenn ich mich langsam an die Verhältnisse gewöhnte, die sie für mich vorgesehen haben. In den Jahren 1925/26 jagte ihm das einen wahnsinnigen Schrecken ein: die Gewöhnung: «So viele Fesseln, die man sprengen, geheime Ängste, die man überwinden, kleine

Kämpfe, die man liefern muß ... Man fürchtet sich davor ... von unerträglicher Einmaligkeit zu sein, nicht mehr zu sein wie alle anderen ... der falsche Mut wartet auf die großen Gelegenheiten; der wirkliche Mut besteht darin, Tag für Tag die kleinen Feinde zu besiegen.» Würde es ihm gelingen, sie zu besiegen, diese Nager; all diese Fesseln, die Tag für Tag zahlreicher wurden – würde er in fünf oder zehn Jahren noch in der Lage sein, sie zu sprengen? Er lebte in Feindesland, umgeben von den vertrauten Symptomen der allgemeinen Selbstentfremdung: «Versucht doch mal, eure brave Kindheit, eure Bruderpflichten in euren Arrondissements und Unterpräfekturen zu vergessen.» Alles lud ihn zu Schlaf, Verzicht, Resignation: er war so weit, daß er seine Abdankungen aufzählte: «die furchtbaren alten Gewohnheiten». Er hatte auch Angst vor einem bei gebildeten Menschen beliebten Alibi: dem leeren Schall von preziösen und abgerissenen Worten in seinem Kopf. Tatsächlich hat das Nachdenken über den Tod andere Folgen, die schwerer wiegen als diese zeitweilig aussetzenden Gespräche: es ernüchtert. Ich lief hinter Funken her, die für ihn nur Asche waren. Er schrieb: «Ich sage euch, alle Menschen langweilen sich.» Nun besteht das größte Verbrechen der Langeweile, «dieser steten Warnung vor dem Tod», darin, daß sie ein Abfallprodukt für empfindliche Seelen abwirft: das Innenleben. Nizan fürchtete, seine sehr realen Abneigungen würden am Ende seine Subjektivität zu exquisit werden lassen und seine Beschwerden beim Schnurren «von sinnlosen Gedanken und Ideen, die keine sind» einlullen. Diese verfehlten Ausgeburten unserer Ohnmacht lenken uns von der Betrachtung unserer Wunden, unserer Blutergüsse ab. Man darf niemals schlafen. Aber Nizan fühlte mit weit offenen Augen, wie der Schlaf in ihm aufstieg.

Ich würde sagen, daß diese Empörung für die Söhne der Bourgeoisie exemplarisch ist, weil ihre unmittelbare Ursache weder Hunger noch Ausbeutung ist. Nizan sieht alle Leben durch die kalte Glasscheibe des Todes: sie werden in seinen Augen zu Bilanzen: seine fundamentale Selbstentfremdung ist seine Witterung: er stöbert jede Art von Selbstentfremdung auf. Welcher Ernst, wenn er uns angesichts unseres Todes wie ein gläubiger Christ fragt: «Was hast du aus deiner Jugend gemacht?» Welch tiefes und aufrichtiges Verlangen, unser aller Verzettelung rückgängig zu machen, unsere Verwirrungen in die synthetische Einheit einer Form zu fassen: «Wird der Mensch immer nur ein Fragment des Menschen sein, sich selbst entfremdet, verstümmelt, sich selbst ein Unbekannter; wie viel liegt da brach ... wie vieles kommt nicht zur Reife!»

Diese Forderungen eines «Untermenschen» stellen den Entwurf des Menschen dar, der er sein wollte. Er hat seine mystischen Regungen, seinen Hang zu Abenteuern, seine Wortschlösser beiseite geschoben. Das unerreichbare Bild bleibt schlicht und vertraut: der Mensch, das würde ein harmonischer und freier Körper sein. Es gibt eine körperliche Weisheit – seit Adam unausgesetzt totgeschwiegen, unausgesetzt gegenwärtig; «im verborgensten Teil unseres Wesens stecken unsere authentischsten Bedürfnisse». Es handelt sich nicht mehr um unbändige Liebe noch um Vorhaben, die unsere Kräfte übersteigen: der Mensch ist seßhaft, er liebt die Erde, weil er sie berühren kann; es macht ihm Spaß, das, was er zum Leben braucht, selbst zu erzeugen. Das Große Verlangen war nur ein leeres Wort; es bleiben die einzelnen Wünsche – bescheiden, aber konkret –, die einander das Gleichgewicht halten; Nizan empfand Sympathie für Epikur, über den er sich später sehr positiv äußerte: der wandte sich an alle, an die Huren wie an die Sklaven, und er belog sie nicht.

Dabei fällt einem natürlich Rousseau ein, und nicht zu Unrecht: Nizan, dieser Mann der Städte, hatte sich, aus Anhänglichkeit an seine Kindheit, eine Art von ländlicher Naturliebe bewahrt. So mag man sich auch fragen, wie dieser edle Wilde sich wohl in die Notwendigkeiten der sozialistischen Produktion und des interplanetaren Nomadentums geschickt hätte. Es ist wahr: man findet die verlorene Freiheit nicht wieder, wenn man sie nicht erfindet; sich umdrehen verboten, und sei es auch nur, um unsere «authentischen» Bedürfnisse abzuschätzen.

Aber lassen wir den Epikurismus und Rousseau: wir würden flüchtige, leise Andeutungen überbewerten. Nizan hat mit dem Individualismus begonnen, wie alle Kleinbürger zu seiner Zeit: er wollte *er selbst* sein, und die ganze Welt trennte ihn von ihm selbst: gegen die abstrakten Gebilde, gegen die symbolischen Wesenheiten, die man in sein Herz, seine Muskeln einschmuggeln wollte, verteidigte er sein besonderes Leben. Er hat niemals Mühe darauf verschwendet, die Fülle des Augenblicks oder der Leidenschaft zu beschreiben: sie existiert nicht. Ihrer werden wir beraubt. Aber er hat gesagt, daß es wahre Liebe gebe und daß wir daran gehindert würden, zu lieben; daß das Leben wahr sein könne, daß es einen wahren Tod hervorbringen könne, daß man uns aber umbringe, noch bevor wir geboren seien. Er hat gezeigt, daß wir in dieser verkehrten Welt, in der die endliche Niederlage die Wahrheit eines Lebens darstellt, oft «Begegnungen mit dem Tod» hätten und daß jedesmal undeutliche Zeichen uns «unsere authentischsten Bedürfnisse» bewußt machten: Antoine und Anne Bloyé haben eine kleine Tochter; sie ist unheilbar krank, das wissen sie; der Schmerz läßt diese abstrakten Figuren zusammenrücken, die trotz der gemeinsamen Wohnung, jeder für sich, ein einsames Leben führten. Für kurze Zeit: niemals kann ein einmaliger Unglücksfall Individuen erlösen.

Mit fünfzehn Jahren hatte er das Wesentliche begriffen: das rührte von der Natur seines Leidens her. Gewisse Formen der Selbstentfremdung sind tatsächlich um so furchtbarer, als sie ihre Opfer in dem abstrakten Gefühl wiegen, frei zu şein. Aber Nizan hat sich niemals frei gefühlt: er war besessen gewesen; das «ungeschickte Unglück» seines Vaters hielt ihn wie eine fremde Macht besetzt, zwang sich ihm auf, zerstörte seine Vergnügungen, seinen Elan, herrschte über ihn kraft eines Diktats; und man konnte nicht einmal sagen, daß der ehemalige Arbeiter dieses elende Los verursacht hätte; es kam aus allen Himmelsrichtungen, aus ganz Frankreich, aus Paris. Nizan hatte eine ganze Weile – zur Zeit des Mystizismus, zur Zeit von R'hâ und Bor'hou – versucht, allein und mit Worten, mit Enthusiasmus seine Abneigungen, seine Zerrissenheit zu bekämpfen. Aber nein: die Verstrickung des sozialen Menschen erdrückt uns. Spinoza kam ihm zu Hilfe: man muß auf die Ursachen einwirken. Aber wenn wir die Ursachen nicht in der Gewalt haben? Er deutete seine Erfahrung: «Welcher Mensch kann seine Zerrissenheit überwinden? Er wird sie nicht ganz allein überwinden, denn die Ursachen seiner Zerrissenheit liegen nicht in ihm.» Jetzt gilt es, den geistigen Exerzitien ein verächtliches Adieu zuzurufen: «Ich hatte den Eindruck, daß sich das menschliche Leben durch Offenbarungen erschließt: was für eine Mystik!» Es ist sonnenklar, daß wir kämpfen müssen und daß wir als einzelne nichts ausrichten. Da alles von anderswoher kommt, selbst die geheimsten Widersprüche, denen die eigentümlichsten Züge unseres Charakters ihre Entstehung verdanken, wird die Schlacht anderswo und überall geschlagen werden. Andere werden *dort* für ihn kämpfen; *hier* wird Nizan für andere kämpfen: für den Augenblick handelt es sich nur darum, klar zu sehen, seine Bruderschatten zu erkennen.

Während seines zweiten Jahres auf der École hatte er sich den Kommunisten genähert: kurz, er hatte einen Entschluß gefaßt. Aber Entscheidungen werden nachts getroffen, und wir kämpfen lange, ohne es zu merken, gegen unseren eigenen Willen. Er hat an alle Türen klopfen, alles versuchen, Lösungen ausprobieren müssen, die er längst verworfen hatte. Er wollte, glaube ich, die Güter dieser Welt kennenlernen, bevor er das Gelübde der Armut ablegte. Er zog aus, seine Jugend zu Grabe zu tragen. Und dann stieg Angst in ihm auf: er mußte mit allem brechen. Aden war seine letzte Versuchung, sein letzter Versuch, einen individuellen Ausweg zu finden. Und seine letzte Flucht: Arabien zog ihn an, wie die Seine an bestimmten Abenden seinen Vater angezogen hatte. Hat er nicht später von Antoine Bloyé gesagt, er «hätte diese Existenz gern aufgegeben ... um ein anderer Mensch zu werden, ein Fremder, der wirklich er selbst wäre? Er malte sich aus ... er sei verschollen, wie jemand, der keine Adresse hinterlassen hat und der Dinge tut und atmet.» Er mußte vor uns fliehen und vor sich fliehen.

Wir verloren ihn, er kam nicht von sich los. Er wurde von einer neuen Abstraktion gequält: durch die weite Welt zu ziehen, hinter den Frauen herzulaufen, das bringt nichts ein. Aden ist ein bis zur Weißglut erhitztes Konzentrat von Europa. Nizan tat eines Tages, was sein Vater – der noch lebte – niemals wagte: er fuhr ohne Tropenhelm zur Mittagszeit in einem Auto los. Man fand ihn in einem Graben wieder, ohnmächtig, aber unverletzt. Dieser Selbstmord räumte mit einigen alten Schrecken auf. Neu belebt, sah er sich um und erblickte «die nackteste Wirklichkeit, die es gibt, die wirtschaftliche Wirklichkeit». In den Kolonien wird das Wirtschaftssystem sichtbar, das sich in den Metropolen in Wolken hüllt. Er kam zurück: er hatte die Ursachen unserer Sklaverei erkannt; der Schrecken wurde zur Aggression: zum Haß. Er schlug sich nicht mehr mit heimtückischen, anonymen Infiltrationen herum, er hatte die nackte Ausbeutung, die nackte Unterdrückung gesehen und begriffen, daß seine Gegner Namen und Gesichter hatten, daß es Menschen waren. Unglücklich zweifellos und sich selbst entfremdet wie sein Vater und wie er selbst. Aber «ihr Unglück und seine Ursachen werden von ihnen mit List, Gewalt, Hartnäckigkeit und Umsicht verteidigt». Als er in der Nacht, in der er zurückkehrte, an meine Tür klopfte, wußte er, daß er alles versucht hatte, daß er in die Enge getrieben war, daß die Auswege sämtlich blinde Fenster sind bis auf einen: den Krieg. Er kehrte zu seinen Feinden zurück, um zu kämpfen: «Wir dürfen uns nicht mehr scheuen, zu hassen. Wir dürfen uns nicht mehr schämen, fanatisch zu sein. Ich schulde ihnen Böses, sie hätten mich beinahe zur Strecke gebracht.»

Schluß! Er fand seine Gemeinschaft, ließ sich darin aufnehmen; sie schützte ihn vor seinen Feinden. Aber da ich ihn den jungen Lesern von heute vorstelle, muß ich auf eine Frage eingehen, die sie sicherlich stellen werden: Hatte er endlich gefunden, was er suchte? Was konnte die KP diesem lebendig Gehäuteten geben, der bis ins Mark an der Krankheit des Sterbens litt? Wir müssen uns gewissenhaft danach fragen: ich erzähle eine exemplarische Existenz, was das genaue Gegenteil von einer erbaulichen Biographie ist. Nizan häutete sich, und doch lebte der alte Mensch – der alte junge Mann – fort. Von 1929 bis 1939 habe ich ihn seltener gesehen, aber ich kann erklären, warum diese Begegnungen immer kürzer und um so lebhafter wurden. Soviel ich sehe, wählt man heute die Familie gegen die Politik. Nizan hatte zugleich die eine wie die andere gewählt. Äneas war es leid geworden, so lange den alten trübsinnigen Anchises zu tragen: mit einem Schulterruck warf er ihn ab, und Anchises streckte alle viere von sich; er wurde Hals über Kopf Ehemann und Vater, um seinen Vater zu töten. Aber die Vaterschaft allein reicht nicht aus, einen von der Kindheit zu heilen; im Gegenteil: die Autorität des jungen

Familienoberhaupts verurteilt dieses dazu, die tausendjährigen Kinderei-
en zu wiederholen, die Adam uns durch unsere Eltern vererbt hat. Mein
Freund wußte Bescheid: er wollte dem von Generation zu Generation
ermordeten, von Generation zu Generation wiederauferstandenen Vater
den Garaus machen: er würde *ein anderer* werden und sich vor den
Wunderlichkeiten des Familienlebens durch öffentliche Disziplin bewahren. Wir wollen sehen, ob ihm das gelang.

Die neue Doktrin füllte ihn ganz aus. Er haßte Vermittlungen, und mehr
als alle anderen Vermittler Leibniz, ihren Großmeister; durch den Lehr-
plan gezwungen, die *Metaphysische Abhandlung* zu studieren, rächte er
sich, indem er auf einer talentierten Zeichnung den Philosophen auf der
Flucht zeigte, mit einem Tirolerhut auf dem Kopf, auf der rechten
Hinterbacke den Abdruck von Spinozas Schuhsohle. Der Übergang von
der *Ethik* zum *Kapital* ging dagegen glatt vonstatten. Nizan machte den
Marxismus zu einer zweiten Natur oder, besser gesagt, zu einer Weltver-
nunft. Seine Augen wurden marxistisch; und seine Ohren. Und sein
Kopf. Endlich konnte er sich sein unfaßbares Elend erklären, seine Mängel, seine Angst: er sah die Welt und sich in ihr. Aber vor allem brachte
die Doktrin – während sie seinen Haß rechtfertigte – in ihm die sich
widersprechenden Reden seiner Eltern miteinander in Einklang. Die
Genauigkeit der Technik, die Strenge der Wissenschaft, die Geduld der
Vernunft – all das war bewahrt. Aber man war gleichzeitig über die
Kleinlichkeit des Positivismus hinaus, über seine absurde Weigerung,
«durch die Ursachen zu erkennen»; man überließ den Ingenieuren die
traurige Welt der Mittel und der Mittel von Mitteln. Der rastlose junge
Mann, der seine Seele retten wollte, konnte sich absoluten Zwecken
unterordnen: die Geschichte entbinden, die Revolution durchführen, den
Menschen und sein Reich vorbereiten. Man sprach nicht von Erlösung
noch von persönlicher Unsterblichkeit, aber man räumte ein, daß man,
anonym oder glorreich, innerhalb eines gemeinsamen Unternehmens
fortleben werde, das erst mit der Spezies zu existieren aufhören würde. Er
überließ dem Marxismus alles: die Physik und die Metaphysik, den
Tatendrang und den Drang, sich seine Taten wiederanzueignen, seinen
Zynismus und seine eschatologischen Träume. Der Mensch wurde seine
Zukunft: aber jetzt galt es zu zerschneiden, das Wiederzusammennähen
würden andere besorgen; er hatte das besondere Vergnügen, zum Wohle
der Menschheit alles in Stücke schlagen zu dürfen.
    Selbst die Wörter gewannen plötzlich Gewicht: er hatte ihnen miß-
traut, weil sie schlechten Herren dienten, alles änderte sich, als er sie
gegen den Feind kehren konnte. Er bediente sich ihrer Zweideutigkeit zur
Irreführung, ihres unbestimmten Zaubers zur Verführung. Im Dienste

der Partei durfte die Literatur sogar zum Geschwätz werden, der Schriftsteller würde, wenn er wollte, wie der antike Weise einen dreifachen
Purzelbaum schlagen: alle Wörter gehören den Feinden des Menschen,
die Revolution gab die Erlaubnis, sie zu rauben, das war alles. Es reichte:
Nizan marodierte seit zehn Jahren und legte auf einen Schlag die Summe
seiner Diebstähle vor: das Vokabular. Er erkannte seine Rolle als kommunistischer Schriftsteller, und daß es für ihn auf dasselbe hinauslaufe,
ob er die Feinde des Menschen oder ihre Sprache in Verruf bringe. Alles
war erlaubt: der Dschungel. Das Wort der Herrschenden ist Lüge: man
muß ihre Sophismen auseinandernehmen und gleichzeitig gegen sie
gerichtete Sophismen erfinden, man muß sie belügen. Man kann sogar so
weit gehen, den Hanswurst zu spielen: damit beweist man im Sprechen,
daß das Wort des Herrn den Hanswurst spielt. Inzwischen sind diese
Spiele verdächtig geworden: der Osten ist heute erbaulich, er hat unseren
Provinzen neuen Respekt vor den «Nippes tönender Leere»[1] eingeflößt.
Wir können uns keine Späße mehr erlauben: wir stecken in der Klemme
zwischen zwei Arten von Falschgeld, einer aus dem Osten, einer aus dem
Westen. 1930 gab es erst eine davon, und die Revolution war bei uns noch
beim Zerstören: der Intellektuelle hatte die Aufgabe, die Worte der
bürgerlichen Ideologie zu verdrehen und ihre Fäden zu verwirren; Frei-
schärler setzten das Gestrüpp in Brand, ganze Bereiche der Sprache
zerfielen zu Asche. Nizan spielte selten den Hanswurst, verfiel nicht oft
auf Taschenspielerkunststücke; er log, wie alle Welt in diesem Goldenen
Zeitalter, wenn er genau wußte, daß man ihm nicht glauben würde: die
Verleumdung hatte soeben, flink und lustig, das Licht der Welt erblickt;
sie stand der Poesie nahe. Aber diese Methoden gaben ihm neuen Mut:
wir wissen, daß er gegen den Tod anschreiben wollte und daß der Tod ihm
die Wörter unter der Feder in welke Blätter verwandelt hatte; er hatte
Angst gehabt, er mache sich etwas vor, er vertändle sein Leben im Spiel
mit Wind. Jetzt sagte man ihm, daß er sich nicht getäuscht habe, daß die
Literatur eine Waffe in den Händen unserer Herren sei, aber man gab
ihm einen neuen Auftrag: in einer negativen Periode kann ein Buch eine
Tat sein, wenn der revolutionäre Schriftsteller sich bemüht, die Sprache
zu zertrümmern. Er durfte alles, er durfte sich sogar einen eigenen Stil
zulegen: das würde für die Bösen die Versüßung einer bitteren Pille sein;
für die Guten ein Aufruf zur Wachsamkeit: wenn das Meer singt, springt
nicht hinein. Nizan studierte die negative Ausdrucksweise: sein Haß
bildete Perlen; er nahm die Perlen und warf sie uns zu, hoch erfreut, daß
er den gemeinsamen Zwecken durch ein so persönliches Werk dienen
sollte. Sein Kampf gegen die konkreten Gefahren, die einem jungen

1 Anspielung auf Mallarmés Sonett *Ses purs ongles très haut.* (Anm. d. Übers.)

Bourgeois drohen, wurde, ohne daß sich sein unmittelbares Ziel geändert hätte, eine Pflicht: er sprach aus ohnmächtiger Wut und aus Haß, jetzt schrieb er für die Revolution.

So war es die Partei, die den Schriftsteller gemacht hat. Aber der Mensch? Hatte er endlich «sein Feld»? Seine Fülle? War er glücklich? Ich glaube es nicht. Dieselben Ursachen, die uns das Glück nehmen, machen uns für immer unfähig, es zu genießen. Außerdem war die Doktrin deutlich, stimmte mit seiner persönlichen Erfahrung überein: da die Formen seiner Selbstentfremdung mit der augenblicklichen Struktur der Gesellschaft zusammenhingen, würden sie mit der Bourgeoisie verschwinden; aber er glaubte nicht, daß er den Sozialismus noch erleben würde oder daß, falls er in den letzten Tagen seines Lebens seine Anfänge noch erkennen sollte, diese Verwandlung der Welt Zeit hätte, auch die alten Gewohnheiten eines Sterbenden zu ändern. Dennoch hatte er sich geändert: nie wieder verfiel er, wie früher oft, in Trostlosigkeit; nie wieder bekam er Angst, er lasse sich sein Leben zugrunde richten. Er hatte Anfälle von tonischem Ungestüm, erlebte Freuden: er fügte sich von Herzen gern darein, nur der *negative Mensch* zu sein, der Schriftsteller der Demoralisierung, der Entmystifizierung. Gab es etwas, womit man dies so ernste Kind, das er nach wie vor war, zufriedenstellen konnte? In gewisser Hinsicht ja. Bevor er in die Partei eintrat, klammerte er sich an seine Weigerungen: da er nicht wahr sein konnte, würde er leer sein, seine Bedeutung würde allein auf seinem Unbefriedigtsein beruhen, seinen unerfüllten Wünschen. Aber er spürte Müdigkeit in sich aufsteigen und empfand Entsetzen bei dem Gedanken, er könne nachgeben und eines Tages in der Zustimmung versinken. Als Kommunist baute er seinen Widerstand aus: er hatte sich bis dahin stets vor diesem Krebsgeschwür gefürchtet: dem sozialen Menschen. Die Partei sozialisierte ihn schmerzlos: seine Existenz im Kollektiv war nichts anderes als seine individuelle Person; es genügte, daß sie den Haß, der ihn erfüllte, *sanktionierte*. Er hielt sich für eine scheußliche Mißgeburt, man holte ihn nach oben auf die Tribüne, er zeigte seine Wunden mit den Worten: «So haben die Bourgeois an ihren eigenen Kindern gehandelt.» Er hatte die Gewalt gegen sich selbst gekehrt: er machte Bomben daraus, die er gegen die Paläste der Industrie warf. Diese Gebäude wurden nicht beschädigt, aber Nizan war befreit: er kontrollierte seinen geheiligten Haß, spürte aber nicht mehr davon, als jemand, der laut singt, von seiner Stimme hört; dieses schlechte Subjekt wurde ein fürchterliches Objekt.

Er befreite sich nicht so leicht vom Tod oder vielmehr von dem Schatten, den er über sein Leben warf. Aber der von einer fremden Angst zerfressene Halbwüchsige erwarb sich als Mann das Recht, für seine eigene Sache zu sterben. Der Marxismus enthüllte ihm das Geheimnis

41

seines Vaters: die Einsamkeit Antoine Bloyés beruhte auf seinem Verrat. Dieser verbürgerlichte Arbeiter dachte unablässig «an die Kollegen, mit denen er auf den Baustellen an der Loire und in den Depots zusammengearbeitet hatte, die auf der Seite der Dienenden waren, auf der Seite des Lebens ohne Hoffnung. Er sagte . . . ein Wort, das er sich zu vergessen bemühen würde, das nur verschwinden würde, um zur Zeit seines Verfalls wiederaufzutauchen, am Vorabend seines eigenen Todes: ‹Ich bin also ein Verräter.› Und er war es.» Er hatte die Linie überschritten und seine Klasse verraten, um sich als simples Molekül in der Molekularwelt der Kleinbürger wiederzufinden. Er empfand seine Verlassenheit bei hundert Gelegenheiten, vor allem einmal, als er während eines Streiks den Vorbeimarsch der Demonstranten sah: «Diese Menschen ohne Bedeutung nahmen die Kraft, die Freundschaft, die Hoffnung, von denen er ausgeschlossen war, immer weiter mit sich fort. An diesem Abend dachte Antoine, er sei ein Mensch der Einsamkeit. Ein Mensch ohne Gemeinschaft. Die Wahrheit des Lebens war auf der Seite derjenigen, die keinen ‹Erfolg› gehabt hatten. ‹Die sind nicht allein›, dachte er. ‹Sie wissen, wohin sie gehen.›»

Dieser Überläufer hatte sich aufgelöst, jetzt wirbelte er im Staub der Bourgeoisie herum. Er lernte die Selbstentfremdung, das Unglück der Reichen kennen, weil er sich zum Komplizen derjenigen gemacht hatte, die die Armen ausbeuteten. Diese Gemeinschaft der «Menschen ohne Bedeutung» wäre eine Waffe gegen den Tod gewesen. In ihrer Mitte hätte er die Fülle des Unglücks und der Freundschaft kennengelernt. Fern von ihnen war er ohne Deckung: er war im voraus verstorben, ein und derselbe Sensenhieb hatte die Bande zwischen ihm und den Menschen und seinen Lebensfaden zerschnitten.

War Monsieur Nizan wirklich dieser verzweifelte Deserteur? Ich weiß es nicht. Auf jeden Fall sah ihn sein Sohn so: Nizan entdeckte den Grund für die tausenderlei Arten von geringfügigem Widerstand, den er seinem Vater entgegensetzte, oder glaubte, ihn zu entdecken: er liebte in ihm den Menschen, er haßte den Verrat. Die wohlmeinenden Marxisten, die sich des Falles meines Freundes angenommen und ihn mit einem inneren Zwang zum Verrat erklärt haben, bitte ich, seine Werke noch einmal zu lesen, mit offenen Augen, wenn sie das noch können, und sich der offensichtlichen Wahrheit nicht zu verschließen. Es ist wahr, dieser Sohn eines Verräters spricht oft von Verrat. In *Aden* schreibt er: «Ich hätte ein Verräter werden . . . ich hätte ersticken können.» Und in *Die Wachhunde*: «Wenn wir heute die Bourgeoisie um der Menschen willen verraten, so sollten wir uns nicht scheuen, zu gestehen, daß wir Verräter sind.» Ein Verräter an den Menschen: Antoine Bloyé; ein weiterer Verräter: der trübsinnige Pluvinage, Sohn eines Polizisten und selbst ein Polizist, in

Die Verschwörung. Aber was bedeutet denn dieses so oft wiederholte Wort? Daß Nizan sich von Daladier kaufen ließ? Die Orthodoxen unserer Linken legen oft eine niederträchtige Entrüstung an den Tag, wenn sie von anderen sprechen; ich kenne nichts Kindischeres und Schmutzigeres, außer dem Klatsch «anständiger» Frauen über eine unverheiratete Frau. Nizan wollte schreiben, er wollte leben: was brauchte er dreißig lumpige Silberlinge aus dem Geheimfonds? Aber als Sohn eines Bourgeois gewordenen Arbeiters fragte er sich, was er wohl sein könne: ein Bourgeois oder ein Arbeiter? Seine Hauptsorge war ohne jeden Zweifel dieser Bürgerkrieg in ihm; Monsieur Nizan, der Verräter am Proletariat, hatte seinen Sohn zu einem verräterischen Bourgeois gemacht; dieser Bourgeois wider Willen würde die Linie in umgekehrter Richtung überschreiten: aber das ist gar nicht so leicht; wenn die kommunistischen Intellektuellen zu Scherzen aufgelegt sind, nennen sie sich Proletarier: «Wir verrichten manuelle Heimarbeit.» Klöpplerinnen gewissermaßen. Nizan, der klarer dachte und anspruchsvoller war, sah in ihnen, in sich selbst, Kleinbürger, die die Partei des Volkes ergriffen hatten. Die Kluft zwischen einem marxistischen Romancier und einem Facharbeiter ist nicht überbrückt: man lächelt einander über den Abgrund hinweg freundlich zu, aber wenn der Schriftsteller einen einzigen Schritt tut, stürzt er in die Tiefe. Das mag noch angehen bei einem Bourgeois, der Sohn und Enkel von Bourgeois ist: gegen die Herkunft vermögen die schönen Gefühle nichts. Aber Nizan? Er war mit seinen neuen Verbündeten blutsverwandt: er erinnerte sich an seinen Großvater, der «auf der Seite der Dienenden . . . des Lebens ohne Hoffnung» blieb; er war wie die Kinder von Eisenbahnern in Landschaften aus Eisen und Rauch aufgewachsen; dennoch hatte ein Diplom der Quat'zarts[1] genügt, seine Kindheit in Einsamkeit zu tauchen, der ganzen Familie eine nicht rückgängig zu machende Metamorphose aufzuzwingen. Niemals überschritt er die Linie in umgekehrter Richtung: er verriet die Bourgeoisie, ohne sich der feindlichen Armee anschließen zu können, und mußte stehen bleiben wie *Der Pilger*[2], auf jeder Seite der Grenze ein Bein; er war bis zum Schluß der Freund, aber er schaffte es niemals, der Bruder derer zu werden, «die keinen Erfolg gehabt hatten». Das war einzig und allein die Schuld der Bourgeois, die seinen Vater zu einem Bourgeois gemacht hatten. Dieser unauffällige Mangel, diese Leere störte ihn immer ein bißchen: er hatte den Sirenengesang der Bourgeoisie vernommen; aus Gewissenhaftigkeit verharrte er in der Unsicherheit: da er nicht zu der Gemeinschaft der

---

1 École des Arts et Métiers. (Anm. d. Übers.)
2 Film von Charlie Chaplin. (Anm. d. Übers.)

Dienenden, derjenigen, die ohne Hoffnung leben, gehörte, hielt er sich niemals für hinreichend gefeit gegen die Versuchungen, gegen den Tod; er lernte die Kameradschaft unter Militanten kennen, ohne der Einsamkeit zu entkommen, dem Erbteil eines Verrats.

Sein Leben würde ihm nicht gestohlen werden; befreit von einem fremden Tod, betrachtete er seinen eigenen: es würde nicht der eines Depotleiters sein. Aber dieser negative Mensch, der bescheidensten Fülle beraubt, erkannte, daß er zum Schluß eine nicht wiedergutzumachende Niederlage erleiden würde. Sein Tod würde nur das Verschwinden einer Weigerung darstellen. Ein sehr hegelianischer Tod, alles in allem: die Negation einer Negation. Ich glaube kaum, daß Nizan in dieser philosophischen Sicht auch nur den geringsten Trost gefunden hat. Er unternahm eine lange Reise in die UdSSR. Bei seiner Abreise hatte er mir seine Hoffnung anvertraut: dort waren die Menschen vielleicht unsterblich. Die Abschaffung der Klassen überbrückte alle Klüfte. Vereint durch ein langfristiges Unternehmen, wurden die Arbeiter durch den Tod zu anderen Arbeitern, die zu wieder anderen, und die Generationen würden aufeinanderfolgen, immer andere und immer die gleiche.

Er kam zurück. Seine freundschaftlichen Beziehungen zu mir hoben den Eifer des Agitators nicht völlig auf: er ließ mich wissen, daß die Wirklichkeit alle Erwartungen übertraf. Außer in einem Punkt: die Revolution befreite die Menschen von der Lebensangst, sie nahm ihnen nicht die Angst vor dem Tode. Er hatte die Besten gefragt: sie hatten alle geantwortet, daß sie an den Tod dächten und daß ihr Eifer für die gemeinsame Arbeit sie nicht vor diesem finsteren persönlichen Unheil bewahre. Enttäuscht verzichtete Nizan für immer auf den alten spinozistischen Traum: er würde niemals die affirmative Fülle des endlichen Modus kennenlernen, der damit seine Schranken zerbricht und zur unendlichen Substanz zurückkehrt. Im Innersten seiner Bindung ans Kollektiv würde er die Einmaligkeit seiner Unruhe bewahren. Er wollte nicht mehr über sich nachdenken, es gelang ihm, er wandte seine ganze Aufmerksamkeit den objektiven Notwendigkeiten zu: er blieb dennoch, wegen dieses unauflöslichen, hohlen Nichts, dieser Blase von Leere in ihm, das anfälligste und das «unersetzlichste» Geschöpf von der Welt. Ein paar verstreute Sätze zeigen, daß er, ein Individuum wider Willen, am Ende die individuellste Lösung wählte: «Es bedarf vieler Kraft und vieler Werke, um dem Nichts zu entkommen . . . Antoine sah schließlich ein, daß er nur durch Werke, die er geschaffen hätte, durch Beweise seines Könnens hätte erlöst werden können.» Nizan war kein Ingenieur. Auch kein Politiker. Er schrieb; der Beweis seines Könnens konnte nur eine Stilübung sein. Er vertraute auf seine Bücher: in ihnen würde er fortleben. Im Innersten dieser disziplinierten, täglich militanteren Exi-

stenz ließ der Tod das Krebsgeschwür der Anarchie wachsen. Das dauer-
te, allem zum Trotz, zehn Jahre. Er widmete sich seiner Partei, lebte
unbefriedigt, schrieb leidenschaftlich. Aus Moskau kam ein Sturm – die
Prozesse –, der ihn schüttelte, ohne ihn zu entwurzeln. Er hielt stand.
Gleichviel: diesem Revolutionär mangelte es an Blindheit. Sein Verdienst und seine Schwäche waren, daß er alles *sofort* verlangte, wie es die
Art junger Leute ist. Den Verzicht der Willfährigkeit leistete dieser
Mann der Negation nicht. Er schwieg sich über die Prozesse aus: das war
alles.

Ich sah ihn als das Musterbeispiel eines Kommunisten an, das war
bequem: er wurde in meinen Augen das Sprachrohr des Politbüros. Ich
hielt seine Stimmungen, seine Illusionen, seine Frivolitäten, seine Leidenschaften für höheren Orts abgekartet. Im Juli 1939, in Marseille, wo
ich ihn zufällig und zum letztenmal traf, war er sehr aufgeräumt: er stand
kurz vor der Abfahrt nach Korsika; ich las in seinen Augen die Aufge-
räumtheit der Partei; er sprach vom Krieg, er glaubte, wir würden darum
herumkommen: das wurde in meinem Kopf augenblicklich übersetzt:
«Das Politbüro ist sehr optimistisch, sein Sprachrohr erklärt, daß die
Verhandlungen mit der UdSSR zu einem guten Ergebnis führen werden.
Vor dem Herbst, sagt es, werden die Nazis in die Knie gezwungen sein.»
    Der September belehrte mich, daß es klüger sei, die Ansichten meines
Freundes von den Entscheidungen Stalins zu trennen. Ich war davon
überrascht. Verärgert: ich mochte unpolitisch sein, jede Bindung entschieden ablehnen, aber mein Herz saß natürlich links, wie bei jedermann; Nizans rascher Aufstieg hatte mir geschmeichelt, hatte mir in
meinen eigenen Augen irgendwie eine Bedeutung für die Revolution
verliehen; unsere Freundschaft war so kostbar gewesen, und man verwechselte uns noch so oft miteinander, daß ebensosehr ich es war, der in
Ce Soir die außenpolitischen Leitartikel schrieb – und ich war ganz schön
im Bilde! Wenn Nizan nichts wußte – welche Erniedrigung: wir wurden,
er und ich, wieder arme Teufel. Fußvolk, mit einem Wort. Wenn er mich
nicht absichtlich getäuscht hatte. Diese Vermutung amüsierte mich ein
paar Tage lang: ich hatte ihm geglaubt, ich war ein Idiot; aber er behielt
seine hohen Funktionen, seinen umfassenden Überblick über das, was
man damals das «diplomatische Schachbrett» nannte – und im Grunde
war mir das auch lieber. Ein paar Tage später erfuhr ich im Elsaß aus den
Zeitungen, daß das Sprachrohr des Politbüros soeben aus der Partei
ausgetreten war und daß er diesen Bruch mit großem Aufsehen vollzogen
hatte. Ich hatte mich also getäuscht, in jeder Hinsicht, seit je. Ich weiß
nicht, was mich davor bewahrte, in Betäubung zu verfallen: mein Leicht-
sinn vielleicht; und außerdem entdeckte ich im selben Augenblick den

monumentalen Irrtum einer ganzen Generation – unserer Generation –, die im Stehen schlief. Man trieb uns durch eine blutdürstige Vorkriegszeit auf die Massaker zu, und wir glaubten, wir wandelten auf den Rasenteppichen des Friedens. In Brumath erlebte ich unser anonymes großes Erwachen, ich verlor schließlich, und zwar für immer, mein Orientierungsvermögen: das warf mich um.

Heute erinnere ich mich ohne Verdruß meiner Lehrzeit, und ich sage mir, daß Nizan zur selben Zeit *umlernte*. Wie mußte er leiden! Es ist schwer, eine Partei zu verlassen: da ist das Gesetz, das man aus sich herausreißen muß, um es zu zerbrechen, da sind die Männer, deren geliebte, vertraute Gesichter die gemeinen Visagen von Gegnern werden, da ist die graue Masse, die hartnäckig weitermarschiert und die man sich entfernen, verschwinden sehen wird. Mein Freund war Dolmetscher: plötzlich war er allein, im Norden, unter englischen Soldaten. Allein unter den Engländern, so wie in der schlimmsten Zeit seines Lebens, in Arabien, damals, als er, die Faust im Nacken, geflohen, als er ganz auf sich allein gestellt war und Nein gesagt hatte.

Natürlich nannte er politische Gründe für seinen Schritt. Seine ehemaligen Freunde beschuldigten ihn des Moralismus; er warf ihnen vor, sie seien keine Machiavellisten; er billige, sagte er, den souveränen Zynismus der sowjetischen Führer: alle Mittel sind erlaubt, wenn es gilt, das Vaterland des Sozialismus zu retten; aber die französischen Kommunisten waren dem Beispiel dieser chevaleresken Ungezwungenheit nicht gefolgt und hatten nicht begriffen, daß sie sich zum Schein von der UdSSR lossagen mußten; sie würden ihren Einfluß verlieren, weil sie sich nicht rechtzeitig den Anschein der Entrüstung gegeben hatten.

Er war nicht der einzige, der diese Argumente vorbrachte; wie oberflächlich sie uns heute vorkommen! Tatsächlich war dieser Rückgriff auf Machiavelli nicht mehr als eine schlagfertige Antwort: Nizan wollte seinen Realismus beweisen; als Taktiker verurteilte er eine Taktik: weiter nichts – daß nur ja niemand glaubte, er ziehe sich aus einem Affekt heraus zurück oder weil seine Nerven zerrüttet seien! Seine Briefe dagegen beweisen, daß er vor Zorn kochte. Heute kennen wir die Umstände, die Dokumente besser, wir verstehen die Motive der russischen Politik: ich neige zu der Annahme, daß er einen Fehler gemacht hat, daß er nicht mit seinen Freunden, seinem wahren Leben hätte brechen müssen; ich sage mir, daß die Résistance, hätte er sie erlebt, ihn wie so viele andere ins Glied zurückgebracht hätte. Aber das ist nicht meine Sache: ich will darlegen, daß er auf den Tod verwundet, daß die Kugel ihm mitten ins Herz gedrungen war, daß diese unerwartete Schwenkung ihm seine Nacktheit enthüllte, ihn in seine Wüste, in ihn selbst zurückwarf.

Er schrieb in *Ce Soir*; man hatte ihm die Außenpolitik übertragen. Ein einziges Thema: sich mit der UdSSR gegen Deutschland verbünden. Er hatte es so oft entwickelt, daß er inzwischen ganz davon durchdrungen war: als Molotow und Ribbentrop letzte Hand an ihren Pakt legten, forderte Nizan mit heisergeredeter Stimme aus eigenem Antrieb, unter Drohungen, die französisch-sowjetische Annäherung. Im Laufe des Herbstes 1939, auf Korsika, besuchte er führende Männer der Partei: sie waren sehr freundlich zu ihm, beglückwünschten ihn zu seinen Artikeln, und wenn er sich abends zurückgezogen hatte, hielten sie ausgedehnte geheime Zusammenkünfte ab. Wußten sie, was uns bevorstand? Nichts ist weniger sicher: die Septemberenthüllung zermalmte eine Partei auf Urlaub. Man sah in Paris Journalisten in der Verwirrung blindlings die schwersten Verantwortungen auf sich nehmen. Auf jeden Fall zweifelte Nizan keinen Augenblick lang daran, daß er belogen worden war. Das verletzte ihn: nicht in seiner Eitelkeit und auch nicht einmal in seinem Stolz, sondern, sehr viel tiefer, in seiner Demut. Er hatte niemals die Klassengrenze überschritten, er wußte es; in seinen eigenen Augen verdächtig, sah er im Schweigen der Parteiführer den Beweis für das Mißtrauen des Volkes. Zehn Jahre Gehorsam hatten es nicht zerstreut: man würde diesem zweifelhaften Verbündeten den Verrat seines Vaters niemals verzeihen.

Dieser Vater hatte für andere gearbeitet, für Herren, die ihm seine Kraft und sein Leben raubten; aus Protest dagegen war Nizan Kommunist geworden. Nun erfuhr er, daß man ihn als Werkzeug benutzte und ihm die wahren Ziele verheimlichte, daß man ihm Lügen souffliert und daß er sie guten Glaubens wiederholt hatte: auch ihm hatten unsichtbare Menschen von fern die Kraft, das Leben geraubt; er hatte seinen ganzen Starrsinn daran gewendet, die ätzenden und einschmeichelnden Wörter der Bourgeoisie zurückzuweisen, und auf einmal fand er innerhalb der Partei der Revolution selbst wieder, was er am meisten fürchtete: die Selbstentfremdung in der Sprache. Die kommunistischen Wörter, so einfach, fast roh –, was war das? Ausgeströmtes Gas. Er hatte von seinem Vater geschrieben: «(Er hatte) einsame Handlungen (ausgeführt), zu denen ihn eine außer ihm liegende, unmenschliche Macht gezwungen hatte ... Handlungen, die nicht Teil einer authentischen menschlichen Existenz waren, die keine wirklichen Folgen gehabt hatten. Es waren Handlungen, die nur in verstaubten, mit Bindfäden verschnürten Akten verzeichnet waren ...» Jetzt fielen ihm seine Handlungen als militanter Kommunist ein, und sie glichen wie Brüder denen des bürgerlichen Ingenieurs: keine «wirklichen Folgen»; in verstaubten Zeitungen verstreute Artikel, hohle Phrasen, diktiert von einer außer ihm liegenden Macht, die Selbstaufgabe eines Menschen gegenüber den Notwendigkeiten einer internationalen Politik, ein unbedeutendes, seiner Substanz beraubtes Leben, «ein eitles Bild dieses enthaupteten Wesens, das sich in der Asche der Zeit bewegte, mit hastigen Schritten, ohne Richtung, ohne Anhaltspunkte».

Er kehrte zu seiner ewigen Unruhe zurück; er kämpfte, um sein Leben zu retten, und die Partei raubte es ihm; gegen den Tod, und der Tod kam ihm von der Partei. Er täuschte sich, glaube ich: das Massaker wurde von der Erde hervorgebracht und entstand überall. Aber ich berichte, was er empfand: Hitler hatte die Hände frei, er würde sich auf uns werfen; Nizan stellte sich bestürzt vor, wie unsere Armee von Bauern, von Arbeitern mit Zustimmung der UdSSR vernichtet würde. Seiner Frau gegenüber sprach er von einer anderen Befürchtung: er würde zu spät, verbraucht, aus einem endlosen Krieg zurückkommen; er würde überleben, um seinen Verdruß, seinen Groll wiederzukäuen, gequält vom Falschgeld der Erinnerungen. Gegen diese von neuem drohenden Gefahren blieb nur die Empörung, die alte anarchistische und verzweifelte Empörung: da alles die Menschen verriet, würde er den kleinen verbleibenden Rest von Menschlichkeit dadurch schützen, daß er zu allem Nein sagte.

Ich weiß: der erbitterte Soldat des Jahres 1940 sieht mit seinen vorgefaßten Meinungen, seinen Prinzipien, seiner Erfahrung, all seinem geistigen Werkzeug dem jungen Abenteurer, der nach Aden aufbrach, kaum noch ähnlich. Er wollte vernünftig denken, klar sehen, alles abwägen, bewahren, was ihn verband mit «denjenigen, die keinen Erfolg gehabt hatten»; die Bourgeoisie wartete auf ihn, leutselig und verderblich: man mußte ihr einen Strich durch die Rechnung machen; von der Partei, wie er glaubte, verraten, hielt er es von neuem für seine selbstverständliche Pflicht, nicht seinerseits zu verraten; er beharrte darauf, sich als Kommunisten zu bezeichnen. Er überlegte geduldig: wie konnte man die Abweichungen korrigieren, ohne dem Idealismus zu verfallen? Er machte Notizen, er registrierte; er schrieb viel. Aber glaubte er wirklich, ganz allein die unbeugsame Bewegung dieser Millionen von Menschen korrigieren zu können? Ein einsamer Kommunist ist verloren. Die Wahrheit seiner letzten Monate wurde der Haß. «Ich will», hatte er geschrieben, «einen bestimmten Menschen bekämpfen.» Er dachte damals an die Bourgeois, aber die Bourgeois haben kein Gesicht: der, den man zu hassen glaubt, löst sich in nichts auf, und man findet sich der Standard Oil, der Börse gegenüber. Nizan hegte bis zu seinem Tode gegen bestimmte Leute Groll: der eine Freund hatte ihn aus Feigheit nicht unterstützt; ein anderer hatte ihn zum Bruch ermutigt und dann verurteilt. Sein Zorn wurde von lebhaften Erinnerungen genährt: vor seinem geistigen Auge erschienen noch einmal Augen, Münder, ein Lächeln, die Farbe einer Haut, eine strenge oder scheinheilige Miene, und er haßte diese allzu menschlichen Gesichter; wenn er jemals die Fülle kennenlernte, dann in diesen Stunden des Rasens, in denen die Gemetzel, die er in Gedanken veranstaltete, Genuß wurden. Als er völlig einsam, «ohne Richtung, ohne Anhaltspunkte» und nur auf die Unnachgiebigkeit seiner Weigerungen angewiesen war, kam der Tod und holte ihn. *Sein* Tod: sinnlos und barbarisch, so wie er ihn immer gefürchtet und wie er ihn sich immer vorgestellt hatte. Ein englischer Soldat nahm sich die Zeit, seine persönlichen Aufzeichnungen und seinen letzten, fast fertigen Roman, *«La Soirée à Somosierra»*, zu vergraben. Die Erde fraß dieses Testament: als seine Frau 1945 an Hand von genauen Angaben versuchte, die Papiere wiederzufinden, die letzten Zeilen, die er über die Partei, über den Krieg oder über sich selbst niedergeschrieben hatte, war nichts mehr erhalten. Ungefähr zu dieser Zeit wurde mit der Verleumdung Ernst gemacht: man verurteilte den Toten wegen Hochverrats. Was für ein seltsames Leben: deformiert, dann geraubt, dann verborgen und gerettet in den Tod, weil es Nein sagte. Exemplarisch auch, weil es ein Skandal war wie alle Leben, die man vorgefertigt hat, wie alle die, die man heute den jungen Leuten zurechtzimmert; aber ein bewußter Skandal und einer, der sich öffentlich anprangerte.

Hier sein erstes Buch. Man glaubte, der Erdboden habe es verschlungen, es ersteht auf, weil ein neues Publikum danach verlangt. Ich hoffe, daß man uns bald seine beiden Meisterwerke zurückgibt: *Antoine Bloyé*, die schönste, die lyrischste aller Grabreden, und *Die Verschwörung*. Aber es ist nicht falsch, mit dieser nackten Empörung zu beginnen: am Anfang aller Dinge steht zunächst die Weigerung. Jetzt mögen die alten Leute sich entfernen und einen Halbwüchsigen zu seinen Brüdern sprechen lassen: «Ich war zwanzig. Niemand soll sagen, das sei die schönste Zeit des Lebens.»

(März 1960)

Den Tod im Herzen*
Tagebuchfragment aus dem Jahre 1940

10.Juni

Um sechs Uhr morgens Abfahrt aus Mommenheim, im Autobus. Die Regimenter von Infanteristen, an denen wir vorbeifahren, sind in der Nacht über 40 Kilometer gelaufen. Sie kommen aus Wissenbourg, scheint es, und sie haben große Umwege gemacht. Sie betrachten uns ohne Zorn, als wir vorbeifahren, aber ihre Blicke zeigen lebhafteste Überraschung. In Wirklichkeit ist es uns genauso dreckig gegangen wie ihnen, aber Tatsache ist: wir werden im Bus transportiert.

«Was die wohl von uns denken?» fragt sich Pierné, der Sozialist ist.

«Nichts weiter. Die denken: Sieh mal an, da werden welche im Bus transportiert.»

Ankunft in Haguenau gegen acht Uhr. Die Stadt ist seit einem Monat evakuiert. Sie war am 12. Mai beschossen worden, allerdings ohne viel Schaden zu nehmen, abgesehen von ein paar Kratzern an der gerade erneuerten Fassade eines gotischen Hauses und von einer Granate, die ein ärmliches Häuschen getroffen hat. Der Befehl zur Evakuierung ist am gleichen Abend gekommen. Das Häuschen haben wir im Vorbeifahren gesehen: ein eingestürztes Ziegeldach in einem Garten voller Schwertlilien. Es sieht nicht nach Kriegswunde aus, man würde eher an einen Zusammenbruch aus Altersschwäche denken, wären nicht die Schwertlilien so frisch, so leuchtend frisch und derart «unbekümmert», daß es etwas Beunruhigendes hat. Und dann ist da auch noch dieser sich aufbäumende, senkrecht hochragende Fußboden, den man durch ein klaffendes Loch in der Außenmauer sieht.

11 Uhr morgens

Im Keller des Rathauses. Eben gerade sind wir im Gänsemarsch runtergestiegen, jeder mit einem Strohsack auf dem Rücken. Staub, Weingeruch im Gemäuer. Vereinzelt Kellerfenster. Hier unten werden wir jetzt leben müssen.

«Was für ein Gestank!» sagt Dupin.

* Diese Tagebuchaufzeichnungen, 1942 in Brüssel in einem Sammelband erschienen, tragen den gleichen Titel – *La mort dans l'âme* – wie der Roman, den Sartre 1949 veröffentlichte und der deutsch unter dem Titel *Der Pfahl im Fleische* erschien.

«Ja. Anscheinend wollen sie hier sogar die Schreibstuben unterbringen.»

«Oh, pardon! Und warum dann nicht auch die Feldküche? Und die Lastwagen?»

Wir werfen die Strohsäcke auf den Boden und setzen uns darauf. Weiße Staubwirbel steigen zur Decke auf. Ich habe einen Asthmaanfall. Wir hocken da, in unseren Mänteln, die Knie unterm Kinn, ohne daran zu denken, unsere Stahlhelme und unsere Tornister abzulegen. Schwer wie Blei sitzen wir da, als sollten wir hier den ganzen Krieg verbringen. Wir brauchen Wurzeln: seit einiger Zeit fühlen wir uns so haltlos, daß wir Angst haben, der Wind könnte uns davontragen. Rauchen verboten – natürlich.

Leutnant Monique erscheint oben an der Treppe, ganz in goldenes Licht getaucht, das ihn umschließt und rings um ihn wie Dampf aufsteigt. Er beugt sich herab, rot und warm von der Sonne, durchscheinende Ohren, und versucht unsere blassen Gestalten und unsere bläulichen Gesichter zu erkennen.

«He! Der A. D.!»

«Hier, *mon lieutenant!*»

«Chaubé, sammeln Sie Ihre Leute und kommen Sie sofort herauf!»

Chaubé ruft uns zusammen, und wir gehen hinauf – sechs Schreiber, vier von der Nachrichtenabteilung. Im Hof laden wir wieder auf, und wir fahren los, die Kameraden lassen wir im Keller zurück.

Der A. D. geht wieder einmal seine eigenen Wege. Unsere Offiziere, ruhig, verschlossen, und verächtlich, haben sich abgesondert und sich in der katholischen Mädchenschule einquartiert. Die Schule ist ein altes Gebäude aus rosa Sandstein; zwei Agaven in grünen Holzkästen flankieren den Eingang. Ein mit rötlichen Steinen ausgelegter Hof davor, nach hinten ein Garten. Wir werden im Klassenzimmer der Abc-Schützen schlafen. Wir sehen einander an, froh, daß wir dem Keller entronnen sind.

An den Wänden blau-goldene Bilder: die Jungfrau und das Jesuskind. Auf den Regalen Heiligenfiguren in Gärtchen aus Gips. Es riecht nach Kräutertee und nach frommen Schwestern. Durch das offene Fenster streckt eine große Linde, voller Vögel, ihre Zweige in das Klassenzimmer, und das Licht schimmert durch ihre Blätter. Ein sanftes, grünlich flimmerndes Licht, ein Licht wie Kräutertee. Auf dem Katheder liegen zwei Stapel rosa Schulhefte. Ich blättere darin. Es sind französische Aufsatzhefte. Sie enden alle am 10. Mai 1940: «Eure Mutter bügelt. Beschreibt sie dabei.»

Die Vögel in der Linde sind Tauben, sie gurren den ganzen Tag.

11. Juni

Draußen eine strahlende und tödliche Sonne, die gleiche, die in Flandern die Kadaver dampfen läßt. In der Schule ein kühles Licht, wie leicht abgestandenes Weihwasser. Wir haben nichts zu tun. Wir haben überhaupt nie mehr etwas zu tun, das ist ein schlechtes Zeichen. Luberon spielt Walzer auf dem Harmonium. Sergent Chaubé, Vorgesetzter der Schreiber, im Zivilleben Büroangestellter, geht auf und ab und läßt dabei nachdenklich, ja wollüstig seine Stiefel knarren – wie man eine Zigarre zwischen Daumen und Zeigefinger knistern läßt. Bei jedem Knarren lächelt er genießerisch. Ihn hat der Krieg nicht aus seinen Gewohnheiten herausgerissen, er lebt wie in Friedenszeiten, zwischen Akten und Leimtöpfen. Wenn er in Urlaub fuhr, sagte er, er nehme seine Ferien.

Fünfmal Alarm heute. Seltsamer Alarm, mit einem Brüllen – wie von Tieren, die geschlachtet werden, einem Heulen, das zum Himmel, zu den Flugzeugen aufsteigt wie Entsetzensschreie und das kein Ohr in der ausgestorbenen Stadt hört. Die Flugzeuge fliegen sehr tief, sie kreisen; sie beherrschen den Himmel, wie sollte es anders sein – keine Luftabwehr, keine französischen Jäger. Der Befehl lautet, sofort in Deckung gehen, wenn feindliche Flugzeuge in Sicht kommen, damit die Stadt, von oben gesehen, das Aussehen einer Totenstadt bewahrt.

«Verdammt still», sagt Dupin. Ja. Eine pflanzliche Stille, wenn auch nicht ohne Geräusche: da sind die Tauben im dichten grünen Blätterwerk, wie Grillen im hohen Gras, die Flugzeuge, die dröhnen und glitzern – man könnte meinen, es sei das Geräusch der Sonne –, und dann diese Stadt, ganz nahe bei uns, hinter dem Garten, jenseits der Mauer, die verbotene Stadt. Dupin steht auf:

«Verdammt! Ich mache mal einen Streifzug durch das Nest.»

«Das ist nicht erlaubt.»

«Das ist mir egal.»

Dupin hat einen Laden. Er liebt Städte leidenschaftlich; es erregt ihn, draußen, gleich hinter der Mauer, eine Stadt zu wittern, selbst wenn sie tot ist: eine Stadt, und das heißt in jedem Fall Schaufenster und Straßenecken. Er setzt sich sein Képi auf und sieht uns an, über seine dicke Hornbrille mit Fensterglas hinweg, die er trägt, «weil man als Kaufmann ein imposantes Äußeres haben muß». Pierné sagt:

«Wenn du eine Zeitung findest . . .»

«Eine Zeitung?» sagt Moulard. «Du spinnst wohl! Es gibt keine Katze mehr in dem Nest!»

Dupin lächelt freundlich.

«Keine Sorge. Wenn es irgendwas zu holen gibt, bringe ich es mit, darauf kannst du dich verlassen.»

Er ist losgegangen. Vier oder fünf Mann schlafen auf dem Boden, in ihre Mäntel gehüllt und die Mütze auf der Nase, der Fliegen wegen. Chaubé nimmt seine Wanderung durch das Zimmer wieder auf. Moulard schreibt an seine Frau, und ich lese über seine Schulter hinweg: «Mein kleines Püppchen!» Moulard ist fünfundzwanzig und sieht aus wie zwanzig. Er hat Erfolg bei Frauen, er vergöttert seine eigene, und zugleich betrügt er sie in aller Unschuld; er hat blaue Augen, krauses Haar und vorstehende Zähne. Beim Sprechen hat er Schwierigkeiten, es ist immer so, als wären die Wörter etwas zu groß, um herauszukommen, und als müßte er den Kopf schütteln, damit sie ihm aus dem Mund fallen. Plötzlich fragt Pierné:

«Sagt mal, was wollen wir hier eigentlich? Weiß das jemand?» Schweigen. Er läßt nicht locker:

«Chaubé?»

Chaubé hört manchmal mit, was die Offiziere reden. Er schüttelt den Kopf.

«Ich habe keine Ahnung.»

«Ob wir noch lange hier bleiben?»

«Ich habe keine Ahnung.»

«Ich habe gehört, das hier soll der neue Befehlsstand des Abschnitts werden.»

Foulon, der Sergent von der Feldpolizei, der versucht hatte zu schlafen, hebt den Kopf und sagt mühsam:

«Das glaube ich nicht. Das ist hier zu weit hinter der Front.»

Pierné, mager und nervös, mit einer Nickelbrille, sieht verärgert und unglücklich aus. Er ist Mathematiklehrer. Kann er deshalb nicht ohne genaue Angaben leben? Im Winter mußte er jeden Tag genau wissen, was los war, er verschlang die Zeitungen, wenn er welche in die Hände bekam, oder lief fünfzehn Kilometer durch den Schnee, um im Funkwagen Nachrichten zu hören. Er muß immer vor Anker liegen. Den ganzen verrotteten Krieg lang lag er vor Anker; wußte immer genau, wie weit er von seiner Frau entfernt war, wie lange er in einem Abschnitt bleiben würde, und wo er auf der Urlaubsliste stand. Seit einigen Tagen ist der Anker gelichtet, und nun treibt er. Wie wir alle treiben. Eine ganze Flottille, die im Nebel treibt. Zögernd fährt Pierné fort:

«Ich habe gehört, daß man unseren Abschnitt und den von Lauterbourg zusammenlegen will . . .»

«Könnte sein.»

«Einige haben auch gesagt», meint Foulon, «das hier sei nur eine Zwischenstation, und wir würden an die Marne kommen.»

Fay hat sein kleines, gelbes, glattrasiertes Gesicht hochgereckt. «An die Marne? Die haben die Deutschen doch längst überschritten.»

«Was weißt denn du davon?»

«Bei dem Tempo, mit dem die vorgegangen sind . . .»

«Wir wissen überhaupt nichts.»

Wir schweigen beklommen. Es ist wahr. Wir wissen nichts. Wo stehen die Deutschen? Vor Paris? In Paris? Wird in Paris gekämpft? Seit fünf Tagen sind wir ohne Zeitungen und ohne Post. Ein Bild verfolgt mich: ich sehe ein Café an der Place St. Germain-des-Prés, in das ich manchmal ging. Es ist berstend voll, und die Deutschen sind darin. Ich sehe sie nicht – seit Kriegsbeginn habe ich mir die Deutschen nie *vorstellen* können –, aber ich weiß, daß sie da sind. Die Gesichter der anderen Gäste sind wie aus Holz geschnitzt. Jedesmal wenn dieses Bild wiederkehrt, versetzt es mir einen Stich ins Herz.

Seit vorgestern kommen mir hunderterlei Erinnerungen. Erinnerungen an Paris, vergoldet, leicht und luftig. Ich sehe den Quai de la Rapée wieder vor mir, ein Stückchen Himmel über Ménilmontant, eine Straße bei der Villette, die Place des Fêtes, das Viertel Les Gobelins, die Rue des Blancs-Manteaux, alles, was ich so liebe. Aber alle diese Erinnerungen sind mitten ins Herz getroffen. Irgend jemand hat sie getötet. Sie riechen nach Tod wie die von der Hitze erdrückte Stadt jenseits der Mauer.

Wir schweigen, gelähmt von der Stille; die Turteltauben gurren, die Mücken werden wach. Etwas später hören wir laute Schritte im Flur: Dupin ist zurück. Er kommt herein und wischt sich die Stirn. Er sieht merkwürdig aus – und seine Hände sind leer.

«Na?»

«Ja, ich habe die ganze Stadt gesehen. Du kannst herumlaufen, wo du willst – kein Mensch ist zu sehen!»

«Und wie sieht's sonst aus?»

Er zögert.

«Muß hübsch gewesen sein vor dem Krieg . . .»

«Ja . . . und jetzt?»

«Jetzt . . .»

Er zögert. Er hat sich hingesetzt und ist dabei, seine Brillengläser zu putzen; er blinzelt mit den Augen und schiebt seine dicken Lippen vor, mit einem Ausdruck gequälter Gutmütigkeit, gereizter Gutmütigkeit. Obwohl er eigentlich gar nicht so gutmütig ist. Er sagt:

«Es ist komisch . . .»

«Komisch?»

«Na ja, nicht wirklich komisch.»

Ich sage:

«Leg deine Fensterscheiben weg. Das mußt du uns zeigen.»

«Gab es Zeitungen?» fragt Pierné.

«Frag nicht so dumm . . . keine Katze weit und breit.»

Ich sage:

«Kommt ihr mit?»

Chaubé tut so, als hätte er nichts gehört: er weiß, daß wir ihn nicht dabei haben wollen.

Zu viert ziehen wir los, Moulard, Pierné, Dupin und ich. Wir gehen durch eine verlassene Straße, dann durch eine andere und wieder durch eine andere. Villenstraßen: Häuser – eine Etage, höchstens zwei –, Vorgärten, Gitterzäune und schwarze Türen mit goldenen Klingeln. Es überrascht mich nicht weiter, daß sie verlassen sind: in Villenstraßen ist das überall so. Aber ich möchte gern zum Kern der Stadt vordringen und habe den Eindruck, daß sie vor mir flieht. Ich gehe weiter, ich zwinge die andern, schneller zu gehen, aber die Stadt weicht zurück, wir kommen nicht aus den Villengegenden heraus. Die Stadt liegt da hinten, immer da hinten, am Ende der kreidigen, glühenden Straßen.

«Siehst du», sagt Dupin, «das ist doch fürchterlich.»

«Ja, schön ist das nicht.»

Plötzlich kommen wir auf einen Platz. Schöne hohe Häuser mit farbigen Fassaden – blau, weiß, grün und rosa –, mit Giebeln, mit kleinen Glockentürmchen; große Geschäfte. Die Eisenvorhänge sind nicht einmal heruntergelassen, die Schaufenster blitzen. Nur die Türgriffe hat man beim Fortgehen abgenommen. Kein Zweifel, wir sind im Geschäftsviertel der Stadt. Wir sehen uns ein wenig verloren um, und da ist es plötzlich Sonntag. Ein Sonntagnachmittag, ein sommerlicher Sonntag in der Provinz, wirklicher als die Wirklichkeit. Wir sind nicht mehr allein, die Leute sind alle da, im Halbdunkel hinter ihren heruntergelassenen Jalousien. Sie haben gerade zu Mittag gegessen und halten jetzt, vor dem nachmittäglichen Spaziergang, ihren Mittagsschlaf. Ich sage zu Moulard:

«Man könnte denken, es wäre Sonntag.»

«Ja, so ungefähr», sagt er zögernd.

Ich gebe mir einen Ruck, ich versuche mir zu sagen: «Es ist Mittwoch, und es ist Vormittag, und sie sind leer und dunkel, alle die verlassenen Zimmer hinter den Vorhängen.» Aber nein, es ist nichts zu machen, der Sonntag hält stand, es gibt in Haguenau nur noch einen einzigen Tag für die ganze Woche, nur noch eine einzige Stunde für den ganzen Tag. Der Sonntag ist in meine geheimsten, meine unmittelbarsten Erwartungen eingedrungen: meine ganze Zukunft ist Sonntag. Ich warte auf das Klappern des Sonntagsgeschirrs, auf die trägen, fernen Geräusche, die widerstrebend aus dem Innern der Häuser dringen, ich warte auf die staubigen Wege am Stadtrand, auf die Fahnen und das Geschrei auf den Sportplätzen, ich warte auf das Klingeln des Kinos und den Duft der blonden Zigaretten, ich warte darauf, die spröde frische Wäsche auf

55

meiner Haut zu spüren und auf die sonntägliche Trägheit im Kreuz und in den Schultern, wenn man lange durch die Menge geschlendert ist, ich warte darauf, in meinem Körper – als eine Erinnerung an mein gestorbenes Leben – die sanfte Verzweiflung der Sommersonntagnachmittage wiederzufinden.

«Es ist wahr», sagt Dupin, «man denkt, gleich müßten die Glocken läuten.»

Ja. Vesper. Es ist ein Sonntag wie jeder andere – es fehlte nicht viel und er würde unbemerkt vorübergehen. Nur ist er ein wenig steifer als gewöhnlich, ein wenig künstlicher. Er ist allzu still, man könnte fast sagen, einbalsamiert. Und außerdem kann er strahlen, soviel er will – wenn man sich eine Zeitlang in ihm bewegt, spürt man, daß er schon voller verborgener Fäulnis steckt. Wenn die Einwohner von Haguenau zurückkommen, werden sie einen verfaulten Sonntag vorfinden, der über ihre tote Stadt herabgesunken ist. Dupin ist vor einem großen Wollgeschäft stehengeblieben, er nickt mit dem Kopf, bewundert die Geschicklichkeit, mit der das Schaufenster dekoriert worden ist. Aber die so hübsch angeordneten bunten Wollknäule sind dabei, zu verbleichen, sie sehen alt aus. Auch die Babywäsche und die Hemden in dem Laden nebenan sehen alt aus, sie verblassen; Staub sammelt sich auf den Regalen. Für die Fliegen ist es ein Fest. Ich weiß nicht, wie sie dort eindringen konnten, aber sie schwirren zu Tausenden hinter den großen Schaufensterscheiben, an denen wie Tränenspuren lange weißliche Streifen herunterlaufen. Dupin wendet sich jäh ab:

«Das macht mich ganz schwermütig.»

Er fährt mit seiner Hand leicht über die Fensterscheibe, er streicht liebevoll und sachverständig darüber hin, wie ein Musiker über sein Instrument, und schüttelt den Kopf:

«Bei mir wird es jetzt auch so aussehen.»

Er hat uns oft von seinem Geschäft erzählt. «Chez Bobby» heißt es. Damenwäsche und Hüte. Der schönste Laden in der ganzen Gegend. Abends bleiben alle Lampen brennen, er beleuchtet ganz allein die Straße.

«Deine Frau hat Zeit genug gehabt, die Sachen wegzuräumen und die Eisenvorhänge herunterzulassen.»

«Nein, mein Schwager ist dageblieben. Ich habe kein Vertrauen zu ihm.»

Er bleibt noch einen Augenblick mit gesenktem Kopf vor dem Schaufenster stehen, sieht unglücklich aus.

Moulard wird ungeduldig und zieht ihn am Arm:

«Los, komm. Willst du ewig vor diesen alten Ladenhütern stehenbleiben? Du fällst uns auf den Wecker.»

«Du bist eben kein Kaufmann. Mir dreht sich das Herz um, wenn ich sehe, wie hier die Ware verkommt, auch wenn es mich nichts angeht.»

Wir schleppen ihn durch gepflegte Straßen, durch Anlagen mit blühenden Blumenbeeten, die Bahnhofsgegend. Überall steht auf den Fenstern, den Türen und den Schaufenstern das Wort «Tod», es ist geradezu unheimlich. Aus der Nähe lesen wir: «Das Plündern der geräumten Häuser wird mit dem Tod bestraft. Das Urteil wird sofort vollstreckt.» Aber all das ist in kleinen Buchstaben gedruckt, man sieht nur das Wort «Tod». Tod: der tote Krieg, Tod am Himmel, die tote Stadt und diese unzähligen Farben, die in den Schaufenstern dahinsterben, und dieser schöne faulige Sommer, voller Fliegen und Unglück, und unsere Gefühle, die wir im Winter aus Furcht vor Kummer abgetötet haben. Dupin sieht mich schüchtern an:

«Sag mal . . .»

«Was denn?»

«Wenn sie in Paris einmarschieren, glaubst du, daß sie überall plündern werden?»

«Was sollen sie im 20. Bezirk schon plündern», sagt Moulard gereizt. «Dazu gehen sie in die feinen Gegenden.»

Dupin antwortet nicht. Er fährt sich mehrmals schnell mit der Zunge über die Lippen und seufzt. Eine Biegung, eine ganz neue Straße. Am anderen Ende flüchtet ein Soldat, als er uns sieht, wie eine von herannahenden Menschen aufgeschreckte Eidechse. Schlüpft zwischen zwei Steinen hindurch und verschwindet. Ein Marodeur, den wir gestört haben. Oder ein Soldat auf dem Bummel, wie wir, der uns für Offiziere gehalten hat.

«Na endlich», sagt Moulard und hebt den Kopf. «Na endlich! Da haben wir's. Wurde ja auch Zeit.»

Tatsächlich, da haben wir's: ein Geräusch, das den Himmel von Norden nach Süden zerreißt, und dann das lange Heulen der verlassenen Stadt, und dann das in der Sonne glitzernde winzige Flugzeug.

«Ein Stuka», sagt Moulard.

«Gehen wir in Deckung», sagt Dupin vorsichtig.

Wir stellen uns unter das Vordach einer Schlachterei. Das Flugzeug glitzert immer noch; wie langsam es zu fliegen scheint! Ein seltsamer Eindruck, dies kleine metallische Blitzen, das einzige Lebendige am Himmel, voll dichten metallischen Lebens, das zu der Hitze dieses unbarmherzigen Blaus und den schweren Flammen der Sonne paßt. Und auf der Erde wir Lebenden, wir einzigen Lebenden, und die riesigen hohlen Steine, die uns mit ihren Schatten und ihrem mineralischen Schweigen umgeben. Ich weiß nicht, warum dieser blitzende Stahlsplitter, der über mir seine Bahn zieht, mich so deutlich meine Verlassenheit inmitten des

Krieges fühlen läßt. Aber zwischen ihm, dem strahlenden Lebewesen am Himmel, und uns, den im Schatten der Erde kauernden Lebewesen, besteht ein Band, ein Blutsband. Es scheint, daß er uns sucht auf der Rinde dieses erkalteten Sterns, zwischen den Gräbern auf diesem Sonntagsfriedhof. Uns allein, in der ganzen Stadt. Nur um unseretwillen ist er da. Seit er über mir dröhnt, kommt mir die Stille rings um mich herum noch erdrückender vor, weltweit, ich möchte auf die Straße stürzen und ihm mit dem Taschentuch zuwinken wie ein Schiffbrüchiger dem rettenden Boot. Ihm ein Zeichen geben, damit er seine ganze Bombenlast über der Stadt entlädt: das wäre eine Auferstehung, dieser Totensonntag zerrisse wie ein Nebelschleier, die Stadt hallte wider von gewaltigem Getöse, vom Getöse einer Schmiede, wie vor kurzem, als sie noch in Betrieb war, und herrliche rote Blumen rankten sich an den Mauern empor, dem Himmel entgegen.

Das Flugzeug fliegt weiter. Der wird seine Last über dem Wald von Haguenau abwerfen oder über irgendeiner von unseren Lastwagen verstopften Landstraße. Er hat uns wahrscheinlich nicht gesehen, nicht einmal einen Blick auf uns geworfen. Der Alarm ist vorüber, wir fallen in unsere Einsamkeit zurück.

Da kommt Luberon. Er kommt aus einer kleinen Nebenstraße und hat eine Tüte in der Hand.

«Salut! Hast du da was zum Essen?»

Luberon ißt weiter. Er sieht uns blinzelnd an, er ist offenbar nicht sehr froh, uns begegnet zu sein: er hat wohl auf unseren Aufbruch gewartet, um sich unbemerkt davonmachen zu können. Er sieht uns perplex an. Er ist Albino. Seine mehlweißen Wimpern klappern über großen blassen Augen. Schließlich öffnet er die Tüte halb und macht sie sogleich wieder zu. Aber wir haben Zeit genug, goldbraunes Gebäck zu erspähen.

«Croissants! Verdammt! Wo hast du die aufgetrieben?»

Luberon grinst und sagt mit Unschuldsmiene:

«Bei der Bäckerin.»

«Hier gibt es eine Bäckerin? Wir haben gedacht, hier seien alle abgehauen.»

Er zeigt auf einen Laden links in der Straße.

«Na und?» sagt Dupin, ärgerlich, daß er die Bäckerei nicht selbst entdeckt hat. «Die ist doch geschlossen.»

«Nein, nein. Die Gitter sind zugezogen, und der Türgriff fehlt. Aber wenn du die Tür aufstößt und hineingehst, klingelt es und eine Frau erscheint; sie bedient dich im Dunkeln, verstehst du. Ich frage mich, wie sie sich überhaupt zurechtfindet. Sie dürfen Soldaten nichts verkaufen, aber sie nehmen es nicht so genau.»

Dupin läuft los, und wir blicken ihm nach. Wir sehen, wie er in der

Bäckerei verschwindet. Und Luberon erzählt weiter:

«Etwa zwanzig Leute sollen zurückgekommen sein. Sobald sie erfahren haben, daß Truppen hier sind, verstehst du? Sie haben heimlich ihre Läden wieder geöffnet, einen Kolonialwarenladen, eine Buchhandlung. Hauptsächlich wegen der Offiziere. Vor der Evakuierung haben die Offiziere gekauft, was es gab und zu jedem Preis; die Leute von Haguenau haben gute Geschäfte gemacht.»

Dupin kommt mit einer großen Tüte unter dem Arm zurück.

«Ob Cafés offen sind?»

«Angeblich ja.»

«Dann wollen wir mal sehen.»

Wir gehen von einem Café zum anderen und drücken gegen die Türen. Schließlich gibt eine nach. Wir treten in einen niedrigen, dunklen, gewölbten Raum. Hinter der Theke steht ein Mann, der kaum zu erkennen ist.

«Gibt es hier was zu trinken?»

«Kommen Sie schnell herein. Und schließen Sie die Tür: ich darf Soldaten nicht bedienen. Gehen Sie ins Hinterzimmer.»

Das Hinterzimmer ist hell und freundlich; es geht auf einen Hof hinaus. Es war für Festessen, Hochzeiten und für Sportvereine reserviert. In einem Glasschrank stehen drei schwere Messingpokale. Der Cycle-Club und der Pédal's Club von Haguenau haben sie gewonnen. Der Wirt, der mit seinen langen, nach hinten gekämmten schwarzen Haaren und seinem schwarzen Schnurrbart wie ein Italiener aussieht, kommt schlurfend in Pantoffeln an unseren Tisch. Samtaugen, grausames Lächeln.

«Was soll ich Ihnen bringen?»

«Vier Schnäpse.»

Pierné fragt: «Haben Sie Zeitungen?»

Der Mann lächelt noch breiter: «Zeitungen gibt es nicht mehr.»

Er wartet einen Augenblick und fügt dann hinzu: «Es wird nie mehr Zeitungen aus Paris geben.»

Ein Frösteln. Er geht den Schnaps holen.

«Er hat vielleicht die Nachrichten im Radio gehört», sagt Pierné und rutscht auf seinem Stuhl hin und her.

Ich sage zu ihm: «Halt den Mund. Wenn du den Kerl etwas fragst, erzählt er dir nur Märchen. Er sieht so aus, als ob er mit Franzosen nicht viel im Sinn hätte.»

«Ja.»

Wir trinken den Schnaps ohne viel Spaß; der Wirt kommt und geht, lautlos, er beobachtet uns wie ein Menschenfresser. Wie er uns hassen muß. Pierné hält es kaum noch aus: er brennt darauf, ihn nach Nachrichten zu fragen. Wenn er es tut, haue ich ihm eine runter. Der Kerl wäre nur zu glücklich, wenn man ihn fragte.

Dupin ruft ihn: «Was macht das?»

«Fünf Franc.»

Er stützt sich auf den Tisch. Er fragt: «War der Schnaps gut, Jungs?»

«Sehr gut.»

«Um so besser, denn ihr werdet so bald keinen mehr trinken.»

Schweigen. Er wartet darauf, daß wir ihm Fragen stellen, aber wir wollen ihm keine stellen. Er wiegt sich in den Hüften, während er uns ansieht, und sein Lächeln fasziniert uns. Er hat was gegen uns, und es erbittert mich, daß ich nicht wütend auf ihn werden kann. Ich kann es nicht, weil er lächelt.

Schroff sagt er: «Morgen früh brecht ihr auf.»

Ich wende mich ab, um sein Lächeln nicht mehr zu sehen. Dupin zuckt mit den Schultern und sagt mit etwas zu lauter Stimme: «Kann sein. Wir wissen nichts.»

Piernés Augen blitzen. Ich habe Lust ihm zu sagen: «Hör auf. Hör doch bloß auf!» Aber er hat angebissen. Er versucht ein gleichgültiges Gesicht zu machen, aber seine Stimme bebt vor Verlangen, etwas zu erfahren.

«Und wohin geht es – da Sie ja so gut unterrichtet sind?»

Der Mann macht eine vage Handbewegung.

«An die italienische Grenze?» fragt Pierné.

Ich geb ihm einen Fußtritt unter dem Tisch. Der Kerl tut so, als ob er zögert, und sagt dann brüsk: «Ihr kommt nicht weit.»

Ich merke, daß er bemüht ist, seiner Stimme einen unheilvollen Unterton zu geben. Ich stehe auf: «Also? Gehen wir?»

In dem anderen Raum öffnet sich quietschend die Eingangstür. Herrische Schritte. Der Kerl geht ohne Eile nachsehen. Ich höre, wie er mit absichtlich lauter Stimme sagt:

«Ja, *mon lieutenant*. Sehr wohl, *mon lieutenant*.»

Er kommt zurück und holt eine Flasche Johannisbeerschnaps aus dem Schrank. Mit einer Kopfbewegung deutet er wortlos auf eine Tür im Hintergrund. Dreißig Sekunden später sind wir draußen.

«Jedenfalls wollen wir erst mal die Croissants essen», sagt Luberon.

(Juni 1940)

Freundschaft und Widersprüche*
Über Merleau-Ponty

Wie viele Freunde habe ich verloren, die noch leben! Niemand war schuld daran: sie waren sie, ich war ich; das Ereignis hatte uns geschaffen und einander nahegebracht, es hat uns getrennt. Und ich weiß, Merleau-Ponty sagte nichts anderes, wenn er an die Menschen dachte, die durch sein Leben geisterten und es wieder verließen. Dennoch hat er mich niemals verloren, er mußte sterben, damit ich ihn verlor. Wir waren einander ebenbürtig, Freunde, aber nicht gleichartig; wir hatten es sofort begriffen, und anfangs amüsierten uns unsere Meinungsverschiedenheiten; dann aber, um 1950, fiel das Barometer: eine kräftige Brise über Europa und über der Welt; die Welle stieß uns beiden die Köpfe zusammen und warf im nächsten Augenblick jeden zu den Antipoden des anderen. Niemals brachen wir die so oft gespannten Beziehungen ab: fragt man mich, weshalb, so werde ich sagen, daß viel Glück und manchmal auch eigenes Verdienst dabei mitspielte. Jeder von uns versuchte, sich selbst und dem anderen treu zu bleiben, und einigermaßen gelang uns das auch. Merleau ist noch zu lebendig, als daß man ihn darstellen könnte, es läßt sich ihm – vielleicht ohne daß es mir bewußt wird – besser nahekommen, wenn ich jenes Zerwürfnis, das nie stattgefunden hat, erzähle, unsere Freundschaft.

In der École Normale Supérieure kannten wir uns, ohne uns häufig zu sehen. Er war Externe, ich Interne: jede dieser Gruppen betrachtet sich als eine Ritterschaft, die andere als das Fußvolk. Folgte der Militärdienst; ich war Gefreiter, er wurde Leutnant: wiederum zwei Ritterschaften.[1] Wir verloren uns aus den Augen. Er bekam ein Lehramt, ich glaube in Beauvais; ich unterrichtete in Le Havre. Dennoch bereiteten wir uns,

* Dieser Essay Sartres erschien im Oktober 1961 in einer Sondernummer von *Les Temps Modernes*, Paris, anläßlich des Todes von Maurice Merleau-Ponty am 4. Mai 1961

1 Ich weiß nicht, ob es nicht bedauerte, nicht nur ein einfacher Soldat zu sein, als er 1939 mit jenen in Berührung kam, die merkwürdigerweise von ihren Vorgesetzten Männer genannt werden. Ich jedenfalls bereute meinen Anarchismus der Vorkriegsjahre, als ich die Unfähigen sah, die meine Offiziere waren: wenn wir uns schon schlagen mußten, hätten wir die Kommandostellen nicht diesen eingebildeten Dummköpfen überlassen sollen. Es ist bekannt, daß es nach dem kurzen Zwischenspiel der Résistance so geblieben ist; daraus erklärt sich ein Teil unseres Unglücks.

ohne es zu wissen, darauf vor, uns zu begegnen: jeder von uns versuchte, so gut er es konnte und mit den Mitteln, die ihm zur Hand waren, die Welt zu verstehen. Und wir hatten dieselben Mittel – sie hießen damals Husserl und Heidegger –, weil wir aus dem gleichen Umkreis kamen.

1947 erzählte mir Merleau eines Tages, daß er sich von einer unvergleichlichen Kindheit niemals habe heilen können. Er hatte das tiefste Glück besessen, aus dem er erst durch das Alter verjagt wurde. Seit seiner frühen Jugend ein Anhänger Pascals, lange bevor er Pascal gelesen hatte, erfuhr er die Einmaligkeit seiner Person als die Einmaligkeit eines Abenteuers: jemand, das ist etwas, was sich ereignet und was vergeht, nicht ohne den Grundriß einer immer neuen und immer wieder begonnenen Zukunft gezeichnet zu haben. Was war er, Merleau, wenn nicht das verlorene Paradies: ein verrückter, unverdienter Glücksfall, ein reines Geschenk verwandelte sich nach dem Sündenfall in Mißgeschick, entvölkerte die Welt und entzauberte sie von vornherein. Diese Geschichte ist außerordentlich und gewöhnlich: unser Glücksvermögen hängt ab von einem gewissen Gleichgewicht zwischen dem, was unsere Kindheit uns versagt, und dem, was sie uns gewährt hat. Bei völligem Entzug und völliger Beglückung sind wir verloren. So gibt es Geschicke in unendlicher Zahl: das seine war, zu früh gewonnen zu haben. Dennoch mußte er leben: bis zum Ende mußte er sich zu dem machen, zu dem das Ereignis ihn gemacht hatte. Zu diesem und einem anderen: auf der Suche nach dem Goldenen Zeitalter; seine archaische Naivität, die von da ausgehend seine Mythen schuf und das, was er später seinen «Lebensstil» nannte, zeitigte Vorlieben – für die Traditionen, die an die Riten der Kindheit erinnern, und zugleich für die «Spontaneität», die an ihre behütete Freiheit erinnert –, entdeckte den Sinn dessen, was von *Geschehenem* aus *geschieht*, und schuf schließlich aus der Bestandsaufnahme und der Tatbestandsfeststellung eine Prophetie. Das war es, was er als junger Mann empfand, ohne es schon ausdrücken zu können; auf diesem Umweg kam er zur Philosophie. Er staunte, nichts weiter: alles ist im voraus abgekartet, und doch lebt man weiter; warum? Warum ein Leben führen, das durch Mängel disqualifiziert ist? Und was heißt leben?

Unsere Lehrer, leichtfertig und seriös, ignorierten die Geschichte: Sie antworteten, daß diese Fragen keine Fragen seien, daß sie schlecht gestellt seien oder – ein Modewort dieser Zeit – daß «die Antworten bereits in den Fragen lägen». Denken heiße messen, sagte einer von ihnen, der weder das eine noch das andere tat. Und alle: der Mensch und die Natur bilden den Gegenstand allgemeiner Begriffe. Gerade das konnte Merleau-Ponty nicht zugeben; ihn, den die archaischen Geheimnisse seiner Vorgeschichte quälten, reizten diese Harmlosen, die sich für muntere Vögel hielten und das «Überblicksdenken» praktizierten, wobei sie nur unsere naturgegebene Gebundenheit vergaßen. Sie brüsten sich damit, sagte er später, die Welt als ein Gegenüber zu betrachten; wissen sie nicht, daß die Welt uns umgibt und hervorbringt? Noch der ungebundenste Geist ist von ihr geprägt, und man kann keinen einzigen Gedanken bilden, der nicht von Grund auf, von allem Anfang an, durch das Sein bedingt ist, auf das zu zielen er vorgibt. Da jeder von uns eine doppelsinnige Geschichte ist – Glück und Unglück, Vernunft, Unvernunft –, deren Ursprung niemals das Wissen, sondern das Ereignis ist, ist es nicht einmal vorstellbar, daß wir dieses ablaufende Band, unser Leben, in abstrakte Begriffe zu übersetzen vermöchten. Und was kann menschliches Denken über den Menschen wert sein, wenn der Mensch selbst darüber richtet und dafür bürgt? So «kaute er sein Leben wieder». Man denke dabei nicht an Kierkegaard; das wäre verfrüht. Der Däne floh das Hegelsche Wissen; er erfand Opakes aus Schrecken vor der Transparenz: wäre das Licht des Tages durch ihn hindurchgegangen, so wäre Sören nichts mehr gewesen. Merleau ist genau das Gegenteil: er wollte verstehen, *sich* verstehen; es war nicht seine Schuld, wenn er im Laufe der Zeit entdeckte, daß zwischen dem universalistischen Idealismus und dem, was er seine «ursprüngliche Geschichtlichkeit» nannte, Unverträglichkeit bestand. Er ging niemals darauf aus, der Unvernunft den Vortritt zu lassen vor der Vernunft: er wollte nur der Unbeweglichkeit des Kantschen Subjekts die Geschichte entgegensetzen. Das bedeutet, wie Rouletabille[1] sagte, die Vernunft von der richtigen Seite anpacken: nicht mehr. Kurz, er suchte eine «Verankerung»; man sieht, was ihm fehlte, um am Anfang beginnen zu können: die Intentionalität, die Situation, zwanzig andere Begriffswerkzeuge, die man sich in Deutschland beschaffen konnte. Um die gleiche Zeit bedurfte ich aus anderen Motiven der gleichen Instrumente. Ich kam durch Levinas zur Phänomenologie und reiste nach Berlin, wo ich fast ein Jahr blieb. Als ich zurückkehrte, waren wir, ohne es zu wissen, am gleichen Punkt angekommen; bis zum September 1939 setzten wir unsere Lektüre und unsere Untersuchungen fort; im gleichen Rhythmus, aber getrennt.

Bekanntlich hat die Philosophie keine unmittelbare Wirksamkeit: der Krieg mußte ausbrechen, damit wir uns näherkamen. 1941 bildeten sich überall in unserem Land Gruppen von Intellektuellen, die bestrebt waren, dem siegreichen Feind Widerstand zu leisten. Ich gehörte zu einer dieser Gruppen, «Sozialismus und Freiheit». Merleau-Ponty schloß sich uns an. Diese Begegnung war keine Wirkung des Zufalls: wir stammten beide aus dem republikanischen Kleinbürgertum, und unsere Neigungen, unsere Tradition und unser Berufsethos trieben uns dazu, die Frei-

---

1 Held mehrerer Detektivromane von Gaston Leroux. (Anm. d. Übers.)

heit der Feder zu verteidigen: auf dem Umweg über sie entdeckten wir alle anderen. Abgesehen davon: lauter Naive. Unsere kleine Einheit, aus dem Enthusiasmus geboren, bekam das Fieber und starb ein Jahr später, weil sie nicht wußte, was tun. Die anderen Gruppen der besetzten Zone erlitten, zweifellos aus dem gleichen Grund, das gleiche Schicksal: 1942 bestand keine einzige mehr. Etwas später holten der Gaullismus und die Nationale Front diese Widerstandskämpfer der ersten Stunde zurück. Uns beide hatte «Sozialismus und Freiheit» trotz unseres Versagens zusammengeführt. Die Zeitumstände waren uns günstig: es bestand damals unter Franzosen eine unvergeßliche Transparenz der Herzen, die die andere Seite des Hasses war. Durch jene nationale Freundschaft hindurch, durch die einem von vornherein an jedem alles recht war, sofern er nur die Nazis haßte, erkannten wir uns; die wesentlichen Worte fielen: Phänomenologie, Existenz; wir erkannten, was uns wirklich am Herzen lag. Zu individualistisch, um unsere Forschungen gemeinsam zu betreiben, ergänzten wir uns, getrennt, gegenseitig. Für sich allein wäre jeder zu leicht davon überzeugt gewesen, die Idee der Phänomenologie begriffen zu haben; zu zweit verkörperten wir, einer für den anderen, ihre Doppelsinnigkeit: jeder faßte die fremde, manchmal gegnerische Arbeit, die sich im anderen vollzog, als einen unerwarteten Umweg seiner eigenen Arbeit auf. Husserl wurde unser Abstand und unsere Freundschaft. Auf diesem Gebiet waren wir nur, wie Merleau-Ponty es im Hinblick auf die Sprache einmal treffend gesagt hat, «Unterschiede, die selbst des zugehörigen sprachlichen Ausdrucks ermangeln, oder vielmehr sprachliche Bedeutungen, die erst durch die zwischen ihnen auftretenden Unterschiede hervorgebracht werden»[1]. Seine Erinnerung an unsere Unterhaltungen war nuanciert. Im Grunde wollte er nur in die Tiefe gehen, und die Diskussionen störten ihn. Dann machte ich ihm auch zu viele Zugeständnisse, und das zu eifrig: später, in den dunklen Stunden, hat er es mir vorgeworfen und auch, daß ich Dritten *unseren* Standpunkt dargelegt hätte, ohne *seinen* Vorbehalten Rechnung zu tragen; wie er mir sagte, schrieb er das dem Stolz, irgendeiner blinden Verachtung für andere zu. Nichts ist ungerechter: ich fand immer und finde heute noch, daß es nur *eine* Wahrheit gibt; in Detailfragen jedoch schien es mir besser, meine Ansichten aufzugeben, wenn ich meinen Gesprächspartner nicht hatte überzeugen können, daß er die seinen aufgeben müsse. Merleau-Ponty hingegen fand seine Sicherheit in der

---

1 Zitiert nach: *Das Auge und der Geist.* Philosophische Essays. Herausgegeben und übersetzt von Hans Werner Arndt. Reinbek 1967. Zitate aus den in dieser Sammlung enthaltenen Essays sind stets entsprechend der Übersetzung von Hans Werner Arndt wiedergegeben. (Anm. d. Übers.)

Vielzahl der Perspektiven: er sah darin die Facetten des Seins. Was aber das andere betrifft, daß ich seine Vorbehalte mit Schweigen überging, wenn ich es tat, so tat ich es mit gutem Gewissen. Oder beinahe: weiß man das jemals? Mein Fehler war viel eher, die Dezimalen wegzustreichen, um schneller Einmütigkeit zu erzielen. Jedenfalls zürnte er mir wohl nicht allzusehr, da er sich die freundschaftliche Vorstellung erhalten hat, ich sei ein Vermittler. Ich weiß nicht, ob er aus diesen Diskussionen Nutzen zog; manchmal zweifle ich daran. Ich vergesse aber nicht, was ich ihnen verdanke: ein durchlüftetes Denken. Dies war meiner Ansicht nach der reinste Augenblick unserer Freundschaft.

Er sagte mir jedoch nicht alles. Wir sprachen nicht mehr über Politik, es sei denn, um die Nachrichten der BBC zu kommentieren. Ein Abscheu vor der Politik hatte mich überfallen, den ich erst loswurde, als ich mich wieder einer soliden Organisation anschließen konnte. Merleau, der früher unserem Unternehmen zurückhaltender gegenübergestanden hatte, war weniger schnell bereit, es zu vergessen: es stellte für ihn das verkleinerte Abbild eines Ereignisses dar: es bedeutete, den Menschen auf sich selbst zurückzuführen, auf den Zufall, der er war, der er fortfuhr zu sein und den er hervorbrachte. Was hatten sie erlebt, gewollt, und schließlich, was hatten sie getan, diese Lehrer – zu denen wir gehörten –, diese Studenten, diese Ingenieure, die durch einen Sturmwind jäh zusammengeworfen und plötzlich getrennt worden waren? Merleau-Ponty befragte damals die Wahrnehmung; das sei, so dachte er, einer der Anfänge des Anfangs: diese doppelsinnige Erfahrung liefert durch die Welt unseren Körper und durch unseren Körper die Welt; der Angelpunkt und die *Verankerung*. Aber die Welt ist auch die Geschichte, und vielleicht sind wir zuallererst geschichtlich. Während er langsam sein Buch schrieb, dachte er am Rande über das nach, was ihm später als die grundlegende Verankerung erschien. Die *Phänomenologie der Wahrnehmung* trägt die Spuren dieser doppelsinnigen Meditationen, aber ich erkannte sie damals nicht; er brauchte noch zehn Jahre, um auf das zu stoßen, was er seit seiner Jugend suchte, auf jenes *Ereignis-sein* des Menschen, das man auch Existenz nennen kann. Soll ich sagen, daß in seiner Darstellung die Phänomenologie etwas Statisches blieb und daß er sie erst nach und nach durch eine Vertiefung, deren erste Etappe *Humanismus und Terror* darstellt, zu etwas Dynamischem umformte? Das wäre nicht falsch; zweifellos übertrieben, aber klar. Sagen wir, daß diese vergröbernde Formulierung wenigstens erlaubt, die Bewegung seines Denkens wahrzunehmen: still, besonnen, unbeugsam wandte es sich zu sich selbst zurück, um durch sich hindurch zum Ursprünglichen vorzustoßen. In den Jahren, die der Befreiung vorangingen, war er nicht sehr weit gekommen: er wußte aber schon, daß man die Geschichte sowenig wie die Natur als ein Gegenüber betrachten kann. Denn sie umgibt uns. Wie aber? Wie schloß es uns ein, das Ganze der zukünftigen und der verstrichenen Zeit? Wie sollten wir die anderen als unsere tiefe Wahrheit in uns selbst entdecken? Wie in ihnen uns selbst als den Maßstab ihrer Wahrheit erkennen? Diese Frage entsteht schon auf der Ebene der Spontaneität der Wahrnehmung und der «Intersubjektivität»; sie wird konkreter und dringender, wenn man den geschichtlich Handelnden wieder in die allgemeine Bewegung zurückversetzt. Aber die Arbeiten und Mühen, die Werkzeuge, Staatsform, Sitte, Kultur – wie soll man die Person in sie «eingliedern»? Umgekehrt: wie kann man sie aus einem Gespinst herausziehen, das sie nicht müde wird zu spinnen und das niemals aufhört, sie hervorzubringen? Merleau hatte geglaubt, aus dem Frieden heraus zu leben; ein Krieg hatte ihn zum Krieger gemacht, und er hatte doch den Krieg mitgemacht. Wie, wenn dieses seltsame Drehkreuz uns die Grenzen und die Tragweite geschichtlichen Handelns bezeichnete? Als Ermittler, als Zeuge, als Angeklagter, als Richter ging er zurück und untersuchte die Geschichte im Licht unserer Niederlage, der zukünftigen deutschen Niederlage – deren wir nach Stalingrad sicher waren –, den falschen Krieg, den er mitgemacht hatte, den falschen Frieden, in dem er zu leben geglaubt hatte, und immer stand er selbst im Angelpunkt als besprengter Rasensprenger, als mystifizierter Mystifikator, als Opfer und Komplize, trotz der Aufrichtigkeit, die außer Zweifel stand und die dennoch in Frage gestellt werden mußte.[1] Das alles geschah in der Stille: er hatte kein Bedürfnis nach einem Partner, um dieses neue Licht auf die Einmaligkeit seiner Epoche, auf seine eigene Einmaligkeit fallen zu lassen. Aber man hat den Beweis dafür, daß er nicht aufhörte, über seine Zeit nachzudenken; schon 1945 schrieb er: «Alles in allem haben wir die Geschichte gelernt, und wir behaupten, daß man sie nicht vergessen darf.»[2]

Es war ein «wir» aus Höflichkeit: um zu lernen, was er wußte, brauchte ich noch ein Lustrum. Von Geburt an mit Gaben überhäuft und dann beraubt, war er durch seine Erfahrung dazu bestimmt, die Kraft der Dinge zu entdecken, die unmenschlichen Mächte, die uns unsere Taten und unsere Gedanken stehlen. Seine ursprüngliche Intuition setzte ihn, der eingefügt, umschlossen, vorherbestimmt, aber frei war, instand, das Ereignis zu verstehen, dieses überall entspringende Abenteuer, das ohne Konsistenz und Bedeutung ist, solange es uns nicht mit seinen wagnisrei-

1 Nicht, wie ich es 1942 tat, durch eine Eidetik der Unaufrichtigkeit, sondern durch eine empirische Untersuchung unserer historischen Traditionen und der unmenschlichen Kräfte, die sie pervertieren.

2 Merleau-Ponty: *La guerre a eu lieu* in: *Les Temps Modernes*, Nr. 1, 1945; auch in: *Sens et Non-Sens*, Paris 1948.

chen Finsternissen erfüllt, solange es uns nicht gezwungen hat, ihm aus freien Stücken und gegen unseren Willen seine eherne Notwendigkeit zu verleihen. Er litt aber auch unter seinen Beziehungen zu den anderen: alles war zu rasch zu schön gewesen; die Natur, die ihn zu Beginn umfing, war die Muttergottheit, seine Mutter, deren Augen ihm zu sehen gaben, was er sah; sie war sein *alter ego*; durch sie, in ihr erlebte er jene «immanente Intersubjektivität», die er oft beschrieben hat und die uns durch den anderen unsere «Spontaneität» entdecken läßt. Nach dem Tod der Kindheit blieb die Liebe zurück, ebenso stark, aber zu Tode betrübt. In der Gewißheit, das zerbrochene Vertrauen niemals wiederzufinden, wußte er nicht, was er von seinen Freunden verlangen konnte: alles und nichts; manchmal zuviel, manchmal nicht genug. Rasch ging er von der Forderung zur Gleichgültigkeit über, nicht ohne unter den Fehlschlägen zu leiden, die sein Ausgestoßensein bekräftigten. Mißverständnis, Abkühlung, Trennung bei gegenseitigem Unrecht: das Privatleben hatte ihn schon gelehrt, daß unsere Handlungen sich anders, als wir es gewollt hatten, in unsere kleine Welt einzeichnen und uns zu anderen machen, als wir waren, da uns nachträglich Absichten unterstellt werden, die wir nicht hatten, aber künftig gehabt haben werden. Nach 1939 lebte er in jenen Fehlrechnungen, jenen Unkosten, die man auf sich nehmen muß, weil man sie nicht hat voraussehen können, und die die Kennzeichen geschichtlichen Handelns sind. Er schrieb 1945: «Wir sind dahin geführt worden, nicht nur unsere Absichten, den Sinn, den unsere Handlungen für uns hatten, auf uns zu nehmen und als unsere eigenen zu betrachten, sondern auch noch die Folgen dieser Handlungen außerhalb unserer selbst, den Sinn, den sie in einem bestimmten geschichtlichen Zusammenhang annehmen.»[1] Er sah «seinen Schatten auf der Geschichte wie auf einer Mauer, die Gestalt, die seine Handlungen außerhalb seiner selbst annahmen, den objektiven Geist, der er selbst war»[2]. Merleau fühlte sich hinreichend eingefügt, um sich unaufhörlich bewußt zu sein, daß er die Welt der Welt zurückgab, und hinreichend frei, um sich durch dies Zurückgeben in der Geschichte zu objektivieren. Er vergleicht sich gern mit einer Welle: mit einem Wellenkamm in einem Meer, das, aufschäumend, aus einem einzigen Gischtrand bestünde. Der geschichtliche Mensch, diese Mischung aus besonderen Zufällen und aus Allgemeinheiten, erscheint, wenn seine vom Entferntesten her bis in ihre fremdeste Objektivität vorhergesehene und vollzogene Handlung in die ursprüngliche Unvernunft einen Beginn von Vernunft einführt. Seinen Gegnern antwortete Merleau mit aller Gewißheit, daß seine Auffassung

1 Ebd.
2 Ebd.

von der Existenz ihn nicht in Gegensatz zum Marxismus bringe, und in der Tat konnte der wohlbekannte Satz: «Die Menschen machen ihre eigene Geschichte ... unter ... überlieferten Umständen» in seinen Augen als eine marxistische Version seines eigenen Denkens gelten.

Die kommunistischen Intellektuellen dachten ähnlich. Sobald die Windstille von 1945 zu Ende war, griffen sie mich an: mein politisches Denken war verworren, meine Ideen konnten schaden. Hingegen schien ihnen, daß Merleau ihnen nahestehe. Ein Flirt bahnte sich an: Merleau sah oft Courtade, Hervé, Desanti; sein Traditionalismus gefiel sich in ihrer Gesellschaft; schließlich ist die Kommunistische Partei eine Tradition. Er zog ihre Riten, ihr in fünfundzwanzig Jahren Geschichte wie in einem Töpferofen gebranntes hartes Denken den Spekulationen der Parteilosen vor.

Indessen war er kein Marxist: nicht die Idee wies er zurück, sondern daß sie ein Dogma bildete. Er gestand nicht zu, daß der historische Materialismus die einzige Erhellung der Geschichte darstelle noch daß diese Erhellung aus einer ewigen Quelle komme, die prinzipiell den Wechselfällen des Ereignisses entzogen sei. Diesen Intellektualismus der Objektivität beschuldigte er ebenso wie den klassischen Rationalismus, die Welt als Gegenüber zu betrachten und zu vergessen, daß sie uns umgibt. Er hätte die Doktrin akzeptiert, wenn er in ihr nur ein Phosphoreszieren, ein über das Meer geworfenes Spitzentuch hätte sehen können, das von der hohen See glattgezogen und gefältelt wird und dessen Wahrheit gerade von seiner dauernden Teilnahme an der Bewegung der aufgeregten Gewässer abhängt. Ein System von Beziehungen: ja, unter der Bedingung, daß man es verändert, indem man sich darauf bezieht; eine Erklärung, wenn man will, die sich aber im Erklären umformt. Darf man von einem «marxistischen Relativismus» sprechen? Ja und nein. Was für eine Lehre es auch immer gewesen wäre, er hätte ihr mißtraut, weil er gefürchtet hätte, darin eine Konstruktion des «Überblicksdenkens» zu entdecken. Ein Relativismus also, aber aus Vorsicht; er glaubte nur an das eine Absolute: unsere Verankerung, das Leben. Was warf er im Grunde der marxistischen Geschichtstheorie vor? Nichts anderes als diesen einen Hauptpunkt: sie ließ der Kontingenz keinen Raum: «Jedes geschichtliche Unternehmen hat etwas von einem Abenteuer an sich, da es niemals durch eine *absolut* rationale Struktur der Dinge garantiert wird; es schließt immer eine Nutzbarmachung des Zufalls ein, man muß immer gegenüber den Dingen (und gegenüber den Menschen) List anwenden, denn man muß aus ihnen eine Ordnung hervorgehen lassen, die nicht mit ihnen gegeben war. Es besteht nach wie vor die Möglichkeit eines ungeheuren Kompromisses, eines Verfaulens der Geschichte, in dem der Klassenkampf, der hinreichend mächtig ist, zu zerstören, nicht mächtig genug sein würde, aufzubauen, und in dem die großen Linien der Geschichte, wie sie das *Kommunistische Manifest* vorgezeichnet hatte, wieder ausgelöscht würden.» Kontingenz von jedem und allem, Kontingenz des menschlichen Abenteuers; darin eingeschlossen, Kontingenz des marxistischen Abenteuers: hier finden wir Merleau-Pontys grundlegende Erfahrung wieder. Zunächst hatte er über die Besonderheit seines Lebens nachgedacht, dann sich seiner geschichtlichen Existenz zugewandt und entdeckt, daß beide vom gleichen Stoff waren.

Bis auf diese Vorbehalte akzeptierte er den historischen Materialismus als eine Art Raster, als eine regulative Idee oder, wenn man lieber will, als ein heuristisches Schema. «Es gibt seit fünfzehn Jahren so viele Autoren, die scheinbar über den Marxismus hinausgegangen sind, daß wir darauf bedacht sein müssen, uns von ihnen zu unterscheiden. Um über eine Lehre hinausgehen zu können, muß man zunächst ihr Niveau erreicht haben und, was sie erklärt, besser erklären als sie. Wenn wir angesichts des Marxismus Fragen stellen, dann tun wir es nicht, um ihm eine konservative Geschichtsphilosophie vorzuziehen, die noch viel abstrakter wäre.» Kurz, Marxist in Ermangelung eines Besseren.

Verstehen wir recht: der Marxismus ist im Grunde eine Praxis, deren Ursprung der Klassenkampf ist. Leugnet man diesen Kampf, so bleibt nichts. 1945 – und solange die KP die Macht mit den bürgerlichen Parteien teilte – war der Klassenkampf nicht klar durchschaubar. Die jungen Intellektuellen aus der Partei glaubten ergeben an ihn. Sie hatten nicht unrecht; ich sage, daß sie an ihn *glaubten*, weil sie ihn unter der täuschenden Maske der nationalen Einheit nicht *sehen* konnten; Merleau stieß sie oft vor den Kopf, weil er nur noch zur Hälfte an ihn glaubte. Er hatte über die Folgen des Sieges nachgedacht; keine Verbündeten mehr, zwei Giganten einander gegenüber. Diese, bestrebt, Reibungen zu vermeiden, hatten in Jalta die Weltkarte neu gestaltet: mir den Sonnenuntergang, dir den Sonnenaufgang; um den Frieden kümmerten sie sich nicht; es würde einen dritten Weltkrieg geben, das stand außer Zweifel; jede der beiden Mächte war bestrebt, ihn so schnell wie möglich zu gewinnen, und verständigte sich mit der anderen dahin, ihn aufzuschieben, bis sie die besseren Positionen erlangt hätte. Das Gleichgewicht der Kräfte blieb jedoch vorläufig dem Westen günstig: so wurde in diesem Augenblick der Geschichte die Revolution in Europa unmöglich; weder Churchill noch Roosevelt hätten sie zugelassen, nicht einmal Stalin; es ist bekannt, wie es der griechischen Widerstandsbewegung erging und wie sie liquidiert wurde. Heute ist das alles klar: die Geschichte war für die ganze Erde ein und dieselbe geworden; daraus ergab sich der damals noch nicht zu durchschauende Widerspruch, daß der Klassenkampf sich an einzelnen Stellen in Völkerkonflikte verwandelte – also in aufgeschobene

Kriege. Heute klärt uns die Dritte Welt auf; 1945 konnten wir die Metamorphose weder verstehen noch billigen. Kurz, wir waren blind; Merleau-Ponty, der auf einem Auge sah, zog Schlußfolgerungen, die Erstaunen hervorriefen, weil sie sich notwendig zu ergeben schienen: wenn die Revolution aus Sorge um das internationale Gleichgewicht von außen gebremst werden kann, wenn ausländische Mächte sie im Keim vernichten können, wenn die Arbeiter ihre Befreiung nicht mehr von sich selbst, sondern nur noch von einem weltweiten Konflikt erwarten dürfen, dann hat die revolutionäre Klasse ihren Abschied genommen. Die Bourgeoisie bestand weiterhin, umgeben von der ungeheuren Masse der Arbeiter, die sie ausbeutete und die sie atomisierte. Das Proletariat aber, die unüberwindliche Kraft, die das Urteil über den Kapitalismus sprach und die Sendung hatte, ihn zu stürzen – das Proletariat war abgetreten. Es würde wiederkommen, das war wohl möglich; vielleicht morgen, vielleicht in einem halben Jahrhundert; es könnte auch sein, daß es niemals wiederkehrte. Merleau-Ponty stellte diese Abwesenheit fest, er bedauerte sie, wie es sich gehörte, und schlug vor, man solle sich für den Fall, daß sie andauerte, sogleich organisieren. Er ging so weit, die großen Linien eines Programms zu entwerfen, in einem Text, den ich aus dem Gedächtnis, aber, dessen bin ich sicher, ziemlich getreu niederschreibe: «Vorläufig mache man es sich zur Pflicht, nichts zu tun, was die Wiedergeburt des Proletariats verhindern könnte; ja, man tue alles, um ihm zu helfen, sich wieder zu bilden; kurz, man mache die Politik der KP.» Für die letzten Worte stehe ich in jedem Falle ein; sie haben mich erstaunt: die KP, die aus dem Klassenkampf entstanden ist, bestimmt von diesem aus ihre Politik; sie würde in den kapitalistischen Ländern das Verschwinden des Proletariats nicht überleben. Nun, Merleau-Ponty glaubte nicht mehr an den Bürgerkrieg, und damit bestritt er geradezu die Legitimität der kommunistischen Organisation: das Paradoxe ist, daß er uns gleichzeitig vorschlug, wir sollten uns nach der Partei richten.

Es gab ein weiteres Paradox. Man gehe zu einem Bischof und sage ihm zum Beispiel: «Gott ist tot, ich zweifle, daß er wiederauferstehen wird, aber inzwischen schließe ich mich Ihnen an.» Man wird sich für Ihr gütiges Anerbieten bedanken, aber nicht glauben, es annehmen zu können. Die kommunistischen Freunde Merleau-Pontys nahmen genau die gegenteilige Haltung ein: sie schimpften ihn freundlich ein wenig aus, ohne ihn aber abzuweisen. Bedenkt man es recht, so wird man nicht darüber erstaunt sein. Die Partei war als Gewinner aus der Résistance hervorgegangen: sie war weniger streng hinsichtlich der Wahl ihrer Weggefährten. Vor allem aber befanden sich ihre Intellektuellen in einer mißlichen Lage: von Haus aus radikal, hätten sie es gern gesehen, wenn das Proletariat seine Eroberungen organisiert und seinen Vormarsch wiederaufgenommen hätte; die durch die Bekanntgabe ihrer Verrätereien verschreckte Bourgeoisie würde alles haben geschehen lassen. Statt dessen suchte man Ausflüchte. Sie sagten: ergreifen wir die Macht; man antwortete ihnen: die Angelsachsen werden auf der Stelle intervenieren. Ein neuer Widerspruch erschien in der Bewegung des «marschierenden Flügels», da man, um den Frieden und die sozialistischen Länder zu retten, eine im Innern von den Massen geforderte Revolution von außen abblasen konnte. Diese jungen Leute, die während der Résistance zur Partei gestoßen waren, verweigerten dieser nicht ihr Vertrauen. Aber es gab Zweifel, Reibereien. Schließlich war Frankreich eine bürgerliche Demokratie: was tat die KP in der Drei-Parteien-Regierung? War sie nicht die Geisel des Kapitals? Sie gaben treulich die Schlagworte weiter, die sie beunruhigten: man muß einen Streik beenden können; der Wiederaufbau des Landes ist das revolutionäre Ziel. Aber sie konnten nicht verhindern, daß die Schlußfolgerungen Merleaus sie ein wenig verwirrten. Am Rande. Schließlich stimmte er der reformistischen Politik der Partei zu, dieser Politik, zu deren Ausführenden sie sich selbst aus Gehorsam machten. Konnte man ihn dafür tadeln, daß er ganz laut wiederholte, was sie selbst manchmal ganz leise sagten: wo ist das Proletariat? Es war ja da! Aber gezäumt, geknebelt. Und durch wen? Jeden Tag waren sie ein wenig mehr aufgebracht über Merleau-Ponty, diese Kassandra; Merleau-Ponty war aufgebracht über sie. Alle ungerechtfertigt.

Merleau verkannte die Verwurzelung seiner Freunde. Fünfzehn Jahre später ist er auf diese Frage zurückgekommen, im Vorwort zu *Signes*.[1] Hier behandelt er ausführlich nun die Stellung des militanten Kommunisten, der, obgleich eingeschlossen, eingefügt, dennoch durch seine Loyalität und durch sein Handeln selbst dazu beitragen muß, die Partei zu formen, die ihn formt. Zweideutige Reue, die ihn vor allem dazu führt, Austritte zu rechtfertigen: wenn einem der Sinn danach steht, vergnüge man sich immerhin damit, von außen und abgeklärt über eine Politik zu urteilen; wenn diejenigen, die Tag für Tag diese Politik gemacht haben, sei es auch nur durch ihre schweigende Zustimmung, ihren Sinn entdeckten, wenn sie ihren Schatten auf der Mauer sahen, dann blieb ihnen nichts übrig, als mit der Partei zu brechen. Aber man kann dieses Argument umkehren, und ich glaube, er wußte es: für alle diese jungen Leute von 1945, die zwischen ihrer Aufrichtigkeit und ihrer geschworenen Treue schwankten, und von der Perspektive ihres Handelns aus gesehen, das sie Tag für Tag auf sich nahmen und dessen Sinn sie unter ihren Händen sich verändern sahen, war mehr als einmal Merleau-Ponty der

1 Maurice Merleau-Ponty, Signes, Paris 1960

«Überblicksdenker».

Sie verkannten ihn ihrerseits: sie kannten den Weg nicht, den er gegangen war. Aus Gesprächen, die wir später führten, habe ich den Eindruck behalten, daß er vor 1939 dem Marxismus näher war als jemals seither. Was entfernte ihn davon? Die Prozesse, denke ich mir; wenn er zehn Jahre später, in *Humanismus und Terror*, so ausführlich davon sprach, muß er davon betroffen geblieben sein. Danach erregte ihn der deutsch-sowjetische Pakt kaum mehr: er zerstreute sich damit, ziemlich «machiavellistische» Briefe zu schreiben und «die Rollen zu verteilen». Freunde und die Schriften von Rosa Luxemburg hatten ihn zu der Idee von der «Spontaneität der Massen» bekehrt, die die allgemeine Bewegung seiner besonderen Bewegung näherbrachte; als er die Staatsräson dahinter glitzern sah, wandte er sich davon ab.

Mit zwanzig Jahren Christ, hörte er auf, es zu sein, weil, so sagte er, «man glaubt, daß man glaubt, aber man glaubt nicht». Genauer gesagt forderte er von der Katholizität, daß sie ihn wieder in die immanente Einheit einfüge, und gerade das konnte sie nicht leisten: die Christen lieben sich in Gott. Ich will nicht sagen, daß er von da zum Sozialismus überging: das hieße schematisieren. Aber es kam eine Zeit, in der er dem Marxismus begegnete und fragte, was er bot: er fand, daß es die zukünftige Einheit der klassenlosen Gesellschaft sei und bis dahin eine warme Kampfgenossenschaft. Nach 1936 brachte ihn die Partei zweifellos in Verlegenheit. Es war einer seiner unveränderlichsten Charakterzüge, daß er überall die verlorene Immanenz suchte, von der Immanenz aber auf etwas Transzendentes verwiesen wurde und sich sogleich zurückzog. Er blieb jedoch auf dieser Ebene des ursprünglichen Widerspruchs nicht stehen: von 1950 bis 1960 hat er nach und nach die Vorstellung eines neuen Bandes zwischen dem Sein und der Intersubjektivität konzipiert; aber wenn er vielleicht schon 1945 von einer Überschreitung des Widerspruchs träumte, so hatte er sie noch nicht gefunden.

Kurz, er kam von weit her, als er trotz des Abscheus, der ihn überkommen hatte, jenen strengen und illusionslosen attentistischen Marxismus vorschlug. Es war wahr, daß er, nicht aus Neigung, sondern aus Berufung und Hartnäckigkeit, «die Geschichte gelernt» hatte; wahr auch, daß er sie niemals mehr vergessen würde. Das haben zu jener Zeit seine kommunistischen Freunde nicht gesehen, die für vorbehaltlose Anhängerschaft empfänglicher waren als für genaue und begrenzte Übereinstimmungen. Seinerseits hätte er, dem einzig und allein daran gelegen war, seine Beziehung zur Geschichte zu vertiefen, ihrer Kritik keine Handhabe geboten, stelle ich mir vor, er hätte eigensinnig in seinem Schweigen beharrt, hätten wir nicht durch Zufall *Les Temps Modernes* gegründet. Er hatte das Werkzeug und war fast gezwungen, die Einzelheiten seines

Denkens in Worte zu fassen.

Seit 1943 träumten wir von der Zeitschrift. Wenn es nur *eine* Wahrheit gibt, so dachte ich, darf man sie, wie Gide es von Gott gesagt hat, nirgendwo anders suchen als überall. Jedes gesellschaftliche Produkt und jede Haltung – die intimste und die öffentlichste – sind anspielungsreiche Verkörperungen dieser Wahrheit. Eine Anekdote spiegelt ebenso die ganze Epoche wider wie eine politische Verfassung. Wir würden dem Sinn nachjagen, wir würden das Wahre über die Welt und über unser Leben sagen. Merleau fand mich optimistisch: war ich so sicher, daß es überall Sinn gebe? Darauf hätte ich antworten können, daß es selbst einen Sinn der Sinnlosigkeit gebe und daß es unsere Sache sei, ihn zu finden. Und ich weiß, was er seinerseits entgegnet hätte: erhelle die Barbarei, solange du willst, du wirst ihre Dunkelheit nicht zerstreuen. Die Diskussion hat niemals stattgefunden: ich war mehr dogmatisch, er mehr nuanciert, aber das war eine Sache des Temperaments oder, wie man sagt, des Charakters. Wir hatten den gleichen Wunsch: aus dem Tunnel herauskommen, klar sehen. Er schrieb: «Unsere einzige Zuflucht besteht in einer möglichst vollständigen, möglichst getreuen Lektüre der Gegenwart, die nichts im voraus über deren Sinn sagt, die sogar das Chaos und die Sinnlosigkeit in ihr anerkennt, wo sie sich finden, die es sich aber auch nicht versagt, eine Richtung und eine Idee in ihr festzustellen, wo sie sich finden.» Das war unser Programm. Noch heute, nach dem Tod Merleau-Pontys, ist dies das Programm der Zeitschrift. Nein: als die wahre Differenz muß man unsere Unebenbürtigkeit bezeichnen. Seitdem er die Geschichte gelernt hatte, war ich ihm nicht mehr ebenbürtig. Ich befragte noch immer die Tatsachen, als er schon versuchte, die Ereignisse sprechen zu lassen.

Die Tatsachen *wiederholen* sich. Gewiß, sie sind immer neu: nun und? Es ist neu, das jährliche Stück dieses Boulevard-Schriftstellers: er mußte die Idee dazu haben; dann hat er nachgedacht, gearbeitet, jedes Wort ist ein Fund gewesen, und die Schauspieler haben ihrerseits den Ton «gefunden». Einige Tage lang sagten sie: «Ich lebe nicht in der Rolle», und dann plötzlich: «Ich lebe in ihr.» Schließlich ist das Unvorhergesehene eingetreten, der Tag der Uraufführung gekommen: das Stück ist geworden, was es war – will sagen: ebenso wie alle vorangegangenen. Die Tatsache ist Bestätigung und Neubeginn: sie läßt Gewohnheiten zutage treten, alte Widersprüche und manchmal, tiefer unten, Strukturen. Derselbe Ehebruch wird seit fünfzig Jahren jeden Abend vor dem gleichen bürgerlichen Publikum im Herzen von Paris begangen. Indem ich nichts als dieses Bleibende suchte, hoffte ich unbewußt, daß wir die Ethnographen der französischen Gesellschaft würden.

Das Bleibende – Merleau-Ponty haßte es nicht. Ja, er liebte geradezu die kindliche Wiederkehr der Jahreszeiten und Zeremonien. Aber gerade deshalb wußte er, der ohne Hoffnung seiner Kindheit nachtrauerte, daß diese nicht wiederkehren würde; wenn die Erwachsenen in der Welt der Erwachsenen die Gnade der ersten Lebensjahre genießen könnten – es wäre allzu schön, das Leben wäre rund wie die Erde. Merleau, der Vertriebene, hatte frühzeitig *empfunden*, was ich nur *wissen* konnte: man kehrt niemals in die Vergangenheit zurück, man fängt nicht noch einmal an, durch ihre Unumkehrbarkeit verwandelt sich die freundliche Kontingenz der Geburt in Geschick. Ich wußte wohl, daß man dem Fluß der Dinge folgt und niemals stromaufwärts zurückkehrt; aber ich nährte lange Zeit, ein Opfer des bürgerlichen Fortschrittsmythos, die Illusion, jeden Tag ein wenig mehr wert zu sein. Fortschritt: Akkumulation von Kapital und Tugenden; man bewahrt alles. Kurz, ich näherte mich der Vollkommenheit; das war die Maske des Todes, der heute nackt ist. Merleau entfernte sich von der Vollkommenheit: er war geboren, um zu sterben, nichts konnte ihm die Unsterblichkeit des ersten Lebensalters zurückgeben; das war seine ursprüngliche Erfahrung des Ereignisses.

Um die Mitte des vorigen Jahrhunderts hätte er die Zeit «gegen den Strich» gelebt, vergeblich, wie Baudelaire es nach dem «Riß» tat: wenn das Goldene Zeitalter einmal zu Ende ist, ist nur noch Platz für die Entwürdigung. Es ist das Verdienst Merleaus, jenen reaktionären Mythos vermieden zu haben: Entwürdigung – sei's drum: aber es ist *unsere* Entwürdigung, wir können sie nicht erleiden, ohne sie zu bewirken, das heißt, ohne durch sie hindurch den Menschen und seine Werke hervorzubringen. Wie ein Raubvogel stößt das Ereignis auf uns herab, wirft uns in den Graben oder setzt uns hoch auf die Mauer, uns hat es nur vor den Augen geflimmert. Kaum ist es jedoch mit lautem Getöse verschwunden, sind wir so tiefgreifend verändert, daß wir kaum mehr verstehen, wie wir zuvor lieben, handeln, leben konnten. Wer hätte schon 1945 an die dreißiger Jahre zurückgedacht? Sie bereiteten sich vor, stillschweigend in Pension zu gehen, die Besatzung hat sie umgebracht, nur die Gebeine blieben übrig. Einige träumten noch von einer Rückkehr zur Vorkriegszeit, Merleau wußte, daß das nicht geschehen könnte, daß es verbrecherisch und vergeblich wäre, es zu erhoffen: als er sich 1945 fragte, ob das menschliche Abenteuer in der Barbarei zugrunde gehen oder sich durch den Sozialismus wieder erholen würde, befragte er die Weltgeschichte, als ob sie sein eigenes Leben wäre: verlorene Zeit? wiedergefundene Zeit? Abweg, Umweg, Abtrift: die abgedroschenen Wörter stehen bei ihm dafür, daß man nichts gewinnt, ohne zu verlieren, daß sogar die nächste, die lenkbarste Zukunft unsere Hoffnungen und unsere Berechnungen verrät. Aber am häufigsten verrät sie sie, indem sie sie verwirklicht: unkenntlich und doch als die unseren kommen unsere vergangenen

Handlungen aus dem Grund zukünftiger Jahre auf uns zu; man mußte verzweifeln oder den sich verändernden Grund der Veränderungen in ihnen feststellen und die alten Tatsachen, da man sie nicht wiederherstellen konnte, wenigstens im Herzen des Ereignisses, das sie verleugnet, herstellen. Man müßte versuchen, dieses seltsame Gleiten, das man Geschichte nennt, von innen zu regeln, indem man in der Bewegung, die uns fortreißt, nach den impliziten Zielen der Menschen sucht, um sie diesen explizit vorzustellen. Das lief darauf hinaus, das Ereignis auf seine Unvorhersehbarkeit hin zu befragen – ohne irgend etwas im voraus zu bestimmen –, um eine Logik der Zeitlichkeit darin zu finden. Diese Logik könnte man versucht sein «dialektisch» zu nennen, hätte Merleau-Ponty nicht schon damals dieses Wort abgelehnt, das er zehn Jahre später mehr oder weniger verabscheute.[1]

Im großen und ganzen leugnete die Vorkriegszeit die Zeit: als ein Zyklon unsere Mauern umgeblasen hatte, suchten wir die Überlebenden im Schutt und sagten zu ihnen: «Es ist nichts.» Das schönste war, daß sie uns glaubten. Merleau «lernte die Geschichte» schneller als wir, weil er das Verrinnen der Zeit schmerzhaft und voll empfand. Das machte ihn zu unserem politischen Kommentator, ohne daß er es gewünscht und ohne daß jemand es überhaupt gemerkt hätte.

Les Temps Modernes hatten damals ein Redaktionskomitee ohne Homogenität: Jean Paulhan, Raymond Aron, Albert Ollivier waren gewiß unsere Freunde. Aber wir teilten – allen und zumal uns selbst unbewußt – ihre Gedanken nicht. Unsere träge Koexistenz war am Tage zuvor eine lebendige Kameradschaft gewesen: die einen waren aus London gekommen, die anderen aus dem Versteck. Aber die Résistance zerbröckelte, jeder kehrte wieder an seinen natürlichen Ort zurück, der eine zum *Figaro*, der andere zum R.P.F.[2], der dritte zur N.N.R.F.[3] Selbst die Kommunisten nahmen Abschied, nachdem sie an der ersten Nummer durch die Feder Kanapas mitgearbeitet hatten. Ein harter Schlag für die, die übrigblieben: uns fehlte es an Erfahrung. Merleau rettete die Zeitschrift, indem er sich bereit erklärte, sie zu übernehmen: er wurde Chefredakteur und politischer Leiter. Das ergab sich von selbst. Er bot mir seine Dienste nicht an, und ich hätte mir nicht erlaubt, ihn zu «wählen»: wir stellten nach einiger Zeit gemeinsam fest, daß er dieses doppelte Amt übernommen hatte und daß er sich ihm nicht entziehen konnte, ohne daß die Zeitschrift zugrunde ginge. Wir diskutierten nur

1 1945 äußerte er sich darüber noch nicht: er fand das Wort zu anspruchsvoll, um es auf die bescheidene Tätigkeit der *Temps Modernes* anzuwenden.

2 Rassemblement du Peuple Français, 1947 von de Gaulle gegründete Partei. (Anm. d. Übers.)

3 *Nouvelle Nouvelle Revue Française*; so hieß die *Nouvelle Revue Française* nach dem Kriege eine Zeitlang. (Anm. d. Übers.)

über einen Punkt: nachdem das Redaktionskomitee vom Titelblatt verschwunden war, schlug ich Merleau vor, seinen Namen dort neben dem meinen drucken zu lassen: wir wären die beiden Leiter gewesen. Er schlug das rundweg ab. Während der folgenden Jahre kam ich hundertmal auf das Angebot zurück mit einem einzigen Argument: es wäre ehrlicher gewesen. Hundertmal erneuerte er lächelnd und entspannt seine Ablehnung, erklärte sie mit Gelegenheitsgründen, niemals mit denselben. Da sie unaufhörlich wechselten und die Haltung dieselbe blieb, schloß ich daraus, daß er mir seine wahren Motive verbarg. Ich sagte es ihm, er verteidigte sich ohne Nachdruck dagegen: er wollte mich nicht täuschen, sondern das Gespräch abbrechen. Er mochte es überhaupt nicht gern, daß eine Auseinandersetzung bis zum Grund vorstieß, was auch immer der Gegenstand sein mochte. Er hat gewonnen: ich weiß heute nicht mehr darüber als im Jahre 1945. Bescheidenheit? Ich zweifle daran. Es handelte sich nicht darum, Ehren zu teilen, sondern Verantwortlichkeiten. Man hat mir im Gegenteil gesagt: «Sie waren zu dieser Zeit bekannter: er hatte zuviel Stolz, um aus dieser Bekanntheit Nutzen zu ziehen.» Es stimmt, ich war bekannter, und ich rühmte mich dessen nicht: es war die Zeit der Kellerratten, der existentialistischen Selbstmorde; die ernsthafte Presse bewarf mich mit Schmutz, und die schlechte ebenso: bekannt aus Mißverständnis. Diejenigen aber, die in *Samedi Soir* die aufregende Aussage einer Jungfrau lasen, die ich, so scheint es, in mein Zimmer gelockt hatte, um ihr einen Camembert zu zeigen, die lasen *Les Temps Modernes* nicht, sie wußten nicht einmal etwas von ihrer Existenz. Die wirklichen Leser der Zeitschrift hingegen kannten uns beide gleicherweise; sie hatten unsere Essays gelesen, zogen die des einen oder die des anderen vor oder lehnten uns beide gleichermaßen, aber höflich ab. Merleau wußte das ebensogut wie ich: wir hatten Zuschriften erhalten, die wir uns gegenseitig zeigten. Im großen und ganzen war sein Publikum, das meine, das der *Temps Modernes* das gleiche. Und auch das beste, das man sich wünschen konnte: es schoß nicht auf den Pianisten, sondern beurteilte ihn nach seiner Leistung, ohne sich um das übrige zu kümmern. Merleau-Ponty konnte aus meinem zweifelhaften Ruf weder Nutzen ziehen noch unter ihm leiden. Sollte jemand sagen, er hätte Angst gehabt, sich zu kompromittieren? Nichts lag ihm ferner. Den Beweis dafür hat er in der Zeitschrift geliefert, als er unter seinem Namen Artikel veröffentlichte, die Skandale hervorriefen. Warum bestand er dann aber hartnäckig darauf, Leitartikel mit T. M. zu zeichnen, die ich vorbehaltlos akzeptierte, die er aber vom ersten bis zum letzten Wort konzipiert und redigiert hatte? Man schrieb mir unterschiedslos alle seine Schriften zu, zu denen er sich nicht bekannt hatte: das versteht sich von selbst, weil ich vorgab, der alleinige Chef zu sein. Und als ich letztes

Jahr einmal in ausländischen Bibliographien blätterte, entdeckte ich, daß ich der Autor seines Artikels über die sowjetischen Arbeitslager war – jenes Artikels, den er in seinem letzten Buch selbst anerkannt und legitimiert hat. Warum hatte er ihn 1950 nicht gezeichnet, wenn er ihn später doch wieder aufgreifen sollte? Warum hat er ihn zehn Jahre später wieder aufgegriffen, wenn er ihn damals nicht zeichnen wollte? Warum alle diese «Bastarde», die er der Zeitschrift machte, wo es doch nur an ihm lag, die Sache «in Ordnung zu bringen»? Das ist die Frage: ich maße mir nicht an, sie zu beantworten. Man mußte schließlich leben; ich fand mich mit der bequemsten Erklärung ab: er war immer gern unabhängig gewesen, und jede Kette hätte ihn belastet, außer jenem stillschweigenden, mit jeder Nummer erneuerten Bündnis, das niemanden verpflichtete und das jeder von uns auf der Stelle hätte brechen können. Das ist möglich, aber ich glaube heute auch, daß er mir mißtraute: er kannte meine Inkompetenz, er hatte Angst vor meinem Eifer; wenn ich je über Politik sprechen würde – wo kämen wir hin? Ich habe keinen Beweis für diesen Verdacht, außer einem: 1947 ließ ich *Was ist Literatur?* in der Zeitschrift erscheinen. Er las die ersten Korrekturfahnen und glaubte einen Satz darin zu finden, der, wie es damals Mode war, Faschismus und «Stalinismus» unter dem Oberbegriff «totalitäres Regime» gleichsetzte. Ich war in Italien, er schrieb mir auf der Stelle; ich erhielt den Brief in Neapel, und ich erinnere mich noch meiner Verblüffung. «Wenn Du wirklich», schrieb er mir dem Sinn nach, «an den Kommunismus und den Nazismus die gleichen Maßstäbe anlegst, so bitte ich Dich, meine Kündigung anzunehmen.» Es handelte sich glücklicherweise, wie ich ihm beweisen konnte, nur um einen Druckfehler. Die Angelegenheit war damit erledigt. Aber wenn ich darüber nachdenke, so zeigt sie mir das Ausmaß seines Argwohns: zunächst einmal war der Text auf den Korrekturfahnen unverständlich und offensichtlich verstümmelt gewesen; außerdem, Merleau wußte es, hatte ich mich niemals zu solchen Dummheiten verstiegen; schließlich bot er mir seine Kündigung mit etwas zu viel Nachdruck an. Kurz, alles weist darauf hin, daß er auf das Schlimmste gefaßt war. Was mich aber vor allem betroffen macht, ist, daß er Angst hatte, ich könnte mich auf die Seite der *Rechten* schlagen. Warum? Glaubte er, ich sei von Natur aus rechtsgerichtet? Fürchtete er einfach, daß die Füllfederhyäne, von den Schakalen abgewiesen, um Aufnahme in den PEN-Club nachsuchen würde? Wie dem auch sei, er sicherte sich gegen meine Schnitzer: war einer von ihnen unentschuldbar, konnte er sich innerhalb von vierundzwanzig Stunden zurückziehen. Diese Alarmvorrichtung war auch fünf Jahre später noch vorhanden, als eine politische Meinungsverschiedenheit uns trennte: dennoch machte Merleau damals keinen Gebrauch davon; solange er hoffen konnte, daß unsere

Widersprüche behoben würden, blieb er. Sein Brief von 1947 beweist, daß er die Zeitschrift augenblicklich verlassen hätte, wenn ich sie ins Fahrwasser der Rechten hätte treiben lassen; als ich mich nach links schlug, war er bereit, sich zu kompromittieren: er hatte schon den Graben, den bevorstehenden Sturz zu sehen geglaubt und war dennoch bei mir geblieben, entschlossen, erst im letzten Augenblick abzuspringen. Ich habe lange gedacht, daß er unrecht hatte, sich nicht mit mir gemeinsam an den Pranger zu stellen: eine öffentliche Zusammenarbeit, so sagte ich mir, hätte uns gezwungen, einander Konzessionen zu machen, wir hätten einander geschont, um die kollegiale Leitung aufrecht-zuerhalten. Seit einiger Zeit bin ich geneigt zu glauben, daß er recht hatte: 1952 ließen sich unsere Meinungsverschiedenheiten nicht mehr verdecken und nicht mehr aufheben, sie entsprangen nicht unseren Stimmungen, sondern der Situation: da aber der Name Merleau-Pontys nicht ausgesprochen war, konnten wir die Sache längere Zeit hinausziehen. Die Heimlichkeit unserer Allianz, die dazu dienen sollte, ihm den Rückzug zu erleichtern, gab uns die Möglichkeit, bis zum letzten Augenblick zusammenzubleiben. Die Trennung fand im guten statt, sie brauchte nicht verkündet zu werden, das heißt, wir brauchten sie nicht in ein öffentliches Zerwürfnis zu verwandeln. Das hat vielleicht unsere Freundschaft gerettet.

Diese Vorsicht trug ihm in den Kreisen, die uns nahestanden, den Ruf einer Grauen Eminenz ein. Das war um so falscher, als er niemandes Berater war: er war Leiter in seinem Ressort wie ich in dem meinen, und es war seine Rolle – wie die meine –, zu entscheiden und zu schreiben.

Dennoch bot er die äußerste Hartnäckigkeit auf, um mich dazu zu bringen, seine Artikel zu lesen, diejenigen, die er mit T. M. zeichnete und die die Zeitschrift verantworten mußte, ebenso wie die anderen, die seinen Namen trugen und die er allein verantworten mußte. Man verstehe mich recht: diese Haltung *scheint* der eines Angestellten, eines Beamten ähnlich, der seine Handlungen durch den «Verantwortlichen» decken läßt. In Wirklichkeit handelt es sich um das genaue Gegenteil: Merleau hatte keinen anderen Chef als sich selbst. Er fand sich in der doppelsinnigen Welt der Politik besser zurecht als ich, ich wußte es; ich sage wenig, wenn ich sage, daß ich ihm Vertrauen schenkte: wenn ich ihn las, schien es mir, als ob er mir meine Gedanken entdeckte. Aber unser Gentleman's Agreement forderte, daß er mich zu Rate zog; er wollte nicht, daß ich die Verantwortung für etwas auf mich nahm, was ich nicht kannte. Er ging dabei mit seiner ganzen Behutsamkeit zu Werk: ich stammelte noch in dieser neuen Sprache, die er schon beherrschte; er wußte es genau; da es ihm widerstrebte, mich zu zwingen oder zu verführen, brachte er mir seine Manuskripte ohne jeden Kommentar. Er mußte sich in der ersten

Zeit viel Mühe geben, um gelesen zu werden; ich verlor mich im Labyrinth der Politik, ich stimmte ihm von vornherein und überstürzt zu, ich floh. Er machte meinen Schlupfwinkel ausfindig und verschaffte sich dort Zutritt; plötzlich stand er vor mir, lächelnd, das Manuskript in der ausgestreckten Hand. «Ich bin einverstanden», stammelte ich. «Ich bin glücklich darüber», sagte er, ohne sich zu rühren. Und indem er mit der linken Hand auf die Blätter wies, die die rechte mir darbot, fügte er geduldig hinzu: «Du solltest es trotzdem lesen.»

Ich las, ich unterrichtete mich, zuletzt begeisterte ich mich für meine Lektüre. Er wurde mein Führer; *Humanismus und Terror* gab mir dann den entscheidenden Anstoß. Dieses kleine, so dichte Buch enthüllte mir die Methode und den Gegenstand: es gab mir den Nasenstüber, der nötig war, um mich aus der Unbeweglichkeit herauszureißen. Es ist bekannt, daß es überall Aufsehen erregte. Kommunisten, die heute nichts Böses mehr darin sehen, wiesen es mit Abscheu von sich. Vor allem unsere Rechte veranstaltete eine prachtvolle Katzenmusik. Ein Satz goß Öl ins Feuer, jener Satz, der den Oppositionellen mit dem Verräter und umgekehrt den Verräter mit dem Oppositionellen gleichsetzt. Im Geiste Merleaus bezog sich dieser Satz auf jene unruhigen und bedrohten Gesellschaften, die sich um eine Revolution herum zusammenschließen. Man wollte darin eine sektiererische Verdammung jeder Opposition gegen Stalin sehen. In wenigen Tagen wurde Merleau der Mann mit dem Messer zwischen den Zähnen. Als Simone de Beauvoir die Redaktion der *Partisan Review* in New York besuchte, verhehlte man ihr nicht, daß man angeekelt war: wir würden ferngesteuert, die Hand Moskaus führte die Feder unseres Père Joseph[1]. Die armen Leute! An einem Abend bei Boris Vian fiel Camus über Merleau her und warf ihm vor, er rechtfertige die Prozesse. Es war peinlich: ich sehe sie noch vor mir, Camus empört, Merleau-Ponty höflich und bestimmt, ein wenig bleich, der eine gestattete, der andere versagte sich den Aufwand der Heftigkeit. Plötzlich wandte sich Camus ab und ging. Ich lief ihm nach, begleitet von Jacques Bost, wir holten ihn auf der menschenleeren Straße ein; ich versuchte, ihm schlecht und recht den Gedankengang Merleaus zu erklären, wozu dieser sich nicht herabgelassen hatte. Mit dem einzigen Ergebnis, daß wir im Streit schieden; es bedurfte mehr als sechs Monate und des Zufalls einer Begegnung, damit wir uns wieder näherkamen. Diese Erinnerung ist mir nicht angenehm; wie dumm, meine guten Dienste anzubieten! Es ist wahr: ich stand rechts von Merleau, links von Camus: welcher schwarze Humor gab mir ein, zwischen zwei Freunden den Vermittler zu spielen, die mir wenig später einer nach dem anderen meine Freundschaft für die

1 Berater Richelieus. (Anm. d. Übers.)

Kommunisten vorwerfen sollten und die beide unversöhnt gestorben sind?

Mit diesem kleinen Satz, der soviel Geschrei hervorrief, den heute jedermann als eine Binsenwahrheit akzeptiert und der über die Grenzen hinaus, die sein Verfasser ihm zumaß, allgemein gültig ist, hatte Merleau in Wirklichkeit nichts anderes getan, als auf andere Umstände anzuwenden, was der Krieg ihn gelehrt hatte: man wird uns nicht nach unseren Absichten einschätzen; ebensosehr und mehr als die gewollten Wirkungen unserer Taten werden deren ungewollte Folgen unser Maß abgeben, jene Folgen, die wir geahnt, ausgenutzt, in jedem Fall auf uns genommen haben. «Der handelnde Mensch», hat er später, Hegel zitierend, geschrieben, «hat die Gewißheit, daß die Notwendigkeit durch seine Handlung in Zufälligkeit und die Zufälligkeit in Notwendigkeit umschlägt.» Damit stellte er der Geschichte die wahre philosophische Frage: was ist ein Umweg? Was ist eine Abtrift? Man hat bei stürmischem Wetter und steifem Wind begonnen, stoisch ausgeharrt, ist im Unglück gealtert: hier ist das Werk. Was bleibt von den alten Zielen? Was ist verschwunden? Eine neue Gesellschaft ist unterwegs entstanden, geformt durch das Unternehmen, irregeleitet durch dessen Umwege: was kann sie annehmen? Was muß sie zurückweisen, auf die Gefahr, sich die Knochen zu brechen? Und was auch das Erbteil sei – wer kann sagen, ob man den kürzesten Weg gegangen ist oder ob man die Mäander des Wegs den Unzulänglichkeiten aller zuschreiben muß?

Durch jene strenge Gerechtigkeit der Ungerechtigkeit hindurch, die die Bösen durch ihre Werke rettet und die Menschen guten Willens wegen Handlungen, in aller Reinheit des Herzens begangen, zur Hölle verdammt, entdeckte ich schließlich die Wirklichkeit des Ereignisses. Mit einem Wort: Merleau bekehrte mich: im Grunde meines Herzens war ich ein verspäteter Anarchist, für mich bestand ein Abgrund zwischen den unbestimmten Phantasmen des Kollektiven und der präzisen Ethik meines Privatlebens. Er befreite mich aus dem Irrtum: dieses doppelsinnige Unternehmen, vernünftig und toll, immer unvorhersehbar und stets vorhergesehen, das seine Ziele erreicht, wenn es sie vergißt, sie verfehlt, wenn es ihnen treu bleiben will, zugrunde geht in der falschen Reinheit des Scheiterns und sich im Sieg entwürdigt, sich manchmal des Unternehmenden unterwegs entledigt und ihn manchmal bloßstellt, wenn er sich nicht mehr verantwortlich fühlt – er lehrte mich, daß ich es überall wiederfände, im Geheimsten meines Lebens wie im hellen Licht der Geschichte, und daß es ein und dasselbe ist für alle – das Ereignis, das uns macht, indem es zur Handlung wird, zu einer Handlung, die uns vernichtet, indem sie durch uns Ereignis wird, und daß man es seit Hegel und Marx die *Praxis* nennt. Kurz, er zeigte mir, daß ich die Geschichte machte, wie Monsieur Jourdain Prosa sprach[1]; der Lauf der Dinge ließ die letzten Dämme meines Individualismus zusammenbrechen, und ich befand mich an der Stelle, wo ich mir selbst zu entgehen begann: ich erkannte mich: im vollen Licht dunkler, als ich geglaubt hatte, und zwei Milliarden Mal reicher. Es war Zeit: unsere Epoche forderte von allen Literaten, daß sie einen Aufsatz über französische Politik schrieben; ich bereitete mich auf die Prüfung vor, Merleau unterrichtete mich, ohne zu dozieren, durch seine Erfahrung, durch die Konsequenzen seiner Schriften; wenn die Philosophie, wie er sagte, eine «lehrende Spontaneität» sein soll, so kann ich sagen, daß er für mich der Philosoph seiner Politik war. Was diese betrifft, so behaupte ich, daß wir keine andere haben konnten und daß sie die rechte war. Um zu dauern, muß man gut anfangen: der Anfang stammte von ihm und war ausgezeichnet: der Beweis dafür ist, daß unsere Leser alle Kurven mit uns gefahren sind; vor bald siebzehn Jahren haben wir die erste Nummer der *Temps Modernes* erscheinen lassen; wir haben regelmäßig neue Abonnenten gewonnen, und höchstens einige Dutzend haben uns verlassen.

1945 war es möglich, zwischen zwei Haltungen zu wählen. Zwei, nicht mehr. Die erste und bessere bestand darin, sich an die Marxisten zu wenden – an sie allein – und ihnen vorzuhalten, daß die Revolution im Keim erstickt, die Résistance ermordet worden, die Linke völlig zersplittert sei. Einige Zeitschriften nahmen mutig diese Haltung ein und verschwanden ungehört: es war die glückliche Zeit, in der man Ohren hatte, nicht zu hören, Augen, nicht zu sehen. Weit davon entfernt, zu glauben, daß ihr Scheitern ihrem Versuch das Urteil gesprochen habe, behaupte ich vielmehr, daß wir sie hätten nachahmen können, ohne Schiffbruch zu erleiden: die Stärke und die Schwäche dieser Zeitschriften bestand darin, daß sie sich auf das Gebiet der Politik beschränkten; die unsere veröffentlichte Romane, literarische Essays, Berichte und Dokumente: diese Schwimmkörper hielten sie über Wasser. Um aber auf die verratene Revolution hinweisen zu können, mußte man zunächst Revolutionär sein: Merleau war es nicht, ich war es noch nicht. Wir hatten nicht einmal das Recht, uns als Marxisten zu bezeichnen, trotz unserer Sympathien für Marx. Die Revolution ist kein Seelenzustand: sie ist eine tägliche, durch eine Theorie erhellte Praxis. Und wenn es auch nicht genügt, Marx gelesen zu haben, um Revolutionär zu sein, so schließt man sich ihm doch früher oder später an, wenn man für die Revolution kämpft. Daraus folgt, daß nur Menschen, die durch diese Disziplin geformt waren, die Linke wirksam kritisieren konnten; sie mußten also in jener Zeit mehr oder weniger eng mit den Kreisen der Trotzkisten verbunden sein; sie wurden

---

1 Molière: *Der Bürger als Edelmann*, II, 4. (Anm. d. Übers.)

jedoch sogleich durch diese Zugehörigkeit disqualifiziert, ohne daß es ihre Schuld gewesen wäre: in der irregeleiteten Linken, die von Einheit träumte, spielten sie die Rolle von «Spaltern». Auch Merleau-Ponty sah klar die Gefahren, er stellte fest, daß die Arbeiterklasse niedergeknüppelt worden war, er kannte die Gründe dafür. Hätte er aber gezeigt, wie die Arbeiter geknebelt, gekettet, irregeführt, um den Sieg gebracht worden waren, so hätte dieser kleinbürgerliche Intellektuelle – hätte er Tränen vergossen, Tränen seinen Lesern entlockt – sich demagogisch überboten. Als er hingegen die Schlußfolgerung zog, daß das Proletariat auf Urlaub gegangen war, war er aufrichtig und blieb sich selbst treu, ich blieb mir treu, wenn ich seinen Schlußfolgerungen zustimmte. Wir und Revolutionäre? Was denn noch! Die Revolution schien damals nur der liebenswürdigste aller Mythen zu sein: eine kantische Idee gewissermaßen; ich wiederholte das Wort voll Achtung, ich verstand nichts von der Sache. Wir waren gemäßigte Intellektuelle gewesen, die Résistance hatte uns auf die Seite der Linken gezogen; nicht weit genug; und nun war sie tot; was hätten wir, uns selbst überlassen, anderes sein können als Reformisten?

Blieb noch die zweite Haltung. Wir brauchten sie nicht zu wählen, sie zwang sich auf. Selbst den Mittelklassen entstammend, versuchten wir, die Verbindung zwischen dem intellektuellen Kleinbürgertum und den intellektuellen Kommunisten herzustellen. Dieses Bürgertum hatte uns hervorgebracht: wir hatten seine Kultur und seine Werte als Erbteil erhalten; aber die Besatzungszeit und der Marxismus hatten uns gelehrt, daß weder jene Kultur noch diese Werte selbstverständlich waren. Wir verlangten von unseren Freunden in der Kommunistischen Partei die Werkzeuge, die notwendig waren, um der Bourgeoisie den Humanismus zu entreißen. Alle Freunde der Linken baten wir, mit uns diese Arbeit zu leisten. Merleau schrieb: «Wir hatten 1939 nicht unrecht, die Freiheit, die Wahrheit, das Glück und durchsichtige Beziehungen zwischen den Menschen zu fordern, und wir verzichten nicht auf den Humanismus. (Aber) der Krieg . . . hat uns gelehrt, daß die Werte bloße Wörter bleiben . . . wenn ihnen nicht durch eine wirtschaftliche und politische Infrastruktur zur Wirklichkeit verholfen wird.» Ich sehe wohl, daß diese Einstellung, die man eklektisch nennen kann, auf die Dauer nicht haltbar war, ich sehe aber auch, daß die Situation in Frankreich und in der Welt sie zu der einzig möglichen machte. Warum hätten wir uns päpstlicher als der Papst geben sollen? Wir hatten in der Tat den Klassenkampf vergessen, aber wir waren nicht die einzigen. Wir waren vom Ereignis ausersehen, zu bezeugen, was 1945 die kleinbürgerliche *Intelligentsia* wollte, als die Kommunisten die Mittel und die Absicht verloren hatten, das System zu stürzen. Mir scheint, sie wünschte paradoxerweise, daß die Kommunistische Partei reformistische Zugeständnisse machte und daß das französische Proletariat seine revolutionäre Aggressivität wiederfände. Das Paradox besteht nur scheinbar; diese chauvinistische Klasse, die durch fünf Jahre Besatzung erbittert war, hatte Angst vor der Sowjetunion, würde sich aber einer Revolution «ganz unter uns» angepaßt haben. Es gibt jedoch Gradunterschiede im Sein und im Denken: welches aber auch immer die Forderungen dieses revolutionären und nationalistischen Reformismus waren, Merleau strebte nicht danach, der Verkünder eines Proletariats unter der Trikolore zu werden. Wie andere in anderen Ländern zur gleichen Zeit hatte er für sein Teil eine weitgespannte Arbeit der Konfrontation in Angriff genommen: er gab unsere abstrakten Begriffe dem Marxismus zu beißen, der sich in sich selbst veränderte, sobald er sie assimiliert hatte.

Heute ist die Aufgabe leichter: die Marxisten – Kommunisten oder nicht – haben sie wieder selbst übernommen. 1948 war sie sehr schwierig, zumal sich die Intellektuellen der Kommunistischen Partei nicht scheuten, die beiden verdächtigen Bürger mit den leeren Händen, die sich da ungebeten zu Marschgenossen erklärt hatten, zum Teufel zu jagen. Wir mußten die marxistische Ideologie verteidigen, ohne unsere Vorbehalte und unser Zögern zu verbergen, ein Stück Wegs mit Burschen zurücklegen, die wir unserer Sympathie versicherten und die uns zum Dank als intellektuelle Polizisten behandelten, widersprechen, ohne zu beleidigen und ohne den Kontakt abzubrechen, diese Empfindlichen, die keine Einschränkung duldeten, gemäßigt, aber freimütig kritisieren, trotz unseres Alleingangs behaupten, daß wir an ihrer Seite, an der Seite der Arbeiterklasse marschierten – die Bürger, die uns lasen, schlugen sich auf die Schenkel –, ohne es uns zu versagen, der Kommunistischen Partei nötigenfalls zuvorzukommen, wie wir es zu Beginn des Indochinakriegs taten, für die Entspannung und den Frieden in unserer kleinen Zeitschrift kämpfen, als ob wir eine Tageszeitung mit hoher Auflage leiteten, uns vor allem tugendhaften Eifer hüten, vor allem vor Wichtigtuerei und Zorn, in der Wüste wie vor einer Volksversammlung sprechen, ohne jedoch unsere Winzigkeit aus dem Auge zu verlieren, uns in jedem Augenblick in Erinnerung rufen, daß das Gelingen nicht notwendig ist, um standhaft zu sein, daß aber die Standhaftigkeit das Gelingen zum Ziel hat. Allen Anzüglichkeiten und Tiefschlägen zum Trotz verrichtete Merleau seine Arbeit ordentlich, mit Geschmack, ohne jede Schwäche: es war sein Job. Er hat die Wirklichkeit der Jahre nach 1945 nicht enthüllt – wer hat es getan? –, aber er hat die illusorische Einheit Frankreichs genutzt, um sich so eng wie möglich an die Kommunisten anzuschließen, um mit ihnen unmögliche und notwendige Gespräche anzuknüpfen und um über Marx hinaus die Grundlagen dessen zu legen, was er manchmal «ein linkes Denken» nannte. In gewissem Sinne scheiterte er: das linke Denken ist der Marxismus, nicht mehr, nicht weniger. Aber die Geschichte verwertet alles, außer dem Tod: wenn der Marxismus heute im Begriff ist, *das linke Denken schlechthin* zu werden, so verdanken wir das in erster Linie den Bemühungen einer Handvoll Männer, deren einer er war; die Kleinbürger rutschten, wie gesagt, nach links hinüber; diese Bewegung wurde von allen Seiten abgeriegelt, aber sie endete auf vorgeschobenen Positionen: Merleau verlieh dem gemeinsamen Wunsch nach demokratischer Einheit und nach Reformen am radikalsten Ausdruck.

Zwei Jahre Windstille und dann die Erklärung des Kalten Krieges. Hinter den Homilien Marshalls vermochte Merleau sofort die Großzügigkeit eines Menschenfressers zu sehen und aufzuzeigen. Es war die Zeit der Umgruppierungen. Die Kommunistische Partei verhärtete sich, unsere Rechte flog zur Mitte; zur gleichen Zeit begann man die Klapper des R.P.F. zu hören. Die Bourgeoisie erhob das Haupt, taufte sich «dritte Kraft» und entwickelte die Politik des Cordon sanitaire. Man drängte uns zur Entscheidung, Merleau wollte davon nichts wissen. Manchmal mußte er sich am Steuer anklammern: Prager Staatsstreich, wilde Streiks, Ende der Drei-Parteien-Regierung, gaullistische Springflut bei den Gemeindewahlen. Er hatte geschrieben: «Der Klassenkampf trägt eine Maske», er demaskierte sich. Wir beharrten indessen auf unseren Vermittlungsangeboten, die keiner ernst nahm, und waren um so mehr davon überzeugt, wir beiden verkörperten die Einheit der Linken, als sie zu dieser Zeit keinen anderen Vertreter mehr hatte. Das R.D.R.[1] entstand, ein vermittelnder Neutralismus zwischen den Blöcken, zwischen der fortschrittlichen Fraktion des reformistischen Kleinbürgertums und den revolutionären Arbeitern. Man schlug mir vor beizutreten, ich ließ mich überzeugen, daß die Bewegung unsere Ziele habe, ich nahm an. Merleau, von anderer Seite aufgefordert, erklärte seinen Beitritt, um mich nicht bloßzustellen. Ich sah bald ein, daß ich mich getäuscht hatte. Wenn wir möglichst nahe bei der Kommunistischen Partei leben, sie dazu bringen wollten, eine gewisse Kritik anzunehmen, mußten wir vor allem politisch unwirksam sein, man mußte eine andere Wirksamkeit in uns spüren. So aber war Merleau-Ponty, allein, ohne Parteigänger und Eiferer; sein stets originelles, stets neu ansetzendes Denken gewann seine Glaubwürdigkeit nur aus sich selbst. Das R.D.R. dagegen, so klein es war und zu sein bereit war, baute auf die Stärke der Zahl. So eröffnete es die Feindseligkeiten, die es zunächst gern aufgeschoben hätte: woher sollte die Bewegung ihre revolutionären Parteigänger nehmen, wenn nicht aus dem Kreis der Kommunisten oder Kommunistenfreunde; die Partei wurde widerbor-

1 Rassemblement Démocratique Révolutionnaire. (Anm. d. Übers.)

stig und behandelte die Bewegung vom ersten Tag an als Feind, zu deren
großer Verwunderung. Die Doppelsinnigkeit dieser Situation bildete den
Ursprung unserer internen Spaltungen: die einen ließen sich, angewi-
dert, von der Rechten gewinnen; im allgemeinen waren das die «Verantwortlichen»; die anderen – und das war die Mehrheit – wollten unerschütterlich bleiben und sich den sozialen Aktionen der KPF anschließen.
Die zuletzt genannten, zu denen wir gehörten, warfen den anderen vor,
das ursprüngliche Programm aufgegeben zu haben: «Wo ist euer Neutralismus?»; die anderen gaben unverzüglich die Frage zurück: «Und
euer Neutralismus, wo bleibt der?»

Entdeckte Merleau vor mir unseren Irrtum und die Tatsache, daß ein
politisches Denken sich nicht so leicht verkörpern läßt, es sei denn, daß es
sich bis zu Ende denkt und irgendwo von denen wiederaufgenommen
wird, die seiner bedürfen? War es nicht vielmehr so, daß er sich nicht
enthalten konnte, 1948 nicht mehr als 1941, ein wenig die zu jungen
Gruppierungen zu verachten, die keine Wurzeln und keine Traditionen
hatten? Tatsache ist, daß er niemals zum Direktionskomitee kam, dem er
doch als Gründungsmitglied angehörte: man berichtete mir das jedenfalls, denn ich ging auch nicht oft hin. Er hätte zu Recht fürchten können,
daß wir sein Unternehmen verfälschen würden und daß *Les Temps
Modernes* als Monatsblatt des R.D.R. gelten könnte: er hat mir nichts
darüber gesagt, sei es, daß er meine Unvorsichtigkeit teilte, sei es, daß er
sie mir nicht zum Vorwurf machen wollte und damit rechnete, das
Ereignis werde mir die Augen öffnen. Kurz, er leitete die Zeitschrift wie
gewöhnlich und ließ mich allein und mit Unterbrechung unter dem
Banner der Neutralität Krieg führen. Im Frühjahr 1949 wurden wir uns
jedoch einig: das R.D.R. war nicht lebensfähig. Die Friedensbewegung,
die damals von Yves Farge geleitet wurde, sollte einen Kongreß in Paris
abhalten. Sobald man davon erfuhr, hieß es im R.D.R. Hals über Kopf,
man wolle amerikanische Persönlichkeiten einladen und einige Tage nach
dem Kongreß eine «Studientagung» über den Frieden abhalten: man
konnte sich, das war klar, darauf verlassen, daß die rechte Presse diese
Neuigkeiten verbreiten würde; kurz, diese pazifistische Tagung war nur
ein Manöver, das von den Amerikanern wenn nicht angeregt, so doch
gefördert wurde; von der Amerikanischen Botschaft etwas zu dringlich
gebeten, auf dem Kongreß zu sprechen, suchte Richard Wright mich
beunruhigt auf: wohin gingen wir? Merleau gesellte sich zu uns: wir
beschlossen, alle drei bei den Kundgebungen nicht zu erscheinen, und
schrieben einen von uns dreien unterschriebenen Brief, in dem wir unser
Fernbleiben begründeten; der Krieg der beiden Frieden fand ohne uns
statt; man konnte im Vél d'Hiv' einen Amerikaner die Atombombe
rühmen hören, uns konnte man dort nicht sehen. Die militanten Partei-

mitglieder waren empört; im Juni 1949 sagten sie der Leitung, was sie von ihr hielten, ich schloß mich ihnen mit meiner Stimme an: wir mordeten das R.D.R., und ich reiste nach Mexiko ab, enttäuscht, aber mit wiedergewonnener Heiterkeit. Merleau war bei dem Kongreß nicht erschienen, aber über seine Meinung bestand sowieso kein Zweifel: ich mußte diese unerfreuliche Erfahrung machen, dachte ich, um mir sein Denken völlig zu eigen zu machen. In der Tat, um Haaresbreite hätte uns die so wohlbegründete Unvernunft der Politik einem Antikommunismus verfallen lassen, den wir verabscheuten und den wir doch hätten auf uns nehmen müssen.

Ich sah ihn im Herbst wieder: ich sagte ihm, daß ich ihn verstanden hätte. Keine aktive Politik mehr: die Zeitschrift und nur die Zeitschrift. Ich unterbreitete ihm Vorschläge: warum nicht eine Nummer der Sowjetunion widmen? Unser Einvernehmen war, so schien es mir, vollkommen: wir wurden auswechselbar. Um so erstaunter war ich, daß meine Vorschläge so wenig Echo fanden. Hätte er mir wenigstens ihre Unsinnigkeit bewiesen. Aber nein; er ließ sie unter den Tisch fallen, schweigsam und düster. Es lag daran, daß man von den sowjetischen Lagern Wind bekommen hatte. Wir waren zu gleicher Zeit wie Rousset, aber aus anderer Quelle, davon unterrichtet worden. Der Leitartikel Merleaus erschien in der Januar-Nummer 1950; man kann ihn in *Signes* nachlesen; diesmal trieb ich den Eifer so weit, zu verlangen, daß er mir davon Kenntnis gebe, noch bevor er es mir vorgeschlagen hatte. Ich übersprang kein einziges Wort, ich billigte alles, und zwar vor allem, daß der Autor sich selbst treu geblieben war. Er legte die Tatsachen dar und schloß seinen ersten Absatz folgendermaßen: «Wenn sich zehn Millionen Menschen in Konzentrationslagern befinden, während auf der anderen Seite der sowjetischen Hierarchie Einkommen und Lebensniveau fünfzehn- bis zwanzigmal höher sind als das der freien Arbeiter – dann . . . dreht sich das ganze System und erfährt einen Bedeutungswandel, und wir fragen uns, aus welchem Grund wir in bezug auf die UdSSR noch von Sozialismus sprechen, trotz der Verstaatlichung der Produktionsmittel und obwohl die private Ausbeutung des Menschen durch den Menschen und die Arbeitslosigkeit dort unmöglich sind.» Wie konnten die sowjetischen Arbeiter auf ihrem eigenen Boden diese offensive Rückkehr der Sklaverei dulden? Merleau antwortete, das komme daher, daß man nach und nach «ohne feste Absicht, von Krise zu Krise, von Verlegenheitslösung zu Verlegenheitslösung» dahin gelangt sei. Die sowjetischen Staatsbürger kennen das Gesetzbuch, sie wissen von den Lagern: was sie vielleicht nicht kennen, ist das Ausmaß der Unterdrückung; wenn sie es entdecken, ist es bereits zu spät: mit der Zeit haben sie sich daran gewöhnt. «Eine große Zahl junger Helden . . begabter Funktionäre, die niemals kritisches Denken und Diskussionen im Sinne des Jahres 1917 gekannt haben, denken immer noch, die Sträflinge seien überspannte oder asoziale Elemente, Menschen bösen Willens . . . Die Kommunisten der ganzen Welt erwarten, daß durch eine Art magischer Ausstrahlung alle die vielen Fabriken und Reichtümer eines Tages den integralen Menschen hervorbringen, selbst wenn man zu diesem Zweck zehn Millionen Russen in die Sklaverei schicken muß.» Die Existenz der Lager, sagte er, erlaube es, die Illusion der heutigen Kommunisten zu ermessen. Aber er fügte sogleich hinzu: «Eben diese Illusion verbietet es, den Kommunismus mit dem Faschismus zu vermengen. Wenn unsere Kommunisten die Lager und die Unterdrückung hinnehmen, so deshalb, weil sie die klassenlose Gesellschaft erwarten . . . Kein Nazi hat sich jemals mit Ideen abgegeben wie: Anerkennung des Menschen durch den Menschen, Internationalismus, klassenlose Gesellschaft. Zwar finden diese Ideen im Kommunismus heute nur einen ungetreuen Vertreter . . . aber immerhin haben sie sich in ihm erhalten.» Und noch deutlicher fügte er hinzu: «Wir haben die gleichen Werte wie ein Kommunist . . . Wir mögen denken, daß dieser sie kompromittiert, indem er sie im Rahmen des heutigen Kommunismus verkörpert. Sie sind dennoch die unseren, und wir haben mit einer großen Zahl von Gegnern des Kommunismus nichts gemein . . . Im großen und ganzen steht die UdSSR . . . auf der Seite jener Kräfte, die gegen die uns bekannten Formen der Ausbeutung kämpfen . . . Man darf keine Nachsicht gegenüber dem Kommunismus zeigen, aber man kann in keinem Fall mit seinen Gegnern paktieren. Die einzige gesunde Kritik ist folglich diejenige, die sich gegen die Ausbeutung und Unterdrückung innerhalb der UdSSR und außerhalb der UdSSR richtet.»

Nichts klarer als das; wie groß auch ihre Verbrechen sein mögen, die UdSSR hat gegenüber den bürgerlichen Demokratien den nicht zu unterschätzenden Vorzug des revolutionären Ziels. Ein Engländer sagte über die Lager: «Das sind ihre Kolonien.» Darauf Merleau: «Dann sind unsere Kolonien – mutatis mutandis – unsere Arbeitslager.» Diese Lager aber haben keinen anderen Zweck, als die privilegierten Klassen zu bereichern; die der Russen sind vielleicht noch verbrecherischer, weil sie die Revolution verraten; fest steht, daß man sie eingerichtet hat, weil man glaubte, dadurch der Revolution zu dienen. Es kann sein, daß der Marxismus entartet ist, daß die inneren Schwierigkeiten und der äußere Druck das Regime verfälscht, die Institutionen auf Abwege geführt, den Sozialismus von seinem Weg abgebracht haben: Rußland bleibt den anderen Staaten unvergleichbar; man darf über dieses Land nur richten, wenn man sein Unternehmen bejaht und in dessen Namen urteilt.

Kurz, fünf Jahre nach seinem ersten Artikel kehrte Merleau in einem äußerst kritischen Augenblick zu den Prinzipien seiner Politik zurück: an der Seite der Partei, ganz dicht an ihr, aber niemals in ihr. Die Partei war unser einziger Pol, die Opposition von außen unsere einzige Haltung ihr gegenüber. Nur die UdSSR angreifen hieß dem Westen Absolution erteilen. In diesem festen Grundsatz kann man einen Widerhall trotzkistischen Denkens finden: wenn die UdSSR angegriffen wird, sagte Trotzki, muß man die Grundlagen des Sozialismus verteidigen; was die stalinistische Bürokratie betrifft, so ist es nicht Sache des Kapitalismus, mit ihr abzurechnen, das russische Proletariat wird das übernehmen.

Aber die Stimme Merleaus hat sich verdüstert; er spricht gelassen, selbst sein Zorn ist ohne Heftigkeit, fast ohne Leben: als habe er den ersten Anfall jener seelischen Mattigkeit verspürt, die unser aller Übel ist. Man nehme sich die Texte des Jahres 1945 wieder vor, man stelle einen Vergleich an, und man wird seine Enttäuschung, den Verschleiß seiner Hoffnungen ermessen. 1945: «Ohne Illusionen machen wir die Politik der KP.» In seinem Artikel von 1950: «Wir haben die gleichen Werte wie ein Kommunist.» Und, wie um die Schwäche dieses rein moralischen Bandes deutlicher zu zeigen: «Man wird mir sagen, die Kommunisten hätten keine Werte . . . Sie haben sie *gegen ihren Willen*.» Mit ihnen übereinzustimmen bedeutet für ihn, ihnen unsere Maximen zu unterstellen, obwohl er weiß, daß sie sie zurückweisen; und von der politischen Übereinstimmung ist überhaupt nicht mehr die Rede. 1945 verbot er sich jedes Denken, jede Handlung, die dem Wiedererstarken des Proletariats vielleicht hätten schaden können. 1950 lehnt er es nur ab, die Unterdrückung einzig und allein in der Sowjetunion anzugreifen: man weise sie überall auf oder nirgends. Die UdSSR von 1945 erschien ihm «doppelsinnig». Man traf dort auf «Zeichen des Fortschritts und Symptome des Rückschritts». Dieses Volk hatte eine furchtbare Prüfung hinter sich, man durfte hoffen. 1950, nach der Enthüllung des Systems der Konzentrationslager: «Man fragt sich, welchen Grund wir noch haben, von Sozialismus zu sprechen.» Ein einziges Zugeständnis: im großen und ganzen steht die UdSSR auf der richtigen Seite der Barrikade, auf der Seite der Kräfte, die gegen die Ausbeutung kämpfen. Nicht mehr. Das revolutionäre Ziel, «den integralen Menschen zu schaffen», wird unter den 1950 herrschenden Umständen zu einer puren Illusion der kommunistischen Parteien. Es scheint, daß sich Merleau um diese Zeit an einem Kreuzweg befand und daß es ihm noch widerstrebte, eine Wahl zu treffen: würde er fortfahren, der Sowjetunion den Vorrang zu geben, um sich selbst und den benachteiligten Klassen treu zu bleiben? Würde er sein Interesse von dieser Gesellschaft der Konzentrationslager abwenden? Wenn es erwiesen war, daß sie aus dem gleichen Stoff gemacht ist, warum sollte man dann mehr von ihr fordern als von den Ausbeutermächten? Ein letzter Skrupel hält ihn zurück: «Der Verfall des russischen Kommunismus besagt nicht, daß der Klassenkampf nur ein Mythos ist . . . noch besagt er im allgemeinen, daß die marxistische Kritik hinfällig wird.»

Waren wir so sicher, daß man das stalinistische Regime ablehnen konnte, ohne den Marxismus zu verdammen? Ich erhielt von Bloch-Michel einen entrüsteten Brief; er schrieb: «Warum wollen Sie nur nicht verstehen, daß die sowjetische Wirtschaft der Sklavenarbeit bedarf und daß sie jedes Jahr systematisch Millionen von unterernährten und überausgebeuteten Arbeitern rekrutiert?» Wenn er recht hatte, dann hatte Marx uns aus einer Barbarei in eine andere geworfen. Ich gab den Brief Merleau zu lesen, der ihn nicht überzeugend fand; wir fanden darin eine berechtigte Leidenschaft, Gründe des Herzens und keinen Verstand. Aber das besagte nichts: wie konnten wir wissen, ob sein Brief nicht unsere Einstellung völlig verändert hätte, wäre er besser durchdacht, von erwiesenen Tatsachen und Argumenten gestützt gewesen? Schwierigkeiten bei der Industrialisierung während der Periode der sozialistischen Akkumulation, Einkreisung, bäuerlicher Widerstand, die Notwendigkeit, die Versorgung mit Lebensmitteln sicherzustellen, demographische Probleme, Mißtrauen, Terror und Polizeidiktatur – diese Summe von Tatsachen und Konsequenzen war mehr als genug, um uns zu bedrücken; was aber hätten wir gesagt, was hätten wir getan, wenn man uns bewiesen hätte, daß die Infrastruktur ein Regime der Konzentrationslager notwendig machte? Man hätte die UdSSR und ihr Produktionssystem besser kennen müssen: ich kam einige Jahre später dahin und wurde in dem Augenblick von meinen Ängsten befreit, in dem die Lager sich öffneten. Während des Winters 1950 blieben wir in einer dumpfen Ungewißheit: die Stärke der Kommunisten liegt darin, daß man nicht über sie beunruhigt sein kann, ohne sich über sich selbst zu beunruhigen; wie unannehmbar ihre Politik auch sein mag, man kann sich – wenigstens in unseren alten kapitalistischen Ländern – nicht von ihnen entfernen, ohne sich zu einem Verrat zu entschließen. Und die Frage: «Wie weit können sie gehen?» ist gleichbedeutend mit der Frage: «Wie weit kann ich ihnen folgen?» Es gibt eine Moral der Politik – ein schwieriges, niemals klar behandeltes Problem –, und wenn die Politik ihre Moral verraten muß, so heißt es die Politik verraten, wenn man die Moral wählt. Versuche einer, das zu entwirren: vor allem dann, wenn sich die Politik die Herrschaft des Menschlichen zum Ziel gesetzt hat. In dem Augenblick, in dem Europa die Lager entdeckte, sah Merleau endlich den Klassenkampf ohne Maske: Streiks und ihre Niederwerfung, die Massaker von Madagaskar, der Krieg in Vietnam, McCarthy und die große amerikanische Angst, das Wiedererstarken der Nazis, überall die Kirche an der Macht, die salbungsvoll ihre Stola über den neu erstehenden Faschismus breitete: wie sollte man nicht den Aasgestank der Bourgeoisie riechen? Und wie konnte man öffentlich die Sklaverei im Osten verdammen, ohne bei uns die Ausgebeuteten der Ausbeutung zu überlassen? Konnten wir es aber annehmen, mit der Partei zusammenzuarbeiten, wenn das bedeutete, Frankreich in Ketten zu legen und mit Stacheldrahtzäunen zu bedecken? Was tun? Blind nach rechts und links drauflosschlagen, auf zwei Riesen, die unsere Streiche nicht einmal spüren würden? Das war die Notlösung: Merleau schlug sie in Ermangelung eines Besseren vor. Ich sah keine andere, aber ich war unruhig: wir hatten uns nicht ein Haarbreit von der Stelle gerührt; das Ja hatte sich ganz einfach in ein Nein verwandelt. Wir sagten 1945: «Meine Herren, Freunde aus aller Welt und vor allem aus unserer lieben KP.» Und fünf Jahre später: «Wir sind die Feinde aller, das einzige Vorrecht der Partei ist es, daß sie noch ein Recht auf unsere ganze Strenge hat.» Ohne daß wir auch nur davon sprachen, hatten wir beide das Gefühl, daß diese «Überblicksobjektivität» uns nicht weit führen würde. Wir hatten uns nicht entschieden, als die Entscheidung allen aufgenötigt wurde, und vielleicht hatten wir recht gehabt; für den Augenblick konnte unser Grimm gegen alle Welt die Entscheidung noch einige Monate hinausschieben. Aber als Leiter einer Tageszeitung oder einer Wochenzeitung hätten wir schon längst, wir wußten es, eine Wahl treffen oder krepieren müssen. Der mehr private Charakter unserer Zeitschrift gewährte uns eine Frist, aber unsere anfangs politische Position lief Gefahr, sich allmählich in Moralismus zu verwandeln. Wir sanken niemals auf das Niveau der schönen Seele herab, aber die musterhaften Gefühle sprossen in unserer Umgebung hervor, während die Manuskripte seltener wurden: wir verloren an Höhe, die Leute hatten keine Lust mehr, bei uns zu schreiben.

Man hat mir in China die Statuen zweier Verräter auf dem Boden eines Grabens gezeigt; seit einem Jahrtausend spuckt man auf sie, sie sind ganz glänzend geworden, erodiert vom menschlichen Speichel. Wir glänzten noch nicht, Merleau und ich, aber das Werk der Erosion hatte begonnen. Man vergab uns nicht, daß wir den Manichäismus ablehnten. Auf der Rechten hatte man Schlachtergesellen angestellt, um uns zu beschimpfen: alles war ihnen erlaubt; den Kritikern, die sich offen äußerten, zeigten sie den Hintern; das war die «neue Generation». Alle Feen hatten an ihrer Wiege gestanden, alle, außer einer; sie verschwanden aus Mangel an Talent: ein Minimum an Talent hätten sie gebraucht, nicht mehr, aber das war ihnen von Geburt an versagt. Sie würden heute elendiglich zugrunde gehen, wenn nicht der Algerienkrieg sie ernährte: Verbrechen macht sich bezahlt. Sie machten damals viel Lärm, richteten aber wenig Unheil an. Auf der anderen Seite war es ernster: unsere Freunde von der

KP hatten den Artikel über die Lager nicht verwunden. Wir hatten ein Recht auf ihren Grimm, das war unser Fest. Mich kümmerte das alles nicht; Ratte, Hyäne, Viper: ich mochte dieses Bestiarium gern, es versetzte mich in ein anderes Reich. Merleau griff es mehr an: er dachte noch an die Kameradschaft von 1945. Es gab zwei Perioden: anfangs wurde er am frühen Morgen in den öffentlichen Blättern beleidigt und erhielt am späten Abend die heimlichen Entschuldigungen seiner kommunistischen Vertrauten. Bis zu dem Tag, wo man es der Einfachheit halber für gut befand, daß diese Vertrauten beide Aufgaben übernahmen: sie verfaßten im Morgengrauen die Artikel und entschuldigten sich in der Abenddämmerung. Merleau litt weniger darunter, daß er von Menschen, die ihm nahestanden, beleidigt wurde, als darunter, daß er sie nicht mehr achten konnte. Heute würde ich sagen, daß ihnen eine buchstäblich irrsinnige Gewaltsamkeit innewohnte, erwachsen aus einem Abnützungskrieg, der sich anderswo abspielte und dessen Wirkungen sich bis in unsere Provinz bemerkbar machten: sie versuchten sich für andere zu halten, und es gelang ihnen nicht ganz. Merleau sah, glaube ich, ihre Fehler, aber nicht ihr Leiden, diesen Provinzialismus; das ist verständlich, weil er sie in ihrem Alltagsleben kannte. Kurz, er distanzierte sich, weil man wollte, daß er sich distanzierte: jene Bordüren einer kritischen Sympathie hatte die KP geduldet, ohne sie zu schätzen; 1949 entschloß sie sich, diese Kritik auszumerzen; die Freunde außerhalb der Partei wurden gebeten, das Maul zu halten; wenn einer von ihnen öffentlich Vorbehalte machte, ekelte man ihn so lange an, bis er zum Feind wurde: so bewies die Partei den Mitkämpfern und so glaubte jeder Mitkämpfer sich selbst zu beweisen, daß die unvoreingenommene Prüfung des Dogmas der Anfang des Verrats sei. Was die Freunde Merleaus an ihm haßten, waren *sie selbst*. Wieviel Angst lag in all dem, und wie sehr kam sie zum Vorschein nach dem Elektroschock des XX. Parteitags! Merleau kannte die Musik: der Unmut der Kommunisten machte ihn nicht zum Antikommunisten. Er empfing Schläge, ohne zurückzuschlagen: recht tun und reden lassen. Kurz, das Unternehmen fortführen. Gleichviel: man verwehrte ihm den Sauerstoff, man vertrieb ihn wieder einmal in die dünne Luft des einsamen Lebens. Die KP, aus einer geschichtlichen Umwälzung entstanden, mit ihren Traditionen und ihrem Zwang, war ihm einst, selbst aus der Ferne, als eine mögliche Gesellschaft erschienen: er verlor sie. Gewiß, er hatte zahlreiche Freunde, die nicht Kommunisten waren und die ihm treu blieben: aber was fand er in ihnen und für sie wieder außer der milden Gleichgültigkeit der Vorkriegszeit? Man setzte sich an einen Tisch, man aß zusammen, um sich einen Augenblick lang vorzuspiegeln, man habe ein gemeinsames Ziel: zwischen diesen so verschiedenartigen Menschen, die durch den Einbruch der Geschichte in ihre Privatsphäre noch wie in

Trance versetzt waren, gab es nichts Gemeinsames als den Whisky oder die Hammelkeule. Gewiß, das lief darauf hinaus, einen Tod zu konstatieren: die Résistance war zerbröckelt, er begriff es endlich: aber solche Erkenntnisse besitzen eine tiefe Wahrheit nur dann, wenn wir sie als ein Fortschreiten unseres eigenen Todes empfinden. Während des Winters und des Frühlings sah ich Merleau oft; er schien kaum nervös, aber von einer äußersten Empfindlichkeit: ohne es ganz zu begreifen, fühlte ich, daß ein Stück von ihm starb. Fünf Jahre später sollte er schreiben: «Der Schriftsteller weiß wohl, daß dieses ewige Grübeln über sein Leben in keinem Verhältnis steht zu dem, was es an vergleichsweise Klarem und Genauem (in seinem Werk) hat hervorbringen können.» Das ist wahr: jedermann grübelt; man wälzt die Beleidigungen im Kopf herum, die einem zugefügt wurden, den Ekel, den man ausgestanden hat, die Anklagen, die Beschuldigungen, die Verteidigungsreden – und dann versucht man, zerrissene Erfahrungen ohne Kopf und Schwanz Stück für Stück wieder zusammenzusetzen. Merleau kannte wie jedermann diese mühsamen Wiederholungen, denen manchmal ein Funke entspringt. In diesem Jahr zuckte kein Blitz, kein Licht auf. Er versuchte den Weg zu überblikken, den er durchlaufen hatte, sich an den Scheideweg zurückzuversetzen, an dem seine eigene Geschichte mit der Frankreichs und der Welt sich überschnitt, an dem der Lauf seiner Gedanken aus dem Lauf der Dinge entstand: das hatte er, ich sagte es bereits, schon zwischen 1939 und 1945 versucht, und es war ihm gelungen. Aber 1950 war es dazu zu spät und zu früh. «Ich würde gern», sagte er mir eines Tages, «einen Roman über mich schreiben.» – «Warum nicht eine Autobiographie?» fragte ich. – «Es gibt zu viele Fragen ohne Antworten. In einem Roman könnte ich ihnen imaginäre Lösungen geben.» Man täusche sich nicht über diesen Rückgriff auf die Einbildungskraft: ich erinnere hier nur an die Rolle, die die Phänomenologie ihr bei dem komplexen Vorgang zuschreibt, der in der Wesensschau zum Abschluß kommt. Sicher ist aber, daß dieses Leben sich entglitt, daß es beim Nachdenken Schattenräume, Auflösungen der Kontinuität entdeckte. Er hatte sich gegen seinen Willen in den offenen Konflikt mit seinen alten Freunden gestürzt: mußte er da nicht am Anfang einen Irrtum begangen haben? Oder: war er nicht gezwungen, auf die Gefahr hin, sich selbst zu zerreißen, die Abweichungen und Seitensprünge einer ungeheuren Bewegung auf sich zu nehmen, die ihn erzeugt hatte und deren Kraftquellen außerhalb seiner Einflußsphäre lagen? Oder: waren wir nicht – wie er es 1945 als eine einfache Vermutung ausgesprochen hatte – für eine mehr oder minder lange Zeit der Sinnlosigkeit verfallen? Vielleicht hatten wir nichts anderes mehr zu tun, als *auszuharren* und dabei einige wenige Werte aufrechtzuerhalten? Er behielt sein Amt in *Les Temps Modernes* bei und verbot es sich, seine Tätigkeit im geringsten zu verändern; aber das «Grübeln über sein Leben», das ihn seinen Ursprüngen wieder näherbrachte, lenkte ihn langsam von der Tagespolitik ab. Das war sein Glück; wenn man die Randzone der Kommunistischen Partei verläßt, muß man irgendwohin gehen: man marschiert eine Weile herum, und dann findet man sich auf der Seite der Rechten wieder; Merleau wurde niemals zum Verräter: abgewiesen, zog er sich in die Tiefe seines Lebens zurück.

Der Sommer kam. Die Koreaner führten Bürgerkrieg. Wir waren getrennt, als die Nachricht uns erreichte: jeder von uns machte allein die Kommentare, die er für richtig hielt. Wir trafen uns im August für einen Tag in Saint-Raphaël: zu spät. Wir freuten uns, unsere Gesten, unsere Stimmen, alle die vertrauten Einzelheiten wiederzufinden, die alle Freunde an ihren Freunden lieben. Ein einziger Mißklang: unsere Gedanken hatten sich schon verfestigt und kamen nicht mehr zusammen. Vom Morgen bis zum Abend sprachen wir nur vom Krieg, unbeweglich am Ufer des Wassers sitzend, dann bei Tisch, dann auf der Terrasse eines Cafés, inmitten halbnackter Sommerfrischler; wir diskutierten beim Spazierengehen, wir diskutierten noch am Bahnhof, wo wir auf meinen Zug warteten. Verlorene Mühe: zwei Taube. Ich hatte mehr gesprochen als er, ich fürchte, nicht ohne Heftigkeit. Er antwortete ruhig, kurz: der Schwung seines schmalen Mundes, sein kindlich spitzbübisches Lächeln ließen mich hoffen, daß er noch zögerte. Aber nein: er hat niemals seine Stellungnahme an die große Glocke gehängt; ich mußte zur Kenntnis nehmen, daß seine Meinung feststand. Er wiederholte leise: «Es bleibt uns nichts mehr übrig, als zu schweigen.» – «Wer, wir?» sagte ich, indem ich vorgab, ihn nicht zu verstehen. «Nun, wir: *Les Temps Modernes*.» – «Du willst, daß wir den Schlüssel unter die Tür legen?» – «Nein, aber daß wir kein Wort mehr über Politik reden.» – «Und warum?» – «Es ist Krieg.» – «Nun ja, in Korea.» – «Morgen wird überall Krieg sein.» – «Und selbst wenn hier Krieg wäre, warum sollten wir schweigen?» – «Darum. Die rohe Gewalt allein wird entscheiden: warum reden, wenn es keine Ohren gibt?» Ich bestieg den Zug; aus der Tür gelehnt, winkte ich mit der Hand, wie es sich gehört, ich sah, wie er zurückwinkte, aber ich war verstört bis ans Ende der Reise.

Ich war ungerecht, als ich ihm vorwarf, er wolle die Kritik in dem Augenblick knebeln, in dem die Kanonen zu schießen begannen. Davon war er weit entfernt; er war einfach auf eine erdrückende Evidenz gestoßen: die UdSSR, dachte er, hatte ihre waffentechnische Unterlegenheit dadurch ausgleichen wollen, daß sie sich eine bessere strategische Position sicherte. Das bedeutete zunächst, daß Stalin den Krieg für unvermeidlich hielt: es handelte sich nicht mehr darum, ihm vorzubeugen, sondern ihn zu gewinnen. Also genügte es, daß er einem der beiden

Blöcke unvermeidlich erschien, damit er es tatsächlich würde. Wenn es noch die kapitalistische Welt gewesen wäre, die als erste angegriffen hätte: die Welt wäre zu Bruch gegangen, aber das menschliche Abenteuer hätte, selbst zerbrochen, einen Sinn bewahrt, etwas wäre gestorben, das zum mindesten versucht hätte, geboren zu werden. Da aber der Präventivangriff von sozialistischen Ländern ausging, würde die Geschichte nur das Leichentuch unserer Spezies gewesen sein. Schluß. Für Merleau-Ponty wie für viele andere war 1950 das entscheidende Jahr: er glaubte, die stalinistische Doktrin ohne Maske zu sehen, und er hielt sie für eine Art Bonapartismus. Entweder war die Sowjetunion nicht das Vaterland des Sozialismus: dann existierte dieser nirgendwo und war zweifellos nicht lebensfähig; oder aber, der Sozialismus war *das*, diese abscheuliche Ungeheuerlichkeit, dieses Polizeiregime, dieser Raubstaat. Kurz, Bloch-Michel hatte Merleau nicht überzeugen können, daß die sozialistische Gesellschaft auf der Leibeigenschaft beruhe; aber Merleau überzeugte sich selbst, daß sie – Zufall oder Notwendigkeit oder beides zusammen – einen Imperialismus gezeitigt hatte. Das bedeutete natürlich nicht, daß er für das andere Ungeheuer, den kapitalistischen Imperialismus, Partei ergriff. «Was denn?» sagte er sich. «Die beiden haben einander nichts vorzuwerfen.» So vollzog sich seine Wandlung: er wollte sich nicht gegen die UdSSR entrüsten. «In wessen Namen? Überall auf der Erde wird ausgebeutet, totgeschlagen, geraubt. Also verdammen wir niemanden!» Nur verlor die UdSSR in seinen Augen jedes Vorrecht, sie war nicht mehr und nicht weniger als die anderen ein Raubstaat. Er glaubte zu jener Zeit, die Geschichte sei durch die ihr innewohnenden Mechanismen ein für allemal vom richtigen Kurs abgebracht worden, die Geschichte werde, durch ihren eigenen Schutt gehemmt und fehlgeleitet, einen falschen Kurs verfolgen, bis zur Katastrophe. So konnte jedes sinnvolle Wort nur eine Lüge sein: blieb nur die Weigerung, zum Komplizen zu werden, das Schweigen. Zuerst hatte er an dem festhalten wollen, was er in beiden Systemen für gültig hielt; dem besseren von beiden wollte er zum Geschenk machen, was das andere errungen hatte. Enttäuscht hatte er sich dann entschlossen, die Ausbeutung überall anzuklagen. Nach einer neuen Enttäuschung entschied er sich in der Stille dafür, nichts und nirgends mehr anzuklagen, bis eine Bombe, von Osten oder Westen kommend, unserem unwichtigen Treiben ein Ende setzen würde. Erst bejahend, dann ablehnend, dann schweigend: er hatte sich nicht ein Haarbreit von der Stelle gerührt. Man würde aber diese Mäßigung mißverstehen, wenn man nicht die äußeren Merkmale eines Selbstmords in ihr sähe; seine schlimmsten Ausbrüche, ich sagte es schon, waren wie Unterwassertorpedos, die nur ihm selbst Schaden zufügten. Im irrsinnigen Zorn bleibt noch Hoffnung: in der Totenstille seiner Weigerung gab es keine mehr.

Ich dachte nicht so weit, das rettete mich vor der Melancholie. Merleau ließ die Koreaner Koreaner sein, ich sah nur sie. Er ging zu schnell zur Weltstrategie über, ich starrte fasziniert auf das Blut: die Schuld, dachte ich, liegt bei dem Kuhhandel von Jalta, durch den dieses Land gespalten wurde. Wir täuschten uns beide, aus Unkenntnis, aber das war durchaus erklärlich: woher hätten wir auch zu jener Zeit unser Wissen holen sollen? Wer hätte uns enthüllen sollen, daß ein militärisches Krebsgeschwür die USA zerfraß und daß die Zivilisten zur Zeit Trumans schon mit dem Rücken zur Wand kämpften? Wie hätten wir im August 1950 etwas von dem Plan MacArthurs ahnen können, von seiner Absicht, einen Konflikt dazu zu benützen, China der China-Lobby auszuliefern? Kannten wir Syngman Rhee, den Feudalfürsten eines verelendeten Landes, und die Absichten des bäuerlichen Südens auf die Industrie des Nordens? Von all dem sprach die kommunistische Presse kaum: sie wußte davon nicht mehr als wir und entlarvte die Verbrechen der imperialistischen Mächte, das heißt, der Amerikaner, ohne die Analyse weiterzutreiben. Im übrigen brachte sie sich gleich zu Anfang durch eine Lüge um jede Glaubwürdigkeit: die einzige Tatsache, die feststand, war die, daß die Truppen des Nordens als erste die Demarkationslinie überschritten hatten; die Kommunisten versteiften sich darauf, das Gegenteil zu behaupten. Man kennt heute die Wahrheit und weiß, daß die Militärs der Vereinigten Staaten, die mit den Feudalherren von Seoul verbündet waren, die Kommunisten in eine Falle hatten laufen lassen: täglich waren Grenzzwischenfälle vorgekommen, man machte sich das zunutze; die Truppen des Südens unternahmen so offenkundige Bewegungen, daß der getäuschte Norden den ungeheuren Fehler beging, zuerst loszuschlagen, um einem Streich zuvorzukommen, den man ihm nicht versetzen wollte. Es ist der Fehler der Massenparteien, daß sie glauben, das volkstümliche Denken – das einzig tiefe, das einzig wahre – anzusprechen, indem sie ihm frisierte Wahrheiten anbieten. Ja, ich zweifle nicht mehr daran: die Kriegsschuldigen in dieser unglückseligen Geschichte sind die Feudalherren des Südens und die Imperialisten der USA. Aber ich zweifle nicht weniger daran, daß der Norden den ersten Angriff unternommen hat. Die Aufgabe der Kommunistischen Partei war nicht leicht: erkannte sie die Tatsachen an, und wäre es nur, um deren Sinn herauszuarbeiten, so hätten ihre Feinde überall geschrien, daß sie endlich geständig würde. Leugnete sie die Tatsachen, so würden ihre Freunde den Betrug entdecken und sich von ihr entfernen. Sie entschloß sich zu leugnen, um in der Offensive zu bleiben. Nun, es war gerade erst ein Jahr her, daß man die Existenz der sowjetischen Lager entdeckt hatte; wir blieben mißtrauisch, bereit, das Schlimmste zu glauben. In Wahrheit beklagte die UdSSR diesen Konflikt, der sie in die Gefahr brachte, in einen Krieg verwickelt zu werden, den zu gewinnen sie nicht vorbereitet war: sie mußte jedoch die Nordkoreaner unterstützen, wollte sie nicht ihren Einfluß in Asien verlieren. Das junge China hingegen mischte sich in die Auseinandersetzung ein: es wußte, daß es Gegenstand der amerikanischen Gelüste war; und außerdem forderte alles, seine revolutionäre Verbundenheit, seine ständigen Interessen, seine Außenpolitik, daß es eingriff. Unsere Kenntnis der Lage im Sommer 1950 erlaubte uns indessen nicht, die Rollen zu verteilen: Merleau glaubte an die Schuld Stalins, weil er daran glauben mußte. Ich glaubte an gar nichts, ich schwamm im ungewissen. Das war mein Glück: ich kam gar nicht erst in Versuchung, zu denken, daß dies die Mitternachtsstunde des Jahrhunderts sein könnte, weder daß wir im Jahre Tausend lebten noch daß der Vorhang über der Apokalypse aufgehen würde; ich betrachtete aus der Ferne die Brandstätte und sah nur Feuer.

In Paris traf ich Merleau wieder. Kälter, düsterer. Einige unserer Freunde, erzählte mir seine Frau, hofften fest, daß ich mir an dem Tage, an dem die Kosaken unsere Grenzen überschreiten würden, eine Kugel durch den Kopf jagen würde. Selbstverständlich wünschte man sich auch im Kopf Merleaus eine Kugel. Der Selbstmord reizte mich nicht, ich lachte; Merleau beobachtete mich, ohne zu lachen. Er stellte sich den Krieg vor, das Exil. Obenhin, mit jenem Anflug von Knabenhaftigkeit, den ich jedesmal an ihm wahrgenommen habe, wenn das Gespräch ernsthaft zu werden drohte, sagte er, er würde Liftboy in New York werden. Ein peinlicher Scherz: das war eine andere Form des Selbstmords; wenn der Konflikt ausbrechen würde, wäre es nicht damit getan, nicht mehr zu schreiben, man müßte es auch ablehnen zu lehren; eingeschlossen in einem Käfig, würde er nur noch Knöpfe bedienen und sich durch Schweigen martern. Solchen Ernst trifft man selten, er wird überraschen. Dennoch: das war seine Haltung, die unsere, es ist noch heute die meine. In einem Punkt waren wir mit den braven Leuten, die unseren Tod herbeiwünschten, einig: in der Politik muß man seine Zeche bezahlen. Wir waren keine Menschen der Tat, aber falsche Ideen sind ebensosehr Verbrechen wie falsche Handlungen. Wie urteilte er selbst über sich? Er sagte es nicht, aber er schien mir unruhig, beunruhigend. Wenn er jemals, sagte ich mir, ein Urteil über sich selbst fällen sollte, so würde er in seinem geheimen Jähzorn sofort zur Exekution schreiten. Ich habe mich später oft gefragt, wie sein kalter Zorn gegen die UdSSR sich in Mißmut gegen ihn selbst hatte verwandeln können. Wenn wir in die Barbarei verfallen wären, hätte man weder ein Wort sagen noch auch nur schweigen können, ohne sich barbarisch zu verhalten; warum klagte er sich für aufrichtige und durchdachte Artikel an? Die Absurdität der Welt hatte ihm sein Denken geraubt, das war alles. Darauf hat er in *Signes* mit einer Erläuterung zu Nizan geantwortet, die auch für ihn gilt: «Man versteht die Einwände, die Sartre heute gegen den Nizan von 1939 vorbringt und warum sie ihm nichts anhaben können. Nizan, sagt er, war zornig. Aber beruhte dieser Zorn auf einer Laune? Er ist eine Erkenntnisweise, die nicht unangemessen ist, wenn es sich um Grundlegendes handelt. Für den, der Kommunist geworden ist und der Tag für Tag in der Partei wirkt, hat das, was sie sagt und tut, ein besonderes Gewicht, weil auch er es gesagt und getan hat. Um die Wendung von 1939 angemessen aufzunehmen, hätte Nizan eine Gliederpuppe, hätte er gebrochen sein müssen . . . Ich erinnere mich, im Oktober 1939 prophetische Briefe geschrieben zu haben, die auf machiavellistische Weise die Rollen zwischen der Sowjetunion und uns verteilten. Aber ich hatte auch nicht jahrelang das Bündnis mit der Sowjetunion gepredigt. Wie Sartre war ich ohne Partei: eine gute Position, um gelassen über die härteste aller Parteien zu Gericht zu sitzen.» Merleau-Ponty ist immer weit davon entfernt gewesen, Kommunist zu sein, ja, ist niemals in Versuchung gewesen, es zu werden. Es war keine Rede davon, daß er «in der Partei gewirkt hätte», aber er lebte ihr tägliches Leben durch die Freunde, die er sich ausgesucht hatte. Er warf sich nicht vor, «was sie gesagt und getan hatte», sondern die Kommentare, die er darüber geschrieben hatte, seine Entscheidung, niemals eine Kritik vorzutragen, bevor er nicht versucht hatte, zu verstehen und zu rechtfertigen. Er hatte dennoch recht gehabt, und man erkennt nur, wenn man gibt. Die Folge daraus war aber, daß er darunter litt, umsonst gegeben zu haben. Er hatte gesagt: «Nur auf eine Weise kann der geschichtliche Mensch der Barbarei verfallen: indem er sie begeht.» Er war das Opfer derer geworden, die er so geduldig verteidigt hatte, weil er sich zu ihrem Komplizen gemacht hatte. Kurz, er gab die Politik in dem Augenblick auf, in dem er meinte, sich in ihr verrannt zu haben. Würdig, aber schuldbewußt: er hatte gewagt zu leben, er mauerte sich ein. Gewiß, er sollte später auf all das zurückkommen, andere Schlußfolgerungen ziehen; aber das war 1955: fünf Jahre lang hatte er diesen Gram auf dem Herzen gehabt.

Es fehlte nicht an Leuten, die seinen Stellungswechsel aus seiner Klassenzugehörigkeit erklärten: er war ein liberaler Kleinbürger, er ging, so weit er konnte, und blieb dann stehen. So einfach ist das! Und die das sagen, sind Kleinbürger, die im Liberalismus aufgewachsen sind und dennoch für den Manichäismus optierten, den er ablehnte. In Wirklichkeit lag es an der Geschichte, daß der Faden abriß: sie nützt die Menschen aus, deren sie sich bedient, und reitet sie tot wie Pferde. Sie wählt die Schauspieler aus und formt sie durch die Rolle, die sie ihnen auferlegt, bis ins Mark um; bei der geringsten Veränderung entläßt sie sie, um andere, ganz neue aufzunehmen, die sie ins Kampfgewühl wirft, ohne sie vorher belehrt zu haben. Merleau hatte sich in einem Milieu an die Arbeit gemacht, das von der Résistance geprägt war: als es diese nicht mehr gab, dachte er, daß die durch sie bewirkte Einheit in einem zukünftigen Humanismus überleben würde, den die Klassen, selbst in ihrem Kampf gegeneinander, gemeinsam aufbauen könnten. Er «machte die Politik der Kommunistischen Partei» und weigerte sich doch, das kulturelle Erbe der Bourgeoisie in Bausch und Bogen zu verdammen. Dank dieser Bemühung, die beiden Extreme miteinander zu verbinden, hörte der Ideenaustausch in Frankreich niemals ganz auf: man haßte hier wie überall die Intelligenz, aber vor 1958 kannte man dort niemals einen intellektuellen McCarthyismus. Auf der anderen Seite verdammten die offiziellen Denker der Kommunistischen Partei seine Ideen, aber die besten von ihnen wußten immer, daß man sie wiederaufnehmen müsse und daß die marxistische Anthropologie die Pflicht habe, sie zu assimilieren. Glaubt man, daß Tran Duc Tao ohne Merleau seine Arbeit geschrieben und versucht hätte, Husserl dem Marxismus einzuverleiben? Es gibt in vielen archaischen Religionen heilige Personen, die die Funktion des *Mittlers* ausüben: alles muß sich durch sie miteinander verbinden und verknüpfen. Merleau-Ponty hat in der Politik diese Rolle gespielt. Aus der Einheit hervorgegangen, weigerte er sich, sie zu zerbrechen, und sein Amt war es, zu verbinden. Die Doppelsinnigkeit seines heuristischen Marxismus, von dem er in einem Atemzug sagte, daß er nicht genüge und daß wir nichts anderes hätten – sie hat, glaube ich, Begegnungen und Diskussionen gefördert, die nicht aufhören werden. So hat er für sein Teil die Geschichte dieser Nachkriegszeit geprägt, soweit ein Intellektueller sie überhaupt prägen kann. Umgekehrt hat die Geschichte, die durch ihn geprägt wurde, ihn selbst geprägt. Indem er sich weigerte, den Bruch einfach hinzunehmen, indem er mit seinen Händen auseinanderstrebende Kontinente festzuhalten suchte, fand er, jetzt ohne Illusionen, schließlich zu seiner alten Idee der Katholizität zurück: auf beiden Seiten der Barrikade sind nur Menschen; überall sind also Menschen am Werk, und man sollte ihr Wirken nicht nach seinem Ursprung, sondern nach seinem Gehalt beurteilen. Es genügt, wenn der Mittler sich bemüht, die beiden Pole des Widerspruchs beieinanderzuhalten und die Explosion, solange er kann, zu verhindern: die geistigen Schöpfungen, diese Töchter des Zufalls und der Vernunft, werden bezeugen, daß das Reich des Menschen möglich ist. Ich will nicht entscheiden, ob diese Idee im Oktober 1950 verspätet oder verfrüht war. Eins ist sicher: sie kam nicht zur rechten Zeit. Der Erdball wurde rissig. Kein Gedanke, der nicht eine vorgefaßte Meinung ausdrückte, der nicht eine Waffe sein sollte, kein Band, das sich knüpfte, ohne daß andere zerrissen; um seinen Freunden zu dienen, mußte jeder das Blut seiner Feinde vergießen. Verstehen wir uns recht: auch andere als der Mittler verdammten den Manichäismus und die Gewalttätigkeit. Aber sie taten es, weil sie selbst manichäisch und gewalttätig waren: mit einem Wort, um der Bourgeoisie zu dienen. Merleau-Ponty war der einzige, der nicht den Triumph der Zwietracht feierte, der einzige, der es nicht ertrug, daß – im Namen unserer «katholischen» Berufung – die Liebe wieder überall als Kehrseite des Hasses auftrat. Die Geschichte hatte ihn uns gegeben; lange vor seinem Tode nahm sie ihn uns.

Bei *Les Temps Modernes* hatten wir die Politik abgeschrieben. Man muß zugeben, daß unsere Leser das nicht sofort merkten: wir erlaubten uns manchmal solche Verzögerungen, daß wir von den Dingen erst sprachen, wenn jedermann sie vergessen hatte. Mit der Zeit wurden die Leute jedoch ärgerlich: unsicher geworden, verlangten sie Aufklärung, und es war unsere Pflicht und Schuldigkeit, sie ihnen zu geben oder zu bekennen, daß wir genausowenig wußten wie sie. Wir erhielten aufgebrachte Briefe; die Kritiker mischten sich ein; ich habe kürzlich wieder in einer alten Nummer des *Observateur* eine «Zeitschriftenschau» gefunden, in der man kräftig über uns herfiel. Beide hatten wir, einer durch den anderen, Kenntnis von diesen Beschwerden, verloren aber kein Wort darüber: das hätte bedeutet, die Diskussion wiederaufzunehmen. Ich ärgerte mich etwas: war sich Merleau klar darüber, daß er uns sein Schweigen *aufzwang*? Dann bemühte ich mich, vernünftig zu sein: die Zeitschrift gehörte ihm, er hatte ihre politische Richtung festgelegt, und ich war ihm gefolgt; war unser Schweigen deren letzte Konsequenz, so mußte ich ihm auch jetzt noch folgen. Sein lächelnder Mißmut war schwerer für mich zu ertragen: Merleau-Ponty schien uns vorzuwerfen, daß wir ihn auf dieser Galeere begleitet hätten, und manchmal auch, daß wir ihn überhaupt auf die Galeere gebracht hätten. Die Wahrheit ist, daß er unsere Unstimmigkeiten wachsen fühlte und darunter litt.

Wir kamen aus der Sackgasse heraus, ohne etwas zu entscheiden, ohne zu sprechen. Dzelepy, Stone schickten uns gute, wohlunterrichtete Artikel, die den Alltag des Krieges von einem Tag auf den anderen in einem neuen Licht zeigten. Ich fand meine Überzeugungen in ihnen bestätigt, Merleau die seinen nicht widerlegt: die Artikel gingen nicht mehr auf die Ursprünge des Konflikts ein. Merleau schätzte sie zwar nicht sehr, aber er war zu anständig, um sie abzulehnen; ich wagte nicht, darauf zu bestehen, daß wir sie annahmen. Ich behaupte nicht, daß wir sie veröffentlichten: sie veröffentlichten sich von selbst; wir fanden sie in der Zeitschrift wieder. Andere folgten und gingen von selbst den Weg zur Druckerei. Das war der Beginn einer überraschenden Wandlung: *Les Temps Modernes*, die ihren politischen Leiter verloren hatte, versteifte sich darauf, ihm gegen seinen Willen zu gehorchen. Das heißt, *Les Temps Modernes* arbeitete von sich aus an ihrer Radikalisierung. Wir hatten langjährige Mitarbeiter, von denen die meisten uns nicht oft sahen: sie wandelten sich, um der Kommunistischen Partei so nahe wie möglich zu bleiben, und glaubten dabei, uns zu folgen, während sie uns in Wirklichkeit hinter sich herzogen. Junge Leute kamen zur Zeitschrift auf Grund des Rufes, den Merleau ihr gegeben hatte: sie war, so dachten sie, das einzige Organ, das in diesem Eisernen Zeitalter zugleich seine Vorlieben und seine Klarheit bewahrte. Keiner von diesen Hinzugekommenen war Kommunist, keiner wollte sich aber auch von der Partei entfernen; so gaben sie unter anderen, brutaleren Umständen den *Temps Modernes* wieder die Stellung, die Merleau der Zeitschrift 1945 zugewiesen hatte. Aber das lief auf eine Verkehrung der Dinge hinaus: um unsere Distanz von den Kommunisten zu bewahren, mußten wir 1951 mit allem brechen, was sich noch «die Linke» nannte. Merleau schwieg zu alledem: ja, er knebelte sich mit ein wenig Sadismus, er zwang sich, aus Berufsethos und um seine Freunde nicht vor den Kopf zu stoßen, diese Reihe von tendenziösen Artikeln durchgehen zu lassen, die sich über seinen Kopf hinweg an den Leser wandten und die hintenherum bei jedem x-beliebigen Thema, und sei es in einer Filmkritik, eine unklare, verworrene, unpersönliche Meinung darlegten, die nicht mehr die seine war, ohne bereits die meine zu sein. So entdeckten wir beide, daß die Zeitschrift im Laufe dieser sechs Jahre eine Art Eigendasein gewonnen hatte und daß sie ebenso uns leitete wie wir sie. Kurz, während des Interregnums, zwischen 1950 und 1952, rekrutierte ein Schiff ohne Kapitän selbst Offiziere, die seinen Untergang verhinderten. Wenn Merleau sich damals angesichts dieser winzigen Sardine, die im Kielwasser eines Pottwals schwamm, noch sagte: «Das ist mein Werk . . .», so mußte er schon eine Menge Galle hinunterschlukken. Denn ganz sicher hing er an der Zeitschrift, diesem von ihm hervorgebrachten Stück Leben, das er Tag um Tag am Leben erhielt; ich denke, daß er sich plötzlich in die Lage eines Vaters versetzt fand, der noch am Tag zuvor seinen Sohn als Kind behandelte und der auf einmal in ihm einen widerborstigen, fast feindseligen, «durch schlechte Einflüsse verdorbenen» jungen Mann entdeckt. Ich sage mir manchmal, daß wir beide unrecht hatten zu schweigen, *selbst damals*, als wir unsicher und noch nicht festgelegt waren . . . Aber nein: das Spiel war aus.

Die Welt machte eine Kriegspsychose durch, und ich hatte ein schlechtes Gewissen. Überall im Westen fragte man sich mit kühler Stimme, aber flackernden Augen, was die Russen wohl mit Europa anstellen würden, wenn sie es vollständig besetzt hätten. «Denn das werden sie tun», sagten die Stammtischstrategen. Selbstgefällig redeten sie von der «Bastion Bretagne», jenem Brückenkopf, den die USA im Finistère halten würden, um zukünftige Landungen zu erleichtern. Gut; wenn auf unserem Boden Krieg geführt würde, so gab es keine Probleme: wir würden alle dabei umkommen. Aber andere Auguren vermuteten, daß die Vereinigten Staaten das eigentliche Schlachtfeld in anderen Erdteilen suchen und uns aus Bequemlichkeit der UdSSR überlassen würden. Was dann? Eine Antwort wurde von jungen bürgerlichen Jungfrauen gegeben: in Paris legte in einem Mädchengymnasium eine ganze Klasse den Schwur ab, im kollektiven Selbstmord Zuflucht zu suchen. Der düstere Heroismus dieser armen Kinder sprach Bände über die Angst ihrer Eltern. Ich hörte sehr gute Freunde, ehemalige Widerstandskämpfer, kaltblütig erklären, sie würden in den Maquis gehen. «Diesmal», sagte ich ihnen, «werdet ihr Gefahr laufen, auf Franzosen zu schießen.» Ich las in ihren Augen, daß sie sich darum nicht kümmern würden, oder vielmehr, daß sie sich aus Hysterie in diese irreale Entscheidung verrannt hatten. Andere waren realistischer: sie würden ein Flugzeug nach der Neuen Welt nehmen. In diesen Jahren war ich etwas weniger verrückt: ich glaubte nicht an die Apokalypse, vielleicht aus keinem anderen Grund als einer Trägheit der Phantasie. Dennoch wurde ich trübsinnig; in der Metro schrie ein Mann: «Es leben die Russen!» Ich betrachtete ihn: sein Leben stand ihm im Gesicht geschrieben; an seiner Stelle hätte ich vielleicht genauso gehandelt wie er. Ich dachte: Und wenn dieser Krieg trotz allem stattfände? Die Leute sagten mir oft: «Man müßte fortgehen. Wenn Sie bleiben, werden Sie im sowjetischen Rundfunk sprechen, oder Sie werden in einem Lager für immer schweigen.» Diese Prophezeiungen ängstigten mich nicht allzusehr, denn ich glaubte nicht an die Invasion. Und doch beeindruckten sie mich: in meinen Augen waren es Denkspiele, die die Dinge bis zum Äußersten trieben und die jeden die Notwendigkeit, sich zu entscheiden, und die Folgen seiner Entscheidung erkennen ließen. Bleiben, sagte man mir, heißt Zusammenarbeit oder Tod. Und fortgehen? In Buenos Aires unter reichen Franzosen leben und meine Landsleute ihrem Schicksal überlassen hieße ebenfalls Zusammenarbeit: mit der feindlichen Klasse. Es ist Ihre eigene Klasse, wird man sagen. Na und? Beweist das, daß sie nicht der Feind der Menschen ist? Wenn man Verrat üben muß, so soll man die kleinere Zahl zugunsten der größeren verraten, wie Nizan in *Les Chiens de garde*[1] gesagt hat. Ich fühlte mich durch diese trüben Wahnbilder in die Enge getrieben. Jedermann hatte sich entschieden; ich meinerseits versuchte eine Zeitlang, neutral zu bleiben: wir unterstützten zu mehreren die Kandidatur von Rivet; aber die Kommunistische Partei hatte ihre Hand von ihm abgezogen: er stürzte.

1 Deutsch: Paul Nizan: *Aden. Die Wachhunde*. Reinbek 1969.

Einige Kommunisten suchten mich wegen der Affäre Henri Martin auf. Sie versuchten, Intellektuelle aller Art zusammenzuscharen – gleichviel, ob sie eine weiße, eine schmierige oder eine schmutzige Weste hatten –, um die Sache in die breite Öffentlichkeit zu tragen. Sobald ich meine Nase in die Geschichte gesteckt hatte, schien sie mir so stupid, daß ich mich den Protestierenden vorbehaltlos anschloß. Wir beschlossen, ein Buch über die Angelegenheit zu schreiben, und ich fuhr nach Italien; es war Frühling. Die italienischen Zeitungen unterrichteten mich über die Verhaftung von Duclos, den Diebstahl seiner Notizbücher, die Farce mit den Brieftauben. Mir wurde übel von diesen schmutzigen Kindereien: es gab gemeinere, aber keine bezeichnenderen. Die letzten Bande zerrissen, meine Perspektive wandelte sich: ein Antikommunist ist ein Hund, davon gehe ich nicht ab, davon werde ich nie mehr abgehen. Man wird mich für einfältig halten, und ich hatte tatsächlich schon manches erlebt, ohne mich aufzuregen. Aber nach zehn Jahren des Grübelns hatte ich einen Punkt erreicht, an dem es nur noch eines winzigen Anstoßes bedurfte. In der Sprache der Kirche war das eine Konversion. Auch Merleau war konvertiert: im Jahre 1950. Wir waren beide durch äußere Ereignisse beeinflußt worden, aber in entgegengesetztem Sinn. Langsam angewachsener Ekel hatte plötzlich im einen den Abscheu vor dem Stalinismus, im anderen den vor seiner eigenen Klasse gezeigt. Im Namen der Prinzipien, die sie mir eingeimpft hatte, im Namen ihres Humanismus und ihrer humanistischen Bildung, im Namen der Freiheit, der Gleichheit, der Brüderlichkeit schwor ich der Bourgeoisie einen Haß, der erst mit meinem Leben enden wird. Als ich Hals über Kopf nach Paris zurückkehrte, mußte ich schreiben, oder ich wäre erstickt. Ich schrieb Tag und Nacht den ersten Teil des Essays *Les communistes et la paix*.

Merleau war nicht verdächtig, das Polizeiwesen eines sterbenden Regimes mit Nachsicht zu behandeln: er schien erstaunt über meinen Eifer, aber er ermunterte mich lebhaft, diesen Essay zu veröffentlichen, der zunächst nur den Umfang eines Artikels haben sollte. Als er ihn las, genügte ihm ein kurzer Blick. «Die Sowjetunion will den Frieden», sagte ich darin, «sie braucht ihn, die Kriegsgefahr droht allein vom Westen.» Über den Koreakonflikt verlor ich kein Wort, aber trotz dieser Vorsicht schien es, als hätte ich mir vorgenommen, unseren politischen Leiter systematisch zu widerlegen, meine Ansichten den seinen Punkt für Punkt entgegenzusetzen. Tatsächlich hatte ich im Galopp geschrieben, das Herz voll Wut, frisch von der Leber weg und ohne Takt: wenn Konversionen, auch von langer Hand vorbereitete, sich vollziehen, so ist es immer ein Freudengewitter, und überall ist stockdunkle Nacht, außer dort, wo der Blitz einschlägt. In keinem Augenblick war mir der Gedanke gekommen, ich müsse ihn schonen. Was ihn betrifft, so zog er es aus

Freundschaft vor, sich über mein Ungestüm zu amüsieren und sich nicht zu ärgern. Einige Zeit später teilte er mir jedoch mit, daß einige unserer Leser mir nicht folgten: sie teilten meine Meinung über das Vorgehen der Regierung, das versteht sich von selbst, aber in ihren Augen ließ ich die Kommunisten zu gut wegkommen. «Was antwortest du ihnen?» fragte ich ihn. Es fügte sich, daß man unter diese erste Studie «Fortsetzung folgt» gesetzt hatte. «Ich antworte ihnen», sagte er: «Fortsetzung in der nächsten Nummer.» Um 1948 hatte die nicht-kommunistische Linke in der Tat eine Gliederung für politische Aufsätze entworfen, die klassisch wurde: 1. These: man zeige die Niederträchtigkeit der Regierung, ihr Unrecht gegenüber den arbeitenden Klassen, man gebe der KP recht; 2. Antithese: man beleuchte die Unwürdigkeit des Politbüros und seine Irrtümer; es hatte ebenfalls die Interessen der Massen verletzt; 3. Schluß: man jage sie beide zum Teufel, zeige einen Mittelweg auf und versäume niemals, zur Bekräftigung auf die skandinavischen Länder hinzuweisen. In den Augen Merleaus hatte ich nur die These entwickelt; er hoffte noch – ohne allzu viele Illusionen –, daß die Antithese folgen würde.

Sie kam nicht. Auch nicht die Fortsetzung in der nächsten Nummer. In Wahrheit war mir die Luft ausgegangen, ich erkannte, daß ich nichts wußte. Es genügt nicht, einen Polizeipräfekten anzuschnauzen, um Aufklärung über das Jahrhundert zu gewinnen. Ich hatte alles gelesen; alles mußte von neuem gelesen werden; ich hatte nur einen Ariadnefaden, aber der genügte: die unerschöpfliche und schwierige Erfahrung des Klassenkampfes. Ich las von neuem; ich hatte einige harte Knochen im Hirn, ich knackte sie, nicht ohne Mühe; ich begegnete Farge, ich wurde Anhänger der Friedensbewegung, ich ging nach Wien. Eines Tages gab ich dem Drucker meinen zweiten Artikel, der in Wahrheit nur ein Entwurf war. Der Plan für eine Reihe von Abhandlungen mit dem Titel «Dritte Kraft» war endgültig abgeschrieben: weit entfernt davon, die Kommunisten anzugreifen, erklärte ich mich zu ihrem Weggefährten. Am Ende hatte ich wiederum «Fortsetzung folgt» vermerkt, aber es war kein Zweifel mehr erlaubt. Merleau bekam erst die zweite Korrektur zu Gesicht, und – was schlimmer war – ich gab sie ihm nicht selbst: er las sie, als er die Nummer zusammenstellen mußte. Warum hatte ich ihm mein Manuskript nicht vorgelegt, wo er doch niemals verfehlte, mir seine Texte vorzulegen? Nahm ich mich wirklich ernst? Ich glaube es nicht. Und ich glaube auch nicht, daß ich seinem Tadel und seinen Einwänden ausweichen wollte. Ich würde eher jenem unbesonnenen Ungestüm die Schuld geben, das geradewegs zum Ziel will und sich nicht mit Vorsichtsmaßregeln abgibt. Ich glaubte, ich wußte, die Augen waren mir aufgegangen: folglich würde ich nichts zurücknehmen: in unserer Zeitschrift mit ihrem fast privaten Charakter mußte man schreien, um gehört zu werden, und ich würde schreien, ich würde mich an die Seite der Kommunisten stellen und es öffentlich erklären. Ich gebe jetzt nicht die objektiven Gründe für meine Haltung an: sie tun hier nichts zur Sache; ich sage nur, daß sie allein zählten, daß ich sie für dringend hielt und immer noch dafür halte. Was die Gründe des Herzens betrifft, so sah ich deren zwei: ich war gedrängt worden durch die neue Mannschaft, die erwartete, daß wir uns endlich entscheiden würden, ich konnte auf ihre Zustimmung rechnen; und dann – heute sehe ich es ein – nahm ich es Merleau ein wenig übel, daß er mir 1950 sein Schweigen aufgezwungen hatte. Die Zeitschrift trieb seit zwei Jahren ziellos dahin, ich ertrug das nicht; jeder möge selbst darüber urteilen: ich habe keine Entschuldigung, ich will keine haben. Was an diesem Abenteuer – das durchzustehen uns beide schwer ankam – interessieren kann, ist, daß es zeigt, aus welchen Beweggründen die Zwietracht im Kern der treuesten Freundschaft und des engsten Bündnisses entstehen kann. Neue Umstände, eine baufällige Institution: unser Konflikt hatte keine anderen Gründe. Die Institution war unsere stillschweigende Übereinkunft: aber in dieser Übereinkunft, die gültig war, wenn Merleau sprach und ich schwieg, waren unsere jeweiligen Kompetenzen niemals klar festgelegt worden. Jeder von uns hatte sich, stillschweigend, sogar sich selbst gegenüber, die Zeitschrift angeeignet. Wie im *Kaukasischen Kreidekreis* bestand einerseits eine offizielle und nominelle Vaterschaft, nämlich meine – und in allem, was Politik betraf, war sie auch nur nominell[1] –, und andererseits eine Adoptivvaterschaft, fünf Jahre eifersüchtiger Sorge. All das kam plötzlich in der Erbitterung zum Vorschein. Wir erkannten, daß einer den anderen durch sein Schweigen wie durch sein Reden kompromittierte. Wir hätten nur ein Denken haben dürfen; das war, solange ich nicht selbst dachte, der Fall gewesen. Sobald aber zwei Köpfe unter demselben Hut steckten – wie sollte man den richtigen herausfinden? Betrachtet man die Sache von außen, so kann man sagen, daß der Lauf der Dinge entschieden hat: das ist richtig, aber die Erklärung ist ein wenig zu einfach. Es stimmt wohl, daß Reiche einstürzen und Parteien sterben, wenn sie nicht mit der Geschichte gehen. Dabei ist festzuhalten, daß diese Idee, vielleicht die schwierigste überhaupt, von den meisten Autoren sehr unklug gehandhabt wird. Wie aber soll man sich dessen, was sich, nicht ohne Vorsicht, auf die großen sozialen Mächte anwenden läßt, bedienen, um Wachstum, Leben und Tod von Mikroorganismen wie *Les Temps Modernes* zu erklären? Bei der Bewegung des Ganzen geht es nicht ohne Katastrophen

1 In bezug auf andere Gebiete würde ich nicht sagen, daß das Verhältnis umgekehrt war, sondern daß wir zusammenarbeiteten.

im einzelnen ab. Wie dem auch sei, wir mußten das Abenteuer selbst durchleben, den über uns verhängten Urteilsspruch annehmen, ihn ausführen und, wie er später gesagt hat, ihn herstellen. Mit Schuld auf beiden Seiten und vergeblichem guten Willen beim einen wie beim anderen.

Merleau hätte einfach mit mir brechen können, er hätte einen Streit provozieren, er hätte gegen mich schreiben können. Auf beredte Weise enthielt er sich aller dieser Möglichkeiten. Eine Zeitlang blieben wir dieses seltsame Paar: zwei Freunde, die sich immer noch gern hatten, von denen jeder sich auf seine Opposition gegen den anderen versteifte und die zu zweit nur über eine Stimme verfügten. Ich bewundere seine Mäßigung um so mehr, als wir zu jener Zeit aufsehenerregende Überläufer hatten: einer unserer ältesten Mitarbeiter verließ uns in aller Eile, um sich der N.N.R.F. anzuschließen, wo er den «Hitler-Stalinisten» den Prozeß zu machen begann und für Lucien Rebatet Kränze flocht. Ich frage mich, was von ihm übriggeblieben ist: vielleicht in der Provinz ein seiner selbst zu sehr bewußter Staub von Langeweile, sonst nichts.

Im Laufe der folgenden Jahre hatte ich das Vergnügen, mehrere solcher Ausfälle mitzuerleben. Um die Lücken zu füllen und zu Artikeln anzuregen, versammelte ich jeden zweiten Sonntag unsere Mitarbeiter bei mir. Merleau erschien regelmäßig; er war der letzte, der kam, der erste, der ging, er unterhielt sich halblaut mit jedem über alles, außer über die Zeitschrift. Dennoch hatte er Bundesgenossen in der Festung: Claude Lefort, der meine Einstellung mißbilligte. Lefèvre-Pontalis, der sich nicht um Politik kümmerte, Colette Audry, die meine Exzesse fürchtete, Erval; Merleau hätte keine Mühe gehabt, sich zum Haupt einer starken Opposition zu machen: er lehnte es ab, aus Prinzip – eine Zeitschrift ist keine parlamentarische Versammlung – und aus Freundschaft. Er versagte es sich, die Gruppe zu beeinflussen, sondern stellte nur – ohne Freude – fest, daß die Gruppe mich beeinflußte. In der Tat steuerte die Mehrheit unter seinen Augen auf jene kritische Weggenossenschaft mit den Kommunisten zu, die er gerade aufgegeben hatte, und nahm sich angesichts der Virulenz des Antikommunismus sogar vor, die Kritik zu dämpfen und den Nachdruck auf die Weggenossenschaft zu legen. Ich glaube vor allem, daß Merleau diese Treffen lächerlich und absolut nutzlos fand. Sie wurden es auch mit der Zeit, und sein Schweigen trug dazu bei. Aber was hätte er sagen sollen? Ich unterließ es nie, ihn nach seiner Meinung zu fragen, er äußerte sich nicht. Als ob er mir zu verstehen geben wollte, daß ich ihn über Einzelheiten nicht zu befragen brauchte, da ich ihn über das Grundsätzliche nicht zu fragen geruht hatte. Er dachte wahrscheinlich, daß ich mein Gewissen leicht beruhigen würde, und wünschte nicht, mir dabei zu helfen. Mein Gewissen war in der Tat ganz ruhig, und ich machte es Merleau zum Vorwurf, daß er uns seine Mitwirkung verweigerte. Das mag übertrieben erscheinen, denn letzten Endes hieß das, ihn um seine Mitwirkung an einem Vorhaben zu bitten, das er offen mißbilligte. Ich gebe es zu: aber schließlich war er nach wie vor einer der unseren, und außerdem konnte er sich von Zeit zu Zeit doch nicht enthalten, eine – meistens wertvolle – Anregung zu geben; hatte er auch ab 1950 sein Amt als politischer Leiter aufgegeben, so war er doch Chefredakteur geblieben. In einer solchen zweideutigen Situation, die man hinauszieht, um den Bruch zu vermeiden, wendet sich alles, was man tut, zum Schlechten.

Aber das Mißverständnis hatte schwerwiegendere Motive, Motive anderer Art. Ich glaubte, ich bliebe seinem Denken von 1945 treu und nur er hätte es aufgegeben; er glaubte, er sei sich selbst treu geblieben und ich hätte ihn verraten; ich behauptete, sein Werk fortzuführen, er klagte mich an, es zugrunde zu richten. Dieser Konflikt stammte nicht aus uns selbst, sondern aus der Welt, und wir hatten alle beide recht. Sein politisches Denken war aus der Résistance entstanden, das heißt aus der vereinigten Linken; innerhalb dieser Vereinigung hätte er bis zum äußersten Radikalismus gehen können, aber dazu brauchte er das Milieu jener Dreierkoalition: die KP garantierte die politische Wirksamkeit der gemeinsamen Aktion; die verbündeten Parteien stellten sicher, daß sie den Humanismus und gewisse traditionelle Werte bewahrte, und gaben dieser Koalition einen wirklichen Inhalt. Als alles 1950 platzte, sah er nur noch einzelne Planken; meine Torheit bestand in seinen Augen darin, daß ich mich an eine von ihnen anklammerte in der Erwartung, sie würden das verlorene Schiff von sich aus wiederherstellen. Ich meinerseits hatte Partei ergriffen, als die Linke schon in Trümmern lag. Meine Meinung war, daß man sie wiederherstellen müsse. Nicht von oben natürlich, sondern von unten her. Gewiß, wir waren ohne Verbindung zu den Massen und folglich ohne Macht. Unser Ziel blieb deshalb aber nicht weniger klar: angesichts der geheiligten Union der Bourgeoisie und der sozialistischen Parteiführer gab es kein anderes Hilfsmittel, als sich so eng wie möglich an die Kommunistische Partei anzuschließen und die anderen aufzufordern, sich mit uns zu vereinigen. Man mußte die Bourgeoisie pausenlos angreifen, ihre Politik bloßstellen, ihre armseligen Argumente entkräften. Natürlich würde man sich nicht des Rechtes berauben, die KP und die UdSSR zu kritisieren. Aber es handelte sich nicht darum, sie zu ändern, das wäre eine unmögliche Aufgabe gewesen; wir wollten vor den Augen unserer Leser die zukünftige Verständigung vorzeichnen, indem wir ihnen dieses Beispiel im kleinen gaben: ein Bündnis mit den Kommunisten, das unsere Urteilsfreiheit nicht geschmälert hatte. So konnte ich mir, ohne unaufrichtig zu sein, vorstellen, daß ich die ursprüngliche Haltung Merleau-Pontys wiederaufnahm.

In der Tat lag der Widerspruch nicht in uns, sondern, bereits seit 1945, in unserer Einstellung. Für das Ganze zu sein bedeutet sich zu weigern, zwischen seinen Teilen zu wählen. Wenn Merleau den Kommunisten eine Sonderstellung einräumte, so hatte er sich damit nicht endgültig für sie entschieden: er zog sie ganz einfach allem anderen vor. Als der Augenblick der Wahl kam, blieb er sich selbst treu und versenkte sein eigenes Schiff, um die zerbrochene Einheit nicht zu überleben. Ich aber, der Neuankömmling, entschied mich im Namen der Einheit für die Kommunistische Partei: die Einheit konnte nicht wiederhergestellt werden, dachte ich, es sei denn mit der Partei als Zentrum. So hatte die gleiche Idee der Einheit mit einigen Jahren Abstand den einen dahin geführt, eine Wahl abzulehnen, die sie dem anderen auferlegte. Alles entspringt zugleich der Struktur und dem Ereignis; Frankreich ist so beschaffen, daß die Partei dort die Macht nicht allein ergreifen wird: also muß man zunächst an Bündnisse denken. Merleau konnte in der Drei-Parteien-Regierung noch ein Nachspiel der Volksfront sehen. Aber 1952 konnte ich, ohne daß die demographische Struktur des Landes sich geändert hätte, die Dritte Kraft – die einfach eine Maskierung der Rechten war – nicht länger mehr mit der Einheit der Massen verwechseln. Dennoch würde man der Rechten die Macht nicht entziehen können, ohne alle Kräfte der Linken zusammenzuschließen: die Volksfront blieb genau in dem Augenblick, in dem der Kalte Krieg sie unmöglich machte, das einzige Mittel, um zu siegen. Während man auf eine Umgruppierung wartete, die in weiter Ferne zu liegen schien, mußte Tag für Tag die Möglichkeit dazu dadurch aufrechterhalten werden, daß man mit der Partei örtliche Bündnisse schloß. Sich nicht entscheiden; sich entscheiden: ungefähr fünf Jahre lang verfolgten diese beiden Einstellungen das gleiche Ziel. Zwei Einstellungen? Wohl eher eine einzige, die uns als Gegner einander gegenüberstellte und jeden von uns zwang, auf der einen der beiden gegensätzlichen Komponenten zu beharren. Merleau vergaß seinen Willen zur Einheit, um seiner Absage treu zu bleiben. Und ich vergaß, um der zukünftigen Einheit eine Chance zu bewahren, meinen Universalismus und entschloß mich, damit anzufangen, die Uneinigkeit zu vergrößern. Diese Worte mögen abstrakt erscheinen; in der Tat mußte man diese geschichtlichen Entscheidungen durchlebt haben: das will sagen, daß wir mit unserem Leben, unseren Leidenschaften, unserer Haut bei der Sache waren. Ich machte mich über seine «Spontaneität» lustig: 1945 schien, zum Teufel, die Einheit geschaffen, er hatte leichtes Spiel gehabt, sich von ihr tragen zu lassen; er machte sich über meine Naivität, über meinen Voluntarismus lustig: 1952 gab es keine Einheit mehr; genügte es, sie einfach zu wollen, um sie herzustellen? Die Wahrheit ist, daß wir nach unseren Fähigkeiten rekrutiert wurden: Merleau, als Zeit für Nuancen war, ich, als die Zeit der Mörder kam.

Lefort und ich hatten lebhafte Auseinandersetzungen: ich schlug ihm vor, seine Kritik an mir in der Zeitschrift selbst vorzutragen, er nahm an, schickte mir einen ziemlich bösartigen Artikel, ich ärgerte mich, ich schrieb eine Antwort im gleichen Ton. Mit beiden befreundet, sah sich Merleau wider Willen mit einer neuen Pflicht beladen: er mußte seine Vermittlung anbieten. Lefort hatte die Höflichkeit besessen, ihm seinen Artikel vorzulegen, ich tat das gleiche mit meinem. Dieser erbitterte ihn: er ließ mich mit seiner gewohnten Milde wissen, daß er sich endgültig zurückziehen würde, wenn ich nicht einen Absatz darin streichen würde, der mir in der Tat unnötig heftig erschien. Ich glaube mich zu erinnern, daß Lefort seinerseits gewisse Opfer brachte. Das hinderte nicht, daß unsere beiden Artikel sich bitterböse anhörten. Merleau hing an jedem von uns: jeden Streich, den wir uns versetzten, empfing er. Ohne gänzlich mit Lefort übereinzustimmen, fühlte er sich ihm näher als mir: plötzlich löste sich seine Zunge. Und meine auch. Wir stürzten uns auf einen Schlag in eine langwierige und vergebliche Auseinandersetzung, die von einem Gegenstand zum anderen und von einem Gespräch zum anderen übersprang. Gibt es eine Spontaneität der Massen? Können Gruppen von sich aus zusammenhalten? Doppelsinnige Fragen, die uns bald auf die Politik, auf die Rolle der KP, auf Rosa Luxemburg, auf Lenin, bald auf die Soziologie, auf die Existenz selbst, das heißt: auf die Philosophie, auf unseren «Lebensstil», auf unsere «Verankerungen», auf uns selbst brachten. Jedes Wort führte uns vom Lauf der Welt auf den unserer Stimmungen und umgekehrt. Unter unseren geistigen Divergenzen des Jahres 1941, die wir so heiter hingenommen hatten, solange es nur um Husserl ging, entdeckten wir voll Verblüffung bald Konflikte, die in unserer Kindheit, ja sogar in den elementaren Rhythmen unseres Organismus ihre Wurzeln hatten, bald, wenn man unter die Haut sah, beim einen Duckmäusereien, Willfährigkeiten, einen törichten Aktivismus, der seine Niederlagen verbergen sollte, beim anderen eine Neigung zur Zurückhaltung und einen hartnäckigen Quietismus. Selbstverständlich war nichts von all dem ganz wahr oder ganz falsch: wir kamen durcheinander, weil wir das gleiche Feuer darauf verwandten, uns zu überzeugen, uns zu verstehen und uns anzuklagen. In meinem Büro begonnen, setzte sich dieser zwischen Aufrichtigkeit und Unaufrichtigkeit schwankende, leidenschaftliche Dialog in Saint-Tropez fort, wurde in Paris auf den Bänken des Café Procope und dann bei mir zu Hause wiederaufgenommen; ich ging auf Reisen, er schrieb mir einen sehr langen Brief, ich antwortete bei 40° im Schatten, was die Sache nicht besser machte. Was erhofften wir uns? Im Grunde nichts. Wir vollbrachten die «Arbeit des

Bruchs», in dem gleichen Sinne, in dem, wie Freud so schön gezeigt hat, die Trauer eine Arbeit ist. Dieses trübsinnige Grübeln zu zweit, dieses Immer-wieder-darauf-Zurückkommen, das uns ganz wirr machte, hatte, glaube ich, das Ziel, allmählich unsere Geduld zu ermüden, die Bande zwischen uns durch kleine zornige Erschütterungen eines nach dem anderen zu zerreißen, die Durchsichtigkeit unserer Freundschaft zu verdunkeln, bis wir wieder zwei Unbekannte füreinander würden. Hätte sich der Vorgang zu Ende entwickelt, es wäre zum Zerwürfnis gekommen. Da ereignete sich glücklicherweise ein Zwischenfall, der ihn unterbrach.

Bei einem zufälligen Zusammentreffen schlug ein Marxist mir vor, für uns über «die Widersprüche des Kapitalismus» zu schreiben. Ein bekanntes, aber kaum begriffenes Problem, sagte er, zu dem er einiges Neue beitragen würde. Er gehörte nicht der Partei an, er war für sich allein eine Partei, und eine sehr wackere sogar; er war so fest davon überzeugt, mir einen Gefallen zu tun, daß er mich überredete. Ich unterrichtete Merleau davon, der den Mann kannte, aber kein Sterbenswörtchen davon sagte. Ich mußte Paris verlassen; der Artikel wurde in meiner Abwesenheit abgeliefert; er taugte nichts. Merleau-Ponty, der Chefredakteur, konnte sich nicht entschließen, ihn ohne einen Vorspann erscheinen zu lassen, den er selbst schrieb und der letzten Endes eine Entschuldigung an unsere Leser war; Merleau nahm die Gelegenheit wahr, dem Autor in zwei Zeilen vorzuwerfen, daß er die Widersprüche des Sozialismus nicht einmal erwähnt habe: das habe er sich wohl für ein andermal aufgespart, nicht wahr? Bei meiner Rückkehr sagte er mir nichts: von einem Mitarbeiter unterrichtet, ließ ich mir einen Fahnenabzug geben, las den Artikel mit seinem Vorspann und war um so ärgerlicher über diesen, je unhaltbarer ich jenen fand. Merleau, der die Nummer, wie man sagt, gemacht hatte, hatte seinerseits Paris verlassen, ich konnte ihn nicht erreichen. Allein und in frischfröhlicher Wut spannte ich den Vorspann einfach aus, der Artikel erschien ohne ihn. Man ahnt, was kommen mußte: Merleau, der einige Tage später die Belegexemplare erhielt und sah, daß man seinen Text gestrichen hatte, nahm die Sache von der schlechtesten Seite. Er griff zum Telefon und teilte mir, diesmal endgültig, seine Kündigung mit: wir telefonierten länger als zwei Stunden miteinander. Von einem Sessel am Fenster aus hörte Jean Cau finster die eine Hälfte dieser Unterhaltung mit an und glaubte den letzten Zuckungen der Zeitschrift beizuwohnen. Wir klagten uns gegenseitig des Machtmißbrauchs an, ich schlug ein sofortiges Treffen vor, ich versuchte mit allen Mitteln, ihn von seiner Entscheidung abzubringen: er blieb unerschütterlich. Ich sah ihn einige Monate lang nicht mehr; er erschien nicht mehr in *Les Temps Modernes* und befaßte sich niemals wieder mit der Zeitschrift.

Wenn ich diese idiotische Geschichte erzählt habe, so vor allem wegen ihrer Nichtigkeit; sooft ich daran zurückdenke, sage ich mir: «Es ist niederschmetternd», und zugleich: «Es mußte so kommen.» So: schlimm, dumm, unausweichlich; der Plan des Stückes war fertig, das Ende stand fest: es war wie in der Commedia dell'arte, wir hatten nur noch den Bruch zu improvisieren; wir zogen uns schlecht aus der Affäre, aber, gut oder schlecht, wir spielten unsere Szene, man ging zu den folgenden über. Ich weiß nicht, wer von uns beiden der Schuldigere ist, mich interessiert diese Frage nicht besonders; tatsächlich war es in den beiden Rollen bereits angelegt, daß wir schließlich schuldig werden mußten, es stand seit langem fest, daß wir uns durch beiderseitiges Verschulden und unter einem kindischen Vorwand trennen sollten. Da wir nicht weiter zusammenarbeiten konnten, mußten wir uns trennen, oder die Zeitschrift mußte eingehen.

Ohne sie hätten die Ereignisse des Jahres 1950 auf unsere Freundschaft keinen großen Einfluß gehabt: wir hätten häufiger über Politik debattiert oder uns mehr Mühe gegeben, nicht darüber zu sprechen. Gewöhnlich streift das Ereignis die Menschen nur, die Menschen spüren davon nichts als eine dumpfe Erschütterung, eine rätselhafte Angst; es sei denn, daß es ihnen an die Gurgel springt und sie im Vorbeiziehen umwirft: auf keinen Fall begreifen sie, was ihnen zugestoßen ist. Kaum hat aber der Zufall das kleinste Mittel in ihre Hand gelegt, die geschichtliche Bewegung zu beeinflussen oder auszudrücken, so geben sich die Kräfte, die uns treiben, sogleich in aller Deutlichkeit zu erkennen und lassen uns auf der Mauer der strahlend hellen Objektivität unsere Schatten entdecken. Die Zeitschrift war nichts: ein Zeichen der Zeit wie hunderttausend andere; gleichviel, sie gehörte zur Geschichte; durch sie haben wir beide unsere Konsistenz als historische Objekte bewiesen. Sie war unsere Objektivierung; durch sie hindurch erteilte uns der Lauf der Dinge unseren Auftrag und gab uns unsere doppelte Rolle: zuerst enger verbunden, als wir es ohne sie gewesen wären, und dann weiter getrennt. Es versteht sich von selbst: wenn das Räderwerk uns faßt, müssen wir ganz und gar hindurch; das bißchen Freiheit, das wir noch haben, liegt in der Entscheidung, ob wir den Finger hineinstecken oder nicht. Mit einem Wort: der Anfang gehört uns; später müssen wir unser Schicksal wollen.

Der Anfang war nicht schlecht. Aus jenem einzigen, mir noch heute unverständlichen Grund: gegen den Wunsch aller unserer Mitarbeiter und gegen den meinen hatte Merleau vom ersten Tag an die schwächste Stellung beansprucht. Alles tun und seinen Namen nicht nennen, ablehnen, daß ein Statut ihn gegen meine Launen oder Gewaltstreiche schützte: als ob er seine Macht nur von einer lebendigen Übereinstimmung hätte herleiten wollen, als ob seine wirksamste Waffe seine Schwäche gewesen wäre, als ob allein seine moralische Autorität seine Funktionen hätte garantieren sollen. Nichts schützte ihn: deshalb war er durch nichts und niemanden engagiert. Er war in unserer Mitte und ebenso verantwortlich wie ich. Und unbeschwert. Frei wie die Luft. Hätte er es akzeptiert, daß sein Name auf das Titelblatt der Zeitschrift gesetzt würde, hätte er gegen mich kämpfen, mich vielleicht stürzen müssen: aber er hatte diesen Fall vom ersten Tag an ins Auge gefaßt und aus Prinzip eine Schlacht verweigert, die uns beide nutzlos in Verruf gebracht hätte. Als es soweit war, brauchte er nur anzurufen: er hatte seine Entscheidung getroffen, er setzte mich davon in Kenntnis und verschwand. Dennoch gab es Opfer: ihn, mich, *Les Temps Modernes*. Wir waren alle Opfer dieses reinigenden Mordes: Merleau verstümmelte sich und ließ mich im Handgemenge mit jenen fürchterlichen Verbündeten zurück, die mich, wie er dachte, bis auf die Knochen abnagen oder mich zurückstoßen würden, wie sie ihn zurückgestoßen hatten; er überließ *seine* Zeitschrift meiner Unfähigkeit. Diese aggressive Buße hat wohl den größten Teil seines Grolls aufgesaugt: jedenfalls erlaubte sie uns, die «Arbeit des Bruchs» zu unterbrechen und unsere Freundschaft zu retten.

Zunächst mied er mich. Fürchtete er, mein Anblick würde seinen Ärger wieder wecken? Vielleicht; aber eher scheint es, als hätte er unserer gemeinsamen Zukunft eine Chance bewahren wollen. Ich traf ihn manchmal, wir blieben einen Augenblick stehen, um miteinander zu sprechen; wenn wir uns schon verabschiedeten, schlug ich ihm vor, daß wir uns tags darauf oder die folgende Woche wiedersehen sollten, worauf er mit zurückhaltender Höflichkeit antwortete: «Ich werde dich anrufen» und niemals anrief. Und dennoch hatte eine andere Arbeit begonnen: der Abbau des Ärgers, die Wiederannäherung. Sie wurde durch das Unglück gestoppt: 1953 verlor Merleau seine Mutter.

Er hing an ihr wie an seinem eigenen Leben; genauer, sie *war* sein Leben. Er verdankte das Glück seiner Kindheit der Sorge, die sie an ihn verschwendet hatte; sie war die klarsichtige Zeugin seiner Kindheit: deshalb blieb sie deren Wächterin, als er daraus vertrieben wurde. Ohne sie wäre die Vergangenheit im Sand versunken; durch sie blieb die Vergangenheit bewahrt, unerreichbar zwar, aber lebendig; bis zum Tage seiner Trauer erlebte Merleau-Ponty jenes Goldene Zeitalter als ein Paradies, das sich jeden Tag ein wenig mehr entfernte, als die tägliche körperliche Gegenwart der Frau, die es ihm geschenkt hatte. Ständig führte das stillschweigende Einverständnis zwischen Mutter und Sohn sie auf die frühen Erinnerungen zurück; und so trug, solange sie am Leben war, die Verbannung Merleaus noch milde Züge und ließ sich bisweilen auf den bloßen Unterschied reduzieren, der zwischen zwei unzertrennlichen Existenzen besteht. Solange sie zu zweit die lange Vorgeschichte seiner Gesten, seiner Leidenschaften und seiner Neigungen rekonstruieren konnten und manchmal wiedererstehen ließen, bewahrte er die Hoffnung, jene unmittelbare Eintracht mit allem wiederzugewinnen, die das Glücksgeschenk des geliebten Kindes ist. Als seine Mutter starb, schlug der Wind alle Türen zu, und er wußte, daß sie sich nicht wieder öffnen würden. Erinnerungen zu zweit sind Riten: der Überlebende findet nur noch welke Blätter, nur noch Wörter. Als Merleau-Ponty etwas später einmal Simone de Beauvoir traf, sagte er ihr ohne jede Emphase mit jener traurigen Heiterkeit, hinter der er seine Aufrichtigkeit verbarg: «Ich bin mehr als zur Hälfte tot.» Seiner Kindheit gestorben, zum zweitenmal. Er hatte davon geträumt, sein Heil zu gewinnen: als er jung war, durch die christliche Gemeinschaft; als er erwachsen war, durch seine politischen Kameradschaften. Zweimal enttäuscht, entdeckte er mit einem Schlage den Grund dieser Niederlagen: sich «retten», auf allen Ebenen, «in allen Ordnungen», das hieße, das erste Lebensalter wieder von vorn zu beginnen. Man wiederholt sich ohne Unterlaß, man fängt niemals wieder von vorn an. Als er seine Kindheit versinken sah, begriff er sich: er hatte niemals etwas anderes gewünscht, als wieder zu ihr zurückzukehren, und dieses unmögliche Begehren war seine besondere Berufung, sein Schicksal. Was blieb ihm? Nichts. Seit einiger Zeit schon schwieg er: als das Schweigen nicht mehr genügte, wurde er Eremit und verließ sein Arbeitszimmer nur noch, um zum Collège de France zu gehen. Bis 1956 sah ich ihn nicht mehr, seine besten Freunde sahen ihn seltener.

Dennoch muß ich andeuten, was in den drei Jahren, in denen wir getrennt waren, in ihm vorging. Aber ich habe den Leser schon darauf aufmerksam gemacht, daß meine Absicht nur ist, das Abenteuer einer Freundschaft zu erzählen: deshalb interessiert mich hier die Geschichte seines Denkens mehr als dieses Denken selbst: andere werden es im einzelnen darstellen und besser, als ich es tun könnte. Ich möchte den Menschen wiederherstellen, nicht den Menschen, der er für sich selbst war, sondern den Menschen, so wie er in meinem Leben gelebt hat, so wie ich ihn in seinem Leben erlebt habe. Ich weiß nicht, bis zu welchem Grade ich wahrheitsgetreu sein werde. Man wird an meinem Vorgehen manches auszusetzen haben und finden, daß ich durch die Art, wie ich ihn zeichne, mich selbst spiegelbildlich darstelle: zugegeben. Aber jedenfalls bin ich aufrichtig: ich schildere es, wie ich es verstanden zu haben glaube.

Schmerz ist Leere: andere wären hohle Schaubilder von Einsiedlern geblieben. Aber sein Schmerz, der ihn von uns abschnitt, führte ihn zugleich auf seine frühere Meditation zurück, auf das Glück, das ihn so glücklos gemacht hatte. Ich bin erstaunt über die Einheit dieses Lebens. Seit der Vorkriegszeit will dieser junge, seinen Ursprüngen zugewandte

Ödipus die vernünftige Unvernunft verstehen, die ihn erzeugt hat; als er sich ihr nähert und die *Phänomenologie der Wahrnehmung* schreibt, packt uns die Geschichte an der Gurgel, er setzt sich dagegen zur Wehr, ohne seine Forschungen zu unterbrechen. Bezeichnen wir diese als die erste Periode seiner Reflexion. Die zweite beginnt während der letzten Jahre der Okkupation und reicht bis 1950. Nachdem er seine Habilitationsschrift abgeschlossen hat, scheint er die Untersuchung aufzugeben und die Geschichte, die Politik unserer Zeit zu befragen. Aber sein Ziel hat sich nur scheinbar geändert: alles hängt zusammen, da die Geschichte eine Art Umschließung ist, da wir in ihr «verankert» sind, da man sich geschichtlich definieren muß, nicht a priori, auch nicht durch irgendein «Überblicksdenken», sondern durch die konkrete Erfahrung der Bewegung, die uns mit sich zieht: richtig gelesen, sind die politischen Kommentare Merleaus nur eine politische Erfahrung, die aus sich selbst heraus und in jeder Bedeutung des Wortes *Subjekt* des Nachdenkens wird; wenn Schriften Handlungen sind, so können wir sagen, daß er handelte, um sich sein Handeln anzueignen und sich vertieft darin wiederzufinden. Aus einer allgemeinen geschichtlichen Perspektive gesehen ist Merleau ein den Mittelklassen entstammender Intellektueller, der durch die Résistance radikalisiert und durch die Zersplitterung der Linken heimatlos wurde.[1] Gemessen an ihm selbst, ist es ein Leben, das sich auf sich selbst zurückwendet, um die Ankunft des Menschlichen in ihrer Einmaligkeit zu erfassen. So grausam seine Enttäuschung von 1950 auch gewesen ist, es ist klar, daß sie ihm nützte: sie entfernte ihn von unseren traurigen Kampfarenen, aber im gleichen Augenblick gab sie ihm dieses Rätsel auf, nicht ganz und gar dasselbe, nicht ganz und gar ein anderes: sich. Nicht daß er wie Stendhal versucht hätte, das Individuum zu verstehen, das er selbst war, sondern eher, nach Art Montaignes, die Person, diese unvergleichliche Mischung von Besonderem und Allgemeinem. Das genügte indessen nicht: es blieben Knoten zu lösen; er versuchte sich daran, als der Tod seiner Mutter sie plötzlich durchschnitt. Man wird bewundern, wie er sich diesen bösen Zufall durch seinen Kummer aneignete und wie er daraus seine strengste Notwendigkeit gemacht hat. Die dritte Periode seiner Meditation, wenn sie sich auch schon seit einigen Jahren ankündigte, beginnt 1953.

Zu Anfang war sie zugleich eine wiederaufgenommene Untersuchung und eine Totenwache. Durch diesen Tod zum drittenmal auf sich selbst zurückgeworfen, wollte er durch ihn seine eigene Geburt erklären. Dem Neugeborenen, diesem Sehend-Sichtbaren, der in der Welt der Wahr-

1 Selbstverständlich könnte man uns alle auf diese Weise definieren, nur daß die Abtriften variabel sind und manchmal in entgegengesetzte Richtungen führen.

nehmung erscheint, muß irgend etwas *zustoßen*, gleichviel was, und wäre es nur das Sterben. Diese erste Spannung zwischen Erscheinen und Verschwinden nennt er die «ursprüngliche Geschichtlichkeit»: in ihr und durch sie ereignet sich alles; sie stürzt uns vom ersten Augenblick an in eine unerbittliche Unumkehrbarkeit. Die Geburt zu überleben, und sei es nur einen Augenblick, ist ein Abenteuer; und es ist auch ein Abenteuer, sie nicht zu überleben: man entgeht dieser Unvernunft nicht, die er unsere Kontingenz nennt. Es genügt nicht, zu sagen, daß man geboren wird, um zu sterben: man wird zum Tode geboren.

Aber im gleichen Augenblick hinderte er, der Lebende, seine Mutter daran, gänzlich zu verschwinden. Er glaubte nicht mehr an ein Leben nach dem Tode; wenn er es jedoch in den letzten Jahren gelegentlich ablehnte, zu den Atheisten gerechnet zu werden, so geschah das nicht wegen einer neu aufflammenden Christlichkeit, sondern um den Verstorbenen eine Chance zu geben. Diese Vorsicht genügte nicht: wenn er eine Tote durch einen Kult wiederbeseelte, bedeutete das, sie im Traum auferstehen zu lassen oder sie *herzustellen*?

Leben und Tod; Existenz und Sein: an diesem Kreuzweg wollte er sich festsetzen, um seine doppelte Untersuchung durchzuführen. In einem Sinne hat sich nichts an den Ideen geändert, die er in seiner Habilitationsschrift verfocht; in einem anderen Sinne ist alles unkenntlich geworden: er versenkte sich in die Nacht des Nicht-Wissens auf der Suche nach dem, was er damals das «Fundamentale» nannte. Wir lesen zum Beispiel in *Signes*[1]: «Was (in der Anthropologie) das Interesse des Philosophen erweckt, ist eben dies, daß sie den Menschen so nimmt, wie er ist, in der tatsächlichen Situation seines Lebens und seiner Erkenntnis. Sie interessiert nicht den Philosophen, der die Welt erklären oder konstruieren will, sondern den, der unsere Verwurzelung im Sein vertiefen will.»

Auf der Ebene der Anwesenheit und der Abwesenheit erscheint, blind und hellsichtig, der Philosoph: wenn die *Erkenntnis* mit dem Anspruch auftritt, zu erklären oder zu konstruieren, so will er nicht einmal *erkennen*. Er lebt in jenem Gemisch aus Sauerstoff, Stickstoff und Kohlenoxyd, das man das Wahre nennt, aber er läßt sich nicht dazu herab, die einzelnen Wahrheiten herauszustellen, sei es auch nur, um sie an unsere Schulen oder an unsere Handbücher weiterzugeben. Er geht nur noch in die eigene Tiefe: ohne seine Arbeiten zu unterbrechen, läßt er sich lebend in den einzigen, armseligen Abgrund sinken, der ihm zugänglich ist, um in sich selbst das Tor zu suchen, das in die Nacht dessen führt, was noch kein Selbst ist. Das heißt, die Philosophie als eine Meditation im kartesischen Sinne des Wortes definieren, das will sagen: als eine bis ins

1 *De Mauss à Lévi-Strauss.*

114

Unendliche aufrechterhaltene Spannung zwischen Existenz und Sein. Diese doppelsinnige Struktur ist der Ursprung: um zu denken, muß man sein; der geringste Gedanke überschreitet das Sein und stellt es zugleich für den anderen her; das geschieht im Handumdrehen: es ist die endgültige und sinnlose Geburt, das unzerstörbare Ereignis [*événement*], das sich in Auftreten [*avènement*] verwandelt und die Besonderheit eines Lebens durch seine Bestimmung zum Tode definiert; es ist das undurchsichtige und ungestüme Werk, das in seinen Falten das Sein zurückhält; es ist das Unternehmen, eine Vernunftwidrigkeit, die in der Gemeinschaft fortbesteht als deren künftige Daseinsberechtigung; es ist vor allem die Sprache, dieses «Fundamentale», denn das Wort ist nur das Sein im Herzen des Menschen, ausgesprochen, um sich in einem *Sinn* zu entkräften; kurz, es ist der Mensch, hervorgetreten auf einen Schlag, der seine Anwesenheit beim Sein auf seine Anwesenheit beim anderen hin überschreitet, die Vergangenheit auf die Zukunft hin, alles und sich selbst auf das Zeichen hin: aus diesem Grunde neigte Merleau gegen Ende seines Lebens dazu, dem Unbewußten einen immer bedeutenderen Platz einzuräumen; er stimmte zweifellos der Formel von Lacan zu: «Das Unbewußte ist strukturiert wie eine Sprache.» Aber als Philosoph hatte er sich auf den Gegenpol zur Psychoanalyse gestellt: das Unbewußte faszinierte ihn als gebundenes Wort und zugleich als der Angelpunkt von Sein und Existenz.

Merleau-Ponty wurde eines Tages auf die Dialektik böse und mißhandelte sie. Nicht daß er ihren Ausgangspunkt nicht anerkannt hätte; er erklärt in *Signes*, daß das Positive immer sein Negatives an sich hat und umgekehrt: folglich gehen sie in alle Ewigkeit ineinander über; überhaupt wendet sich alles, auch der Philosoph wendet sich: ob er nun sorgfältig und mit Entdeckergeist dem Kreislauf seines Gegenstandes folgt oder ob er den Spiralenweg in seine eigene Nacht hinabsteigt. Merleau-Ponty nimmt die Gewohnheit an, jedes Nein so lange zu verfolgen, bis er es in ein Ja umschlagen sieht, und jedes Ja so lange, bis es sich in ein Nein verwandelt. Er wird in den letzten Jahren in diesem Ringleindu-mußt-wandern-Spiel so geschickt, daß er daraus eine veritable Methode macht; ich nenne sie: die Umkehrung. Er springt von einem Gesichtspunkt zum anderen über, verneint, bejaht, verwandelt das Mehr in ein Weniger und das Weniger in ein Mehr; alles steht zueinander in Gegensatz, und alles ist auch wahr. Ich gebe davon nur ein Beispiel: «Mindestens ebensosehr, wie Freud das Erwachsenenverhalten durch eine aus der Kindheit ererbte Fatalität erklärt, weist er in der Kindheit ein *vorzeitiges* Erwachsenenleben nach, zum Beispiel ... eine erste Entscheidung darüber, ob es in seinen Beziehungen zum anderen freigebig oder geizig sein wird.»[1] «*Mindestens ebensosehr*»: die sich widersprechenden Wahrheiten liegen bei ihm niemals im Kampf miteinander; es besteht keine Gefahr, daß sie die Bewegung blockieren, einen Bruch provozieren könnten. Widersprechen sie sich, im eigentlichen Sinne gesprochen, überhaupt? Selbst wenn man es annähme, müßte man zugeben, daß der Widerspruch, durch diesen Drehimpuls geschwächt, seine Funktion als «Motor der Geschichte» verliert, daß er in den Augen Merleau-Pontys vielmehr den Beweis des Paradoxes darstellt, das lebendige Zeichen der grundlegenden Zweideutigkeit. Kurz, Merleau will sehr wohl These und Antithese; aber die Synthese lehnt er ab: er beschuldigt sie, die Dialektik in ein Spiel mit Bauklötzen zu verwandeln. Die Umkehrungen hingegen berechtigen niemals zu einem Schluß, sondern jede bekundet auf ihre Weise den Kreislauf von Sein und Existenz. Aus dem Staub geboren, würden wir uns darauf beschränken, Spuren im Staub zu sein, begännen wir nicht damit, diesen Staub zu negieren; kehren wir das um: wir, deren unmittelbarste Existenz die Negation dessen ist, was ist – was tun wir vom ersten bis zum letzten Augenblick anderes, als das Sein durch und für die anderen auf dem Boden der Intersubjektivität anzukündigen, herzustellen und wiederherzustellen? Herstellen, ankündigen: sehr gut. Aber es vor uns, uns gegenüber zu sehen, darauf dürfen wir nicht zählen: wir kennen nur seine Zeichen. So wird der Philosoph niemals aufhören, im Kreise herumzulaufen, und das Karussell niemals aufhören, sich zu drehen: «Dieses durch das, was sich in der Zeit bewegt, durchschimmernde, von unserer Wahrnehmung, von unserem körperlichen Sein immer erstrebte Sein, in das wir uns aber unmöglich versetzen können, weil der aufgehobene Abstand ihm seine Seinskonsistenz rauben würde, dieses ‹Sein der Ferne›, wie Heidegger sagt, das immer unserer Transzendenz aufgegeben ist – das ist die dialektische Idee des Seins, wie Parmenides sie definierte, des Seins, das jenseits der Vielheit der Dinge ist und grundsätzlich durch diese hindurch angestrebt wird, weil es, getrennt von ihnen, nur Blitz und Nacht wäre.»[2]

Merleau behält seine Koketterie: in diesem Text spricht er noch von Dialektik. Aber nicht auf Hegel bezieht er sich: er bezieht sich auf Parmenides, auf Platon. Die Meditation soll einen Kreis um ihren Gegen-

---

1 *Das Auge und der Geist*, a. a. O., S. 120.

2 *Signes*, p. 197. Es handelte sich damals darum, den *gegenwärtigen Stand* der Philosophie zu charakterisieren. Merleau bezeichnete ihn durch: Existenz und Dialektik; aber einige Monate zuvor hatte er bei den Rencontres Internationales de Genève einen Vortrag über das Denken unserer Zeit gehalten. Es ist bemerkenswert, daß er dabei kein Wort über die Dialektik fallenließ: er vermied sogar das Wort *Widerspruch* bei der Kennzeichnung unserer Probleme und schrieb: «Die Körperlichkeit und der andere Mensch sind bei den Zeitgenossen das *Labyrinth* der Reflexion und der Sensibilität.»

stand ziehen und immer wieder an die gleichen Stellen zurückkehren: was aber erspäht sie dann? Eine Abwesenheit? Eine Anwesenheit? Beides: durch ein Prisma gebrochen, zerstreut sich das äußere Sein, schon ist es vielfältig, außer Reichweite; aber durch die gleiche Bewegung verinnerlicht es sich, wird ein inneres Sein, ganz und immer anwesend, ohne seine Unberührbarkeit zu verlieren. Und natürlich ist auch das Umgekehrte wahr: das innere Sein, das Sein in uns, dieses geizige und ernsthafte Sich-sammeln, hört niemals auf, seine Anpassung an die Natur, jene unbegrenzte Entfaltung des äußeren Seins, zu bekunden. So bleibt Merleau, kreisend und meditierend, seiner ursprünglichen Denkart treu, jenem langsamen, von Blitzen aufgehellten Grübeln: sie erhebt er still zur Methode, in Form einer enthaupteten Dialektik.

Dieser Abstieg in die Unterwelt erlaubte ihm schließlich, den tiefsten Kreislauf zu finden. Es war eine Entdeckung des Herzens: daß sie uns durch ihre dunkle Dichte erschreckt, beweist es. Ich werde erzählen, wie er sie mir vor fast zwei Jahren mitteilte: in diesen subtilen und lakonischen Worten spiegelt sich der Mensch Merleau-Ponty wider, wie er geradewegs auf die Probleme zuging, während er sie nur zu streifen schien. Ich fragte ihn, ob er gearbeitet habe. Er zögerte: «Vielleicht werde ich über die Natur schreiben», sagte er. Und er fügte hinzu, um mir auf die Sprünge zu helfen: «Ich habe bei Whitehead einen Satz gelesen, der mir aufgefallen ist: ‹die Natur geht in Lumpen›.» Wie man sich denken kann, fügte er dem kein Wort hinzu. Ich verließ ihn, ohne ihn verstanden zu haben: zu jener Zeit studierte ich den «dialektischen Materialismus», und das Wort «Natur» rief in mir den Gedanken an die Gesamtheit unseres physikalisch-chemischen Wissens hervor. Wieder ein Mißverständnis: ich hatte vergessen, daß die Natur in seinen Augen die sinnliche Welt war, diese «entschieden allgemeine» Welt, in der wir die Dinge und die Tiere, unseren eigenen Körper und die anderen finden. Um ihn zu verstehen, mußte ich das Erscheinen seines letzten Aufsatzes abwarten: *Das Auge und der Geist*. Dieser lange Essay sollte, glaube ich, einen Teil des Buches bilden, an dem er schrieb: jedenfalls bezieht er sich darin dauernd auf einen größeren Zusammenhang, auf eine Idee, die ausgesprochen werden sollte und die unformuliert blieb.

Mehr als je dem Intellektualismus feind, befragt Merleau den Maler und sein ungestümes manuelles Denken: an den Werken versucht er den Sinn der Malerei zu erfassen. Bei dieser Gelegenheit enthüllt ihm die Natur ihre Lumpen. Wie, so sagt er, kündigt dieser Berg in der Ferne sich an? Durch diskontinuierliche, manchmal intermittierende Signale, feine, spärliche Phantasmen, Spiegelungen, Schattenspiele; dieser Staub fällt durch seine Zusammenhanglosigkeit auf. Aber unser Auge ist ja gerade «Computer des Seins»; mit diesen Zeichen aus Luft wird es die schwerste

Erdmasse zerbröseln. Der Blick begnügt sich nicht mehr damit, «das Sein durch das hindurch, was sich in der Zeit bewegt, wahrzunehmen»: er scheint jetzt vielmehr die Aufgabe zu haben, dessen immer abwesende Einheit von der Vielfalt aus herzustellen. «So gibt es diese Einheit also nicht?» wird man fragen. Es gibt sie, es gibt sie nicht: wie das ehemalige Kleid, das noch durch die Lumpen geistert, wie die Rose Mallarmés, «fern jedem Strauß». Das Sein ist durch uns, die wir durch das Sein sind. All das ist natürlich nicht möglich ohne den anderen; so jedenfalls faßt Merleau die «schwierige» Behauptung Husserls auf: «Das transzendentale Bewußtsein ist Intersubjektivität.» Niemand kann sehen, so denkt er, ohne zugleich gesehen zu werden: wie könnten wir das, was ist, erfassen, wenn wir nicht *wären*? Hier handelt es sich nicht um eine einfache «Noesis», die durch Erscheinungen hindurch ihr noetisches Korrelat hervorbringt. Wiederum: um denken zu können, muß man sein: Die durch alle hindurch von jedem einzelnen konstituierte Sache, die immer eine einzige ist, aber unendlich viele Facetten hat, verweist durch alle anderen jeden von uns auf seine ontologische Verfassung zurück. Wir sind das Meer: jedes Wrack ist, sobald es auftaucht, unzählbar wie die Wogen, ist durch sie und wie sie absolut. Der Maler ist der bevorzugte Künstler, der beste Zeuge dieser vermittelten Reziprozität. «Der Körper ist dem Gewebe der Welt verhaftet, aber die Welt ist aus eben dem Stoff meines Körpers gemacht.» Ein neues Drehkreuz, aber tiefsinniger als die anderen, denn es berührt das «Labyrinth der Körperlichkeit». Durch mein Fleisch wird die Natur Fleisch; wenn aber, umgekehrt, die Malerei möglich ist, dann müssen die Strukturen des Seins, die der Maler in der Sache wahrnimmt und auf der Leinwand festhält, auf dem Grunde seiner selbst die «Flexionen» seines Seins bezeichnen. «Das Gemälde . . . bezieht sich nur dann auf irgend etwas unter den empirischen Dingen, wenn es autofigurativ ist; es ist nur insofern Schauspiel der Dinge, als es Schauspiel von nichts ist . . . und zeigt, wie Dinge zu Dingen und die Welt zur Welt wird.» Und gerade das verleiht «der Betätigung des Malers eine Dringlichkeit, die jede andere Dringlichkeit überbietet». Durch die Gestaltung des äußeren Seins stellt er für die anderen das innere Sein vor, *sein* Fleisch und das ihre. Vorstellen besagt zu wenig: «Die Kultur», sagt Merleau, «ist ‹Heraufkommen›.» So hat der Künstler die geheiligte Funktion, das Sein inmitten der Menschen herzustellen, das heißt, die «Schichten unverarbeiteten Seins, von dem der Aktivist nichts weiß», auf jenes überragende Sein hin zu überschreiten, welches der *Sinn* ist. Der Künstler, aber auch jeder von uns: «Der Ausdruck», sagt er, «ist das Fundamentale des Körpers.» Und was gäbe es auszudrücken, wenn nicht das Sein: wir machen keine Bewegung, ohne es wiederherzustellen, es herzustellen und vorzustellen. Die ursprüngliche Geschichtlichkeit, unsere Geburt zum Tode, ist jenes Hervorkommen aus der Tiefe, durch welches das Ereignis Mensch wird und sein Wesen ausweist, indem es die Dinge benennt. So ist, in ihrem radikalsten Ausdruck, auch die Geschichte der Gruppe beschaffen: «Wie anders als Geschichte sollte man dieses (Medium) nennen, in dem eine mit Kontingenz belastete Form plötzlich einen Umkreis an Zukunft erschließt und mit der Autorität des Hergestellten befehligt?»

Das sind die Ansätze seiner letzten Gedanken: seine letzte Philosophie, «belastet mit Kontingenz», sich geduldig abmühend mit ihrem Zufall und vom Zufall unterbrochen – ich sagte, ich hätte sie mit einer Entdeckung des Herzens beginnen sehen. In Abwehr gegen die Trauer und die Abwesenheit entdeckt er nun sich selbst: wenn einer, so ist er der «Computer des Seins». Es bleibt ihm eine Handvoll Erinnerungen und Reliquien – unser Blick hat deren nicht so viele, um das Sein des Berges zu enthüllen: das Herz entreißt den Lumpen der Erinnerung das Sein der Toten; aus dem Ereignis, das sie tötete, macht er ihr Auftreten; es handelt sich nicht allein darum, dem verschwundenen Lächeln und den Worten ihre Ewigkeit wiederzugeben: leben heißt, sie zu vertiefen, sie durch unsere Worte und unser Lächeln in sie selbst zu verwandeln, jeden Tag ein wenig mehr, bis ins Unendliche; es gibt einen Fortschritt der Toten, und er ist unsere Geschichte. So machte Merleau sich zum Hüter seiner Mutter, wie sie die Hüterin seiner Kindheit gewesen war; durch sie zum Tode geboren, wollte er, daß der Tod für sie zur Wiedergeburt würde. Aus diesem Grunde fand er in der Abwesenheit mehr wirkliche Kräfte als in der Anwesenheit. *Das Auge und der Geist* enthält ein merkwürdiges Zitat: Marivaux denkt in *Marianne* über die Kraft und die Würde der Leidenschaften nach und preist dabei die Menschen, die sich lieber das Leben nehmen, als daß sie ihr Wesen verleugnen. Was Merleau an diesen Zeilen gefiel, war, daß sie einen unzerstörbaren Trittstein unter der Durchsichtigkeit dieses wenig tiefen Baches, des Lebens, entdeckten. Aber wir dürfen nicht glauben, daß er zur kartesischen Substanz zurückkehrte: kaum hat er die Ausführungszeichen gesetzt und schreibt wieder auf eigene Rechnung, zerstiebt der Trittstein in unzusammenhängende Fünkchen und wird wieder dieses zerfetzte Sein, das wir zu sein haben, das vielleicht nur ein ordnungsloser Imperativ ist und das ein Selbstmord manchmal besser zusammenfügt als ein lebendiger Sieg. Durch ein und dieselbe Bewegung – das ist unsere Regel – stellen wir in der menschlichen Gemeinschaft das Sein der Toten durch unser Sein her und unser Sein durch das der Toten.

Bis wohin mag er gegangen sein in jenen düsteren Jahren, die ihn in sich selbst veränderten? Wenn man ihn liest, möchte man manchmal meinen, daß das Sein den Menschen erfindet, damit er von ihm *Kunde gebe.* Ist es nicht von Zeit zu Zeit vorgekommen, daß Merleau, die Begriffe wendend und in ihr Gegenteil verkehrend, irgendeinen transzendenten, «in der Immanenz nicht zu erfassenden» Auftrag in uns zu erkennen glaubte? In einem seiner Aufsätze beglückwünscht er einen Mystiker, der geschrieben hatte, Gott stehe unterhalb von uns. Er fügt hinzu: Warum nicht? Er träumt von diesem Allmächtigen, der der Menschen bedürfte, der im Innern jedes Menschen in Frage gestellt wäre und der das ganze Sein bliebe, dem, den herzustellen die Intersubjektivität niemals aufhörte, dem einzigen, den wir bis zum Ende seines Seins führen würden und der alle Unsicherheit des menschlichen Abenteuers mit uns teilte. Es handelt sich offensichtlich nur um eine metaphorische Angabe. Aber man darf es nicht für gleichgültig halten, daß er sie gewählt hat. Alles ist da: der Fund und das Wagnis; wenn das Sein, eine gigantische, zerlumpte Armut, unterhalb von uns steht, dann bedarf es nur einer kaum wahrnehmbaren Veränderung, damit es *unsere Aufgabe* werde. Gott die Aufgabe des Menschen? Merleau hat das niemals geschrieben, und er hat sich verboten, es zu denken: nichts besagt, daß er sich nicht manchmal darin gefiel, davon zu träumen, aber sein Denken war viel zu streng, als daß er etwas vorgetragen hätte, was er nicht nachgewiesen hatte. Er arbeitete ohne Hast; er wartete.

Man hat behauptet, er hätte sich Heidegger genähert. Darüber besteht kein Zweifel, aber man muß es recht verstehen. Solange seine Kindheit ihm bewahrt blieb, brauchte Merleau seine Forschungen nicht zu radikalisieren. Als seine Mutter gestorben und seine Kindheit mit ihr zerstört war, gingen Abwesenheit und Anwesenheit, Sein und Nichtsein ineinander über; Merleau wollte durch die Phänomenologie hindurch und ohne sie je zu verlassen zu den Imperativen der Ontologie vorstoßen; was ist, ist nicht mehr, ist noch nicht, wird niemals sein: dem Menschen ist es aufgegeben, dem Seienden das Sein zu geben. Diese Aufgabe ergab sich aus seinem Leben, aus seiner Trauer; er nahm das zum Anlaß, Heidegger wieder zu lesen, ihn besser zu verstehen, aber nicht, seinem Einfluß zu erliegen: ihre Wege kreuzten sich, das ist alles. Das Sein ist die einzige Sorge des deutschen Philosophen; trotz mancher gemeinsamer Vokabeln bleibt für Merleau der Mensch die Hauptsorge. Wenn Heidegger von der «Offenheit zum Sein» spricht, wittere ich Entfremdung. Gewiß, man darf sich nicht darüber hinwegtäuschen, daß die Feder Merleaus manchmal beunruhigende Worte aufgezeichnet hat. Zum Beispiel die folgenden: «Das Irrelative ist nun nicht die Natur an sich noch das System der Inhalte des absoluten Bewußtseins und ebensowenig der Mensch, sondern jene ‹Teleologie›, die in Anführungszeichen geschrieben und gedacht wird – als ein Gefüge und Gliederbau des Seins, das sich im Menschen erfüllt.» Die Anführungszeichen ändern nichts an der Sache.

Gleichviel: das ist nebenhin gesagt. Es bleibt ein Ärgernis, daß heutzutage ein Mensch schreiben konnte, das Absolute sei nicht der Mensch; aber was er unserer Herrschaft verweigert, gesteht er auch keiner anderen zu. Sein Irrelatives ist in Wirklichkeit eine in sich geschlossene reziproke Beziehung: der Mensch ist bezeichnet durch seine grundlegende Berufung, die darin besteht, das Sein herzustellen, aber ebenso ist das Sein durch seine Bestimmung bezeichnet, die darin besteht, sich vermittels des Menschen zu vollziehen. Ich sagte schon, wie Merleau wenigstens zweimal, in der christlichen Gemeinschaft und in der Brüderlichkeit des politischen Kampfes, die Einfügung in die Immanenz gesucht hatte und wie er dabei jedesmal auf die Transzendenz gestoßen war. Indem es mehr denn je den Rückgang auf die Hegelsche Synthese vermeidet, versucht sein letztes Denken den Widerspruch zu lösen, in dem er gelebt hat: man wird das Transzendente in die Immanenz gießen, wird es darin gänzlich auflösen, wobei man es durch seine eigene Unberührbarkeit gegen die Vernichtung schützt; es ist nur noch Abwesenheit und inständige Bitte und zieht aus seiner unendlichen Schwäche seine Allmacht. Ist das nicht in gewisser Weise der grundlegende Widerspruch jeglichen Humanismus? Und kann der dialektische Materialismus – in dessen Namen viele diese Gedanken kritisieren werden – auf eine Ontologie verzichten? Wird man nicht vielmehr, bei näherem Hinsehen, und wenn man die absurde Theorie der Widerspiegelung aufgibt, in ihr die Idee eines Bezirks unbearbeiteten Seins finden, das Handeln und Denken erzeugt und aufrechterhält?

Nein; er hat niemals aufgehört, Humanist zu sein, er, der noch wenige Monate vor seinem Tode schrieb: «Wenn der Blitz ‹Mensch› aufflammt, ist alles im Nu gegeben.» Was weiter? Das Sein vollziehen heißt: es konsekrieren, gewiß; aber das heißt: es vermenschlichen. Merleau behauptet nicht, daß wir zugrunde gehen sollen, damit das Sein sei, sondern ganz im Gegenteil, daß wir das Sein durch eben den Akt herstellen, der uns zu Menschen werden läßt. Mehr denn je Anhänger Pascals, wiederholt er noch einmal: «Der Mensch ist von den Tierarten absolut unterschieden gerade darin, daß er über keine ursprüngliche Ausrüstung für seine Existenz verfügt und daß er der Ort des Zufalls ist, der bald in der Gestalt einer Art Wunder auftritt, bald in der einer ungezielten widersetzlichen Kraft.» Das genügt, damit der Mensch niemals ein Tier irgendeiner Art noch auch Gegenstand eines allgemeinen Begriffes sei, sondern, sobald er hervortritt, das Eintreten eines Ereignisses. Aber er zieht die gleiche Lehre aus dem Werk des Humanisten Montaigne: «Montaigne weist von Anfang an die Erklärungen zurück, die uns eine Metaphysik oder eine Physik geben könnten, weil es der Mensch ist, der die Philosophien und Wissenschaften ‹beweist› und weil diese sich eher durch ihn erklären, als er sich durch sie erklärt.» Der Mensch wird niemals den Menschen denken: er *macht* ihn in jedem Augenblick. Ist das nicht der wahre Humanismus: der Mensch wird niemals vollständig Gegenstand der Erkenntnis; er ist das Subjekt der Geschichte.

Es ist nicht schwer, in den letzten Werken des verdüsterten Philosophen einen gewissen Optimismus wiederzufinden: nichts kommt ans Ende, nichts ist verloren. Ein Ziel entsteht, schafft sich mit einem Schlage *seinen* Menschen – blitzartig, den ganzen Menschen –, geht mit ihm zugrunde oder überlebt ihn, toll geworden, um in jedem Fall in einem Zusammenbruch zu enden, und öffnet im gleichen Augenblick des Unglücks ein Tor in die Zukunft. Spartakus, der kämpft und stirbt, ist die ganze Menschheit: wer sagt Besseres? Ein Wort ist die ganze Sprache, in einigen Lauten versammelt, ein Bild ist die ganze Malerei. «In diesem Sinne», sagt er, «gibt es einen Fortschritt, und es gibt ihn nicht.» Die Geschichte setzt sich ohne Unterlaß in unserem vorgeschichtlichen Milieu ins Werk; durch jeden Blitz wird das Ganze erleuchtet, stellt sich her, franst aus und verschwindet, unsterblich. Apelles, Rembrandt, Klee haben nacheinander, jeweils in einer bestimmten Kultur und mit den Mitteln, die ihnen zur Hand waren, das Sein sichtbar gemacht. Und bevor der erste von ihnen geboren wurde, war schon die ganze Malerei in den Höhlen von Lascaux offenbart.

Gerade weil er aus diesem immer neuen Aufblitzen besteht, hat der Mensch eine Zukunft. Kontingenz des Guten, Kontingenz des Bösen: Merleau zeichnete niemanden mehr aus und verdammte niemanden mehr. Die Ungunst der Zeit hatte uns bis kurz vor die Barbarei gebracht; durch das Wunder, das immer und überall möglich ist, würden wir aus ihr herauskommen. Da «jede Geste unseres Körpers oder unserer Sprache, jeder Akt des politischen Lebens spontan . . . mit dem anderen rechnet und in dem, was ihm eigentümlich, über sich hinaus auf einen universellen Sinn hinweist», muß, obwohl er auf keine Weise notwendig oder verheißen ist, obwohl man nicht so sehr von ihm verlangt, uns in unserem Sein zu verbessern, als die Abfallprodukte unseres Lebens zu beseitigen, ein *relativer* Fortschritt die wahrscheinlichste Vermutung sein: «Sehr wahrscheinlich wird die Erfahrung schließlich die falschen Lösungen ausscheiden.» In dieser Hoffnung, glaube ich, willigte er ein, dem *Express* einige politische Kommentare zu geben. Ost und West: zwei Volkswirtschaften im Wachstum, zwei Industriegesellschaften, beide von inneren Widersprüchen zerrissen. Er hätte gern jenseits der Regierungsformen die gemeinsamen Erfordernisse auf der Ebene der Infrastruktur freigelegt oder wenigstens konvergierende Linien aufgezeigt: das war eine Weise, sich selbst treu zu bleiben; es handelte sich in der Tat darum, wieder einmal die Option für den Manichäismus zurückzuweisen. Die Einheit hatte bestanden; nach dem Untergang dieses kleineren Paradieses hatte er überall die Ausbeutung anklagen wollen, dann hatte er sich in sein Schweigen eingeschlossen: er kam daraus hervor, um überall Grund zur Hoffnung zu entdecken. Ohne jegliche Illusion: «die *virtù*», nichts weiter. Wir sind verkrümmt; die Bande, die uns mit den anderen verbinden, sind verknäult; keine Regierungsform würde allein ausreichen, um sie zu entwirren, vielleicht aber werden die Menschen, die nach uns kommen, alle Menschen zusammen, die Kraft und die Geduld haben, die Arbeit in Angriff zu nehmen.

Der Lauf unseres Denkens entfernte uns jeden Tag ein wenig mehr voneinander. Seine Trauer, seine freiwillige Absonderung machten unsere Wiederannäherung noch schwieriger. 1955 hätten wir uns beinahe gänzlich verloren: aus Abstraktion; er veröffentlichte ein Buch über die Dialektik und griff mich darin heftig an. Simone de Beauvoir antwortete ihm nicht weniger heftig in *Les Temps Modernes*: es war das erste und das letzte Mal, daß wir uns schriftlich stritten. Es könnte scheinen, daß unsere Meinungsverschiedenheiten dadurch, daß wir sie publizierten, unaufhebbar geworden wären. Das Gegenteil war der Fall: in dem Augenblick, in dem unsere Freundschaft zu sterben schien, begann sie unmerklich wieder aufzublühen. Zweifellos hatten wir früher zuviel Sorgfalt darauf verwandt, uns jeder Heftigkeit zu enthalten: es hatte deren aber ein weniges bedurft, damit der letzte Groll beseitigt würde und damit Merleau mir ein für allemal sagen könnte, was er noch auf dem Herzen hatte. Kurz, die Angelegenheit war damit erledigt, und bald darauf sahen wir uns wieder.

Das geschah in Venedig, während der ersten Monate des Jahres 1956: die Société Européenne de Culture hatte dort Gespräche zwischen den Schriftstellern aus Ost und West organisiert. Ich war da. Als ich mich setzte, sah ich, daß der Nachbarstuhl leer geblieben war; ich beugte mich hinüber und las auf einer Karte den Namen Merleau-Pontys: man hatte geglaubt, uns einen Gefallen zu tun, indem man uns nebeneinander placierte. Das Gespräch begann, ich hörte nur mit einem Ohr hin, ich wartete auf Merleau – nicht ohne Furcht. Er kam. Zu spät, wie gewöhnlich. Irgend jemand sprach, er ging auf Zehenspitzen hinter mir vorbei, berührte mich leicht an der Schulter, und als ich mich umdrehte, lächelte er mir zu. Die Kolloquien zogen sich über mehrere Tage hin: er und ich, wir waren nicht gänzlich einer Meinung, es sei denn, daß wir uns gemeinsam darüber aufregten, wenn ein zu beredter Italiener oder ein zu naiver Engländer das Wort ergriff, denen es offenbar oblag, das Unternehmen scheitern zu lassen. Aber unter so vielen verschiedenen Menschen, die einen älter als wir, die anderen jünger, aus allen vier Ecken Europas zusammengekommen, fühlten wir, daß ein und dieselbe Kultur, ein und dieselbe für uns allein gültige Erfahrung uns verbanden. Wir verbrachten mehrere Abende zusammen, ein wenig befangen und niemals allein: das war gut; die Anwesenheit unserer Freunde schützte uns gegen uns selbst, gegen die Versuchung, unser vertrautes Verhältnis wiederherzustellen, ehe die Zeit dafür reif war; also redeten wir eben nur miteinander. Wir machten uns alle beide keine Illusionen über die Tragweite des Treffens, aber wir wünschten beide – er, weil er ein Mittler war, ich, um die Linke zu «privilegieren» –, daß es im folgenden Jahr wiederholt werden sollte: als es sich darum handelte, das Schlußkommuniqué zu redigieren, stellten wir fest, daß wir einer Ansicht waren. Das bedeutete nichts, aber es war ein Beweis dafür, daß eine gemeinsame Arbeit uns einander näherbringen konnte.

Wir trafen uns in Paris, in Rom und noch einmal in Paris wieder. Allein: das war die zweite Etappe. Die Befangenheit bestand weiter, sie begann zu schwinden; ein anderes Gefühl entstand, die Milde: eine solche verzweifelte, zart traurige Zuneigung führt zwei erschöpfte Freunde wieder zusammen, die sich gegenseitig zerrissen haben, bis ihnen nichts Gemeinsames mehr geblieben ist als ihr Streit, und deren Streit eines schönen Tages zu Ende ist mangels eines Gegenstandes. Der Gegenstand war die Zeitschrift gewesen: sie hatte uns erst vereint, dann getrennt: sie trennte uns nicht einmal mehr. Unsere Vorsichtigkeit hätte uns früher beinahe zum Zerwürfnis geführt: gewarnt, trugen wir Sorge, uns niemals mehr zu schonen: zu spät; was immer jeder von uns sagte, es betraf eigentlich nur noch ihn selbst; wenn wir die letzten Ereignisse besprachen, schien es mir fast, als tauschten wir Familiengeschichten aus – Tante Marie will sich operieren lassen, der Neffe Karl hat sein Abitur bestanden – und als säßen wir beide Seite an Seite auf einer Bank, Decken über die Knie gebreitet, und zeichneten mit dem Ende unseres Spazierstocks Zeichen in den Staub. Was fehlte? Weder die Zuneigung noch die Achtung: das Unternehmen. Verschüttet, ohne daß sie uns hätte trennen können, rächte sich unsere vergangene Tätigkeit an uns, indem sie Pensionäre der Freundschaft aus uns machte.

Man mußte die dritte Etappe abwarten, ohne etwas zu überstürzen; ich wartete, sicher, daß ich ihn wiederfinden würde: wir waren uns einig in der vorbehaltlosen Verdammung des Algerienkrieges; er hatte der Regierung Mollet das Kreuz der Ehrenlegion zurückgeschickt; beide widersetzten wir uns der verworrenen Diktatur des Gaullismus; vielleicht waren wir nicht derselben Ansicht über die Mittel, mit denen sie zu bekämpfen wäre; aber das käme schon noch; wenn der Faschismus aufkommt, vereinigt er aufs neue die getrennten Freunde. Im gleichen Jahr sah ich ihn wieder, im März: ich hielt einen Vortrag in der École Normale Supérieure, er kam hin. Das rührte mich: seit Jahren war immer ich es gewesen, der um eine Begegnung bat, eine Verabredung vorschlug; zum erstenmal war er von sich aus gekommen. Nicht, um mich Ideen entwickeln zu hören, die er auswendig kannte: um mich zu sehen. Nach dem Vortrag trafen wir uns mit Hippolyte und Canguilhem: für mich war es ein glücklicher Augenblick. Später habe ich erfahren, daß er glaubte, ein Unbehagen zwischen uns fortdauern zu spüren. Es war nicht eine Spur mehr davon vorhanden, nur hatte ich unglücklicherweise die Grippe und war erschöpft. Als wir uns trennten, verlor er kein Wort über seine Enttäuschung, aber ich hatte einen Augenblick lang den Eindruck, daß er wieder finsterer geworden war. Ich achtete nicht darauf: «Alles ist wiederhergestellt», sagte ich mir, «alles wird wieder beginnen.» Wenige Tage danach erfuhr ich seinen Tod, und so endete unsere Freundschaft mit diesem letzten Mißverständnis. Wäre er am Leben geblieben, wir hätten es nach meiner Rückkehr zerstreut. Vielleicht. Da er nun abwesend ist, werden wir immer füreinander bleiben, was wir immer gewesen sind: Unbekannte.

Kein Zweifel, seine Leser können ihn kennenlernen, er wird ihnen in seinem Werk begegnen; jedesmal, wenn ich ihn lesen werde, werde ich ihn wiedererkennen, werde ich mich besser erkennen. Einhundertfünfzig Seiten seines letzten Buches sind aus dem Schiffbruch gerettet, und dann ist der Aufsatz *Das Auge und der Geist* da, der alles sagt, wenn man ihn nur zu entziffern versteht: wir werden alle zusammen dieses Denken in Lumpen «herstellen», es wird eines der Prismen unserer «Intersubjektivität» sein. In dem Augenblick, in dem M. Papon, der Polizeipräfekt, die allgemeine Meinung zusammenfaßt, indem er erklärt, daß er sich über nichts mehr wundere, gibt Merleau das Gegengift, indem er sich über alles wundert: er ist das Kind, das an unseren, der Erwachsenen, eitlen Gewißheiten Anstoß nimmt und das die anstößigen Fragen stellt, auf die die Erwachsenen niemals antworten: Warum lebt man? Warum stirbt man? Nichts scheint ihm natürlich: weder daß es eine Geschichte gibt noch daß es eine Natur gibt; er versteht nicht, wie es geschehen kann, daß jede Notwendigkeit sich in Kontingenz verwandelt und daß jede Kontingenz schließlich zu einer Notwendigkeit wird; er sagt es, und wir sind, wenn wir ihn lesen, in dieses Drehkreuz hineingezogen, aus dem wir nicht mehr herauskommen werden. Dennoch sind nicht wir es, die er befragt: er fürchtet zu sehr, daß wir uns auf die beruhigenden Dogmatismen versteifen könnten. Er ist selbst diese ständige Frage an sich selbst geworden, weil «der Schriftsteller die Unsicherheit gewählt hat». Die Unsicherheit: unsere Grundsituation und, in einem damit, die schwierige Haltung, die uns diese Situation enthüllt; wir sollen keine Antworten von ihm verlangen: das, was er uns lehrt, ist die Vertiefung einer ersten Untersuchung; wie vor ihm Platon erinnert er daran, daß der Philosoph der Mensch ist, der staunt, aber er fügt, strenger als sein griechischer Lehrer, hinzu, daß die philosophische Haltung verschwindet, sobald das Staunen aufhört. Denen hingegen, die das «Welt-Werden» der Philosophie voraussagen, antwortet er: wenn der Mensch eines Tages glücklich, frei und für den Mitmenschen durchsichtig sein würde, müsse man über dieses verdächtige Glück ebensosehr staunen, wie wir gegenwärtig über unser Unglück staunen. Wenn ihm das Wort nicht zu zweifelhaft erschienen wäre, weil es zu oft gebraucht wird, so würde ich gern sagen, daß es ihm gelungen ist, die innere Dialektik des Fragenden und des Befragten wiederzufinden, und daß er sie bis zu jener Grundfrage weitergeführt hat, die wir durch alle unsere vorgeblichen Antworten vermeiden. Um ihm zu folgen, muß man auf zwei einander entgegengesetzte Sicherheiten verzichten, zwischen denen wir ständig hin und her schwanken, weil wir uns für gewöhnlich durch den Gebrauch zweier einander entgegengesetzter, aber gleich allgemeiner Begriffe beruhigen, die uns beide als Gegenstände nehmen und von denen der erste jedem von uns sagt, er sei ein Mensch unter Menschen, und der zweite, er sei ein anderer unter anderen. Der erste Begriff aber taugt nichts, denn der Mensch hört nie auf, sich zu machen, und kann sich niemals gänzlich denken. Und der zweite täuscht uns, denn wir sind gerade darin gleich, daß jeder sich von allen unterscheidet. Von einer zur anderen Idee springend wie ein Affe von einem Ast zum anderen, vermeiden wir die Einmaligkeit, die weniger eine Tatsache ist als eine dauernde Forderung. Indem sie unsere Verbindung zu unseren Zeitgenossen abschneidet, schließt uns die Bourgeoisie in den Kokon des Privatlebens ein und definiert uns wie mit einer Schere als *Individuen*. Das will sagen: als Moleküle ohne Geschichte, die sich von einem Augenblick zum anderen fortschleppen. Bei Merleau finden wir uns als Einmalige vermöge der Kontingenz unserer Verankerung in der Natur und in der Geschichte, das heißt, durch das zeitliche Abenteuer, das wir im Rahmen des menschlichen Abenteuers sind. So macht uns die Geschichte allgemein in genau dem Maße, in dem wir sie zu einer besonderen machen. Das ist das große Geschenk, das Merleau dank seiner Verbissenheit, immer an der gleichen Stelle zu graben, uns anbietet: ausgehend von der wohlbekannten Allgemeinheit des Einmaligen, gelangt er zur Einmaligkeit des Allgemeinen. Er hat den Hauptwiderspruch zutage gefördert: jede Geschichte ist die ganze Geschichte; wenn der Blitz «Mensch» aufflammt, ist alles gesagt; jedes Leben, jeder Augenblick, jede Epoche – kontingente Wunder oder Fehlschläge – sind *Inkarnationen*: das Wort wird Fleisch, das Allgemeine setzt sich nur durch die lebendige Einmaligkeit ins Werk, die es entstellt, indem sie es zu einem Einmaligen macht. Sehen wir hier nicht einen neuen Aufguß des «unglücklichen Bewußtseins»: genau das Gegenteil liegt vor. Hegel beschreibt den tragischen Gegensatz zweier abstrakter Begriffe, eben jener, von denen ich sagte, daß sie die Pole unserer Sicherheit sind. Für Merleau ist aber die Allgemeinheit niemals allgemein, es sei denn für das Überblicksdenken; sie entsteht nach den Gesetzen des Fleisches; Fleisch von unserem Fleisch, bewahrt sie unsere Einmaligkeit noch auf ihrer höchsten Ebene. Das ist eine Mahnung, die die Anthropologie – ob sie analytisch oder marxistisch ist – nicht mehr vergessen sollte: weder, wie es die Freudianer zu oft tun, daß jeder Mensch der Mensch schlechthin ist und daß man bei allen jenem *Blitz* Rechnung tragen muß, der einmaligen Verallgemeinerung des Allgemeinen, noch, wie die Novizen der Dialektik, daß die UdSSR nicht einfach der Anfang der allgemeinen Revolution ist, sondern auch ihre Inkarnation, und daß das Jahr 1917 dem zukünftigen Sozialismus unauslöschliche Züge aufprägen wird. Dieses Problem ist schwierig: weder die banale Anthropologie noch der historische Materialismus werden sich davon befreien. Merleaus Absicht war es nicht, Lösungen zu liefern, im Gegenteil: wenn er weitergelebt hätte, so wäre er unaufhörlich kreisend noch tiefer hinabgestiegen, bis er die Voraussetzungen der Frage radikalisiert hätte, wie er es in *Das Auge und der Geist* tut, wenn er von der ursprünglichen Geschichtlichkeit spricht. Er ist nicht bis ans Ende seines Denkens gekommen, oder wenigstens hat er nicht die Zeit gehabt, es vollständig niederzulegen. Ist das ein Scheitern? Nein: es ist gleichsam eine Wiederholung der Kontingenz der Geburt durch die Kontingenz des Endes: einmalig durch diese doppelte Absurdität und von Anfang an bis zum Tode über die Einmaligkeit nachdenkend, gewinnt dieses Leben einen unnachahmlichen «Stil» und rechtfertigt durch sich selbst die Mahnung, die das Werk enthält. Was dieses von seinem Leben nicht abzutrennende Werk selbst betrifft, diesen Blitz zwischen zwei Zufällen, der unsere tiefe Nacht erleuchtet, so könnte man Wort für Wort darauf anwenden, was Merleau zu Anfang dieses Jahres schrieb:

«Wenn wir weder in der Malerei noch anderswo eine Hierarchie der Zivilisationen feststellen noch überhaupt von Fortschritt sprechen können, so nicht darum, weil uns irgendein Schicksal zurückhielte, sondern weil gewissermaßen die erste aller Malereien bis auf den Grund der Zukunft reichte. Wenn keine Malerei die Malerei vollendet, wenn sogar kein Werk sich absolut vollendet, dann verändert, verwandelt, erhellt, vertieft, bestätigt und erhöht jede Schöpfung alle anderen, erschafft sie wieder oder läßt sie im voraus entstehen. Wenn die Schöpfungen kein ein für allemal erworbener Besitz sind, so nicht nur darum, weil sie wie alle Dinge vergänglich sind, sondern auch, weil sie fast ihr ganzes Leben noch vor sich haben.» Eine Frage ohne Antwort, *virtù* ohne Illusionen, so tritt er als Einmaliger in die allgemeine Kultur, so haust er als etwas Allgemeines in der Einmaligkeit der Geschichte. Indem er, wie Hegel gesagt hat,

Zufälliges in Notwendiges und Notwendiges in Zufälliges verwandelt, ist es seine Aufgabe geworden, das Problem der Körperlichkeit zu verkörpern. In seinem Werk wird man ihm begegnen.

Was mich betrifft, der mit ihm andere Begegnungen gehabt hat, so will ich über unsere Beziehungen nicht lügen noch mit einem so schönen Optimismus schließen. Ich erinnere mich an meinen letzten Eindruck von ihm – wir trennten uns nachts in der rue Claude-Bernard –: sein Gesicht war enttäuscht, plötzlich verschlossen; es bleibt in mir, eine schmerzliche Wunde, infiziert durch Bedauern, Gewissensbisse und ein wenig Groll; in sich selbst verändert, wird unsere Freundschaft für immer darin ausgedrückt bleiben. Nicht daß ich dem letzten Augenblick eine große Bedeutung beimäße noch daß ich ihn für geeignet hielte, die Wahrheit über ein Leben zu sagen. Aber in diesem, ja, in ihm hat alles sich versammelt: alles Schweigen, das er mir seit 1950 entgegensetzte, ist in diesem schweigenden Gesicht geronnen, und umgekehrt geschieht es mir noch heute, daß ich die Ewigkeit seiner Abwesenheit wie ein vorsätzliches Schweigen empfinde; unser letztes Mißverständnis – das nichts bedeutet hätte, wenn ich ihn noch einmal lebend wiedergesehen hätte – ist aus dem gleichen Stoff gemacht wie die anderen, das sehe ich wohl: es hat nichts verdorben, es läßt unsere gegenseitige Zuneigung durchscheinen, unseren gemeinsamen Wunsch, unsere Beziehungen nicht zu gefährden, aber auch die unterschiedlichen Gezeiten unseres Lebens, durch die wir immer zur Unzeit die Initiative ergriffen; und dann vertagte der Tod, der dazwischentrat, ohne Heftigkeit unseren Verkehr, *sine die*. Der Tod ist eine Inkarnation wie die Geburt: sein Tod, Sinnlosigkeit voll eines dunklen Sinns, stellt, was uns betrifft, die Kontingenz und die Notwendigkeit einer Freundschaft ohne Glück dar. Es hatte jedoch etwas zu versuchen gegeben: mit unseren guten Eigenschaften und unseren Mängeln, der offenkundigen Heftigkeit des einen und des anderen geheimer Neigung, bis zum Äußersten zu gehen, paßten wir nicht schlecht zueinander. Und was haben wir daraus gemacht? Nichts, als daß wir das Zerwürfnis vermieden haben. Jeder kann die Schuld aufteilen, wie er will; jedenfalls waren wir nicht recht schuldig, ja, so wenig waren wir es, daß ich manchmal in unserem Abenteuer nur noch seine Notwendigkeit sehe: so leben die Menschen in unserem Zeitalter, so lieben sie sich: schlecht. Das ist wahr; aber es ist auch wahr, daß wir es waren, wir zwei, die sich schlecht liebten. Man kann daraus nichts schließen, es sei denn, daß diese lange, nie besiegelte und nie aufgekündigte Freundschaft, die ausgelöscht wurde, als sie wiedergeboren werden oder zerbrechen sollte, in mir als eine nie vernarbende Wunde zurückbleibt.

(Oktober 1961)

Bücher . . .

... sind nur dickere Briefe an Freunde, schrieb Jean Paul einmal. Gute Bücher, so ließe sich ergänzen, wären dann wohl eine Art dickere Pfandbriefe: Ihr Wert bleibt viele Jahre lang erhalten, und ihr Besitzer hat immer wieder aufs neue den Gewinn davon. Und wer einen solchen Vergleich denn doch nicht für erlesen halten mag, dem sei ein Vers von Stendhal vorgehalten: Wer Bücher schenkt, schenkt Wertpapiere.

«Wir müssen unsere eigenen Werte schaffen»*
Ein *Playboy*-Interview
über philosophische und literarische Fragen

PLAYBOY: Am Ende des Zweiten Weltkriegs, als Sie die strengen Prinzipien der Existenzphilosophie aufstellten, standen Sie in Paris gleichzeitig im Zentrum einer überschwenglichen – manche sagen: hedonistischen – Bewegung von Musikern, Schauspielern, Chansonsängern und Studenten. Liegt darin nicht ein Paradox?

SARTRE: Es war so, daß ein paar junge Leute, die in Jazzbands spielten, sich auch für meine Bücher interessierten, und das genügte schon, daß die Leute diese Phänomene mit meiner Philosophie in Verbindung brachten. Man machte mich dafür verantwortlich, daß eine ganze Generation junger Leute schmutzige Hemden aus ausgemusterten amerikanischen Militärbeständen trug.

Absurd!

PLAYBOY: Man machte Ihre Philosophie der «existentiellen Angst» auch für die Selbstmordwelle in jenen Jahren in Frankreich verantwortlich.

SARTRE: Das stimmt. Es gibt eine Zeitung, *Samedi Soir*, die die phantastischsten Geschichten über mich brachte. Hier ein Beispiel: Ein junges Mädchen sagte, ich hätte sie nach der Methode eines professionellen Verführers in mein Zimmer gelockt, und dann hätte ich einen überreifen Camembert aus einer Schublade geholt und ihn ihr unter die Nase gehalten und gesagt: «Riech mal!» Und darauf hätte ich ihr die Tür gewiesen und gesagt: «Jetzt kannst du gehen.» Aber wissen Sie auch, warum ich in Wirklichkeit als skandalöse Person angesehen wurde? Weil nach 1945 die Presse alles daransetzte, mich für tot und erledigt zu erklären. Darin waren sich alle Zeitungen einig, und so verbreitete sich das Gerücht immer mehr. Seit ich zu schreiben begonnen hatte, verkündete man unablässig mein Ende, erklärte, ich hätte nichts mehr zu sagen, ich sei so gut wie tot. Was die Leute rasend macht, ist, daß ich in zweifacher Hinsicht ein «Verräter» bin: Ich bin ein Bürger, und ich gehe

* Dieses Interview erschien 1965 in der amerikanischen Zeitschrift *Playboy*, Chicago, und, in leicht gekürzter Fassung, im *magazine littéraire*, Paris, 1971.

mit der Bourgeoisie ins Gericht; ich bin ein alter Mann und habe hauptsächlich zur Jugend Kontakt. Die jungen Leute sind der Stamm meiner
Leser. Die Leute über Vierzig äußern sich mißbilligend über mich, auch
wenn sie, als sie jünger waren, Sympathie für mich empfanden. So bin ich
ein zweifacher Verräter: Verräter im Generationskonflikt und Verräter
im Klassenkampf. Die Generation von 1945 glaubt sich durch mich
verraten, weil sie mich durch *Der Ekel* und *Bei geschlossenen Türen*
kennengelernt hat, beides zu einer Zeit geschrieben, da ich die marxistischen Implikationen meiner Gedanken noch nicht entwickelt hatte. Damals hatte der Marxismus mich noch nicht interessiert. Ich war jung,
kam aus einer guten Familie und glaubte, die Welt könnte mein sein,
ohne daß ich mich den Zwängen der Arbeit und der Bedürfnisse beugen
müßte. Ich kämpfte also, so gut ich konnte.

PLAYBOY: Wußten Sie damals, nach welcher Richtung hin Sie Ihr
Leben orientieren wollten?

SARTRE: Ich begann es zu wissen. Mit sechzehn Jahren wollte ich
Romanschriftsteller werden. Aber dann mußte ich mich mit Philosophie
beschäftigen, um in die École Normale Supérieure aufgenommen zu
werden. Mein Ziel war, Literaturwissenschaft zu unterrichten. Dann las
ich ein Buch von Henri Bergson, in dem er konkret beschreibt, wie wir die
Zeit in unserem Bewußtsein empfinden. Ich erkannte an mir selbst, wie
richtig diese These war. Bald darauf entdeckte ich die Phänomenologie.
Ich lernte, daß es möglich war, über jedes beliebige Thema in konkreter
Form zu sprechen, und ebenso, daß die philosophische Sprache reicher, ja
sogar wissenschaftlicher sein konnte als die der Lehrbücher. Ich hatte die
Idee, Literatur und Philosophie in einer konkreten Ausdrucksform zu
vereinen – die Philosophie sollte die Methode und die Disziplin beisteuern, die Literatur das Wort. Es interessierte mich, die sonderbaren und
konkreten Beziehungen zwischen Menschen und Dingen und später die
der Menschen untereinander zu entwirren.

PLAYBOY: In diesem Stadium Ihrer Überlegungen bekannten Sie den
Einfluß Heideggers, den dieser während des Zweiten Weltkrieges auf Sie
ausgeübt hatte.

SARTRE: Das ist richtig. Ich war Kriegsgefangener, und einige Geistliche im Lager baten mich, mit ihnen über Philosophie zu sprechen.
Heidegger war der einzige von den Deutschen erlaubte Autor. Nach ihm
sind die Dinge letztlich «Zeug». In meinem ersten Roman, *Der Ekel*,
betrachtete ich einen Baum und versuchte, mit Worten zu definieren,
was ein Baum ist, um zu seinem Wesen vorzudringen; mit anderen
Worten, ich stürzte mich in eine unablässige Befragung der Dinge. Ich
versuchte zu erfahren, was sie *sind*. Was sind die Dinge? Warum *sind* wir
da und zu welchem Zweck? Nach Heidegger ist ein Baum etwas, das man

fällt, um Feuer zu machen oder ein Haus zu errichten; ein Baum ist also das, wozu man ihn *gebraucht* – und das gilt ähnlich für den Menschen. Aber ein Mensch hat die Freiheit, sich selbst zu verstehen, für sich selbst und für andere eine Wahl zu treffen. Es ist mir unmöglich, die Struktur des Lebens eines Menschen zu untersuchen, ohne darunter all die anderen Strukturen wahrzunehmen, die uns zu den Bedürfnissen des Menschen zurückführen – zur Arbeit, zum Werkzeug. Selbst wenn ich mir eine Tasse Kaffee koche, verändere ich die Welt. In *Der Existenzialismus ist ein Humanismus* erkläre ich, wie jede Entscheidung eines Menschen, und zwar im engsten wie im weitesten Sinne des Wortes, einen Gesetzgeber aus ihm macht, der für die gesamte Menschheit entscheidet. Daher muß er ein tiefes und umfassendes Verantwortungsgefühl haben.

PLAYBOY: Sie haben geschrieben, der Mensch sei dazu verurteilt, frei zu sein.

SARTRE: Er ist verurteilt, weil er in die Welt geworfen ist, als verantwortliches Wesen, ohne Gnade. Von den ewigen Werten verlassen, müssen wir unsere eigenen Werte schaffen.

PLAYBOY: Wie?

SARTRE: «Grundlegende Wahl», *choix fondamental*, ist der Ausdruck, den ich benutze, um zu beschreiben, was in diesem Augenblick geschieht – ein Augenblick, der sich in Wirklichkeit über eine gewisse Zeitspanne erstreckt –, in dem ein Mensch etwas aus seinem Ich macht, aus diesem Ich, das bis dahin von anderen «gemacht» worden ist. Anfangs sind wir von anderen «gemacht», dann «machen» wir uns selbst «neu», ausgehend von dem, was andere aus uns gemacht haben. Aber in dem Moment, in dem wir uns selbst «neu machen», tritt eine Dialektik ein: wir sehen uns plötzlich ganz anders, als wir erwartet hatten, und auch, als die anderen von uns erwartet hatten. Das ist Freiheit, aber eben da das nichts Lustiges ist, benutze ich die Formulierung, «verurteilt, frei zu sein».

PLAYBOY: Mit diesen Begriffen haben Sie Jean Genet beschrieben. Auf welche Weise ist *er* «verurteilt, frei zu sein»?

SARTRE: Das Kind Genet ist völlig pervertiert gewesen, durch Strafen, durch die Institutionen. Aber er besaß genügend Energie, Willenskraft und Intelligenz, um sich zu rekonstituieren. Doch mußte er dabei von dem Material ausgehen, das ihm zur Verfügung stand: seinem pervertierten Ich. Was er auch unternahm, seine Entwürfe führten zwangsläufig zu Ergebnissen, die anders waren als jene, die er sich wirklich wünschte. Dennoch ist er, wie jeder von uns, voll verantwortlich für die Richtung, die er seinem Leben gegeben hat. Und Genet hat das Ziel, das er sich steckte, nicht erreicht. Allerdings hatte er gar kein bestimmtes Ziel, es sei denn jenes, den Dieb neu zu machen, den die Gesellschaft aus ihm gemacht hatte. Das Faktum, «Genet der Dichter» zu sein, brachte «Genet dem Verbrecher» zwar die Begnadigung durch das Staatsoberhaupt ein, führte aber auch zum Versiegen der Quellen seiner schöpferischen Kraft, nämlich zum Ende seines Kampfes um die Freiheit – gegen Gefängnis und Erniedrigung. Sein großer schöpferischer Augenblick – die Zeit, in der seine Schriften tiefe Bedeutung hatten – war jener, als er gegen die Demütigungen seines Lebens als Sträfling kämpfte, indem er seiner Imagination Ausdruck gab. Als sein Kampf dazu führte, ihn zu einer Art «Kleinbürger» zu machen, durch eine Rückkehr in die Gesellschaft – obwohl er sich über die Gesellschaftsordnung nie Illusionen gemacht hatte –, da verlor der Akt des Schreibens für ihn seine tiefe Bedeutung. Er hat nun zwar keine «Mythen» mehr und ist in dieser Hinsicht vollkommen frei, aber die Ergebnisse sind doch ziemlich grausam. Er ist jetzt vollständig allein.

PLAYBOY: Und was ist mit seinen homosexuellen Freunden?

SARTRE: Die können ihn wenig trösten. Sein zweiter Roman, *Miracle de la rose*, dokumentiert einen Konflikt zwischen der für seine Homosexualität notwendigen Illusion und seinem wahren Urteil über diese elenden Kreaturen. Darin liegt sein Dilemma. Die Männer, in die Genet verliebt ist, erscheinen ihm gleichzeitig herrlich und bemitleidenswert. Jetzt ist es der bemitleidenswerte Aspekt, den er am deutlichsten sieht. Die Gegenstände seiner Liebe sind jetzt völlig andere. Jetzt richtet er sein Augenmerk auf professionelle Hasardeure: Akrobaten, Rennfahrer. Früher liebte er den rauhen Typ, der eine Illusion von Stärke vermittelte, die er gar nicht hatte. Genet ist Homosexueller durch die Macht der Gewohnheit. Es ist nun nicht mehr ein Besessensein von sexuellen Phantasien, die sein ganzes Sein einbeziehen. Es macht ihm keinen Spaß mehr. Ich habe den Eindruck, daß er sich verpflichtet fühlt, mit jungen Männern zu schlafen, um Freundlichkeiten zu rechtfertigen, die er ihnen erweisen will.

PLAYBOY: Warum haben Sie ihn – bei solchen Vorlieben – als «Saint Genet» kanonisiert?

SARTRE: Das war nicht ich. Er hat sich selbst kanonisiert. Wenn ich von Saint Genet spreche, dann ist das natürlich ironisch gemeint. Es hat tatsächlich einen Saint Genet gegeben, einen Schauspieler, der sich zum Christentum bekehrte und von den Römern hingerichtet wurde. Genet, der Schriftsteller, sagt immer wieder: «Ich bin ein Heiliger», oder vielmehr: «Ich bin eine Heilige.» Darin drückt sich aus, was er sich wünscht, wonach er strebt. Aber es drückt nicht aus, was er *ist*, weil niemand jemals *ist*. Wir *streben* danach, zu sein, aber wir erreichen unser Ziel nicht.

PLAYBOY: In Ihrem Stück *Die Fliegen* schrieben Sie: «Wenn die Freiheit einmal im Herzen eines Menschen ihr Feuer entzündet hat, sind die

Götter machtlos gegen ihn.» Aber wenn Sie behaupten, daß «die Götter machtlos» seien, geben Sie – ein erklärter Atheist – damit nicht zu, daß Gott existiert?

SARTRE: Wenn ich diese Theorie der Freiheit habe, so eben deshalb, weil ich *nicht* an Gott glaube. Bei verschiedenen Gelegenheiten habe ich die Aufmerksamkeit auf einen sehr interessanten Aspekt des christlichen Glaubens gelenkt. Nach den Kirchenvätern, insbesondere nach Augustinus, achtete Gott die menschliche Freiheit. Gott hat den Menschen als freien Menschen erschaffen; das bedeutet ein Respektieren dieser Freiheit. Also ist Gott nicht da, um den Christen für seine Entscheidungen zur Verantwortung zu ziehen. Er ist allein. Es ist zu leicht, sich auf Gottes Gebote zurückzuziehen. Tatsächlich also ist der Christ allein – wie ich, wie Genet, wie jeder andere. Sicher, da ist die Gnadenlehre. Aber in der Praxis gibt es mehrere solche Lehren, und selbst wenn Gnade wirkt, kommt ein Augenblick, da man allein ist und Gott gegenübersteht. Gott hatte, zum Beispiel, nichts zum Algerienkrieg zu sagen. Es gab Geistliche, die sich wie anständige Menschen verhielten, und andere, die sich wie Schweine benahmen – die einen, weil sie eine wahrhaftige Moral, die anderen, weil sie die Interessen der etablierten Kirche im Auge hatten.

PLAYBOY: Würden Sie Ihre persönliche Theologie noch etwas näher erläutern und Ihre Feststellung in *Bei geschlossenen Türen* erklären, wo es heißt: «Die Hölle, das sind die anderen.»

SARTRE: «Die Hölle, das sind die anderen» – insofern, als man sich von Geburt an in einer Situation, in die man geworfen wurde, befindet, eine Situation, die einen zwingt, sich unterzuordnen. Sie können als Sohn eines Reichen, oder eines Algeriers, oder eines Arztes, oder eines Amerikaners zur Welt kommen. Von Anfang an ist Ihre Zukunft vorgezeichnet, eine Zukunft, die andere für Sie geschaffen haben; die anderen haben Sie zwar nicht direkt geschaffen, aber Sie sind Teil einer Gesellschaftsordnung, die aus Ihnen macht, was Sie sind. Wenn Sie Sohn eines Bauern sind, dann zwingt die Gesellschaftsordnung Sie, in die Stadt zu gehen, wo Maschinen auf Sie warten, zu deren Bedienung Leute gebraucht werden wie Sie. Also ist es Ihr Schicksal, ein bestimmter Typ Arbeiter zu werden, ein Kind vom Land, das durch eine bestimmte Art kapitalistischen Drucks aus seinem Heimatort vertrieben wurde. Die Fabrik ist eine Funktion Ihres Seins, aber *was ist* es denn genau, Ihr «Sein»? Es ist die Arbeit, die Sie tun, eine Arbeit, die Sie völlig beherrscht, weil sie Sie verschleißt – während gleichzeitig Ihr Lohn es ermöglicht, Sie genau nach Ihrem Lebensstandard zu klassifizieren. Dies alles ist Ihnen von den anderen aufgezwungen worden. Die «Hölle» ist der angemessene Ausdruck, um diese Art Dasein zu beschreiben. Nehmen Sie doch nur ein Kind, das zwischen 1930 und 1935 in Algerien geboren wurde. Tod und Folter waren in sein Schicksal eingeschrieben. Auch das ist Hölle.

PLAYBOY: Gibt es keine Hoffnung, diesem Schicksal zu entfliehen?

SARTRE: Doch: Sie können kämpfen gegen das, was andere aus Ihnen gemacht haben, und sich aus eigener Kraft ändern. Das algerische Kind, obwohl zu Folter oder Tod bestimmt, durchlebt heute seine Revolte, sie gehört ihm. Ganz wie sie Genet gehört.

PLAYBOY: Sie sprechen von Künstlern und Revolutionären. Glauben Sie, daß es sonst noch viele Menschen in der Welt gibt, die in der Lage wären, ihr Schicksal zu ändern?

SARTRE: Es gehört viel dazu, ein Schicksal zu ändern. Dieses Schicksal muß unerträglich geworden sein. Und wenn es erträglich ist, dann ist es noch schlimmer. Das nenne ich dann «Entfremdung». In unserer Gesellschaftsordnung ist der Mensch immer von materiellen Dingen beherrscht, und diese Dinge wiederum werden von anderen produziert, geschaffen und ausgebeutet. Diese anderen stehen ihm aber nicht direkt gegenüber. Nein. Sie wirken durch die Objekte auf ihn ein. Sie, zum Beispiel, haben sich von mir getrennt – mir entfremdet – durch dieses Bandgerät. Wir stellen überall die moderne Zivilisation zwischen uns. So werden wir *selber* Dinge. Eine Menge anderer Dinge kommen ins Spiel – von dem Hersteller Ihres Apparates da bis zu der Zeitschrift, die Sie vertreten.

PLAYBOY: Ihre Kritiker haben Sie dafür gescholten, daß Sie fatalistisch auf Themen herumgeritten sind wie «Entfremdung», «Angst» und «Verzweiflung» im modernen Leben, während Sie gleichzeitig die Freiheit als ein erreichbares Ziel predigen – ohne indessen eine konkrete oder affirmative Methode zu liefern, wie sie zu erlangen ist.

SARTRE: Die Leute glauben, man könne eines schönen Morgens, während man sich die Socken anzieht, beschließen: «So, heute will ich einen Moralkodex erfinden.» Aber einen Moralkodex kann man nicht «erfinden». Er muß etwas in irgendeiner Weise schon Bestehendes sein. Wir dürfen den Moralisten nicht mit dem Begründer einer Religion verwechseln. Mohammed hat sich bereits bestehende Religionen zunutze gemacht. Der Koran ist eine Umformung des von einigen semitischen Stämmen entwickelten Judaismus. Allerdings behauptete Mohammed, seine Eingebung direkt von Allah zu empfangen: «Hört, was Allah uns zu tun gebietet.» Aber ein wahrer Moralist, das ist etwas ganz anderes. Ein Moralsystem, das seine eigenen Gesetze diktierte, ohne die bestehenden Moralgesetze zu berücksichtigen – auch wenn es sie natürlich modifizieren würde –, wäre nicht wirklich ein Moralsystem. Es würde sich darauf beschränken, die Ideen der Gesellschaftsgruppe dieses Moralisten zu reflektieren.

Hier ein Beispiel: André Gide sagt: «Sucht Gott nicht anderswo als überall.» Was ihn zur Verkündung der «Inbrunst», der «Hingabe an Sinnenfreuden» und ähnlichem führt. Glauben Sie, Gides Kodex habe auch nur die geringste Bedeutung für einen Fabrikarbeiter oder auch für einen Ingenieur oder für einen Arzt, dessen Wartezimmer voller Patienten ist? Das Ganze bedeutet nur dies eine: «Ich, Gide, gehöre zum Großbürgertum, und ich besitze die dieser Klasse eigene Sensibilität und Bildung. Daher konnte ich mich voll und ganz der literarischen Arbeit widmen. Diese literarische Arbeit zeigt, daß ich eine Sensibilität besitze, die sich den verschiedensten Erfahrungen auszusetzen vermag.» Hier haben wir es also mit dem Moralkodex eines großbürgerlichen Schriftstellers zu tun. Dieser Kodex mag akzeptiert werden von den Schriftstellern, die der gleichen Klasse angehören. Ich für mein Teil kann ihn verstehen, obwohl ich durch Geburt nicht dieser Klasse angehöre. Ich kann mich fragen, ob es nicht eine Bereicherung wäre, wie Gide zu handeln. Doch diese Art Regeln haben keinerlei Sinn für einen Arbeiter, der acht Stunden am Tag am Fließband steht und abends erschöpft ist. Wie kann man denn von ihm verlangen, die Welt nach Sinneseindrücken zu durchforschen, wenn er von einem langen Tag stumpfsinniger Arbeit zermürbt ist?

PLAYBOY: Aber können *Sie* vielleicht diesem Arbeiter einen Kodex anbieten, der für ihn einen Sinn hat und ihm zur Freiheit zu verhelfen vermag?

SARTRE: Das Problem dieses Arbeiters ist nicht, seine Freiheit zu bewahren, sondern sie zu *gewinnen.* Und es ist unsere Aufgabe, ihm dabei zu helfen. Es gibt heute kein wirkliches Moralsystem, weil die Existenzbedingungen für ein solches System nicht vorhanden sind. Die Menschen sind unsichtbar füreinander. Zu viele Maschinen und Sozialstrukturen verstellen ihnen den Blick. Im Augenblick kann man nur von Moralkodices sprechen, die sich auf bestimmte Klassen beziehen und deren besondere Gewohnheiten und Interessen widerspiegeln, nicht aber von einem wahren Moralsystem. Die Bedingungen, die die Menschen für eine neue Gesellschaftsordnung empfänglich machen könnten, sind nicht vorhanden. In einer Gesellschaft wie der unseren versperrt die Masse der sozialen Strukturen – um von besonderen Schicksalen und persönlichen Zwängen gar nicht zu sprechen – unweigerlich den Weg zum gegenseitigen Verständnis. So tragen Sie also Ihr persönliches Schicksal mit sich herum, und wenn Sie einen Schwarzen, einen Araber, einen Kubaner treffen – jeder mit seinem persönlichen Schicksal behaftet –, ist es äußerst schwierig, eine echte Beziehung herzustellen. Es sei denn, Sie gehörten einer «Bewegung» an, die Sie zu einem vollständigen Bruch mit allem veranlaßt, was sich außerhalb dieser Bewegung befindet, und Sie bestimmt, sich zum Beispiel dem Kampf der Algerier oder dem Kampf der

Kubaner anzuschließen. Und selbst dann werden Sie – beim besten Willen – nicht zu einer vollständigen Solidarität gelangen. Der Mensch, mit dem Sie es zu tun haben, wird für Sie nicht total ein Mensch sein, er wird ein «Ding» sein. Für einen Amerikaner zum Beispiel bedeutet der Kubaner «Zucker» – die Erinnerung daran, daß es irgendwelche Zuckerquerelen gibt.

PLAYBOY: Oder Kommunismus.

SARTRE: Ja – oder eine bestimmte Form der Propaganda. Heute müssen wir, um die Gemeinschaft zwischen den Menschen herzustellen, gegen die Ordnung der Dinge kämpfen. Das ist der einzige wichtige moralische Imperativ. Welchen Inhalt die Menschen ihrer Freiheit geben werden, falls sie sie erlangen und sobald sie sie erlangen, das können wir, die wir völlig isoliert – entfremdet – sind, nicht voraussagen. Aber einen Menschen als Menschen, als ein menschliches Wesen zu behandeln, das ist eine Frage des Prinzips, das wir niemals aufgeben dürfen.

PLAYBOY: Sie sind zwar Marxist, aber Sie waren nie Mitglied der Kommunistischen Partei, und ungeachtet Ihrer häufigen Reisen in die Sowjetunion werden Sie von der französischen KP getadelt. Sie sind nicht auf seiten der Bourgeoisie, aber Sie haben sich auch nie ganz den Kommunisten angeschlossen. Wie ist Ihre ideologische Position?

SARTRE: Ich bin Intellektueller, kein Politiker. Aber als Staatsbürger kann ich mich verschiedenen Gruppen anschließen. Das erklärt, warum ich mich ganz den Algeriern angeschlossen habe. Da liegen die Pflichten eines Staatsbürgers. Da meine Fähigkeiten intellektueller Natur sind, kann ich diese meine Pflicht nur schreibend erfüllen. Als Intellektueller habe ich die Pflicht, zu denken, und zwar zu denken ohne jegliche Einschränkung, selbst auf die Gefahr hin, Ungeschicklichkeiten zu begehen. Ich darf mir selbst keine Grenzen auferlegen, und ich darf mir auch keine Grenzen auferlegen lassen. Was meine Beziehungen zur Kommunistischen Partei betrifft: der Marxismus kann alle seine Möglichkeiten nur dann entfalten, wenn er über «Weggenossen» verfügt, das heißt über Freunde der Kommunisten, die sich politisch nicht binden und den Marxismus objektiv von innen her zu untersuchen bemüht sind.

PLAYBOY: Erlauben die Kommunisten denn eine solche objektive Untersuchung des Marxismus von innen her?

SARTRE: Gerade jetzt ist dieses Problem fast überall in Osteuropa offen zutage getreten. Es ist das Problem der Beziehung zwischen politischer Disziplin und den Forderungen des intellektuellen Lebens – eines nicht in der Isolierung verlaufenden intellektuellen Lebens, sondern des *revolutionären* intellektuellen Lebens. Die von den Intellektuellen im Osten geforderte Befreiung zielt nicht darauf ab, einen bürgerlichen Eklektizismus wiedereinzusetzen, sondern darauf, die Revolution mit intellektuellen Mitteln fortzuführen.

PLAYBOY: Sie sprechen von einem Wirken für die Revolution, für die Revolution des Proletariats gegen den Kapitalismus. Aber ist es denn nicht so, daß die arbeitenden Klassen Westeuropas, Frankreich einbezogen, eine beispiellose Periode des Wohlstands erleben und die Bedingungen wirtschaftlicher Unterdrückung, die der Nährboden für eine Revolution sind, in der Praxis nicht mehr existieren? Ihre Gegner empfehlen Ihnen, Ihre Besuche in den revolutionären Ländern – Kuba, Algerien, China, Sowjetunion – aufzugeben und Frankreich so zu betrachten, wie es wirklich ist.

SARTRE: Das Frankreich, das ich heute sehe, ist nicht so großartig, daß ich viel Zeit auf sein Lob verschwenden müßte. Es ist ein Frankreich voller Lügen. Wenn ich von der «Überflußgesellschaft» reden höre, habe ich den Eindruck, man wolle uns an der Nase herumführen. Die Wahrheit ist, daß fast die Hälfte der französischen Bevölkerung kaum das Existenzminimum besitzt. Die Regierung verschleiert die Fakten. Gerade im Augenblick herrscht in Frankreich eine Art Pseudooptimismus. Man versucht, uns in eine Verbrauchergesellschaft umzuwandeln. Indem man uns immer wieder mit der Litanei von der Überflußgesellschaft kommt, will man uns glauben machen, die Forderungen nach Lohnerhöhung hätten ihre Ursache nicht mehr in der Ausbeutung der Arbeiter – eine unerhörte Verzerrung der Tatsachen! Von diesem Überflußbegriff ausgehend, versucht man dann *uns* zu konditionieren, indem man unseren Kaufgeist konditioniert. Man will eine Art doppelter technokratischer Sklaverei schaffen und gleichzeitig einen Menschen mit Konsumhaltung; das heißt, einen Menschen, dessen Wünsche nach den Wünschen anderer manipuliert sind. Alle diese Dinge stellen die gegenwärtige Wirklichkeit dar und sind eng verknüpft mit den Bemühungen des Kapitalismus, seine Position aufrechtzuerhalten.

Wir, die Franzosen, versuchen überall, wo wir können – zum Beispiel im Kongo –, den Kapitalismus in Neokapitalismus umzuwandeln. Wir sorgen dafür, daß eine uns verbündete Bourgeoisie an der Macht bleibt, dank der wir weiterhin investieren können. So behalten wir ein Land ökonomisch im Griff, das wir nicht mehr durch Repression beherrschen können. Dagegen fließt in Algerien die französische Hilfe einer sozialistischen Regierung zu, die diese Mittel an die Arbeiter weitergeben kann.

PLAYBOY: Dann billigen Sie also de Gaulles Wirtschaftspolitik Algerien gegenüber?

SARTRE: Es lag ganz einfach im Interesse de Gaulles, zu verhindern, daß man sagen konnte, seit Algerien nicht mehr Kolonie sei, entwickle es sich zu einem Land, in dem die Bevölkerung verhungere. Es war im Interesse des «Systems». Aber vor allem ist es in unserem Interesse, dem

Interesse des französischen Volkes ganz allgemein, Algerien weiterhin unsere Unterstützung zukommen zu lassen und unsere Beziehungen zu Algerien aufrechtzuerhalten. Positiv an dieser Unterstützung ist, daß wir sie nicht einer Klasse, sondern einer Regierung zukommen lassen. Das ist der große Unterschied.

PLAYBOY: Wie stehen Sie allgemein zu de Gaulles Außenpolitik?

SARTRE: De Gaulles Außenpolitik scheint mir ganz von der Notwendigkeit in Anspruch genommen, überhaupt irgendeine Außenpolitik zu machen. Sie hat keine rechte Substanz. Aber in einer Weise ist sie gut, weil sie dazu tendiert, die Bande innerhalb der Bündnissysteme zu lockern.

PLAYBOY: Wie zum Beispiel innerhalb der NATO?

SARTRE: Ich dachte gerade an die Konsequenzen seiner Entscheidung, das kommunistische China anzuerkennen. Als Algerien befreit war, beschloß de Gaulle, ein unterentwickeltes Land, Rotchina, zu unterstützen – gegen die USA und gegen die UdSSR. Damit nahm er für sich in Anspruch, daß er, als der führende Mann eines entwickelten kapitalistischen Landes, die Sache der unterentwickelten Völker vertrat. Das war natürlich lächerlich.

Frankreich hat einfach nicht die Mittel, den unterentwickelten Ländern effektive Hilfe zu gewähren. Wenn wir das, was die Amerikaner tun *könnten*, aber nicht tun, mit dem vergleichen, was die Russen tatsächlich *tun* – bei Assuan zum Beispiel –, begreifen wir, daß die unterentwickelten Länder kein sonderliches Interesse daran haben, sich – bei der gegenwärtigen Struktur unseres Landes – an Frankreich zu binden. Insofern hat de Gaulles Politik keine reale Grundlage. Doch ist sie sehr wichtig für die Chinesen, da sie auf diese Weise einen weiteren Verbündeten in der UNO haben. Für Frankreich selbst ist sie nicht mehr als die etwas sonderbare Anstrengung eines Mannes, der sich seine Außenpolitik in Wirklichkeit nur zusammenträumt.

PLAYBOY: Eine der Grundlagen der Außenpolitik de Gaulles ist seine atomare *Force de frappe*, mit der er Frankreichs Anspruch als «dritte Weltmacht» zwischen Ost und West durchzusetzen hofft. Wie denken Sie darüber?

SARTRE: Das ist eine schreckliche Gefahr – nicht unserer armseligen kleinen Bombe wegen, mit der wir nie etwas unternehmen werden, sondern einfach deshalb, weil nun Deutschland und alle anderen Länder ein Recht darauf haben, sich ihre eigene Bombe zu fabrizieren. Zweierlei wird durch die *Force de frappe* deutlich: die Idee der *Grandeur* und der *Splendid isolation*, für die de Gaulle steht, einerseits und andererseits die Unmöglichkeit, daß Frankreich eine linke Außenpolitik macht – die Politik einer Welt, in der die einzelnen Nationen nicht zu einem bloßen

Konglomerat zusammengepreßt werden. Während de Gaulle in einsamer Größe eine Außenpolitik zu entwickeln versucht, müssen wir leider feststellen, daß wir von amerikanischer Kultur und amerikanischen sozialen Verhaltensweisen überschwemmt werden. Ich kämpfe dagegen, weil ich meine, daß alle Formen der Unabhängigkeit erhalten werden sollten, aber auf andere Weise, als de Gaulle es versucht. Nur die Linke kann diese Freiheit bringen. Andererseits sind die Amerikaner im Irrtum, wenn sie sich wegen der gelegentlichen Unabhängigkeitsgesten de Gaulles Sorgen machen. Bei der geringsten Andeutung einer wirklichen, von außen drohenden Gefahr würde alles wieder seinen gewohnten Gang gehen, und Frankreich würde sich wieder unter Amerikas nuklearen Schutzschild zurückziehen.

PLAYBOY: Sie teilen nicht die Befürchtungen der meisten Amerikaner: daß Gefahren daraus erwachsen, wenn mehrere Nationen in den Besitz nuklearer Macht gelangen?

SARTRE: Nein, denn ich bin Franzose, und wir Franzosen scheinen eine sehr leichtfertige Einstellung zur Bombe zu haben. Ich erinnere mich an eine Karikatur: da sitzen Amerikaner, Engländer und Franzosen in einem Café. Die Engländer und die Amerikaner lesen Zeitungen mit der Schlagzeile DIE BOMBE, die Franzosen dagegen Zeitungen mit der Schlagzeile MILCHPREIS GESTIEGEN. Wir Franzosen tragen ein verblüffendes Desinteresse an der Bombe zur Schau und betrachten sogar unsere Gleichgültigkeit als eine gewisse Überlegenheit. Die letzten zwölf Jahre Kolonialkrieg haben uns die Kraft genommen, uns auf diese Frage zu konzentrieren. Wir waren zu sehr mit dem Algerienkrieg beschäftigt, um uns wegen der atomaren Aufrüstung Sorgen zu machen. Was der Franzose fürchtet, ist der Faschismus. Aber er ist blind für das, was uns *wirklich* bedroht: eine Form der technokratischen Organisation, wie ich schon sagte, die das politische Bewußtsein des Menschen schwächt und ihn langsam, aber sicher in den Sklavenstatus versetzt.

PLAYBOY: Meinen Sie, daß dies ebenso für die französische Literatur wie für die französische Gesellschaft zutrifft?

SARTRE: Ich fürchte, ja. Im heutigen Frankreich gibt es keine großen Schriftsteller. Die Autoren des *Nouveau roman* haben Talent, und ihre Bücher sind interessant, sofern man sie als formale Experimente betrachtet. Aber sie bringen uns absolut nichts – es sei denn eine Rechtfertigung unserer technokratischen und politisch sterilen französischen Gesellschaftsordnung. Die Literatur sollte aber das Werk von Menschen mit einem klaren Blick sein, die die Gesamtheit der Menschheit ins Auge fassen. Die Literatur muß erkennen, daß sie in einer Welt existiert, in der Kinder verhungern. Sie muß erkennen, daß es in unserer Macht steht – als Schriftsteller und als Menschen –, etwas für die anderen zu tun. Und daß die anderen für uns etwas tun können.

PLAYBOY: Aber in *Die Wörter* schrieben Sie, Sie hätten die Illusionen verloren und wüßten mit Ihrem Leben nichts mehr anzufangen.

SARTRE: Als ich das schrieb, wollte ich sagen, daß ich von den Illusionen meiner Jugend geheilt war.

PLAYBOY: Von welchen Illusionen?

SARTRE: Von der Illusion, ein bürgerlicher Schriftsteller sei zu Pessimismus und Einsamkeit verurteilt, weil er gegen die Gesellschaft kämpft. In *Die Wörter* beschreibe ich, wie ich mir bewußt wurde, daß ich ein *Mitglied* der Gesellschaft bin, und zwar einer Gesellschaft, die sich in Bewegung befindet. Und weil ich jetzt mit diesen Illusionen meiner Jugend gebrochen habe, glaube ich, daß ich Optimist geworden bin.

PLAYBOY: Wenn das so ist, warum haben Sie dann geschrieben, Sie wüßten mit Ihrem Leben nichts mehr anzufangen?

SARTRE: Als ich das schrieb, wollte ich sagen, daß sich mit dieser Befreiung von Illusionen ein merkwürdiges Gefühl des Losgelöstseins einstellt – in meinem Fall nicht deshalb, weil ich nichts fände, was zu tun sich lohnen würde, sondern weil so viele Aufgaben darauf warten, daß ich sie in Angriff nehme: mit der Welt, mit der Gesellschaftsordnung in Berührung zu bleiben, vielleicht sogar sich Camus' «sinnlichen Rauschzuständen» hinzugeben. Aber lassen Sie mich noch deutlicher erklären, was ich sagen wollte, als ich schrieb, ich wüßte mit meinem Leben nichts mehr anzufangen. Es ist genau das, was jeder empfindet, wenn er plötzlich von einer großen Leidenschaft geheilt ist – sagen wir, von der Leidenschaft für eine Frau. Wenn alles vorbei ist, fragt man sich: «Warum habe ich diese Frau geliebt?» Und man kann sich nicht einmal mehr genau erinnern, wie sie war. Dabei hat es eine Zeit gegeben, in der man sich getrieben fühlte, diese Frau zu sehen, ihre Stimme zu hören, an sie zu denken, ihr nachzuspionieren. All das ist vorbei. Man ist geheilt von einer Besessenheit und empfindet eine gewisse Erleichterung, da eine solche Leidenschaft kein idealer Zustand ist – und doch fühlt man sich auch losgelöst, ziellos.

PLAYBOY: Sie sprechen – augenscheinlich aus Erfahrung – über emotionale Beziehungen zu Frauen. Doch Sie schreiben selten darüber in Ihren Büchern. Warum?

SARTRE: Ganz einfach deshalb, weil ich über andere Dinge zu schreiben habe. Was nicht bedeutet, daß ich nicht emotionale Beziehungen habe und gehabt hätte. Tatsächlich spielen Frauen sogar eine ziemlich *große* Rolle in meinem Leben – aber eine kleine in meinen Büchern. Rauschzustände – ich kenne sie wohl, aber ich habe eine gewisse Abneigung, darüber zu schreiben, weil dabei immer die Vorstellung mitschwingt, daß man wirklich Mensch sein könnte heutzutage, während das doch in

Wirklichkeit unmöglich ist. Camus kann sagen: «Wir müssen des Menschen Recht hochhalten, glücklich zu sein.» Das ist schon richtig, aber er meint, das könne und müsse *unverzüglich* geschehen – mit anderen Worten, die Voraussetzungen des Glücks ließen sich *heute* erlangen. Es wäre natürlich sehr angenehm, wenn man die eigenen sinnlichen Wonnen mit jedermann teilen könnte, indem man über sie schreibt – aber sie allein zu genießen, bedeutet, daß man sich gewisser Beziehungen zu den Mitmenschen begibt. Als ich in Algerien war, fiel es schwer, Freuden dieser Art zu genießen, wenn sich in nächster Nähe ein Kind befand, dessen Auge von Fliegen zerfressen war. Ich sage nicht, daß es unmöglich gewesen wäre, nur, daß es mir ein unangenehmes Gefühl verursacht hätte. Darum meine ich, ich sollte mich auch als Schriftsteller mit dem beschäftigen, wofür ich am besten geeignet bin – mit dem, was andere nicht besser sagen können als ich. Ich denke oft, daß ich eines Tages irgend etwas über meine Freuden schreiben werde, aber dann erinnere ich mich selbst daran, daß diese Seite meines Lebens es im Grunde nicht wert ist, als Beispiel vorgeführt zu werden.

PLAYBOY: Sind Sie nicht zu bescheiden? Wir hören, daß Sie in der Öffentlichkeit fast ständig von Bewunderinnen, von attraktiven Frauen umgeben sind.

SARTRE: Es stimmt, daß ich immer versucht habe, Frauen um mich zu haben, die zumindest erfreulich anzusehen sind. Häßlichkeit bei Frauen wirkt abstoßend auf mich. Das gebe ich zu, und es beschämt mich. Aber der Grund ist einfach. Selbst auf der formalsten Ebene, selbst bei vollständiger Indifferenz haben die Beziehungen des Mannes zu einer Frau immer sexuelle Implikationen. Auch eine häßliche Frau ruft, wie alle Frauen, das besondere Vergnügen hervor, das wir in der Gesellschaft aller Frauen empfinden, nur daß sie es durch ihre Häßlichkeit trübt. Leider. Wenn die Mann–Frau-Beziehung durch Häßlichkeit beeinträchtigt, in Frage gestellt und unmöglich gemacht wird, dann ist das sehr quälend.

Aber der Hauptgrund, weshalb ich gern Frauen um mich habe, ist einfach der, daß ich ihre Gesellschaft der von Männern vorziehe. In der Regel finde ich Männer langweilig. Sie sind einseitig in ihren Sensibilitäten und fachsimpeln dauernd. Dagegen findet man bei Frauen Eigenschaften, die aus dem Dilemma der Frau herrühren, der Tatsache, daß sie beides ist: Sklave und Komplize. Darum ist die Skala ihrer Sensibilität soviel größer als die des Mannes. Die Frau ist zugänglich. Zum Beispiel kann man nicht mit einem Mann in einem Café sitzen und über die Vorübergehenden sprechen. Er langweilt sich bald und kommt wieder auf seine beruflichen Sorgen oder seine geistigen Turnübungen zu sprechen. Aber geistige Turnübungen kann ich sehr gut auch für mich allein absolvieren. Ja, es ist sogar lohnender, sich allein mit den eigenen Worten und Problemen herumzuschlagen. Diskussionen mit anderen Männern finde ich nie sehr amüsant, und mit der Konversation geht es immer bald bergab. Aber bei einer Frau finden Sie die Sensibilität eines anderen Wesens, eine Intelligenz, die der des Mannes womöglich überlegen und nicht durch die gleichen Voreingenommenheiten gehandikapt ist.

Auf ganz ähnliche Weise schätze ich an meinen jüdischen Freunden eine Höflichkeit und ein Feingefühl, die sicherlich ein Ergebnis des Antisemitismus sind. Darum ist man sich stets dessen bewußt, auch wenn man jeden Rassismus ablehnt. Ich schätze die Juden, schätze sie so, wie sie durch Verfolgung geworden sind. Meiner Meinung nach verkörpern sie einen der Werte unserer heutigen Welt, gerade wegen der besonderen Art, wie sie durch Verfolgung geprägt wurden. Ein Jude könnte mir jetzt entgegnen: «Das ist ein Rassenvorurteil. Es ist Ihre Sache, ob Sie uns als Menschen mögen oder als religiöse Gemeinschaft, aber Sie sollten sich nicht in Genugtuung über Ihre Sensibilität und Ihren Intellekt baden, nur weil wir es fertiggebracht haben, durchzukommen, nachdem wir mit einem unerträglichen, uns von anderen aufgezwungenen Handikap begonnen hatten.» Um auf die Frauen zurückzukommen, ich glaube, ich muß in meinem Denken eine feminine Seite haben, die den Frauen gefällt. Und wie Simone de Beauvoir bin ich für eine totale Emanzipation der Frau. Aber wenn es einmal so weit kommt, werden natürlich die Besonderheiten der Sensibilität, um deretwillen ich die Gesellschaft von Frauen vorziehe, reine Zufallssache sein: manchmal wird eine Frau sie haben, manchmal ein Mann. Sie werden nicht mehr ein Vorrecht der Frau sein.

PLAYBOY: Lassen Sie uns nun über Ihre literarischen Vorlieben sprechen. Vor Jahren schrieben Sie einmal, John Dos Passos sei «der größte Schriftsteller unserer Zeit». Glauben Sie das heute noch?

SARTRE: Seine und auch Faulkners Bücher haben mich begeistert. Er hat gewisse journalistische und kinematographische Techniken erfunden, die Gleichzeitigkeit. Das war damals etwas Neues. Ganz besonders gefielen mir *Manhattan Transfer* und der *42. Breitengrad*. Aber Dos Passos hat diesen Weg nicht weiter verfolgt.

PLAYBOY: Haben Sie sich für andere amerikanische Bücher der letzten Jahre interessiert?

SARTRE: Nur für sehr wenige.

PLAYBOY: Zum Beispiel?

SARTRE: Nun, vor allem für *The organization man* von Whyte. Für *The exurbanites* von Spectorsky sowie für alle Bücher von C.Wright Mills, der einer meiner guten Freunde war.

PLAYBOY: Sprechen wir von Ihren eigenen Werken. Mehrere Ihrer Theaterstücke sind verfilmt worden. Haben Ihnen diese Verfilmungen gefallen?

SARTRE: Die Verfilmungen meiner Stücke sind alle sehr schlecht, ausgenommen *Die ehrbare Dirne*.

PLAYBOY: Aber haben Sie mit diesen Verfilmungen nicht viel Geld verdient? Außerdem sind Sie ein permanenter «Bestseller».

SARTRE: Das stimmt. Und ich habe tatsächlich beträchtliche Summen zur Verfügung. Aber ich habe auch zahlreiche Verpflichtungen. Im übrigen hasse ich es, Besitz zu haben. Es kommt mir immer so vor, daß *wir* besessen sind von den Dingen, die wir besitzen – ob es sich um Geld oder käufliche Dinge handelt. Wenn mir etwas gefällt, habe ich immer Lust, es irgend jemandem zu schenken. Das hat nichts mit Großzügigkeit zu tun – es ist mir ganz einfach lieber, *die anderen* von den Dingen besessen zu sehen. Außerdem macht mir der Gedanke Freude, daß dem anderen der Gegenstand, den ich ihm schenke, vielleicht gefällt.

PLAYBOY: Sie meiden also den Reichtum. Aber wie steht es mit dem Ruhm? Befriedigt Sie die weltweite Anerkennung, die Sie genießen?

SARTRE: In gewisser Weise vielleicht – aber ich möchte nicht Sklave meiner Situation werden, wie sie auch derzeit aussehen mag. Das hier und jetzt ist ein Zustand, den ich immer als provisorisch angesehen habe und den ich hinter mir lassen möchte. Ich halte da an einer Kindheitsillusion fest, der Vorstellung, daß man immer noch ein besserer Mensch werden kann. Ich sage mir, daß ich ein paar Bücher geschrieben habe, aber daß ich nicht mehr ich selber bin, wenn ich mich verpflichtet fühle, die in diesen Büchern vertretenen Ideen zu verteidigen, wenn die Dinge sich inzwischen geändert haben. Ich würde dann ja das Opfer meiner eigenen Bücher werden. Ich glaube nicht, daß man wie Gide systematisch mit seiner Vergangenheit brechen muß, aber ich möchte immer offen bleiben für Veränderungen. Ich fühle mich ganz und gar nicht gebunden an das, was ich geschrieben habe, aber andererseits leugne ich auch nicht eine einzige Zeile davon.

PLAYBOY: Warum haben Sie den Nobelpreis abgelehnt?

SARTRE: Ich würde es vorziehen, darüber nicht zu sprechen.

PLAYBOY: Warum nicht?

SARTRE: Ich glaube, Preise oder Akademien passen nicht zu mir. Für mich besteht die größte Ehre, die man mir erweisen kann, darin, daß man meine Bücher liest.

(Mai 1965)

Sartre über Sartre*

Interview mit Perry Anderson, Ronald Fraser und Quintin Hoare

FRAGE: Wie beurteilen Sie heute Ihre frühere Philosophie, vor allem *Das Sein und das Nichts*, im Verhältnis zu Ihren heutigen theoretischen Arbeiten, etwa seit der *Kritik der dialektischen Vernunft*?

SARTRE: Das entscheidende Problem ist mein Verhältnis zum Marxismus. Ich möchte bestimmte Aspekte meines früheren Werkes autobiographisch erklären und auf diese Weise deutlich machen, warum sich meine Ansichten seit dem Zweiten Weltkrieg so grundlegend geändert haben. Auf eine einfache Formel gebracht, könnte man sagen, das Leben hat mich «die Macht der Dinge»[1] gelehrt. Eigentlich hätte schon mit *Das Sein und das Nichts* die Entdeckung dieser Macht der Dinge beginnen müssen, denn ich war schon damals gegen meinen Willen Soldat geworden. Ich war also schon auf etwas gestoßen, was mich von außen steuerte, etwas, das nichts mit meiner Freiheit zu tun hatte. Ich war sogar in Gefangenschaft geraten – ein Schicksal, dem ich immerhin zu entgehen versucht hatte. So fing ich an, die Realität der Situation des Menschen inmitten der Dinge zu entdecken, die ich das «In-der-Welt-sein» genannt habe.

Dann wurde mir nach und nach klar, daß die Welt noch komplizierter ist, denn während der Résistance schien es noch eine Möglichkeit freier Entscheidung zu geben. Ich glaube, daß meine ersten Theaterstücke für meine damalige Einstellung symptomatisch sind; ich nannte sie «Theater der Freiheit». Als ich unlängst mein Vorwort zu einer Ausgabe dieser Stücke – *Die Fliegen, Bei geschlossenen Türen* und andere – las, war ich geradezu entsetzt. Ich hatte geschrieben: «Gleich, unter welchen Umständen, in welcher Lage: der Mensch ist stets frei, zu wählen, ob er ein Verräter sein will oder nicht . . .» Als ich das las, habe ich mir gesagt: «Unfaßbar, daß ich das wirklich geglaubt habe!»

Um das verstehen zu können, muß man daran denken, daß es während der Résistance nur ein sehr einfaches Problem gab, das im Grunde nur

---

* Dieses Interview erschien unter dem Titel *Itinerary of a thought* in *new left review*, London, November/Dezember 1969.

1 Frz. *La force des choses*. Anspielung auf den Titel des 3. Bandes der Memoiren von Simone de Beauvoir, dt. *Der Lauf der Dinge*. Reinbek 1966.

eine Mutfrage war. Man mußte die Risiken des eigenen Tuns auf sich nehmen, das heißt damit rechnen, eingesperrt oder deportiert zu werden. Das war alles. Ein Franzose hatte damals keine andere Wahl: Er konnte nur für oder gegen die Deutschen sein. Eigentlich politische Probleme, Entscheidungen «dafür, aber . . .» oder «dagegen, aber . . .» gab es damals nicht. So kam ich zu dem Schluß, daß jede Situation eine freie Entscheidung zuläßt. Und das war falsch. Es erwies sich als so falsch, daß ich mich später zu widerlegen versuchte in der Gestalt Heinrichs in *Der Teufel und der liebe Gott*, der ja nicht wählen kann. Er möchte gern wählen, aber er kann nicht: weder die Kirche, die die Armen im Stich gelassen hat, noch die Armen, die sich von der Kirche losgesagt haben. Er ist ausschließlich durch seine Situation bedingt.

Das alles habe ich aber erst viel später begriffen. Die Erfahrung des Krieges war für mich, wie für alle, die daran teilgenommen haben, die Erfahrung des Heldentums. Natürlich nicht meines eigenen Heldentums – ich habe nur einige Koffer getragen. Aber der Widerstandskämpfer, der gefangengenommen und gefoltert wurde, war für uns zum Mythos geworden. Solche Kämpfer gab es ja tatsächlich, aber für uns waren sie darüber hinaus ein persönlicher Mythos. Würden auch wir Folterungen aushalten und schweigen? Es ging damals allein um die Frage der physischen Ausdauer, nicht aber um die List der Geschichte oder die Fallen der Entfremdung. Ein Mensch wird gefoltert: Was wird er tun? Wird er sprechen, oder wird er schweigen? Das verstehe ich unter der Erfahrung des Heldentums, die eine falsche Erfahrung ist.

Nach dem Krieg kam dann die echte Erfahrung: die Erfahrung der *Gesellschaft*. Ich glaube allerdings, daß für mich der Mythos des Heldentums eine notwendige Etappe war. Das heißt, der egoistische Vorkriegsindividualist mehr oder weniger Stendhalscher Prägung mußte gegen seinen Willen in die geschichtliche Wirklichkeit gestoßen werden, gleichzeitig aber gerade noch ja oder nein sagen können, damit er dann an die unentwirrbaren Probleme der Nachkriegszeit als jemand herangehen konnte, der ausschließlich durch seine gesellschaftliche Existenz bedingt ist, aber immer noch genügend Entscheidungsmöglichkeiten hat, um dieses Bedingtsein auf sich nehmen und dafür verantwortlich sein zu können. Denn ich habe niemals aufgehört zu zeigen, daß jeder letztlich dafür verantwortlich ist, was man aus ihm macht, selbst dann, wenn ihm nichts andres übrigbleibt, als diese Verantwortung auf sich zu nehmen. Ich bin davon überzeugt, daß der Mensch immer etwas aus dem machen kann, was man aus ihm macht. Heute würde ich den Begriff Freiheit folgendermaßen definieren: Freiheit ist jene kleine Bewegung, die aus einem völlig gesellschaftlich bedingten Wesen einen Menschen macht, der nicht in allem das darstellt, was von seinem Bedingtsein herrührt. So wird aus Jean Genet ein Dichter, obwohl er ganz dazu bedingt war, ein Dieb zu werden.

Vielleicht ist *Saint Genet* das Buch, in dem ich am besten dargelegt habe, was ich unter Freiheit verstehe. Als Genet, der zum Dieb gemacht worden war, sagte: «Ich bin ein Dieb», bedeutete diese unscheinbare Abweichung den Beginn eines Prozesses, durch den er zum Dichter und schließlich zu einem Wesen wurde, das nicht mehr am Rande der Gesellschaft lebt, jemand, der nicht mehr weiß, wo er sich befindet, und daher schweigt. In einem solchen Fall kann Freiheit kein Glück sein. Freiheit ist kein Triumph. Für Genet hat sie nur einige Wege eröffnet, die ihm anfangs verschlossen waren.

Das Sein und das Nichts zeichnet eine innere Erfahrung nach ohne Bezug auf die äußere Erfahrung des kleinbürgerlichen Intellektuellen, der ich war, die sich in einem bestimmten Augenblick als historisch katastrophal erwies. Denn ich habe *Das Sein und das Nichts* ja erst nach der Niederlage Frankreichs geschrieben. Aber Katastrophen erteilen keine Lehren, es sei denn, sie sind das Ergebnis einer Praxis. Dann kann man nämlich sagen: «Meine Aktion ist gescheitert.» Der Zusammenbruch unseres Landes hatte uns jedoch nichts gelehrt. So ist das, was ich in *Das Sein und das Nichts* unter «Subjektivität» verstand, etwas anderes als das, was ich heute darunter verstehe, nämlich der enge Spielraum innerhalb des Handelns, durch das sich eine Verinnerung in eine Tat rückentäußert. Jedenfalls erscheinen mir heute die Begriffe «Subjektivität» und «Objektivität» völlig unbrauchbar. Und wenn ich heute noch den Begriff «Objektivität» verwende, dann nur, um zu betonen, daß alles objektiv ist. Das Individuum verinnert sein gesellschaftliches Bedingtsein: es verinnert die Produktionsverhältnisse, die Familie, in der es heranwuchs, die geschichtliche Vergangenheit, die zeitgenössischen Institutionen, und dann rückentäußert es all das wieder in Handlungen und Entscheidungen, die uns zwangsläufig auf alles vorher Verinnerte zurückverweisen. Von alldem findet man noch nichts in *Das Sein und das Nichts*.

FRAGE: Die Definition, die Sie in *Das Sein und das Nichts* vom Bewußtsein geben, schließt jede Möglichkeit eines Unbewußten aus. Das Bewußtsein ist sich selbst stets transparent, auch dann, wenn das Subjekt sich hinter der trügerischen Wand der «Unaufrichtigkeit» [*mauvaise foi*] verschanzt. Inzwischen haben Sie unter anderem das Drehbuch für einen Film über Sigmund Freud geschrieben . . .

SARTRE: Von Huston habe ich mich gerade deshalb getrennt, weil er nicht begriff, was das Unbewußte ist. Daher kamen alle Schwierigkeiten. Er wollte es unterdrücken, durch das Vor-Bewußte ersetzen. Er wollte um keinen Preis etwas vom Unbewußten wissen.

FRAGE: Darf ich fragen, wie Sie heute den theoretischen Wert des

Freudschen Werks einschätzen? Angesichts Ihrer Klassenzugehörigkeit kann es ja nicht überraschen, daß Sie Marx nicht vor dem Krieg entdeckt haben. Aber Freud? Schon damals hätten Ihnen doch die dunkle Evidenz des Unbewußten und seine Widerstände zugänglich sein müssen. Das ist ja etwas anderes als der Klassenkampf.

Sartre: Dennoch hängt das beides miteinander zusammen. Sowohl Marx' wie auch Freuds Theorien sind Theorien von der äußeren Bedingtheit. Wenn Marx sagt: Es sei unwichtig, was die Bourgeoisie zu tun glaubt, wichtig ist nur, was sie tut, so braucht man nur Bourgeoisie durch ein Hysteriker zu ersetzen, um eine Freudsche Formulierung zu erhalten. Aber abgesehen davon will ich meine Beziehungen zu Freud von meiner Biographie her erklären. Zunächst muß ich sagen, daß ich in meiner Jugend eine tiefe Abneigung gegen die Psychoanalyse hegte, eine Tatsache, die ebenso erklärt werden muß wie meine völlige Ignoranz gegenüber dem Klassenkampf. Den Klassenkampf lehnte ich ab, weil ich ein Kleinbürger war, und man könnte sagen, Freud lehnte ich ab, weil ich Franzose war.

Darin steckt etwas Wahres. Man darf nämlich nicht vergessen, welches Gewicht der kartesianische Rationalismus in Frankreich hat. Wenn man mit 17 Jahren das Abitur bestanden hat, und zwar auf der Grundlage von Descarte' «Ich denke, also bin ich», und wenn man dann *Zur Psychopathologie des Alltagslebens* von Freud aufschlägt und auf die berühmte Signorelli-Episode stößt mit ihren Ersatznamen, Assoziationen und Verschiebungen, die daher rühren, daß Freud gleichzeitig an den Selbstmord eines Patienten, an gewisse Sitten der Türken und noch vieles andere gedacht hat – dann verschlägt es einem die Sprache.

Solche Untersuchungen lagen also jenseits meines damaligen Denkens, das sich um eine Grundlegung des philosophischen Realismus drehte, was, meiner Ansicht nach, heute möglich ist und was ich mein ganzes Leben lang versucht habe. Dabei ging es um die Frage: Wie kann man zugleich die Autonomie des Menschen und seine Realität unter den realen Objekten fassen, ohne entweder dem Idealismus oder einem mechanistischen Materialismus zu verfallen? So stellte sich mir das Problem, weil ich den dialektischen Materialismus nicht kannte, ich muß aber hinzufügen, daß es mir eben darum später möglich war, den dialektischen Materialismus in gewisser Hinsicht einzugrenzen: ich bestätigte die Gültigkeit der historischen Dialektik, verwarf aber eine Dialektik der Natur, die den Menschen, wie jedes Ding, zu einem bloßen Produkt von Naturgesetzen machen würde.

Aber lassen Sie uns auf Freud zurückkommen. Ich will sagen, daß es mir als Franzose echter kartesianischer Tradition und rationalistischer Prägung unmöglich war, ihn zu verstehen, daß mich die Idee des Unbe-

wußten völlig schockierte. Aber das war nicht alles; noch heute schok-
kiert mich etwas, was für das Freudsche Denken unvermeidlich ist: die
biologische und physiologische Sprache, in der er Gedanken ausdrückt,
die anders nicht mitteilbar waren. Das Ergebnis ist, daß seine Beschreibung psychoanalytischer Phänomene nicht frei ist von einer Art mechanistischen Krampfes. Manchmal gelingt es ihm, diese Schwierigkeit zu
überwinden. Aber meist bringt seine Sprache eine *Mythologie* des Unbewußten hervor, die für mich unannehmbar ist. Was die *Tatsachen* der
Verstellung und der Verdrängung als Tatsachen betrifft, so stimme ich
ihm völlig zu. Aber *Wörter* wie «Verdrängung», «Zensur» oder «Trieb»,
die einmal eine finalistische, dann wieder eine mechanistische Auffassung insinuieren, lehne ich ab.

So ist beispielsweise der Begriff Verdichtung bei Freud ein ambivalen-
ter Terminus. Einmal kann man darunter einfach ein Assoziationsphäno-
men verstehen, entsprechend den Vorstellungen der englischen Philosophen und Psychologen des 18. und 19. Jahrhunderts. Zwei Bilder werden
durch äußere Einwirkung zusammengefügt, verdichten sich und bilden
so ein drittes – das ist klassischer psychologischer Atomismus. Man kann
diesen Terminus aber auch als Ausdruck einer Finalität interpretieren: Es
kommt zu einer Verdichtung, weil die Verschmelzung zweier Bilder einem Begehren oder einem Bedürfnis entspricht. Solche Zweideutigkeiten
findet man bei Freud überall. Daraus ergibt sich eine eigenartige Darstellung des Unbewußten: Einmal erscheint es als ein Ensemble völlig me-
chanistischer Determinationen, das heißt als ein System von Kausalitä-
ten, dann wieder als mysteriöse Finalität, so daß es eine «List» des
Unbewußten zu geben scheint, so wie es eine «List» der Geschichte gibt.
Diese Grundambiguität gibt es bei vielen Analytikern – besonders den
älteren: Das Unbewußte ist zuerst *ein anderes Bewußtsein*, und im
nächsten Moment ist es etwas *anderes als das Bewußtsein*. Was aber
etwas anderes als das Bewußtsein ist, wird einfach zum Mechanismus.

Ich werfe also der psychoanalytischen Theorie vor, daß sie synkreti-
stisch und nicht dialektisch ist. Das kann man besonders gut an dem
Begriff «Komplex» erkennen: Er bezeichnet eine gegenseitige Durchdringung ohne Widerspruch. Ich bestreite natürlich nicht, daß in jedem
Individuum zahlreiche «verborgene» Widersprüche stecken, die unter
gewissen Umständen in gegenseitiger Durchdringung, nicht aber in Kon-
frontationen hervortreten. Aber das bedeutet nicht, daß es diese Widersprüche gar nicht gibt.

Die Ergebnisse dieses Synkretismus kann man zum Beispiel am Ödi-
puskomplex ablesen, der bei den Psychoanalytikern für alles herhalten
muß: Mutterbindung, Liebe zur Mutter und Haß auf die Mutter (siehe
Melanie Klein). Und zwar kann man deshalb alles aus dem Ödipuskom-

plex ableiten, weil er nicht *strukturiert* ist. So kann ein Psychoanalytiker einmal dies und dann das Gegenteil davon sagen, ohne sich im geringsten um den Mangel an Logik kümmern zu müssen, denn die «Gegensätze durchdringen sich» ja. Ein Phänomen kann dasselbe bedeuten wie sein Gegenteil, das heißt, die psychoanalytische Theorie fußt auf einem ungefähren Denken, es mangelt ihr an dialektischer Logik. Die Psychoanalytiker werden mir entgegenhalten, eine solche Logik gebe es auch in der Realität nicht. Aber eben dessen bin ich nicht so ganz sicher: Ich bin sicher, daß es Komplexe gibt, aber ich bin nicht so sicher, daß sie nicht strukturiert sind. Vor allem glaube ich, daß, wenn Komplexe echte Strukturen darstellen, der «affektive Skeptizismus» nicht mehr möglich ist. Was ich als «affektiven Skeptizismus» der Psychoanalytiker bezeichne, ist die Ansicht vieler von ihnen, daß die Beziehung, die zwei Menschen miteinander verbindet, nur als «Verweis» auf eine ursprüngliche, absolut entscheidende Bindung zu verstehen sei, eine Anspielung also auf eine unvergleichliche und unvergeßliche – obwohl vergessene – Urszene zwischen Vater und Mutter. Schließlich erkennt der Psychoanalytiker in jedem Gefühlserlebnis des Erwachsenen den Anlaß für die Wiederentstehung eines anderen Gefühls. Darin liegt gewiß etwas Wahres: Die Bindung eines Mädchens an einen älteren Mann mag durchaus auf eine Vater-Bindung zurückgehen, desgleichen die Bindung eines jungen Mannes an ein Mädchen auf ein Geflecht ursprünglicher Bindungen. Was aber in der klassischen psychoanalytischen Interpretation fehlt, ist die Idee einer dialektischen Unreduzierbarkeit.

Nach einer wirklich dialektischen Theorie wie dem historischen Materialismus leiten sich die Phänomene dialektisch voneinander her. Es gibt verschiedene Gestalten der dialektischen Realität, und jede ist völlig bedingt durch die vorausgehende, die sie zugleich in sich aufbewahrt und überschreitet. Und eben dieses Überschreiten ist nicht reduzierbar. Niemals kann eine Gestalt auf die vorausgehende reduziert werden. In der Psychoanalyse fehlt diese Idee der *Autonomie*. Gefühle oder Leidenschaften zwischen zwei Menschen sind sicher erheblich durch ihr Verhältnis zu einer Urszene bedingt, und man kann diese Urszene rekonstruieren, um die neue Beziehung damit zu erklären: Die Beziehung selbst aber bleibt unreduzierbar.

Es besteht also ein wesentlicher Unterschied zwischen meinem Verhältnis zu Marx und dem zu Freud. Als ich den Klassenkampf entdeckte, da war das eine *echte* Entdeckung, von deren Wahrheit ich noch heute zutiefst überzeugt bin, und zwar glaube ich an sie genau in der Form, in der Marx sie beschrieben hat. Die Zeit hat sich geändert, aber es ist immer noch derselbe Kampf derselben Klassen auf demselben Weg zum Sieg. Dagegen glaube ich nicht an das Unbewußte in der Form, in der die

Psychoanalyse es darstellt.

In meinem Flaubert-Buch habe ich den früher verwendeten – und auch heute noch oft benutzten – Begriff «Bewußtsein» durch das ersetzt, was ich *le vécu* [das Erlebte] nenne. Ich werde gleich versuchen zu erklären, was ich unter diesem Begriff verstehe, der weder die Ausflucht des Vor-Bewußten bedeutet noch das Unbewußte, noch das Bewußte bezeichnet, sondern den Bezirk umschreibt, in dem das Individuum immerfort von sich selbst und seinen Reichtümern überwältigt wird und wo das Bewußtsein zu der List greift, sich selbst durch Vergessen zu bestimmen.

FRAGE: In *Das Sein und das Nichts* ist kaum vom Traum die Rede, während er für Freud der privilegierte ‹Raum› des Unbewußten ist, ja der Bereich, in dem die Psychoanalyse entdeckt wurde. Versuchen Sie eigentlich in Ihrem neuen Werk dem Bereich des Traums einen neuen Platz einzuräumen?

SARTRE: In *Das Imaginäre* habe ich viel vom Traum gesprochen, und auch in meiner Flaubert-Studie komme ich auf Träume zu sprechen. Leider berichtet Flaubert selbst nur über wenige seiner Träume. Es gibt allerdings zwei, zwei Alpträume, die besonders bezeichnend sind, obwohl er sie vielleicht zum Teil erfunden hat, da sie in den *Mémoires d'un fou* stehen, einer Autobiographie, die Flaubert als Siebzehnjähriger geschrieben hat. Der eine betrifft seinen Vater, der andere seine Mutter, beide lassen seine Beziehungen zu den Eltern in ungewöhnlicher Klarheit hervortreten.

Interessant ist, daß Flaubert seine Eltern in seinen Werken eigentlich nie erwähnt. Tatsächlich hatte er zum Vater wie zur Mutter ein sehr schlechtes Verhältnis. Dafür gibt es eine ganze Reihe von Gründen, die ich in meinem Buch zu analysieren versuche. Flaubert spricht nie von ihnen. Sie kommen nicht einmal in seinen frühen Werken vor. Die einzige Anspielung auf sie findet sich genau da, wo der Psychoanalytiker es erwartet: in der Schilderung eines Traumes. Hier spricht jedoch Flaubert ganz spontan selbst von ihnen. Erst gegen Ende seines Lebens, fünf Jahre vor seinem Tode, schreibt er mit der Novelle *Die Legende vom heiligen Julianus dem Gastfreundlichen*, was er seit dreißig Jahren hatte schreiben wollen: Es ist die Geschichte eines Mannes, der seinen Vater und seine Mutter tötet und durch eben diesen Akt zum Heiligen wird, das heißt für Flaubert zum Schriftsteller.

So hat Flaubert zwei grundverschiedene Vorstellungen von sich selbst. Die eine überschreitet nicht das Niveau der banalen Beschreibung, etwa wenn er an seine Geliebte Louise schreibt: «Was bin ich? Bin ich intelligent oder dumm? Empfindsam oder stumpf? Kleinherzig oder großzügig? Egoistisch oder selbstlos? Ich weiß es nicht. Wahrscheinlich bin ich wie alle anderen, schwanke ich zwischen alldem hin und her . . .» Mit anderen Worten: auf dieser Ebene ist er vollkommen verloren. Warum? Weil keiner dieser Begriffe für sich selbst Bedeutung hat. Sie alle gewinnen erst aus der Intersubjektivität einen Sinn, das heißt aus dem, was ich in der *Kritik* als «objektiven Geist» bezeichnet habe, von dem her sich jedes Mitglied einer Gruppe oder Gesellschaft selbst beurteilt und von anderen beurteilt wird, wodurch sich zu anderen ein Interioritätsverhältnis herstellt, das auf einer gemeinsamen Information oder einem gemeinsamen Kontext beruht.

Man kann jedoch nicht behaupten, Flaubert habe auf dem Höhepunkt seines Schaffens keine Ahnung von den dunkelsten Ursprüngen seiner eigenen Geschichte gehabt. Er schreibt einmal den bemerkenswerten Satz: «Ich war also, wie ihr alle seid, irgendein Mensch, der . . . überall . . . die gleichen unauslotbaren, grauenhaften und langweiligen Tiefen in sich vorfindet.» Läßt sich die Welt der Psychoanalyse auf eine treffendere Formel bringen, eine Welt, in der die erschreckende Entdeckungen bis zum Überdruß immer auf das gleiche hinauslaufen? Dieses Bewußtsein des Abgründigen war bei Flaubert jedoch nie intellektueller Art. Später schrieb er einmal, er habe oft jähe Intuitionen gehabt, die wie Blitze alles grell erleuchtet und zugleich verborgen hätten. Jedesmal habe er dann, im darauffolgenden Dunkel tappend, versucht, die Wege wiederzufinden, die er im grellen Licht gesehen hatte.

Für mich umschreiben diese Formulierungen Flauberts Beziehung zu dem, was man gewöhnlich das Unbewußte nennt und was ich eher gänzliches Fehlen von Erkenntnis bei eigentlichem Verstehen nennen möchte. Ich unterscheide hier zwischen Verstehen und Auffassen. Auffassen kann man ein praktisches Verhalten, aber verstehen kann man nur eine Leidenschaft. Was ich *le vécu*, das Erlebte, nenne, ist nun aber gerade das Ganze des dialektischen Prozesses des psychischen Lebens, ein Prozeß, der sich selbst notwendig weitgehend verborgen bleibt, weil er eine ständige Totalisierung ist, und zwar eine Totalisierung, die sich ihrer nicht bewußt sein kann. Man kann sich zwar einer äußeren Totalisierung bewußt sein, aber nicht einer Totalisierung, die auch das Bewußtsein totalisiert. Das Erlebte *[le vécu]* führt also immer zum Verstehen, nie zum Erkennen.

Die höchste Form des Verstehens des «Erlebten» *[le vécu]* kann ihre eigne Sprache hervorbringen – die immer unangemessen sein, aber oft die metaphorische Struktur des Traums haben wird. Einen Traum versteht, wer ihn in einer Sprache erzählen kann, die selbst geträumt ist. Jacques Lacan sagt, das Unbewußte ist wie eine Sprache strukturiert: Ich würde eher sagen, die Sprache, die das Unbewußte wiedergibt, hat die Struktur eines Traumes. Anders ausgedrückt: das Verstehen des Unbewußten findet in den meisten Fällen keinen klaren Ausdruck.

Flaubert spricht immer von l'*indisable*, was «unsagbar» bedeutet; nur kennt das Französische dieses Wort nicht, es müßte l'*indicible* heißen (vielleicht war es zu Flauberts Zeit ein regionaler Ausdruck). Das «Unsagbare» (l'*indisable*) ist für ihn jedoch etwas ganz Bestimmtes. Als er mit fünfundzwanzig Jahren seiner Geliebten seine Autobiographie schickte, schrieb er ihr: «Du hast tausend unsagbare *[indisables]* Dinge erraten müssen.» Das bezog sich nicht auf Familiengeheimnisse oder dergleichen. Gewiß haßte er seinen älteren Bruder, aber davon war nicht die Rede. Er meinte vielmehr eben jenes Sich-selbst-verstehen, das nicht benannt werden kann und sich einem ständig entzieht.

Der Begriff des *vécu*, des «Erlebten», kennzeichnet meine Entwicklung seit *Das Sein und das Nichts*. Meine früheren Werke waren der Versuch einer rationalistischen Philosophie des Bewußtseins. Soviel ich auch über offensichtlich nicht-rationale Prozesse individuellen Verhaltens zusammengeschrieben habe, *Das Sein und das Nichts* bleibt ein Monument der Rationalität. Genau deshalb läuft es letztlich auf Irrationalismus hinaus, weil es jene Prozesse nicht rational erklären kann, die sich «unter» dem Bewußtsein abspielen, obwohl auch sie rational sind und nur irrational erlebt werden. Mit dem Begriff des *vécu*, des «Erlebten», wird nun der Versuch gemacht, jenes «Beisichsein» *[présence à soi]* zu umschreiben, das mir für die Existenz psychischer Fakten unentbehrlich zu sein scheint, obwohl es für sich selbst so undurchsichtig und blind ist, daß es zugleich «Abwesenheit von sich selbst» *[absence de soi]* ist.

Das *vécu*, das «Erlebte», ist sich selbst immer zugleich gegenwärtig und von sich abwesend. Mit Hilfe dieses Begriffs habe ich versucht, die traditionelle psychoanalytische Zweideutigkeit der sowohl teleologisch wie mechanistisch erklärten psychischen Fakten zu überwinden, indem ich nachwies, daß jedes psychische Faktum eine auf etwas Bestimmtes hinzielende Intentionalität einschließt, daß aber einige von diesen Fakten nur existieren können, wenn sie lediglich verstanden, aber weder benannt noch erkannt werden.

FRAGE: Ihre Arbeit über Flaubert legt eine Frage nahe. Sie haben bereits eine Studie über Baudelaire [1] geschrieben . . .

SARTRE: . . . eine sehr mangelhafte, eine außerordentlich schlechte . . .

FRAGE: . . . dann ein dickes Buch über Genet [2], einen Aufsatz über Tintoretto [3] und schließlich *Die Wörter* [4], eine Autobiographie. Worin

1 *Baudelaire.* Paris 1946. Dt. *Baudelaire*, Hamburg 1953.
2 *Saint Genet.* Paris 1952. Dt. Auszüge in Jean Genet, *Querelle.* Marginalien. Reinbek 1965. (Die deutsche Übersetzung wird voraussichtlich 1979 im Rowohlt Verlag erscheinen.)
3 *Le séquestré de Venise.* In: *Situations*, IV. Paris 1964. Dt. *Der Eingeschlossene von Venedig.* In: *Porträts und Perspektiven*. Reinbek 1968.
4 *Les mots.* Paris 1964. Dt. *Die Wörter.* Reinbek 1965.

wird nach diesen Veröffentlichungen die methodologische Neuheit Ihres Werks über Flaubert bestehen? Warum haben Sie sich noch einmal die Aufgabe gestellt, ein Leben zu erklären?

SARTRE: In *Marxismus und Existentialismus*[1] habe ich die verschiedenen Vermittlungen und Verfahrensweisen erörtert, die, miteinander kombiniert, unsere Erkenntnis des Menschen vertiefen können. Jeder weiß heute, daß zum Beispiel zwischen Psychoanalyse und Marxismus Vermittlungen gefunden werden können, die eine kombinierte Anwendung beider Erkenntnismethoden möglich machen. Jeder weiß auch, daß die Psychoanalyse keine wirkliche Grundlage darstellt, daß sie aber, richtig und rational mit dem Marxismus gekoppelt, von Nutzen sein kann. Ebenso ist allgemein bekannt, daß die amerikanische Soziologie mit Begriffen arbeitet, die eine gewisse Gültigkeit haben, und daß überhaupt die Soziologie berücksichtigt werden muß – ausgenommen allerdings die sowjetische Soziologie, die nicht mehr als eine Aufzählung oder Nomenklatur ist. Darüber sind sich alle einig. Jeder sagt es – aber wer hat bisher versucht, es zu tun?

In *Marxismus und Existentialismus* habe ich diese unbestreitbaren Maximen nur wiederholt. Ziel meines Flaubert-Buches ist es nun, von diesen theoretischen Erörterungen, die letztlich zu nichts führen, wegzukommen und ein konkretes Beispiel dafür zu geben, wie man es machen könnte. Wie immer das Ergebnis sein mag, selbst wenn dieser Versuch scheitert, kann er den Anstoß dazu geben, daß andere es noch einmal versuchen und besser machen. Die Frage, auf die ich in meinem Buch eine Antwort geben will, ist folgende: Kann ich mit all diesen Methoden einen Menschen untersuchen, und wie bedingen sich diese Methoden dabei wechselseitig, welchen Stellenwert erhalten sie schließlich?

FRAGE: Glauben Sie nicht, daß Sie diese Schlüsselgedanken schon früher hatten, etwa als Sie *Saint Genet* schrieben?

SARTRE: Nein, nicht alle. Denn die Untersuchung der Bedingtheit Genets durch seine objektive Geschichte ist ganz offensichtlich unzureichend, völlig unzureichend. Die Grundzüge der Interpretation – daß Genet ein Waisenkind unter Vormundschaft der Sozialfürsorge war, das in eine Bauernfamilie gegeben wurde, nichts besaß usw. – bleiben zwar gültig. Aber das alles geschah außerdem um 1925, also in einem bestimmten Kontext, der in dem Buch völlig fehlt. Die Sozialfürsorge und die Situation eines Findelkindes sind andererseits spezifische gesellschaftliche Phänomene, und Genet ist ein Produkt des 20. Jahrhunderts; aber von alldem wird in dem Buch nichts erwähnt.

---

1 *Questions de méthode.* In: *Critique de la raison dialectique.* Paris 1960. Dt. *Marxismus und Existentialismus.* Reinbek 1964.

Ich möchte, daß der Leser meines neuen Buches die ganze Zeit die Gegenwart Flauberts spürt; ideal wäre es, wenn er die Persönlichkeit Flauberts immer zugleich fühlen, verstehen und erkennen könnte als eine ganz individuelle und gleichzeitig ganz für seine Zeit repräsentative. Mit anderen Worten: Flaubert kann nur durch das verstanden werden, was ihn von seinen Zeitgenossen unterscheidet.

Verstehen Sie, was ich damit meine? Es hat zum Beispiel damals zahlreiche Schriftsteller gegeben, etwa Leconte de Lisle oder die Brüder Goncourt, die analoge Theorien entwickelt und, davon inspiriert, mehr oder weniger bedeutende Bücher geschrieben haben. Nun geht es darum, zu untersuchen, wie sie alle in ihrer besonderen Anschauungsweise bedingt waren und wie Flaubert gleich und doch anders bedingt war und die Dinge anders gesehen hat. Mein Ziel ist, das Zusammentreffen der personalen Entwicklung, wie wir sie mit Hilfe der Psychoanalyse erkennen, mit der historischen Entwicklung deutlich zu machen. Es kann passieren, daß ein Individuum in völligem Bedingtsein, etwa durch die Familie, zu einem bestimmten Moment eine historische Rolle spielt. Robespierre ist ein gutes Beispiel dafür. Aber es wäre unmöglich, eine entsprechende Untersuchung über ihn zu machen, weil dafür einfach kein Material da ist. Dazu müßte man wissen, was zu dem Zusammentreffen zwischen dem Sohn von Herrn und Frau Robespierre aus Arras und der Revolution geführt hat, die den Wohlfahrtsausschuß hervorbrachte.

FRAGE: Das ist also das theoretische Ziel Ihrer gegenwärtigen Arbeit. Aber warum haben Sie gerade Flaubert gewählt?

SARTRE: Weil er das Imaginäre bedeutet. Bei ihm bin ich an der Grenze, an der Schwelle des Traums. Es gab jedoch eine ganze Reihe von Gründen, die mich auf Flaubert gebracht haben. Der erste ist ganz zufälliger Art: Flaubert ist eine der sehr seltenen historischen oder literarischen Erscheinungen, die eine solche Menge an Infomation über sich selbst hinterlassen hat. Seine Korrespondenz umfaßt nicht weniger als dreizehn Bände, von denen jeder etwa 600 Seiten enthält. Flaubert schrieb manchmal am selben Tag an verschiedene Personen – meist nur mit leichten Varianten, die oft sehr bezeichnend sind. Außerdem gibt es zahlreiche Berichte und Zeugnisse über ihn. Die Brüder Goncourt besuchten ihn oft und notierten in ihrem Tagebuch nicht nur, was sie über ihn dachten, sondern auch, was er selbst über sich sagte. Das ist keine ganz zuverlässige Quelle, denn die Goncourts waren in mancher Hinsicht gehässige Dummköpfe, aber dennoch enthält ihr Tagebuch manche interessante Tatsache. Dazu kommt noch die ganze Korrespondenz mit George Sand, die Briefe von George Sand an Flaubert, die «Autobiographien», die er in seiner Jugend geschrieben hat, und tausend andere

Sachen. All das sind natürlich nur äußere Umstände, aber sie sind sehr wichtig.

Zweitens aber bedeutet Flaubert für mich das genaue Gegenteil meiner eigenen Auffassung von Literatur: totale Unengagiertheit und die Suche nach einem Formideal, das ganz und gar nicht das meine ist. Stendhal zum Beispiel ist ein Schriftsteller, den ich Flaubert entschieden vorziehe, obwohl Flaubert für die Entwicklung des Romans zweifellos viel wichtiger ist als Stendhal. Ich will damit sagen, daß Stendhal zugleich feiner und stärker ist. Man kann sich ihm ganz hingeben: Sein Stil ist vollendet, seine Helden sind sympathisch, seine Weltsicht ist richtig, seine Deutung der Geschichte scharfsinnig. Nichts von alldem bei Flaubert.

Aber Flaubert ist für die Geschichte des Romans viel wichtiger als Stendhal. Auch ohne Stendhal hätte es einen direkten Weg von Choderlos de Laclos zu Balzac gegeben, während etwa Zola oder der Nouveau Roman ohne Flaubert undenkbar sind. Sosehr die Franzosen Stendhal lieben, so gering ist sein Einfluß auf den Roman. Flauberts Einfluß dagegen ist immens, und schon darum lohnt es sich, sich mit ihm zu beschäftigen. Für mich gab es jedoch noch einen anderen Grund: Er begann mich zu fesseln, gerade weil ich in ihm in jeder Hinsicht das genaue Gegenteil von mir selbst erkannte. Ich fragte mich einfach: «Wie war ein solcher Mann möglich?»

Dann habe ich eine andere Dimension Flauberts entdeckt, die übrigens eine der Quellen seines Talents ist. Wenn ich Stendhal und andere lese, fühle ich mich mit den Helden in jeder Hinsicht in Einklang, sei es nun Julien Sorel oder Fabrice. Bei der Lektüre Flauberts dagegen befinde ich mich mitten unter irritierenden Personen, mit denen ich mich ganz und gar nicht im Einklang fühle. Manchmal fühlt man mit ihnen, aber dann stoßen sie einen plötzlich ab, und man steht ihnen wieder feindlich gegenüber. Aber gerade das hat mich gefesselt, weil es mich neugierig gemacht hat: Genau darin liegt Flauberts ganze Kunst. Es ist klar, daß er sich selbst verachtete, und wenn er von seinen Hauptpersonen spricht, dann immer mit einem erschreckenden Gemisch aus Sadismus und Masochismus: Er quält sie, weil sie er selbst sind und weil er zeigen will, daß die anderen Menschen, daß die ganze Welt ihn quält. Er quält sie aber auch, weil sie nicht er selbst sind, und da er bösartig und sadistisch ist, will er immer andere quälen. In diesem Kreuzfeuer haben seine unglücklichen Personen wenig Chancen.

Gleichzeitig versetzt sich Flaubert immer ganz in seine Personen hinein und spricht daher in gewisser Weise immer von sich selbst. So gelingt es ihm in einer einzigartigen Weise, von sich selbst zu sprechen. Diese Art versteckter, sich sträubender Beichte mit ihrem Selbsthaß und ihrem ständigen Bezug auf Dinge, die er versteht, ohne sie zu kennen, mit ihrem Willen, ganz luzide zu sein, was ihn nicht daran hindert, immer sarkastisch zu sein – das ist etwas ganz Ungewöhnliches, was es nie zuvor und seitdem nie wieder gegeben hat. Auch dies ist ein Grund, sich mit ihm zu beschäftigen.

Der dritte Grund besteht darin, daß die Studie über Flaubert für mich eine Fortsetzung meiner früheren Arbeit über *Das Imaginäre* darstellt. In diesem Buch versuchte ich zu zeigen, daß Vorstellungen keine neuerweckten oder vom Verstand bearbeiteten Empfindungen und auch keine vom Wissen veränderten und verminderten früheren Wahrnehmungen sind, sondern etwas ganz anderes: eine abwesende Realität, die sich eben gerade in ihrer Abwesenheit in dem kundtut, was ich ein Analogon genannt habe, das heißt in einem Objekt, das als Analogieträger dient und von einer Intention durchdrungen wird. Beim Einschlafen zum Beispiel können die kleinen Lichtpunkte, die einem bei geschlossenen Augen erscheinen, die Phosphene, als Analogieträger jeder Art von Traum- oder hypnagogischer Vorstellung dienen.

Zwischen Wachen und Schlafen sehen manche Menschen vage Gebilde vorüberziehen, die Phosphene sind, vermittels deren sie die Vorstellung von einer Person oder Sache projizieren. In *Das Imaginäre* habe ich zu beweisen versucht, daß imaginäre Objekte – Vorstellungen – Abwesenheit sind. In meinem Buch über Flaubert untersuche ich imaginäre Personen, die, wie Flaubert, Rollen spielen. Der Mensch gleicht entweichendem Gas, er strebt hinaus ins Imaginäre. Das tat Flaubert sein ganzes Leben lang. Gleichzeitig mußte er jedoch die Realität fixieren, weil er sie haßte. Das ist das ganze Problem der Beziehung zwischen dem Realen und dem Imaginären, das ich an Flauberts Leben und Werk studieren will.

Von daher läßt sich schließlich die Frage stellen: worin bestand die «imaginäre gesellschaftliche Welt» der verträumten Bourgeoisie von 1848? Das ist schon allein ein faszinierender Gegenstand. Zwischen 1830 und 1840 war Flaubert in einem Gymnasium in Rouen, und in all seinen Texten aus dieser Zeit beschreibt er seine Mitschüler als erbärmliche und mittelmäßige Bürger. Nun haben sich aber damals in diesem Gymnasium fünf Jahre lang heftige politische Kämpfe abgespielt. Einige Schüler trugen nach der Revolution von 1830 den politischen Kampf in die Schule. Sie kämpften und unterlagen. Die Lektüre der Romantiker, die Flaubert oft als eine Herausforderung an ihre Eltern schildert, läßt sich nur unter diesem Aspekt erklären: Als jene jungen Rebellen schließlich blasiert wurden, hat man sie als «ironische» Bürger wieder in die Gesellschaft aufgenommen; sie waren gescheitert.

Überraschend ist nun, daß Flaubert von alldem nichts erwähnt. Er beschreibt die jungen Menschen seiner Umgebung einfach als zukünftige

Erwachsene, das heißt als abscheulich. Er schreibt: «Ich sah Mängel, die später Laster werden sollten, Laster, die Verbrechen sein würden, und Kinder, die Erwachsene sein würden.» Die Jahre seiner Schulzeit waren für ihn nichts andres als der Übergang von der Kindheit zur Reife. In Wirklichkeit waren sie jedoch die Geschichte einer Bourgeoisie, die in ihren Söhnen plötzlich Scham über sich selbst empfand, dann die Geschichte der Niederlage dieser Söhne und des Erlöschens jener Scham. Das alles endete mit dem Massaker von 1848.

Vor 1830 hielt sich die Bourgeoisie von Rouen versteckt. Als sie schließlich hervortrat, riefen ihre Söhne: Bravo! Wir proklamieren die Republik! Ihre Väter aber fanden, daß sie sich doch wieder verstecken müßten. Louis-Philippe wurde König. Die Söhne glaubten, ihre Väter seien betrogen worden, und setzten den Kampf fort. Das Ergebnis war ein ungeheurer Aufruhr in den Schulen: Die Aufrührer wurden von den Schulen verwiesen. Als Louis-Philippe 1831 Lafayette entläßt und der Reaktion Tür und Tor öffnet, gibt es in Flauberts Schule Dreizehn- oder Vierzehnjährige, die sich eisern weigern, zur Beichte zu gehen, weil sie der Meinung sind, das sei ein ausgezeichneter Anlaß für eine Kraftprobe mit den Autoritäten; schließlich war die Bourgeoisie offiziell voltairianisch eingestellt. Die Beichte in den Schulen war ein Relikt aus der Restauration und hing mit dem peinlichen Problem des obligatorischen Religionsunterrichts zusammen, über das schließlich in der Abgeordnetenkammer debattiert wurde.

Ich ziehe meinen Hut vor diesen Vierzehnjährigen, die diese Strategie entwickelten, obwohl sie sich darüber im klaren waren, daß sie von der Schule verwiesen würden. Erst kommt der Kaplan: «Beichte!» – «Nein!», dann ein anderer Lehrer . . . «Nein! Nein! Nein!» Dann werden sie zum Direktor zitiert und schließlich von der Schule verwiesen. Es gibt einen gewaltigen Sturm im ganzen Gymnasium – so wie die Jungen es gehofft hatten. Die Quartaner bewerfen den stellvertretenden Direktor mit faulen Eiern, worauf zwei weitere Jungen hinausgeworfen werden. Dann versammeln sich im Morgengrauen die Externen und schwören feierlich, ihre Kameraden zu rächen. Am nächsten Morgen um sechs öffnen ihnen die Internatsschüler die Türen, und gemeinsam besetzen sie das Gebäude. Und das 1831! Aus ihrer Festung bombardieren sie die Lehrerversammlung, die in einem Nachbargebäude tagt.

Währenddessen wirft sich der Direktor den älteren Schülern zu Füßen und beschwört sie, sich nicht mit den Besetzern zu solidarisieren – mit Erfolg. Am Ende erreichen die Quartaner zwar nicht die Wiederaufnahme ihrer Mitschüler, aber die Vorgesetzten müssen versprechen, daß niemand wegen der Besetzung der Schule bestraft wird. Drei Tage später stellen die Schüler fest, daß man sie betrogen hat: Das Gymnasium wird

157

für zwei Monate geschlossen. Genau wie heute!

Als sie im nächsten Jahr zurückkommen, sind sie natürlich wütend, und so kam es zu ständigen Unruhen in der Schule. Das war die Zeit, die Flaubert erlebte, und doch hat er sie nicht so erlebt. Soviel er auch über seine Kindheit und Jugend geschrieben hat, man findet nicht einen einzigen Text, der sich auf diese Schülerrevolte bezieht. Natürlich macht auch Flaubert die gleiche Entwicklung wie seine ganze Generation durch, nur in ganz anderer Weise. Die turbulente Besetzung seiner Schule hat er zwar nicht miterlebt, aber er kommt später auf anderem Wege zu demselben Ergebnis.

Eines Tages, im Jahre 1839, erkrankt der Philosophielehrer, und ein anderer Lehrer vertritt ihn. Die Schüler beschließen, diesen für unfähig zu halten, und machen ihm das Leben schwer. Der Direktor versucht, zwei oder drei «Rädelsführer» zu bestrafen, aber die ganze Klasse erklärt sich mit ihnen solidarisch, und nun ist es Flaubert, der für sie einen Brief an den Direktor aufsetzt, in dem die Schüler gegen den schlechten Unterricht und die Strafandrohungen protestieren. Daraufhin wird er mit zwei oder drei anderen von der Schule verwiesen. Diesmal ist die Bedeutung des Protests ganz klar: Als junge Bourgeois verlangen Flaubert und seine Mitschüler eine korrekte bürgerliche Erziehung: «Schließlich zahlen unsere Väter teuer genug dafür.» Diese zweite Episode ist sehr bezeichnend für die Entwicklung einer ganzen Generation und Klasse. Diese Erfahrungen finden in einer verbitterten Literatur über das Bürgertum ihren Niederschlag, deren Autoren sich schließlich damit begnügen, nur noch ironisch zu sein – eine andere Art der Bürgerlichkeit.

FRAGE: Warum haben Sie in den letzten Jahren den Roman aufgegeben und nur noch Biographien und Theaterstücke geschrieben? Liegt das vielleicht daran, daß die Begrifflichkeit von Marxismus und Psychoanalyse zu erdrückend ist, als daß man den Roman als literarische Form beibehalten könnte?

SARTRE: Diese Frage habe ich mir schon oft gestellt. Es gibt tatsächlich keine Technik, mit der man eine Romanfigur so analysieren könnte, wie das mit den Mitteln der marxistischen und psychoanalytischen Interpretation bei einem wirklichen Menschen möglich ist. Und wenn ein Autor sich dieser beiden Interpretationssysteme beim Schreiben eines Romans zu bedienen versucht, ohne vorher eine entsprechende Form gefunden zu haben, so ist der Roman verloren. Eine solche Form hat noch keiner gefunden, und ich weiß nicht, ob es überhaupt möglich ist.

FRAGE: Jedenfalls kann man sagen, daß seit dem Aufkommen von Marxismus und Psychoanalyse heute kein Romancier mehr «naiv» schreiben kann?

SARTRE: Das stimmt nicht ganz. Aber wenn er es tut, wird sein Roman in jedem Fall «naiv» genannt werden. Mit anderen Worten, für den Roman gibt es kein natürliches Universum mehr, und es gibt nur noch einen bestimmten Romantyp: den «spontanen», den «naiven» Roman. Wir haben dafür ausgezeichnete Beispiele, aber wer so schreibt, muß auf die marxistischen und psychoanalytischen Interpretationsmethoden bewußt verzichten, wodurch er zwangsläufig an Naivität verliert.

Dann gibt es noch den Romantyp, der wie eine Höllenmaschine konzipiert ist – der «falsche» Roman, wie der von Gombrowicz zum Beispiel, der Psychoanalyse, Marxismus und vieles andere genau kennt, aber alldem gegenüber eine skeptische Haltung bewahrt, so daß er Objekte konstruiert, die sich im Augenblick der Konstruktion selbst zerstören. So etwas könnte das Modell für einen sowohl analytischen als auch materialistischen Roman sein.

FRAGE: Warum haben Sie selbst aufgehört, Romane zu schreiben?

SARTRE: Weil ich kein Bedürfnis mehr danach hatte. Ein Schriftsteller hat sich immer mehr oder weniger für das Imaginäre entschieden. Er braucht ein gewisses Quantum Fiktion. Ich finde sie in meiner Arbeit über Flaubert, die man übrigens als Roman betrachten kann. Ich möchte sogar, daß die Leser sagen, das sei ein *wahrer* Roman. Ich versuche in diesem Buch mit Hilfe meiner Hypothesen einen bestimmten Zugang für das Verständnis Flauberts zu schaffen. Dazu verwende ich auch die Fiktion – die zwar gesteuert und kontrolliert ist, aber dennoch Fiktion bleibt. Ich verwende sie zum Beispiel, um herauszufinden, warum Flaubert dem gleichen Briefpartner am 21. März genau das Gegenteil von dem schreibt, was er ihm am 15. März geschrieben hat, ohne sich um diesen Widerspruch zu kümmern. Insofern veranlassen mich meine Hypothesen dazu, einen Teil meiner Person zu erfinden.

FRAGE: Werden Sie weiter Theaterstücke schreiben?

SARTRE: Ja, denn Theaterstücke sind etwas ganz andres. Für mich schafft das Theater seinem Wesen nach Mythen. Nehmen wir beispielsweise einen Kleinbürger und seine Frau, die sich ständig streiten. Wenn man ihre Streitereien auf Band aufnimmt, so hat man nicht nur ein Dokument über die beiden Personen, sondern über das ganze Kleinbürgertum und seine Welt, das, was die Gesellschaft aus diesen Kleinbürgern gemacht hat usw. Zwei oder drei solcher Studien würden jeden erdenklichen Roman über das Leben eines Kleinbürgerpaares übertreffen. Dagegen kann die Darstellung der Beziehungen von Mann und Frau, die uns Strindberg im *Totentanz* gibt, nie übertroffen werden. Der Gegenstand ist derselbe, nur in den Bereich des Mythischen erhoben. Der Dramatiker hält den Menschen das *eidos* ihrer Alltagsexistenz vor Augen: Er zeigt ihnen ihr eignes Leben so, als sähen sie es von außen. Darin bestand auch das Genie von Brecht. Brecht hätte gewiß heftig protestiert, wenn man ihm gesagt hätte, seine Stücke seien Mythen. Aber was ist *Mutter Courage* andres als ein Anti-Mythos, der gegen seinen eigenen Willen zum Mythos wird?

FRAGE: In der *Kritik der dialektischen Vernunft* gibt es eine Thematik, die heute jedem neuen Leser besonders auffallen muß. In mancher Hinsicht scheint sie die beiden bedeutendsten geschichtlichen Ereignisse der letzten Jahre zu antizipieren: die Mai-Revolte in Frankreich und die Kulturrevolution in China. Das Buch enthält ausführliche Analysen der dialektischen Beziehungen zwischen Klassen, Kadern, Gewerkschaften und Parteien während der Fabrikbesetzungen von 1936, die oft die Aktionen des französischen Proletariats im Mai 1968 vorzuzeichnen scheinen. An andrer Stelle sprechen Sie von den großen Aufmärschen der frühen sechziger Jahre auf dem Platz Tien An-men in Peking; Sie sehen in ihnen eine Art pyramidaler «Mineralisierung» des Menschen, durch die eine bürokratische Ordnung zerstreute Serien manipuliert, um ihnen den falschen Schein von Gruppen zu verleihen. Sehen Sie die Kulturrevolution als einen Versuch, den Verfall des chinesischen Regimes durch eine Art gigantischer «Apokalypse» aufzuhalten, die in ganz China noch einmal «fusionierende Gruppen» hervorbringen soll, wie es einst im «Langen Marsch» und im «Volkskrieg» geschah?

SARTRE: Über die Kulturrevolution fühle ich mich sehr schlecht informiert. Diese Erscheinung spielt sich auf der Ebene der Ideologie, der Kultur und der Politik, mit anderen Worten, auf der Ebene des Überbaus ab, der die höheren Stufen jeder dialektischen Skala bildet. Was geschah aber in China auf der Ebene der Basis, das diese Bewegung im Überbau auslöste? Es muß bestimmte Widersprüche in der Basis der sozialistischen Wirtschaft Chinas gegeben haben, die diese Bewegung zu einer Rückkehr zu so etwas wie einer ständig «fusionierenden Gruppe» verursacht hat. Vielleicht ist der Ursprung der Kulturrevolution in den Konflikten zwischen der Politik des «Großen Sprungs» und der damaligen Investitionspolitik zu finden. Japanische Marxisten haben das wiederholt behauptet. Ich muß allerdings gestehen, daß es mir selbst nicht gelungen ist, die Ursachen dieses Phänomens in seiner Totalität zu verstehen. Die Vorstellung einer permanenten «Apokalypse» ist natürlich sehr verführerisch; aber ich bin überzeugt, daß das die Sache nicht ganz trifft und daß die Gründe für die Kulturrevolution in der Basis zu suchen sind. Das heißt nicht, daß diese Bewegung die mechanische Widerspiegelung von Widersprüchen der Basis ist; ich glaube nur, daß man ihre ganze Bedeutung erst dann verstehen kann, wenn man in der Lage ist, den genauen Moment des historischen Prozesses und der wirtschaftlichen Entwicklung zu rekonstruieren, in dem die Explosion ausbrach. Es ist zum Beispiel keine Frage, daß Mao eine Zeitlang tatsächlich in den Hintergrund gedrängt war und daß er jetzt die Macht zurückgewonnen hat. Dieser Machtwechsel hängt zweifellos mit innerchinesischen Konflikten zusammen, die zumindest bis in die Zeit des «Großen Sprunges» zurückreichen.

FRAGE: China ist bis heute ein sehr armes Land, in dem sich die Produktivkräfte nur sehr langsam entwickeln. Nach dem, was Sie in der *Kritik* über das Reich des Mangels schreiben, ist es unmöglich, daß in einem solchen Land die Bürokratie abgeschafft wird. Jeder Versuch, den bürokratischen Verfall der Revolution zu vermeiden, wird unweigerlich an die objektiven Schranken stoßen, die der Mangel verursacht. Ist das eine Erklärung für die Eindämmungen – seien sie nun institutioneller Art wie die Armee oder ideologischer Art wie der Personenkult –, die die Masseninitiative in China bremsen sollen?

SARTRE: Es ist klar, daß völlig unkontrollierte Initiativen zu einer Art Rausch führen können. Denn die freie und anarchische Entfaltung des Individuums – nicht des gesellschaftlichen Individuums der Zukunft, sondern des «freien praktischen Organismus» von heute – kann zwar nicht die eigene Vernunft, wohl aber die Gesellschaft in Gefahr bringen. Doch innerhalb einer «fusionierenden Gruppe» die totale Freiheit des Individuums ausrufen und ihm zugleich den Kopf mit Steinen beschweren, die man «Maos Gedanken» nennt – damit schafft man noch keinen vollständigen Menschen. Beides steht in völligem Widerspruch zueinander.

FRAGE: Liegt nicht vielleicht das Paradoxe der Kulturrevolution darin, daß sie in China, wo sie erfunden wurde, eigentlich unmöglich ist, während sie in den hochentwickelten westlichen Ländern viel eher denkbar wäre?

SARTRE: Ich glaube, das stimmt. Mit einer Einschränkung: Ist eine Kulturrevolution ohne die Revolution selbst möglich? Die französischen Studenten wollten im Mai eine Kulturrevolution – und was fehlte ihnen dazu? Die Möglichkeiten für eine wirkliche Revolution, das heißt eine Revolution, die zunächst keine Kulturrevolution ist, sondern die Machtübernahme durch den gewaltsamen Klassenkampf. Das soll natürlich nicht heißen, daß die Idee einer Kulturrevolution in Frankreich nur ein Hirngespinst war; im Gegenteil, die Mai-Bewegung war Ausdruck einer radikalen Infragestellung der etablierten Werte von Universität und Gesellschaft und eines Entschlusses, sie als bereits tot zu betrachten. Und diese Infragestellung darf auf keinen Fall aufgegeben werden.

Ich bin immer der Meinung gewesen, daß die Mai-Bewegung vom Vietnam-Krieg verursacht worden ist. Für die französischen Studenten, die den Mai-Aufstand auslösten, bedeutete der Vietnam-Krieg nicht nur eine Parteinahme für die Nationale Befreiuungsfront und das vietname-

161

sische Volk gegen den amerikanischen Imperialismus. Die ungeheure Wirkung, die dieser Krieg auf europäische und amerikanische Linke ausgeübt hat, beruhte darauf, daß er den Bereich des Möglichen vergrößert hat. Bis dahin hatte man es nicht für möglich gehalten, daß die Vietnamesen der riesigen amerikanischen Kriegsmaschine standhalten, ja sie sogar besiegen könnten. Aber gerade das haben sie getan und damit den französischen Studenten und anderen eine ganz neue Perspektive eröffnet: Sie wußten jetzt, daß es Möglichkeiten gab, die bisher unbekannt waren. Nicht daß alles möglich war, aber daß man nur das als unmöglich erklären kann, was man versucht hat und womit man gescheitert ist. Das war eine entscheidende, folgenreiche und für den Westen revolutionäre Entdeckung.

Heute, nach über zwei Jahren, ist es offensichtlich, daß wir in gewisser Hinsicht das Unmögliche erkannt haben. Solange zum Beispiel die Kommunistische Partei die größte konservative Partei Frankreichs bleibt und solange sie das Vertrauen der Arbeiter hat, wird es keine Möglichkeit geben, die freie Revolution zu machen, die im Mai gescheitert ist. Das heißt nichts anderes, als daß der Kampf fortgesetzt werden muß, so lange er auch dauert, und zwar mit der Hartnäckigkeit der Vietnamesen, die allem zum Trotz weiter kämpfen und weiter siegen.

FRAGE: Die Mai-Bewegung war keine Revolution, sie hat den bürgerlichen Staat nicht beseitigt. Wenn die Revolution nicht beim nächstenmal wieder scheitern soll, so wird eine Organisation zur Koordinierung und Führung des Kampfes nötig sein. Welche Art politischer Organisation halten Sie für die heute geeignetste?

SARTRE: Heute gilt ebenso wie gestern, daß der Anarchismus zu nichts führt. Die Hauptfrage ist, ob letztlich die einzig mögliche Form politischer Organisation die der heutigen kommunistischen Parteien ist, das heißt: hierarchische Trennung zwischen Führung und Basis, nur von oben nach unten laufende Kommunikations- und Instruktionswege, Isolierung der einzelnen Zellen, von oben auferlegte Disziplin, Trennung von Arbeitern und Intellektuellen. Dieses Modell geht auf die bolschewistische Geheimorganisation der Zarenzeit zurück. Wodurch ist es aber heute in der westlichen Welt objektiv gerechtfertigt? Es scheint hier nur noch da zu sein, um einen autoritären Zentralismus aufrechtzuerhalten, der jede demokratische Praxis ausschließt. Natürlich ist in einer Bürgerkriegssituation eine militärische Disziplin notwendig. Aber muß eine proletarische Partei zwangsläufig so aussehen wie die heutigen kommunistischen Parteien? Wäre nicht eine Form politischer Organisation denkbar, in der niemand unterdrückt und geknebelt wird? Eine solche Organisation müßte verschiedene Tendenzen dulden können und in der Lage sein, im Moment der Gefahr geschlossen aufzutreten, um sich danach wieder zu öffnen.

Es ist natürlich immer so, daß, wer eine Sache bekämpfen will, sich in sie verwandeln, das heißt das genaue Gegenteil dieser Sache werden muß, nicht nur etwas anderes als sie. Eine revolutionäre Partei muß also – bis zu einem bestimmten Grad – die Zentralisation und den Zwang des bürgerlichen Staates, den sie abschaffen will, reproduzieren. Das ganze Problem besteht nun darin – das beweist die Geschichte unseres Jahrhunderts –, daß eine Partei, wenn sie diese Feuerprobe erst einmal dialektisch bestanden hat, Gefahr läuft, in diesem Stadium steckenzubleiben, und große Schwierigkeiten hat, das bürokratische Gleis wieder zu verlassen, das sie ursprünglich nur zum Zwecke einer Revolution gegen eine militärisch-bürokratische Maschinerie befahren hat. Und eben von diesem Zeitpunkt an kann nur eine Kulturrevolution gegen die neue Ordnung deren Verfall verhindern. Was sich heute in China abspielt, ist keine gemäßigte Reform, sondern die gewaltsame Zerstörung eines ganzen Systems von Privilegien. Wie allerdings das zukünftige China aussehen wird, wissen wir noch nicht.

Die Gefahr einer bürokratischen Entartung bedroht für den Fall einer siegreichen Revolution auch jedes westliche Land: Das ist absolut unvermeidlich, solange die äußere Einkreisung durch den Imperialismus und der Klassenkampf im Innern weitergehen. Die Hoffnung auf eine baldige und vollständige Befreiung ist utopisch. Wir können also schon verschiedene Grenzen und Einschränkungen einer zukünftigen Revolution voraussehen; aber wer das als Entschuldigung dafür nimmt, daß er heute nicht für die Revolution kämpft, der ist ganz einfach ein Konterrevolutionär.

FRAGE: Im Ausland hält man Sie oft für das klassische Produkt der französischen Universität. Nun war gerade das Universitätssystem, in dem Sie ausgebildet worden sind und Ihre Laufbahn begannen, die Zielscheibe heftiger Angriffe zu Beginn der Bewegung, die die Mai-Explosion ausgelöst hat. Wie beurteilen Sie dieses System heute?

SARTRE: Sicher bin ich ein Produkt dieses Systems, dessen bin ich mir bewußt; aber hoffentlich bin ich nicht nur das. Als ich Student war, ging nur eine ganz kleine Elite zur Universität, und wer außerdem das «Glück» hatte, in die École Normale Supérieure aufgenommen zu werden, hatte dazu noch alle erdenklichen materiellen Vorteile. In gewisser Hinsicht bin ich durch das Universitätssystem viel mehr geformt worden als durch die Professoren, die damals, von ein oder zwei Ausnahmen abgesehen, recht mittelmäßig waren. Das System, und besonders die École Normale Supérieure, akzeptierte ich als etwas ganz Natürliche : Als Sohn und Enkel kleinbürgerlicher Intellektueller wäre ich niemals auf den Gedanken gekommen, es in Frage zu stellen. Die Vorlesungen an der Sorbonne erschienen uns damals ziemlich idiotisch, aber nur weil die Professoren, die sie hielten, uns nichts zu sagen hatten. Andere begriffen später, daß das ganze Vorlesungswesen unhaltbar sei. Wir dagegen blieben der Sorbonne einfach fern; nur einmal sind wir zu Vorlesungen gegangen, als reaktionäre Jurastudenten sie stören wollten. Sonst setzten wir niemals den Fuß in die Sorbonne. Die meisten Studenten der École Normale Supérieure waren damals sehr stolz darauf, daß sie «agrégés» werden würden (obwohl es einige gab, die die Unterscheidung zwischen «agrégés» und «licenciés» als skandalös empfanden). Paul Nizan war natürlich eine Ausnahme. Er verabscheute die École Normale Supérieure aus guten Gründen, zum Beispiel weil sie eine Klasseninstitution zur Heranbildung einer privilegierten Elite war. Obwohl er akademisch durchaus «Erfolg» hatte, paßte er sich dem System niemals an: Nach drei Jahren war ihm alles so zuwider, daß er nach Aden floh. Gewiß spielten dabei auch persönliche Probleme eine Rolle, aber entscheidend war, daß er in diesem System, das dazu bestimmt war, ein Wissensmonopol aufrechtzuerhalten, einfach erstickte.[1]

FRAGE: Wie hätte, Ihrer Meinung nach, nach der Mai-Bewegung eine wirklich marxistische Praxis innerhalb der Institutionen der bürgerlichen Kultur auszusehen?

SARTRE: Anders gefragt: Ist heute eine positive revolutionäre Kultur überhaupt denkbar? Das ist für mich das schwierigste Problem dieser Frage. Ich bin ehrlich davon überzeugt, daß all das von der bürgerlichen Kultur, was von einer revolutionären Kultur überschritten werden wird, dennoch von eben dieser Kultur aufbewahrt werden wird. Ich glaube nicht, daß eine revolutionäre Kultur Rimbaud, Baudelaire oder Flaubert vergessen wird, nur weil sie ausgesprochene Bürger und nicht gerade Freunde des Volkes waren. Sie werden in jeder zukünftigen sozialistischen Kultur ihren Platz haben, aber es wird ein *neuer* Platz sein, der durch neue gesellschaftliche Bedürfnisse und Verhältnisse bestimmt sein wird. Sie werden keine beherrschenden Werte, aber doch Teil einer Tradition sein, die von einer neuen Praxis und einer neuen Kultur einen neuen Wert erhalten wird.

Aber welchen Wert können sie heute haben, wo es noch keine revolutionäre Kultur gibt? In der gegenwärtigen Gesellschaft haben sie nur den Platz, der ihnen von der bürgerlichen Kultur zugewiesen wurde. Welchen ‹Gebrauch› kann ein junger Sozialist in Vincennes oder Nanterre[2] von Rimbaud machen? Diese Frage läßt sich nicht beantworten. Manche

1 S. Paul Nizan, *Aden. Die Wachhunde. Zwei Pamphlete.* Reinbek 1969.
2 Hochschulen bei Paris.

Intellektuelle der älteren Generation sind zwar in einer Gesellschaft zu Revolutionären geworden, die ihnen *diese* Kultur vermittelt hat. Aber inzwischen hat sich die Situation völlig verändert. Betrachten wir nur die sachlichen Voraussetzungen für eine Universitätsausbildung: Zu meiner Zeit saßen in den üblichen Vorlesungen vielleicht fünfzehn bis zwanzig Leute. Das war gar nicht einmal so unangenehm, weil auf diese Weise diskutiert werden konnte; man konnte den Professor unterbrechen und sagen, daß man nicht mit ihm einverstanden war. Der Professor duldete das, weil dieser scheinbare Liberalismus den völlig autoritären Charakter des ganzen Vorlesungsbetriebs kaschierte. Wo früher zwanzig Studenten saßen, sitzen heute 100 bis 200, und da sind solche Unterbrechungen nicht mehr möglich. Während man früher die bürgerliche Kultur gegen sie selbst kehren konnte, indem man zeigte, daß Freiheit, Gleichheit und Brüderlichkeit sich in ihr Gegenteil verwandelt hatten, kann man heute die bürgerliche Kultur nur ablehnen, weil das ganze herkömmliche System dabei ist, zusammenzubrechen. Das französische Abitur ist völlig antiquiert geworden. In Rouen lautete vor einem Jahr ein Philosophiethema: «Epiktet sagte zu einem seiner Schüler: ‹Lebe im Verborgenen›. – Nehmen Sie Stellung dazu.» Es ist schon völlig absurd, heute 17jährigen Gymnasiasten ein solches Thema zu stellen. Außerdem glaubten zehn bis zwanzig Prozent der Kandidaten, *Vis caché* [Lebe im Verborgenen] bedeute *Vices cachés* [Verborgene Laster], sicher weil sie annahmen, es handele sich um eine veraltete Schreibweise, und so glaubten sie, es solle heißen «Verbirg deine Laster». Daraufhin behandelten sie das Thema nach dem Motto: «Hast du Laster, so fröne ihnen, aber im verborgenen», und das kommentierten sie dann ausführlich. Das Groteske und zugleich Traurige an der Sache ist, daß sie dem Rezept Epiktets zustimmten! «Denn es ist wie in der Gesellschaft: Man kann ein Laster haben, darf ihm aber nur im verborgenen nachgehen.» Arglose Antworten, die zeigen, was es mit der bürgerlichen Moral in Wirklichkeit auf sich hat; erbärmliche Antworten, weil diese Schüler offensichtlich dachten: Epiktet muß ein berühmter Mann sein, wenn ich ihn kritisiere, falle ich durch, man muß also schreiben, daß man ihm zustimmt.

Es gibt überhaupt keine echten Beziehungen, keine Kontakte zwischen Schülern und Lehrern. Die bürgerliche Kultur Frankreichs zerstört sich selbst. Ich bin daher im Augenblick – ohne Rücksicht auf irgendeine Zukunft – der Meinung, daß den Jungen nur die Wahl bleibt, die bestehende Kultur radikal abzulehnen – eine Ablehnung, die oft genug die Form gewaltsamen Protests annehmen wird.

FRAGE: Werden Sie *Die Wörter* fortsetzen? Und was sind Ihre weiteren Pläne?

SARTRE: Nein, ich glaube nicht, daß eine Fortsetzung von *Die Wörter* von großem Interesse wäre. Ich habe *Die Wörter* geschrieben aus dem gleichen Grunde, aus dem ich über Genet und Flaubert geschrieben habe: Wie wird ein Mensch zu einem Schriftsteller, zu einem, der von Imaginärem sprechen will? Das ist die Frage, die ich für mich – wie für andere – zu beantworten versucht habe. Was gäbe es über mein Leben seit 1939 zu sagen? Wie ich der Schriftsteller wurde, der ganz bestimmte Werke verfaßte? Warum ich *Der Ekel* geschrieben habe statt eines anderen Buches? Das ist uninteressant. Interessant ist nur die Entstehung des Entschlusses zu schreiben. Interessant sind auch die Gründe dafür, warum ich genau das Gegenteil von dem geschrieben habe, was ich schreiben wollte. Aber das ist ein ganz anderes Thema: die Beziehungen eines Menschen zur Geschichte seiner Zeit. Darum werde ich eines Tages ein politisches Testament schreiben. Der Titel ist vielleicht schlecht, weil das Wort «Testament» immer die Vorstellung von guten Ratschlägen einschließt; in meinem Fall soll es aber nichts weiter als eine Lebensbilanz sein.

Ich möchte zeigen, wie jemand zur Politik kommt, wie sie ihn gefangennimmt und einen anderen Menschen aus ihm macht. Denken Sie daran, daß ich nicht für die Politik geschaffen war und doch durch sie so verändert wurde, daß ich am Ende selbst Politik machen mußte. Das ist überraschend. Ich möchte einfach darlegen, was ich politisch getan, welche Fehler ich gemacht habe und was sich aus alldem ergeben hat. Damit will ich gleichzeitig zu definieren versuchen, was Politik heute in unserer Phase der Geschichte bedeutet.

(November 1969)

Machismus und Ebenbürtigkeit*
Simone de Beauvoir befragt Jean-Paul Sartre
zur Frauenbewegung

SIMONE DE BEAUVOIR: Ich möchte Sie fragen, Sartre, wie Sie zur Frauenbewegung stehen; Sie haben sich nämlich nie dazu geäußert. Daher soll meine erste Frage sein: Wie kommt es, daß Sie über alle Unterdrückten geschrieben haben – über die Arbeiter, über die Schwarzen, in *Schwarzer Orpheus*, über die Juden, in *Betrachtungen zur Judenfrage* –, aber nie über die Frauen? Wie erklären Sie das?

JEAN-PAUL SARTRE: Ich glaube, das erklärt sich aus meiner Kindheit. Als Kind hatte ich hauptsächlich Frauen um mich; meine Großmutter und meine Mutter beschäftigten sich viel mit mir, und außerdem war ich viel unter Mädchen. Es war gewissermaßen mein natürliches Milieu – die Mädchen und die Frauen –, und ich war immer der Meinung, daß ich etwas von einer Frau in mir hätte.

DE BEAUVOIR: Die Tatsache, daß Sie von Frauen umgeben waren, konnte Sie doch nicht daran hindern, die Unterdrückung, der sie ausgesetzt sind, als wichtiges Phänomen zu begreifen.

SARTRE: Ich spürte, daß meine Großmutter von meinem Großvater unterdrückt wurde; aber es wurde mir nicht wirklich bewußt. Meine Mutter wurde als Witwe von ihren Eltern unterdrückt, aber ebensosehr von ihrer Mutter wie von ihrem Vater.

DE BEAUVOIR: Aber Sie sind erwachsen geworden! Warum haben Sie die Unterdrückung der Frauen ignoriert?

SARTRE: In seiner Allgemeingültigkeit war mir das gar nicht bewußt geworden. Ich sah nur Einzelfälle, wenn auch viele. Aber jedesmal habe ich den Herrschaftsanspruch für einen individuellen Makel des Mannes gehalten und eine gewisse besondere Fügsamkeit für einen Charakterzug der Frau.

DE BEAUVOIR: Könnte man also sagen, daß es bei vielen Männern – und sogar bei Frauen, denn auch für mich traf es lange zu – in bezug auf Frauen eine Art «blinden Fleck» gibt? Man nimmt die Mann–Frau-Beziehung als etwas so Gegebenes hin, daß sie einem natürlich vorkommt und man sie in Wirklichkeit nicht wahrnimmt.

* Dieses Interview erschien 1975 in der französischen Zeitschrift *L'Arc*, Aix-en-Provence.

Das erinnert mich ein wenig an etwas, was sich einst in der griechischen Demokratie zugetragen hat, wo sogar Menschen, die die Ideale der Gegenseitigkeit vertraten, das Problem der Sklaverei gar nicht wahrnahmen. Mir scheint, in künftigen Jahrhunderten wird man die Art, wie die Frauen heute in unserer Gesellschaft behandelt werden, mit demselben Erstaunen betrachten wie wir die Sklaverei in der griechischen Demokratie.

SARTRE: Ich glaube, Sie haben recht. Als ich jung war, glaubte ich an die Überlegenheit des Mannes, was eine gewisse Gleichheit zwischen ihm und der Frau nicht ausschloß. Es schien mir, daß im Leben der Gesellschaft die Frauen als den Männern ebenbürtig behandelt wurden. In einigen Fällen war der Mann seiner Frau gegenüber hochmütig, stolz, autoritär – mein Stiefvater zum Beispiel. Das war in meinen Augen nur ein Charakterzug.

DE BEAUVOIR: Aber Sie selbst sagten gerade, daß Sie in Ihren Beziehungen zu Frauen, die sehr zahlreich waren, diese als ebenbürtig und zugleich als nicht ebenbürtig betrachtet haben. Wollen Sie damit sagen, wie Sie mir einmal angedeutet haben, daß diese Frauen wegen ihrer Unterdrückung den Männern ebenbürtig waren, auch wenn sie es nicht waren? Ich will damit sagen: kann eine Frau, da es doch sehr viel schwieriger für sie ist, ebensoviel Bildung, Kenntnisse und Freiheit zu haben wie ein Mann, Ihnen als ebenbürtig erscheinen, auch wenn sie nicht über Bildung, Freiheit und andere Qualitäten verfügt?

SARTRE: So ist es wohl. Ich hatte den Eindruck, daß die Frau einen bestimmten Typus der Gefühle und eine gewisse Art, zu sein, hat, die ich in mir selbst wiederfand. Ich konnte mich daher sehr viel besser mit Frauen als mit Männern unterhalten.

Unterhaltungen unter Männern arten immer in berufliche Gespräche aus. Man kommt immer auf die augenblickliche Wirtschaftslage oder auf den griechischen Aorist zu sprechen, je nachdem, ob man Lehrer oder Kaufmann ist. Aber es kommt selten vor, daß man sich beispielsweise auf einer Caféterrasse zusammensetzt und über das Wetter, die Passanten und das Treiben auf der Straße plaudert, wie ich es mit Frauen immer wieder getan habe, wobei ich immer den Eindruck der Gleichheit hatte – wenn natürlich auch ich es war, der das Gespräch führte. Ich führte es, weil ich es so beschlossen hatte.

DE BEAUVOIR: Aber schon darin, daß *Sie* es waren, der das Gespräch führte, daß es ganz normal war, daß *Sie* es waren – darin lag doch schon ein gewisser «Machismus». Ich muß im übrigen sagen, daß man in allen Ihren Werken, wenn man sie wiederliest, Spuren von Machismus und sogar von Phallokratie entdeckt.

SARTRE: Sie übertreiben ein bißchen. Aber nun gut, ich will gern glauben, daß es stimmt.

DE BEAUVOIR: Aber Sie empfinden sich nicht als machistisch?

SARTRE: In gewisser Weise doch, denn ich war es schließlich, der die Beziehungen auf die eine oder andere Ebene hob, vorausgesetzt natürlich, daß die Frau einverstanden war. Aber ich war derjenige, der die Fühler ausstreckte. Und ich hielt den Machismus nicht für etwas, was ursächlich mit meiner Rolle als Mann zusammenhing. Ich hielt ihn für ein besonderes Charakteristikum meiner Person.

DE BEAUVOIR: Das ist merkwürdig, denn Sie haben doch als erster gesagt, die Psychologie, die Interiorität, sei stets nur die Verinnerung einer Situation.

SARTRE: Ja. Ich nahm die allgemeine Haltung des Mannes unserer Zeit den Frauen gegenüber ein – und hielt sie für eine individuelle Überlegenheit. Man darf nicht vergessen – ich gestehe auch das –, daß ich mich vielen Alters- und Geschlechtsgenossen, also vielen Männern, weit überlegen fühlte.

DE BEAUVOIR: Mit anderen Worten, Ihr Überlegenheitsgefühl gegenüber Frauen schien Ihnen nichts Besonderes zu sein, da Sie es allen Menschen gegenüber empfanden?

SARTRE: Wenn Sie so wollen. Trotzdem war es etwas Besonderes, da ja Gefühl mit hineinspielte. Man müßte einmal das Überlegenheitsgefühl in einer affektiven Bindung untersuchen. Was bedeutet es beispielsweise, jemanden zu lieben, wenn man sich ihm gleichzeitig überlegen fühlt? Und inwieweit liegt darin ein Widerspruch?

DE BEAUVOIR: An all dem ist für mich das Interessanteste, daß Sie, obwohl Sie doch gern sagen, daß Sie ein Mensch sind, wie jeder andere, Ihren Machismus nicht als etwas empfanden, das Sie mit jedem anderen Mann teilten.

SARTRE: Nein, sondern als den spezifischen Machismus eines Individuums. Man darf nicht davon ausgehen, daß ich mich mein ganzes Leben für einen Menschen wie jeder andere gehalten hätte. Das tat ich erst mit vierzig Jahren, da habe ich es dann ja auch geschrieben, und ich denke es nach wie vor.

DE BEAUVOIR: Um auf den Machismus zurückzukommen – man müßte da etwas nuancieren. Denn schließlich haben Sie mich lebhaft ermuntert, *Das andere Geschlecht* zu schreiben. Und als das Buch fertig war, haben Sie sich mit allen Thesen einverstanden erklärt, während andere, wie zum Beispiel Camus, mir das Buch vor die Füße geworfen haben. Damals übrigens entdeckte ich bei etlichen Männern, die ich für echte Demokraten gehalten hatte, Machismus sowohl dem anderen Geschlecht als auch der gesamten Gesellschaft gegenüber.

SARTRE: Ja. Aber zunächst müßte man doch sagen, daß ich Sie in unseren Beziehungen immer als ebenbürtig angesehen habe.

DE BEAUVOIR: Ich muß sagen, daß Sie mich nie unterdrückt und mir gegenüber nie eine Überlegenheit herausgekehrt haben. Wenn wir Ihren Machismus nuancieren, ist es wichtig, in Betracht zu ziehen, daß es zwischen uns niemals Inferioritäts- und Superioritätsbeziehungen gegeben hat, wie sie zwischen Mann und Frau so häufig sind.

SARTRE: Gerade in unserer Beziehung habe ich die Erfahrung gemacht und erkannt, daß es Beziehungen zwischen Mann und Frau gibt, die auf die letztlich bestehende Gleichheit beider Geschlechter hinweisen. Ich betrachte mich Ihnen gegenüber nicht als überlegen oder intelligenter oder aktiver, also stelle ich uns auf die gleiche Ebene. Wir waren ebenbürtig. Es ist seltsam, aber ich glaube, daß dies meinen Machismus in gewisser Weise verstärkt hat, weil es mir erlaubte, anderen Frauen machistisch zu begegnen. Indessen erschien mir die Gleichwertigkeit zwischen uns nicht nur als faktische Gleichwertigkeit zweier Individuen, sondern sie schien mir die letztlich bestehende Gleichwertigkeit beider Geschlechter zu offenbaren.

DE BEAUVOIR: Sie haben also *Das andere Geschlecht* akzeptiert. Es hat Sie nicht verändert; mich allerdings auch nicht, wie ich zugeben muß. Ich glaube, wir hatten damals die gleiche Einstellung.

Mit der gleichen Einstellung meine ich, daß wir damals beide glaubten, die sozialistische Revolution werde notwendigerweise die Emanzipation der Frau mit sich bringen. Wir waren beide enttäuscht, als wir sahen, daß weder in der UdSSR noch in der Tschechoslowakei noch in einem anderen der sogenannten sozialistischen Länder, die wir kennen, die Frau tatsächlich dem Mann gleichgestellt war.

Das hat mich übrigens auch bestimmt, etwa von 1970 an eine entschieden feministische Haltung einzunehmen. Ich meine damit, daß ich die Besonderheit der Kämpfe der Frauen anerkannte. Auch auf diesem Wege folgten Sie mir, aber ich würde gern präzisieren, bis zu welchem Punkt. Was denken Sie heute über den Kampf der Frauen um ihre Befreiung? Wie, zum Beispiel, fügt er sich Ihrer Meinung nach in den Klassenkampf ein?

SARTRE: In meinen Augen handelt es sich hier um zwei Kampfbewegungen verschiedenen Aspekts und unterschiedlicher Bedeutung, die sich nicht in allem überschneiden. Im Augenblick stehen sich im Klassenkampf noch ausschließlich Männer gegenüber. Es handelt sich im wesentlichen um Beziehungen zwischen Männern, um Beziehungen, die die Macht oder die Wirtschaft betreffen. Bei der Beziehung zwischen Frauen und Männern geht es um etwas ganz anderes.

Es gibt da ohne Zweifel sehr wichtige Konsequenzen ökonomischer Art, aber die Frauen sind keine Klasse, und die Männer sind es im

Verhältnis zur Frau auch nicht. Hier geht es um etwas anderes, um das Verhältnis der Geschlechter. Damit meine ich, daß es im Grunde für die Unterdrückten zwei große Kampflinien gibt: den Klassenkampf und den Kampf der Geschlechter, wenn diese beiden Linien auch häufig zusammenlaufen.

Heute zum Beispiel besteht die Tendenz, daß der Klassenkampf und der Kampf der Geschlechter sich vermischen. Ich sage «Tendenz», weil die Ausdrucksformen nicht die gleichen sind. Die bürgerliche Ehefrau und die Frau eines Arbeiters stehen sich nicht unbedingt als Vertreterinnen ihrer Klasse gegenüber. Die Klassentrennung, hier Bürger, dort Arbeiter, betrifft die Frauen erst an zweiter Stelle. Zum Beispiel findet man häufig zwischen einer bürgerlichen Frau und ihrer Haushälterin oder ihrer Putzfrau Beziehungen, die undenkbar wären zwischen einem Fabrikbesitzer oder einem in dieser Fabrik beschäftigten Ingenieur und einem Facharbeiter.

DE BEAUVOIR: Welche Art Beziehungen meinen Sie?

SARTRE: Beziehungen, wo die bürgerliche Ehefrau über ihren Mann spricht, über ihr Verhältnis zu ihrem Mann, über ihren Haushalt . . . So kann zwischen zwei Frauen, die verschiedenen Gesellschaftsklassen angehören, eine Art Komplizenschaft entstehen. Ich denke, daß eine Frau aus bürgerlichen Kreisen – außer in Sonderfällen, wenn sie beispielsweise selbst Unternehmerin ist – nicht eigentlich zur bürgerlichen Klasse gehört. Sie ist Bürgerin durch ihren Mann.

DE BEAUVOIR: Sie meinen eine Bürgerin aus Tradition?

SARTRE: Ja. Ich spreche von einer Frau die zunächst als junges Mädchen, bei den Eltern lebt, unter der Autorität des Vaters, dann einen Mann heiratet, der in abgeschwächter Form die gleichen Prinzipien hat wie ihr Vater. Sie hat gar nicht die Gelegenheit, sich als Angehörige der von den Männern bestimmten Klasse zu erweisen. Selbstverständlich übernimmt sie in vielen Fällen die bürgerlichen Prinzipien. Und selbstverständlich tritt die Frau eines Bürgers normalerweise wie eine Bürgerin auf. Sie äußert oft, und sogar noch nachdrücklicher, die gleichen Ansichten wie ihr Mann. Und in gewisser Weise imitiert sie die Verhaltensweisen ihres Mannes, sofern sie Beziehungen zu «Abhängigen» hat.

So hat sie zu ihrer Putzfrau beispielsweise ein zwiespältiges Verhältnis, eine ambivalente Haltung. Da ist einmal eine gewisse durch das Geschlecht bedingte Komplizenschaft, die eigentlich weibliche Beziehung, auf deren Basis die Bürgerin ihrer Putzfrau vertrauliche Dinge mitteilt, die diese versteht – und in gewissem Maße rechtfertigt sie das Vertrauen ihrer Arbeitgeberin durch bestimmte Überlegungen. Und auf der anderen Seite steht die Autorität der Bürgerin, die jedoch nur eine durch die Beziehung zum Ehemann erworbene Autorität ist.

DE BEAUVOIR: Mit anderen Worten, Sie akzeptieren die These mancher Frauen von der Feministinnenbewegung, daß man nur durch Vollmacht Bürgerin ist?

SARTRE: Selbstverständlich, da die Frau nicht die gleiche Beziehung zum wirtschaftlichen und sozialen Leben hat wie der Mann. Sie hat sie nur mittels eines anderen. Eine bürgerliche Ehefrau hat sehr selten eine direkte Beziehung zum Kapital. Sie ist sexuell an einen Mann gebunden, der alle diese Beziehungen hat.

DE BEAUVOIR: Bezeichnend ist auch, daß eine von ihrem Mann unterhaltene Bürgerin, wenn der Ehemann die Scheidung will und sie von ihrem Vater nicht materiell versorgt werden kann, genötigt ist, sich einen Beruf zu suchen, und oft nur eine schlecht bezahlte Stellung findet, so daß ihr Lebensstandard kaum über dem des Proletariats liegt.

SARTRE: Ich muß hier an meine Mutter denken: zuerst bekam sie Geld von ihrem Mann, dann von ihrem Vater, dann hielt ein anderer Mann um ihre Hand an, mein Stiefvater, der sie bis zu seinem Tode unterhielt. Gegen Ende ihres Lebens lebte sie teils von dem, was mein Stiefvater ihr hinterlassen hatte, teils von dem, was ich ihr gab. Sie ist also von Anfang bis Ende ihres Lebens von Männern unterhalten worden und hat nie eine direkte Beziehung zum Kapital gehabt.

DE BEAUVOIR: Mit anderen Worten, Sie erkennen die Besonderheit des Kampfes der Frauen an?

SARTRE: Absolut. Ich glaube nicht, daß er sich aus dem Klassenkampf ergibt.

DE BEAUVOIR: Für mich ist der Feminismus eine der Kampfbewegungen, die außerhalb des Klassenkampfes stehen und dennoch in gewisser Weise mit ihm verbunden sind. Inzwischen gibt es viele Bewegungen, zum Beispiel die der Bretonen und Occitanier usw., deren Kampf sich ebenfalls nicht mit dem Klassenkampf deckt.

SARTRE: Dennoch sind sie ihm enger verbunden.

DE BEAUVOIR: Die Rebellion der jungen Soldaten ist ebenfalls etwas anderes als der Klassenkampf. Ich glaube, daß es heute viele Bewegungen gibt, die einerseits in Beziehung zum Klassenkampf stehen und andererseits ganz unabhängig von ihm sind oder sich doch nicht auf ihn reduzieren lassen.

SARTRE: Man müßte alle diese Bewegungen einzeln untersuchen. Ich sehe ein, daß die besondere Eigenart des Kampfes der Frauen gegen die Männer absolut nicht identisch ist mit dem Kampf der unterdrückten Klassen gegen ihre Unterdrücker. Es ist etwas anderes. Auch wenn der Kampf der Frauen gegen die Männer im Kern ein Kampf gegen die Unterdrückung ist, weil der Mann versucht, die Frau in einer sekundären Position festzuhalten.

DE BEAUVOIR: Welche Bedeutung messen Sie dem Kampf der Feministinnen, den Sie anerkennen, bei? Würden Sie an der alten Unterscheidung zwischen primärem und sekundärem Widerspruch festhalten, und würden Sie den Kampf der Frauen als sekundär einstufen?

SARTRE: Nein. Ich halte den Kampf der Frauen für primär. Jahrhundertelang hat sich dieser Kampf nur in individuellen Beziehungen, nur innerhalb der häuslichen Gemeinschaft manifestiert. Die Gesamtheit dieser Einzelkämpfe fügt sich jetzt nach und nach zu einem allgemeineren Kampf zusammen. Noch erreicht er nicht alle. Ich würde sogar sagen, die Mehrheit der Frauen ist sich gar nicht bewußt, daß es in ihrem Interesse läge, ihren individuellen Kampf in einen allgemeineren Kampf einzugliedern, dem Kampf aller Frauen gegen alle Männer. Dieser allgemeine Kampf hat sich nocht nicht ganz entfaltet.

DE BEAUVOIR: Es gibt Bereiche, wo die Frauen, auch wenn es ihnen nicht ganz bewußt ist, sich stärker betroffen fühlen: zum Beispiel der Kampf um den Abtreibungsparagraphen. Anfangs wurde er von einer Handvoll Intellektueller geführt. Als wir das Manifest der 343 unterzeichneten, waren wir zunächst nur wenige, aber unser Vorgehen fand bei allen Frauen eine so starke Resonanz, daß es uns schließlich gelang, bei der Regierung ein neues Abtreibungsgesetz durchzusetzen; ein Gesetz zwar, das bei weitem nicht zufriedenstellend ist, aber trotzdem ist es ein Sieg.

SARTRE: Schon. Aber bedenken Sie, daß auch viele Männer gegen den Abtreibungsparagraphen waren. Oft ist es der Mann, der die Abtreibung bezahlt. Wenn ein verheirateter Mann eine Geliebte hat, ist er zum Beispiel nicht daran interessiert, ein Kind mit ihr zu haben.

DE BEAUVOIR: Ich finde Sie sehr optimistisch, was die Fürsorge der Männer für schwangere Frauen angeht. Die Zahl der Fälle, wo der Mann sich stillschweigend verdrückt und weder materielle noch moralische Hilfe leistet, ist beträchtlich. Der Kampf gegen das Abtreibungsgesetz wurde von den Frauen gewonnen.

SARTRE: In gewissem Maße trifft das im Augenblick wohl zu. Aber trotzdem, es war eine Versammlung von Männern, die über das Gesetz abgestimmt hat; darin zeigte sich so etwas wie ein Einverständnis der Geschlechter.

DE BEAUVOIR: Es gibt aber viele Frauen, die sich ihrer Unterdrückung gar nicht bewußt sind, die es ganz natürlich finden, daß sie allein die gesamte Hausarbeit tun und daß auf ihnen fast die ganze Sorge für die Kinder lastet. Wie sehen Sie das Problem, das sich den Frauen von der Frauenbewegung stellt, wenn sie zum Beispiel mit Arbeiterinnen zu tun haben, die einerseits in der Fabrik, in der sie arbeiten, und andererseits zu Hause von ihren Männern ausgebeutet werden? Soll man Ihrer Meinung nach diesen Frauen die Augen öffnen, was ihre häusliche Unterdrückung angeht, oder nicht?

Sartre: Unbedingt. Aber es ist klar, daß es im gegenwärtigen Augenblick noch eine Trennung zwischen bürgerlichen oder kleinbürgerlichen Frauen und den Arbeiterinnen gibt. Sie haben im Grunde die gleichen Interessen und können auch – als Frauen – kommunizieren, aber sie bleiben getrennt, und das zum großen Teil wegen der Klassentrennung ihrer Männer und weil sie gezwungen sind, nach den sozialen Vorstellungen ihrer Männer – Bürger oder Arbeiter – zu leben. Das ist es, was vor allem die bürgerlichen Frauen von den Arbeiterfrauen unterscheidet. Alles andere, die Lebensweise, die Haushaltsführung, die Sorge für die Kinder usw., ist doch im Grunde, von Nuancen abgesehen, auf beiden Seiten gleich.

de Beauvoir: Ja. Nur ist die Arbeiterfrau, die selbst arbeitet, einer doppelten Unterdrückung ausgesetzt.

Und nun eine sehr präzise Frage, die ganz ins Konkrete geht: Ist es richtig, die Frau gegen ihren Mann in irgendeiner Weise «aufzuhetzen», wenn er für sie doch oft die einzige Zuflucht vor der Unterdrückung durch den Arbeitgeber ist?

Sartre: Da liegt ein Konflikt. Aber wir müssen dabei bedenken, daß es das Gegenteil von dem ist, was man gewöhnlich sagt. Der Hauptkonflikt ist der des Kampfes der Geschlechter und der kleinere der des Klassenkampfes.

Je mehr die Frau einer doppelten Unterdrückung ausgesetzt ist, um so mehr Priorität hat der Kampf der Geschlechter. Ich meine, die Arbeiterfrau müsse zu einer – je nach Lage der Dinge unterschiedlichen – Synthese finden zwischen dem Kampf der Arbeiter und dem Kampf der Frauen, die weder das eine noch das andere zu kurz kommen läßt. Ich glaube nicht, daß das leicht ist, aber nur in dieser Richtung kann es Fortschritt geben.

de Beauvoir: Ja. Aber ich erinnere mich an eine Diskussion im Anschluß an *Coup sur coup* von Karmitz. Es waren Frauen von der Frauenbewegung und Arbeiterfrauen anwesend, die die Vorführung gesehen hatten. Als wir auf die Unterdrückung zu sprechen kamen, der sie durch ihre Männer ausgeliefert waren, sagten sie uns sehr deutlich, daß sie sich ihren Männern, den Arbeitern, sehr viel näher fühlten als bürgerlichen Frauen.

Sartre: In gewisser Weise scheint mir das einleuchtend. Aber es geht doch darum, in Erfahrung zu bringen, ob die Probleme, vor denen bürgerliche Frauen stehen, nicht die gleichen sind wie die der Arbeiterfrauen. Wir haben ja schon gesehen, daß die bürgerliche Frau, die von ihrem Mann verlassen oder Witwe wird, durch schlecht bezahlte Stellungen in eine Lage geraten kann, wo sie der Arbeiterin oder jedenfalls der Kleinbürgerin gleichgestellt ist.

DE BEAUVOIR: Man sieht eine gewisse Verbindung zwischen dem Klassenkampf und dem Kampf der Geschlechter, sobald die Frauen sich zu Bewegungen zusammentun, um berufliche Forderungen zu stellen.

Ich weiß von zwei Beispielen. Vor zwei oder drei Jahren gab es in Troyes einen Streik. Die Arbeiterinnen, die den Streik anführten, erklärten den Vertreterinnen der Frauenbewegung, die sie befragten, spontan und temperamentvoll: «Jetzt, wo wir begriffen haben, wie man sich auflehnt, werden wir uns auch zu Hause nicht mehr auf die Füße treten lassen! Das gibt's jetzt nicht mehr, daß unsere Männer den kleinen Chef spielen!»

Ebenso haben sich die weiblichen Angestellten der *Nouvelles Galeries* in Thionville, die einen sehr harten Streik führten, entschieden feministisch geäußert. Sie erklärten, sie seien sich jetzt der doppelten Ausbeutung bewußt geworden und lehnten sich gegen beide Formen auf. Kann man also daraus den Schluß ziehen, daß es, wie Sie sagten, gut ist, ihnen die Augen zu öffnen, auch wenn die Gefahr besteht, daß sich daraus eine für die Frau ziemlich belastende Spannung entwickelt?

SARTRE: Ja. Es scheint mir unmöglich, einen der unter Menschen wesentlichen Kämpfe für einen Teil der Bevölkerung zu unterdrücken. Da die Frauen Opfer sind, muß man dafür sorgen, daß sie sich dessen bewußt werden.

DE BEAUVOIR: Das meine ich auch. Man muß dafür sorgen, daß sie sich dessen bewußt werden, daß sie die Mittel zum Kampf finden und sich in ihrem Kampf nicht isoliert fühlen.

Jetzt möchte ich Ihnen noch eine weitere Frage stellen, die mir wichtig zu sein scheint und die innerhalb der Frauenbewegung diskutiert wird, die Frage nach dem Verhältnis zwischen dem, was man Aufstieg oder Fortkommen nennt, und der Gleichheit?

Auf der einen Seite sind wir für eine egalitäre Gesellschaft, für die Abschaffung nicht nur der Ausbeutung des Menschen durch den Menschen, sondern auch der Hierarchien, der Privilegien usw. Auf der anderen Seite wollen wir die gleichen Qualifikationen erlangen wie die Männer, wollen die gleichen Startchancen haben, die gleichen Löhne, die gleichen Aufstiegsmöglichkeiten, ja auch die höchsten Posten innerhalb der Hierarchie. Darin liegt ein gewisser Widerspruch.

SARTRE: Der Widerspruch existiert vor allem, weil es eine Hierarchie gibt. Nehmen wir an, eine Bewegung – wie ich sie herbeisehne – schaffte sie ab, dann würde auch der Widerspruch aufgehoben, das heißt, die Frauen würden genauso behandelt werden wie die Männer. Es würde eine wirkliche Gleichheit im Arbeitsbereich geben, und dieses Problem würde sich nicht mehr stellen.

Aber wir müssen die Dinge betrachten, wie sie heute sind. Heute sind die Männer selber zu einem Teil im wesentlichen gleichgestellt, was die minderen oder schlecht bezahlten oder die nur geringe Kenntnisse erfordernden Berufe betrifft. Und im Gegensatz dazu gibt es sehr hoch bezahlte Posten, die Macht verleihen und Wissen erfordern. Es scheint mir legitim, daß die Frauen sich zusammenschließen und für die absolute Gleichheit von Mann und Frau auf einer Ebene kämpfen, wo es keine Hierarchien mehr gibt, und daß sie andererseits in der gegenwärtigen Gesellschaft durch einige aus ihrer Mitte den Beweis erbringen, daß sie bis in die Eliteberufe hinein den Männern ebenbürtig sind.

Ich bin darum der Meinung, daß bestimmte Frauen, die derselben egalitären, feministischen Bewegung angehören, die Pflicht haben, eben weil sie dazu in der Lage sind, die höchsten Sprossen der gesellschaftlichen Stufenleiter zu erklimmen, um zu zeigen, daß es ihnen durchaus nicht an der nötigen Intelligenz mangelt, wenn es zum Beispiel um Mathematik oder Naturwissenschaften geht – wie viele Männer behaupten –, und daß sie fähig sind, die gleichen Berufe auszuüben wie die Männer.

Mir scheint, daß gegenwärtig diese beiden Kategorien von Frauen unentbehrlich sind, wobei es sich von selbst versteht, daß die der «Elitekategorie» angehörenden Frauen Delegierte der Massen der Frauen sind, deren Aufgabe es ist, zu beweisen, daß in der gegenwärtigen, auf Elitesystemen und Ungerechtigkeiten fußenden Gesellschaft die Frauen ebenso wie die Männer die Elite sein können. Das scheint mir notwendig, weil das einen Teil der Männer entwaffnen wird, die gegen die Frauen sind und behaupten, die Frauen seien den Männern intellektuell und auch sonst unterlegen.

DE BEAUVOIR: *Entwaffnen* würde es sie, aber nicht überzeugen. Sie *wollen* glauben, daß die Frauen unterlegen sind, weil sie an erster Stelle stehen wollen. Aber besteht nicht das Risiko, daß diese Frauen als Alibi dienen? Diese Frage führte innerhalb der Frauenbewegung zu unterschiedlichen Auffassungen, als der Fall Chopinet[1] diskutiert wurde. Die einen sagten, und zu denen gehörte auch ich: Es ist sehr gut, daß sie ihre Fähigkeiten bewiesen hat; die anderen entgegneten: Die Männer werden sie als Alibi benutzen und sagen: «Man gibt euch die gleichen Chancen, das seht ihr ja, ihr könnt es genauso weit bringen wie die Männer; sagt also nicht immer, ihr würdet im Zustand der Unterlegenheit gehalten.» Was meinen Sie zu dieser Gefahr?

SARTRE: Diese Gefahr besteht; allerdings ist die Antwort an die Männer leicht – wie Sie zum Beispiel in der Frauenfragen gewidmeten Num-

1 Sie wurde beim Aufnahmewettbewerb der École Polytechnique Jahrgangsbeste.

mer der *Temps Modernes* bewiesen haben. Aber die Gefahr besteht tatsächlich. Deshalb ist die Alibi-Frau, von der Sie sprechen, eine zwiespältige Erscheinung; sie kann die Ungleichheit aufzeigen, und sie existiert nur als eine Art Delegierte der Frauen, die Gleichheit fordern.

Dennoch glaube ich, kann nicht außer acht gelassen werden, daß es in der gegenwärtigen Gesellschaft Frauen gibt, die Männerberufe ausüben und darin ebenso erfolgreich sind.

DE BEAUVOIR: Außerdem besteht immer die Gefahr, als Alibi benutzt zu werden, denjenigen, die man bekämpft, als Alibi zu dienen. Es läuft auf den Gedanken hinaus, «jemandem in die Hände zu spielen». Man kann überhaupt nichts unternehmen, ohne jemandem auf die eine oder andere Weise in die Hände zu spielen. Man kann zum Beispiel nicht aufhören zu schreiben unter dem Vorwand, daß die Bourgeoisie – selbst wenn man gegen die Bourgeoisie schreibt – einen als bürgerlichen Schriftsteller vereinnahmt.

Also wir stimmen beide darin überein, daß es gut ist, wenn die Frau die besten Qualifikationen besitzt. Nur möchte ich zwei Dinge unterscheiden: Qualifikation und Stellung. Denn soll die Frau, selbst wenn sie sich qualifiziert hat, Stellungen annehmen, die zum Fortbestand von Hierarchien beitragen, die wir ablehnen?

SARTRE: Ich glaube, daß es gegenwärtig nicht möglich ist, sich eine Qualifikation vorzustellen, die nicht zu bestimmten Stellungen führt . . . In diesen Stellungen kann die Frau Veränderungen herbeiführen.

DE BEAUVOIR: Aber man muß doch sagen, es gibt Stellungen, die auch Männer ablehnen sollten. Eine Frau müßte es ablehnen, Generalinspekteur oder Minister in der gegenwärtigen Regierung zu werden – aber ein Mann ebenfalls. Im Grunde bestehen für beide die gleichen Unmöglichkeiten. Aber die Frauen laufen eher Gefahr, in die Falle zu gehen, weil sie die Macht, die diese Qualifikation ihnen verleiht, in einer Welt von Männern ausüben, die gewissermaßen die gesamte Macht haben.

Man könnte zum Beispiel erwarten, daß eine Frau, die biologische Forschungen betreibt, ihre Forschungen auf Probleme der Frauen konzentriert: Menstruation, Empfängnisverhütung usw. Aber tatsächlich wird sie in den von Männern bereits vorgezeichneten Bereichen weiterforschen. Also finde ich, ist ihre Position sehr schwierig, denn sie sollte nicht ausschließlich männlichen Interessen dienen.

Und das führt uns zu einer Frage, die ebenfalls innerhalb der französischen Frauenbewegung heftig diskutiert wurde: sollen die Frauen diese maskuline Welt gänzlich zurückweisen oder sich darin einen Platz verschaffen? Sollen sie das Werkzeug wegnehmen oder sollen sie es auswechseln? Damit meine ich sowohl die Wissenschaft als auch die Sprache und die Künste; denn alle Werte tragen das Siegel des Männlichen. Muß man also alles zurückweisen und versuchen, von Null an etwas radikal anderes zu erfinden? Oder muß man sich diese Werte aneignen, Besitz von ihnen ergreifen und sie zu feministischen Zielen nutzen? Was meinen Sie dazu?

SARTRE: Das stellt uns vor die Frage, ob es spezifisch weibliche Werte gibt. Ich stelle zum Beispiel fest, daß in Frauenromanen häufig das Innenleben der Frau erörtert wird und daß die Autoren sich männlicher Werte bedienen, um weibliches Handeln darzulegen. Es gibt einige ausgesprochen weibliche Werte, sie sind mit der Natur, der Erde, der Kleidung usw. verbunden. Es sind sekundäre Werte, und sie haben nichts mit der Realität des ewig Weiblichen zu tun.

DE BEAUVOIR: Damit schneiden Sie ein anderes Problem an, das der «Weiblichkeit». Keiner von uns stimmt der Idee zu, daß es eine «weibliche Natur» gibt. Aber hat der Unterdrückungsstatus der Frau nicht im Laufe des Zivilisationsprozesses in ihr gewisse Mängel, aber auch gewisse Qualitäten entstehen lassen, die anders sind als die der Männer?

SARTRE: Sicher. Aber das bedeutet nicht, daß diese Prinzipien und diese Sensibilität in einer mehr oder weniger fernen Zukunft, wenn sich der Feminismus durchsetzt, noch bestehen müßten.

DE BEAUVOIR: Aber wenn wir schon bestimmte positive Eigenschaften zu besitzen glauben, sollte man sie dann nicht besser auch den Männern eröffnen, statt sie bei den Frauen abzubauen?

SARTRE: Es ist durchaus möglich, daß die Frau in stärkerem Maße als der Mann über eine bessere, tiefere, genauere Selbstkenntnis verfügt.

DE BEAUVOIR: Ziehen Sie, wie Sie anfangs sagten, die Gesellschaft von Frauen vielleicht deshalb der von Männern vor, weil Frauen auf Grund ihrer Unterdrückung vor gewissen männlichen Fehlern bewahrt bleiben? Sie haben oft gesagt, Frauen seien weniger «komisch» als Männer.

SARTRE: Das ist unbestreitbar. Die Unterdrückung trägt viel dazu bei. Mit «weniger komisch» meine ich, daß der Mann, sofern er ein Durchschnittsmann ist, mit äußeren Gegebenheiten konfrontiert ist, die ihn komisch erscheinen lassen.

Ich zum Beispiel war komisch, als ich meinen Machismus für eine persönliche Eigenschaft hielt und nicht für eine Einwirkung der gesellschaftlichen Umwelt.

DE BEAUVOIR: Wollen Sie damit sagen, daß der Mann leichter düpiert werden kann?

SARTRE: Er ist leichter zu düpieren und wirkt leichter komisch. Die Männergesellschaft ist eine komische Gesellschaft.

DE BEAUVOIR: Weil jeder letztlich Rollen spielt und völlig in diesen Rollen befangen ist?

SARTRE: Ja. Die Frau, als Unterdrückte, ist in gewisser Weise freier als der Mann. Ihr Verhalten wird nicht so stark von Prinzipien diktiert. Sie ist respektloser.

DE BEAUVOIR: Dann befürworten Sie also den Kampf der Feministinnen?

SARTRE: Absolut. Und ich finde es auch völlig normal, daß die Feministinnen in bestimmten Punkten nicht einer Meinung sind, daß es zu Differenzen, ja, zu Spaltungen kommt; das ist ein normaler Prozeß bei einer Gruppe, die sich in dem Stadium befindet, in dem Sie sind. Ich finde auch, daß ihnen die Basis in der Masse fehlt, und sie zu gewinnen, scheint mir heute ihre Hauptaufgabe zu sein. Unter dieser Bedingung könnte der Kampf der Feministinnen die Gesellschaft derart erschüttern, daß sie völlig umgekrempelt würde, wenn er sich immer mit dem Klassenkampf verbindet.

(1975)

Selbstporträt mit siebzig Jahren*
Interview mit Michel Contat

MICHEL CONTAT: Seit einem Jahr hört man mehr oder minder wohlmeinende Gerüchte über Ihren Gesundheitszustand. Sie sind vor kurzem siebzig geworden. Also, wie geht es Ihnen, Sartre?

JEAN-PAUL SARTRE: Ich kann nicht behaupten, daß es mir gut geht, aber auch nicht, daß es mir schlecht geht. Seit zwei Jahren habe ich eine gewisse Anzahl von Gebrechen. Besonders sind es meine Beine, die schmerzen, wenn ich mehr als einen Kilometer zu Fuß gehe. Für gewöhnlich beschränke ich mich auf diese Distanz. Andererseits hatte ich beträchtliche Schwierigkeiten mit dem Blutdruck, die – ganz plötzlich – in letzter Zeit aufgehört haben: ich hatte einen stark erhöhten Blutdruck, aber jetzt, nach medikamentöser Behandlung, ist er fast zu niedrig.

Schließlich und vor allem hatte ich Blutungen hinter meinem linken Auge – hinter dem Auge, mit dem ich sehe, denn auf dem rechten Auge habe ich praktisch mit drei Jahren das Sehvermögen verloren –, und so, wie es jetzt ist, sehe ich zwar noch verschwommen die Formen, ich sehe die Lichter, die Farben, kann aber Gegenstände und Gesichter nicht mehr genau erkennen. Infolgedessen kann ich weder lesen noch schreiben. Genauer gesagt, ich kann schreiben, das heißt, mit der Hand Wörter formen, und das mache ich gegenwärtig noch in ganz annehmbarer Form, aber ich sehe nicht, was ich schreibe. Und das Lesen ist mir völlig unmöglich: ich sehe Zeilen, Abstände zwischen den Wörtern, aber die Wörter selbst kann ich nicht mehr entziffern. Da mir die Fähigkeit zu lesen und zu schreiben genommen ist, habe ich keine Möglichkeit mehr, mich als Schriftsteller zu betätigen: mit meinem Beruf als Schriftsteller ist es vorbei.

Aber ich kann noch sprechen. Deshalb wird meine nächste Arbeit – wenn das Fernsehen das Geld dafür auftreibt – eine Sendereihe sein, in der ich versuchen will, über die 75 Jahre unseres Jahrhunderts zu sprechen. Diese Arbeit mache ich zusammen mit Simone de Beauvoir, Pierre Victor und Philippe Gavi, die auch ihre Gedanken einbringen und darüber hinaus die Redaktion besorgen, die ich selbst ja nicht machen kann:

---

* Dieses Gespräch wurde 1975 geführt. Auszüge erschienen in der Zeitschrift *Le Nouvel Observateur*, Paris, sowie im Nachrichtenmagazin *Der Spiegel*, Hamburg, und in der österreichischen Zeitschrift *Neues Forum*, Wien.

ich spreche zu ihnen, und sie notieren es, zum Beispiel. Oder wir diskutieren, und sie arbeiten dann das Projekt aus, über das wir uns verständigt haben. Manchmal schreibe ich auch selber, das heißt, ich mache mir Notizen zum Inhalt eines Diskurses, der in den Sendungen enthalten sein soll. Aber nur die anderen können das lesen und den Text an meiner Stelle sprechen.

Das ist also meine augenblickliche Situation. Abgesehen davon, geht es mir sehr gut. Ich schlafe ausgezeichnet. Die Arbeit mit meinen Freunden geht gut voran. Mein Denken ist wahrscheinlich noch genauso scharf – nicht mehr, aber auch nicht weniger – wie vor zehn Jahren, und meine Sensibilität ist dieselbe geblieben. Mein Gedächtnis ist meistens gut, außer bei Namen, an die ich mich oft nur mit Mühe erinnern kann und die mir manchmal ganz entfallen. Ich bin imstande, mit Gegenständen umzugehen, die ich an dem Platz erkenne, den sie einnehmen. Auf der Straße kann ich mich ohne große Schwierigkeiten allein bewegen.

CONTAT: Nicht mehr schreiben zu können, das ist doch ein harter Schlag. Sie sprechen so gelassen darüber . . .

SARTRE: In gewissem Sinne nimmt mir das jede Daseinsberechtigung: ich war, aber ich bin nicht mehr, wenn Sie so wollen. Ich müßte also sehr niedergeschlagen sein, aber aus einem mir unbekannten Grunde fühle ich mich recht gut: ich empfinde nie Trauer, noch habe ich schwermütige Augenblicke, wenn ich daran denke, was ich verloren habe.

CONTAT: Keinerlei Revolte?

SARTRE: Gegen wen, gegen was sollte ich revoltieren? Sehen Sie darin keinen Stoizismus – obgleich ich, wie Sie wissen, immer Sympathien für die Stoiker gehabt habe. Nein, so ist es eben, und ich kann nichts tun, also habe ich auch keinen Grund zu klagen. Es hat unangenehme Augenblicke gegeben, als es zu einer bestimmten Zeit, etwa vor zwei Jahren, ernster war. Ich hatte so eine Art leichter Delirien damals. Ich erinnere mich, daß ich in Avignon, wo ich mit Simone de Beauvoir war, spazierenging und ein junges Mädchen suchte, mit dem ich an einem Ort, auf einer Bank, verabredet zu sein glaubte. Natürlich gab es eine solche Verabredung gar nicht . . .

Jetzt kann ich nichts anderes tun, als mich mit dem, was ich bin, abzufinden, das Beste daraus zu machen, die Möglichkeiten abzuwägen und sie, so gut es geht, zu nutzen. Der Sehkraftverlust stört mich am meisten natürlich, und nach den Ärzten, die ich konsultiert habe, ist er nicht heilbar. Das ist ärgerlich, denn ich empfinde genug Dinge, über die ich Lust hätte zu schreiben – zwar nicht ständig, aber doch gelegentlich.

CONTAT: Sie fühlen sich zur Untätigkeit verurteilt?

SARTRE: Ja. Ich gehe ein wenig spazieren, man liest mir Zeitungen vor, ich höre Radio, manchmal versuche ich fernzusehen, aber im Grunde sind das Beschäftigungen eines Müßiggängers. Das einzige Ziel meines Lebens war das Schreiben. Ich schrieb, worüber ich zuvor nachgedacht hatte, aber das wesentliche Moment war das des Schreibens. Ich denke immer noch, aber da mir das Schreiben unmöglich geworden ist, ist die wirkliche Tätigkeit des Denkens in gewisser Weise aufgehoben.

Mir ist von nun an etwas verwehrt, was viele junge Leute von heute verachten: der Stil, oder sagen wir, die literarische Form, einen Gedanken oder eine Wirklichkeit auszudrücken. Das erfordert notwendigerweise Korrekturen – Korrekturen, die manchmal fünf-, sechsmal wieder geändert werden. Ich kann mich aber nicht ein einziges Mal mehr korrigieren, weil ich das, was ich geschrieben habe, nicht lesen kann. Daher bleibt alles, was ich schreibe oder sage, zwangsläufig in der ersten Fassung stehen. Man kann mir vorlesen, was ich geschrieben oder gesagt habe, und ich kann notfalls einige Detailkorrekturen vornehmen, aber das läßt sich nicht mit dem vergleichen, was beim handschriftlichen Korrigieren geschieht.

CONTAT: Könnten Sie nicht ein Tonbandgerät benutzen, diktieren, das Diktierte wieder anhören und dann Ihre Korrekturen aufnehmen?

SARTRE: Ich glaube, es besteht ein enormer Unterschied zwischen dem gesprochenen und dem geschriebenen Wort. Was man geschrieben hat, kann man wieder lesen. Man liest es langsam oder schnell; mit anderen Worten, man ist nicht an die Zeit gebunden, die man bei einem Satz verweilen will, denn das, was an diesem Satz nicht stimmt, mag Ihnen auf den ersten Blick vielleicht gar nicht auffallen: es ist vielleicht etwas in ihm, vielleicht eine falsche Beziehung zum vorangehenden Satz oder zum folgenden oder zum gesamten Absatz oder Kapitel usw.

All das heißt, daß Sie Ihren Text ein wenig wie ein Vexierbild betrachten, daß Sie sukzessive hier und dort ein Wort ändern, und dann, daß Sie auf diese Änderung zurückkommen und eine andere daraus machen, daß Sie daraufhin ein Teilchen modifizieren, das ganz woanders steht, und so fort. Wenn ich ein Tonband abhöre, dann ist die Zeit des Abhörens durch die Bandgeschwindigkeit festgelegt und nicht durch meine Bedürfnisse bestimmt. Manchmal läßt das Gerät mir zuwenig Zeit, manchmal zuviel.

CONTAT: Haben Sie es versucht?

SARTRE: Ich werde es versuchen, ich werde es ehrlich versuchen, aber ich bin sicher, daß es mich nicht befriedigen wird. Auf Grund meiner Vergangenheit, meiner Bildung, des Wesens meiner bisherigen Tätigkeit bin ich vor allem ein Mann der Feder, und es ist zu spät, mich zu ändern. Hätte ich das Sehvermögen mit vierzig Jahren verloren, hätte es vielleicht anders sein können. Ich hätte möglicherweise andere Techniken des Ausdrucks gelernt, wie den Gebrauch des Magnetophons, dessen sich manche Autoren, wie ich weiß, bedienen. Aber ich glaube nicht, daß das Tonbandgerät – mir jedenfalls – das geben könnte, was das Schreiben mir ermöglichte.

Die intellektuelle Tätigkeit in mir selbst bleibt, was sie war, das heißt, eine Kontrolle der Reflexion. Ich kann also auf reflektiver Ebene in bezug auf das, was ich denke, eine korrigierende Tätigkeit ausüben, aber sie ist rein subjektiv. Noch einmal: die Arbeit am Stil, so wie ich sie verstehe, setzt unbedingt das Schreiben voraus.

Viele junge Leute heute kümmern sich nicht um den Stil und meinen, daß man das, was man zu sagen habe, nur zu sagen brauche, das sei genug. Für mich ist Stil – der Einfachheit nicht ausschließt, im Gegenteil – vor allem eine Methode, drei oder vier Dinge auf einmal zu sagen. Da ist der einfache Satz mit seinem unmittelbaren Sinn, und dann, darunter, gleichzeitig andere Bedeutungen, die in der Tiefe liegen. Wenn man nicht imstande ist, der Sprache diesen mehrfachen Sinn zu geben, dann lohnt es sich nicht, zu schreiben.

Was zum Beispiel die Literatur von der wissenschaftlichen Kommunikation unterscheidet, ist der Umstand, daß sie nicht eindeutig ist. Ein Sprachkünstler ist jemand, der die Wörter so zu handhaben weiß, daß sie, je nach dem Licht, das er auf sie fallen läßt, je nach dem Gewicht, das er ihnen gibt, eines bedeuten und ein anderes und noch ein anderes, jedesmal auf anderer Ebene.

CONTAT: Ihre philosophischen Schriften sind in einem Federzug geschrieben, fast ohne Streichungen. Ihre literarischen Manuskripte hingegen sind überaus stark bearbeitet und korrigiert. Warum dieser Unterschied?

SARTRE: Das ist der Unterschied der Gegenstände: in der Philosophie soll jeder Satz nur einen einzigen Sinn haben. Die Arbeit, die ich zum Beispiel in *Die Wörter* geleistet habe, wo ich versuchte, jedem Satz mehrere, einander überlagernde Bedeutungen zu geben, wäre in der Philosophie eine schlechte Arbeit. Wenn ich erklären soll, was das ist, sagen wir: das Für-sich und das An-sich, dann kann das schwierig sein, ich kann verschiedene Vergleiche, verschiedene Beispiele anführen, um es zu erklären, aber man muß an Begriffen festhalten, die sich schließen können: an dieser einen Stelle findet sich nicht der vollständige Sinn, der im Rahmen des Gesamtwerks ein mehrfacher sein kann und soll. Ich will jedenfalls nicht behaupten, daß die Philosophie so eindeutig sei wie die wissenschaftliche Kommunikation.

In der Literatur, die immer in irgendeiner Weise mit *Erlebtem* zu tun hat, ist nichts, was ich sage, durch das, was ich sage, ganz und gar ausgedrückt. Ein und dieselbe Realität kann sich in einer praktisch unendlichen Zahl von Formen zeigen. Das Buch in seiner Gesamtheit bestimmt, wie jeder einzelne Satz zu lesen ist und welchen Tonfall der Stimme er erfordert, ob man nun laut liest oder nicht.

Ein rein objektiver Satz, wie man ihn bei Stendhal häufig findet, läßt zwangsläufig eine Menge Dinge außer acht, aber dieser eine Satz birgt in sich alle anderen und enthält somit einen Komplex von Bedeutungen, die der Autor alle im Sinn haben muß, damit sie alle in ihn eingehen. Infolgedessen besteht die stilistische Arbeit nicht so sehr darin, an einem Satz herumzufeilen, als vielmehr darin, sich ständig die Gesamtheit der Szene, des Kapitels, ja des ganzen Buches zu vergegenwärtigen. Hat man diese Gesamtheit vor Augen, dann schreibt man einen guten Satz. Hat man sie nicht vor Augen, dann stimmt der Satz in sich nicht oder er erscheint überflüssig.

Diese Arbeit ist mehr oder weniger langwierig, mehr oder weniger mühsam, je nach dem Autor. Aber in der Regel ist es immer schwieriger, sagen wir: vier Sätze in einem einzigen Satz auszudrücken, als einem Satz *einen* Sinn zu geben, wie in der Philosophie. Ein Satz wie: «Ich denke, also bin ich» kann unendliche Konsequenzen in allen Richtungen haben, aber als Satz hat er nur den Sinn, den Descartes ihm gegeben hat. Wenn hingegen Stendhal schreibt: «. . . Solange Julien den Kirchturm von Verrières noch sehen konnte, wandte er sich oft um», dann sagt er nicht nur, was sein Held tut, sondern auch, was er fühlt, und zugleich, was Madame de Rênal fühlt usw.

Es ist also ganz offensichtlich schwieriger, einen Satz zu finden, der für mehrere steht, als einen Satz wie «Ich denke, also bin ich». Diesen Satz, glaube ich, fand Descartes auf Anhieb, im selben Moment, als er ihn dachte.

CONTAT: Übrigens haben Sie sich selbst vorgeworfen, in *Das Sein und das Nichts* allzu literarische Formulierungen gebraucht zu haben, wie «Der Mensch ist eine nutzlose Passion», was übertrieben pathetisch ist.

SARTRE: Ja, ich verwendete, wie übrigens die meisten Philosophen, Sätze literarischer Art für einen Text, dessen Sprache hätte rein technisch sein, also aus Worten mit einem eindeutigen Sinn bestehen sollen. In der Formulierung, die Sie zitieren, sind die Worte «nutzlos» und «Passion» offenkundig zweideutig, und das verfälscht den Sinn und führt zu Mißverständnissen. Die Philosophie hat eine technische Terminologie, die man verwenden soll – indem man sie nötigenfalls durch Prägung neuer Begriffe modernisiert –, und mit der Aneinanderreihung technischer Sätze wird der totale Sinn geschaffen, nämlich ein Sinn mit mehreren Ebenen. Im Roman dagegen entsteht die Totalität durch Überlagerung der Bedeutungen jedes Satzes, vom offenkundigsten, unmittelbarsten Sinn bis zum tiefsten, komplexesten. Dieses Herausarbeiten des Sinns durch stilistische Arbeit ist genau das, was ich nicht mehr machen kann, weil ich keine Möglichkeit zum Korrigieren mehr habe.

CONTAT: Nicht mehr lesen zu können, ist das für Sie ein großes Handikap?

SARTRE: Im Augenblick nicht, würde ich sagen. Ich kann zwar die Bücher, die zur Zeit erscheinen und die mich interessieren, nicht mehr selber zur Kenntnis nehmen. Aber man erzählt mir davon, oder man liest mir daraus vor, und so bin ich fast auf dem laufenden, was die Neuerscheinungen betrifft. Simone de Beauvoir hat mir viele Bücher vorgelesen, von Anfang bis Ende, Werke der verschiedensten Art.

Allerdings hatte ich die Gewohnheit, die Bücher und Zeitschriften, die ich in die Hand bekam, zu überfliegen, und das nicht mehr tun zu können, ist eine wirkliche Beeinträchtigung. Aber für meine augenblickliche Arbeit an der historischen Sendereihe ist es gleich, ob ich die – sagen wir: soziologischen oder geschichtlichen – Werke, die ich dazu brauche, von Simone de Beauvoir vorgelesen bekomme oder ob ich sie selber lese. Wenn ich mir allerdings nicht nur Kenntnisse anzueignen, sondern diese Informationen kritisch zu betrachten und zu prüfen hätte, ob sie kohärent sind, ob das Buch seinen eigenen Grundsätzen folgt usw., dann würde das nicht ausreichen. Ich müßte dann von Simone de Beauvoir verlangen, daß sie es mir mehrmals vorläse und Pausen machte, wenn schon nicht nach jedem Satz, so doch mindestens nach jedem Absatz.

Simone de Beauvoir liest und spricht überaus schnell. Ich lasse sie in ihrem gewohnten Tempo lesen und versuche, mich dem anzupassen. Das erfordert natürlich eine gewisse Anstrengung. Und dann, am Ende des Kapitels, tauschen wir unsere Gedanken über das Gelesene aus. Das Problem ist, daß das Element kritischen Reflektierens, das immer vorhanden ist, wenn man ein Buch mit eigenen Augen liest, beim Vorlesen zurücktritt. Im Vordergrund steht dann das Bemühen, zu verstehen, ganz einfach zu verstehen. Das kritische Element bleibt im Hintergrund, und erst in dem Moment, in dem Simone de Beauvoir und ich unsere Meinungen austauschen, merke ich, daß ich aus meinem Geist das hervorhole, was durch das Vorlesen zugedeckt war.

CONTAT: Ist es für Sie nicht quälend, so von anderen abhängig zu sein?

SARTRE: Ja, aber quälend ist zuviel gesagt, denn, wie ich schon sagte, im Augenblick quält mich gar nichts. Aber trotzdem, diese Abhängigkeit ist mir etwas unangenehm. Ich war gewohnt, allein zu lesen, allein zu schreiben, und ich glaube nach wie vor, daß wahre geistige Arbeit Alleinsein erfordert. Ich will damit nicht sagen, daß gewisse geistige Arbeiten – und sogar das Schreiben von Büchern – nicht von mehreren gemeinsam gemacht werden könnten. Aber die wahre Arbeit, diejenige, die zugleich zu einem *geschriebenen* Werk und zu philosophischen Reflexionen führt, die kann man, soweit ich sehe, nicht zu zweit oder zu dritt machen.

Im Augenblick, mit unseren heutigen Denkmethoden, setzt die Enthüllung eines Gedankens über einen Gegenstand Alleinsein voraus.

CONTAT: Meinen Sie nicht, daß dies eine Besonderheit von Ihnen ist?

SARTRE: Ich habe schon an Kollektivarbeiten teilgenommen, in der École Normale zum Beispiel oder später in Le Havre, wo ich zusammen mit anderen Lehrern an einem Projekt zur Hochschulreform arbeitete. Ich habe vergessen, was wir dort gesagt haben, es war vermutlich nicht viel wert. Aber alle meine Bücher, mit Ausnahme von *Der Intellektuelle als Revolutionär* und *Gespräche über Politik*, das ich seinerzeit mit David Rousset und Gérard Rosenthal zusammen gemacht habe, habe ich allein geschrieben.

CONTAT: Ist es Ihnen unangenehm, daß ich Ihnen persönliche Fragen stelle?

SARTRE: Nein, warum? Ich meine, daß jeder vor einem Interviewer über sein tiefstes Sein sprechen können müßte. Meiner Meinung nach werden die Beziehungen zwischen den Menschen dadurch vergiftet, daß jeder versucht, vor dem anderen etwas zu verbergen, geheimzuhalten, nicht unbedingt vor allen, aber vor dem, mit dem er gerade spricht.

Ich bin der Meinung, statt Geheimhaltung sollte jederzeit Offenheit herrschen, und ich kann mir gut den Tag vorstellen, an dem zwei Menschen keine Geheimnisse mehr voreinander haben werden, weil sie vor niemandem mehr Geheimnisse haben werden, weil das subjektive Leben, genau wie das objektive Leben, völlig offen, eine Tatsache sein wird. Man kann unmöglich zulassen, daß wir unseren Körper ausliefern, wie wir es tun, und unsere Gedanken verbergen, da es meiner Meinung nach keinen Wesensunterschied zwischen Körper und Bewußtsein gibt.

CONTAT: Ist es nicht so, daß wir nur jenen Menschen unsere Gedanken völlig ausliefern, denen wir auch unseren Körper wirklich ausliefern?

SARTRE: Wir liefern unseren Körper allen aus, sogar außerhalb jeder sexuellen Beziehung: durch Blicke, durch Berührungen. Sie liefern mir Ihren Körper aus, ich Ihnen den meinen: wir existieren füreinander als Körper. Aber wir existieren nicht in gleicher Weise als Bewußtsein, als Ideen, obwohl Ideen Modifikationen des Körpers sind.

Wenn wir wirklich füreinander existieren wollten, als Körper existieren, der jederzeit entblößt werden kann – auch wenn man dies nie tut –, müßten die Ideen dem anderen als aus dem Körper kommend erscheinen. Die Worte werden von einer Zunge in einem Mund gebildet. Alle Ideen sollten so erscheinen, selbst die unbestimmtesten, flüchtigsten, unangreifbarsten. Mit anderen Worten, es dürfte nicht mehr diese Heimlichkeit geben, dieses Geheimnis, das in gewissen Jahrhunderten für die Ehre des Mannes und der Frau gehalten wurde – was mir eine Dummheit zu sein scheint.

CONTAT: Was ist für Sie das Haupthindernis für eine solche Offenheit?

SARTRE: Vor allem das Böse. Ich meine damit, daß Handlungen von unterschiedlichen Prinzipien geleitet sind und zu Resultaten führen können, die ich mißbillige. Dieses Böse erschwert die Mitteilung allen Denkens, weil ich nie wissen kann, in welchem Maße der andere von denselben Prinzipien ausgeht wie ich. Sicherlich können diese Prinzipien bis zu einem gewissen Grade klargestellt, diskutiert, vereinbart werden; aber ich kann nicht mit jedem über alles diskutieren. Ich kann es mit Ihnen, aber nicht mit meinem Nachbarn oder irgendeinem Passanten auf der Straße; letztlich wird er sich lieber mit mir schlagen, als etwas mit mir auszudiskutieren.

Es gibt also eine Zurückhaltung, geboren aus Argwohn, Unwissenheit und Angst, die dazu führt, daß ich dem andern stets mißtraue oder zuwenig traue. Ich persönlich übrigens spreche mit den Menschen, denen ich begegne, nicht über alles; aber ich versuche, so offen wie möglich zu sein, weil ich der Meinung bin, daß die dunkle Region, die wir in uns tragen – dunkel für uns selbst und dunkel für die anderen –, für uns selber nur erhellt werden kann, wenn wir versuchen, für die anderen transparent zu sein.

CONTAT: Haben Sie sich nicht vor allem in Ihren Schriften um diese Transparenz bemüht?

SARTRE: Nicht vor allem, sondern auch. Wenn Sie so wollen, bin ich in meinen Schriften am weitesten gegangen. Aber da sind auch die ganz alltäglichen Gespräche, mit Simone de Beauvoir, mit anderen, mit Ihnen heute, Gespräche, in denen ich versuche, so klar und so wahr zu sein wie möglich, mich ganz auszuliefern, meine Subjektivität preiszugeben. Faktisch ist das nicht möglich, weder Ihnen noch sonst jemandem gegenüber; denn es gibt Dinge, die nicht einmal ich sagen kann, Dinge, die ich mir zwar selber sage, aber nicht anderen. Wie jeder Mensch habe ich einen dunklen Grund in mir, der nicht ausgesprochen werden will.

CONTAT: Das Unbewußte?

SARTRE: Ganz und gar nicht. Ich meine Dinge, die ich *weiß*. Es gibt immer einen Rest, der unausgesprochen bleibt und nicht gesagt werden will, der aber gewußt werden will, und zwar von mir. Man kann nicht alles sagen, das wissen Sie so gut wie ich. Aber ich glaube, später, das heißt nach meinem Tod und vielleicht nach dem Ihren, werden die Menschen mehr und mehr von sich selber sprechen, und das wird einen großen Wandel bewirken. Ich glaube übrigens, daß dieser Wandel mit einer veritablen Revolution einhergehen wird.

Ein Mensch müßte ganz für seinen Nächsten da sein, und dieser ganz für ihn, damit eine wahre soziale Harmonie entsteht. Das ist heute nicht realisierbar, aber ich glaube, es wird möglich sein, sobald der Wandel der ökonomischen, kulturellen und affektiven Beziehungen zwischen den Menschen vollzogen sein wird, vor allem durch die Überwindung des materiellen Mangels, der für mich, wie ich auch in der *Kritik der dialektischen Vernunft* zu zeigen versuchte, die Grundlage aller vergangenen und gegenwärtigen Antagonismen zwischen den Menschen ist.

Es wird dann zweifellos neue Antagonismen geben, die ich mir noch nicht vorstellen kann und die niemand sich vorzustellen vermag, aber sie werden kein Hindernis sein für eine Gesellschaftsform, in der jeder sich jedem ganz geben wird. Eine solche Gesellschaft kann natürlich nur eine weltumspannende sein, denn solange es auch nur an einem einzigen Ort der Welt Ungleichheit und Privilegien gibt, werden die dadurch erzeugten Konflikte nach und nach neuerlich den gesamten Sozialkörper erfassen.

CONTAT: Wird das Schreiben nicht aus dem Geheimnis und dem Antagonismus geboren? In einer harmonischen Gesellschaft würde es vielleicht keine Daseinsberechtigung mehr haben . . .

SARTRE: Das Schreiben entspringt zweifellos dem Geheimnis, aber vergessen wir nicht: es zielt entweder darauf ab, dieses Geheimnis zu verbergen, also zu lügen – dann ist es nicht interessant –, oder es gewährt einen Blick in dieses Geheimnis und versucht sogar, es auszuschöpfen, indem es Zeugnis darüber ablegt, was man anderen gegenüber ist – in diesem Falle bewegt es sich in Richtung der Transparenz, die ich verlange.

CONTAT: Sie haben einmal, etwa 1971, zu mir gesagt: «Es wird Zeit, daß ich endlich die Wahrheit sage.» Sie fügten hinzu: «Aber ich kann die Wahrheit nur in Form einer Fiktion sagen.» Warum?

SARTRE: Ich plante damals, eine Novelle zu schreiben, in der ich in indirekter Form alles das zeigen wollte, was ich eigentlich in einer Art politischen Testaments, das die Fortsetzung meiner Autobiographie sein sollte, hatte sagen wollen. Aber dann habe ich das Projekt aufgegeben. Das fiktive Element sollte gering sein; ich wollte eine Figur schaffen, von der jeder Leser hätte sagen können: Das ist Sartre.

Das soll nicht heißen, daß volle Identität der Figur mit dem Autor bestanden hätte, sondern daß für den Leser die beste Art, die Figur zu verstehen, die gewesen wäre, zu suchen, was an ihr von mir stammte. Ich hatte also eine Fiktion schreiben wollen, die keine gewesen wäre. Nur so kann man heute schreiben. Wir kennen uns wenig, und wir können uns noch nicht ganz geben. Die Wahrheit schreiben heißt sagen: «Ich nehme die Feder, ich heiße Sartre, hier steht, was ich denke.»

CONTAT: Kann eine Wahrheit nicht unabhängig von dem, der sie ausspricht, gesagt werden?

SARTRE: Das ist nicht mehr interessant. Das hieße, das Individuum und die Persönlichkeit aus der Welt, in der wir leben, zu eliminieren und sich an objektive Wahrheiten zu halten. Man kann zu objektiven Wahrheiten gelangen, ohne seine eigene Wahrheit zu denken. Aber wenn es darum geht, von der Objektivität zu sprechen, die man ist, und zugleich von der Subjektivität, die hinter dieser Objektivität steht und wie sie Teil des Menschen ist, dann muß man schreiben: «Ich, Sartre.» Und da dies zur Zeit noch nicht möglich ist, weil wir uns nicht genug kennen, kann man der Totalität von Objektivität und Subjektivität besser näherkommen, wenn man den Umweg über die Fiktion wählt.

CONTAT: Dann würden Sie also sagen, daß Sie Ihrer Wahrheit in den Figuren des Roquentin oder Mathieu nähergekommen sind als in *Die Wörter*?

SARTRE: Wahrscheinlich, oder vielmehr, ich glaube, daß *Die Wörter* nicht wahrer sind als *Der Ekel* oder *Die Wege der Freiheit*. Nicht, weil die Fakten nicht stimmten, sondern weil *Die Wörter* auch eine Art Roman sind, ein Roman, an den ich glaube, aber eben trotzdem ein Roman.

CONTAT: Als Sie sagten, es sei Zeit, endlich die Wahrheit zu sagen, konnte man dies auch so verstehen, daß Sie bisher nur gelogen hätten.

SARTRE: Nein, nicht gelogen, aber nur die halbe oder die viertel Wahrheit gesagt . . . Ich habe zum Beispiel die sexuellen und erotischen Beziehungen meines Lebens nicht beschrieben. Ich sehe übrigens keinen Grund, dies zu tun, außer in einer Gesellschaft, in der jeder mit offenen Karten spielt.

CONTAT: Aber Sie selbst, sind Sie sicher, alles über sich zu wissen? Sind Sie nie versucht gewesen, sich psychoanalysieren zu lassen?

SARTRE: Doch. Aber nicht, um Dinge ans Licht zu bringen, die ich von selbst nicht verstanden hätte. Als ich mich 1963 wieder an *Die Wörter* machte, die ich 1954 in einer ersten Fassung niedergeschrieben hatte, fragte ich einen befreundeten Psychoanalytiker, Pontalis, ob er mich analysieren wolle. Aber mehr aus intellektueller Neugier für die psychoanalytische Methode, als um mich besser zu verstehen. Er meinte, in Anbetracht unserer zwanzigjährigen freundschaftlichen Beziehungen sei ihm das unmöglich. Für mich war es übrigens nur so ein Einfall gewesen, ich habe nie wieder daran gedacht.

CONTAT: Aus Ihren Romanen kann man viele Schlüsse ziehen, wie Sie die Sexualität erlebt haben.

SARTRE: Ja, sogar aus meinen philosophischen Arbeiten. Aber das betrifft nur ein Moment meiner Sexualität und berücksichtigt zuwenig das Konkrete und Komplexe, als daß man mich wirklich darin finden könnte. Also, werden Sie sagen, warum darüber reden? Ich antworte, weil der Schriftsteller meiner Meinung nach von der ganzen Welt sprechen soll, indem er von sich selbst als Ganzem spricht.

Es ist die Aufgabe des Schriftstellers, von allem zu sprechen, das heißt, von der Welt als Objektivität als auch von der Subjektivität, die sich ihr entgegenstellt, im Widerspruch zu ihr steht. Der Schriftsteller soll über diese Totalität Aufschluß geben, indem er sie restlos aufdeckt. Darum muß er von sich selber sprechen, und das hat er ja auch immer getan, mehr oder minder gut, mehr oder minder vollständig, aber doch immer.

CONTAT: Worin liegt also das Spezifische des Schreibens? Von dieser Totalität kann man doch anscheinend auch mündlich sprechen, nicht wahr?

SARTRE: Im Prinzip ist das möglich. Tatsächlich aber habe ich im Gespräch nie soviel gesagt wie in meinen Schriften. Die Menschen sind nicht gewohnt, sich der gesprochenen Sprache zu bedienen. Die tiefgründigsten Gespräche, die es heute gibt, sind die unter Intellektuellen. Die Intellektuellen kommen der Wahrheit zwar nicht unbedingt näher als die Nichtintellektuellen, aber so wie die Dinge heute sind, haben sie Kenntnisse und eine Art zu denken – psychoanalytisch oder soziologisch, zum Beispiel –, die es ihnen ermöglichen, einen Punkt des Verständnisses ihrer selbst und anderer Menschen zu erreichen, der Nichtintellektuellen von Natur aus nicht zugänglich ist. Der Dialog spielt sich im allgemeinen so ab, daß jeder denkt, er wie auch der andere hätten alles gesagt, während in Wahrheit die eigentlichen Probleme erst jenseits des Gesagten beginnen.

CONTAT: Also, wenn Sie von der Wahrheit sprachen, die man endlich sagen müsse, so meinten Sie damit nicht Dinge, die Sie verschwiegen, sondern solche, die Sie vorher nicht verstanden hatten?

SARTRE: Es ging vor allem darum, mich in eine Position zu versetzen, von der aus für mich eine gewisse Art der Wahrheit sichtbar wurde, die ich noch nicht kannte. Es handelte sich darum, mit Hilfe einer wahren Fiktion – oder einer fiktiven Wahrheit – die Handlungen und Gedanken meines Lebens Revue passieren zu lassen, in dem Bestreben, daraus ein Ganzes zu machen und ihre scheinbaren Widersprüche und Grenzen dabei zu untersuchen, um zu sehen, ob es wirklich stimmt, daß diese Grenzen bestanden, ob man mich nicht gezwungen hat, manche Ideen als widersprüchlich zu betrachten, die es in Wirklichkeit gar nicht waren, und ob man diese oder jene meiner Handlungen richtig interpretiert hat.

CONTAT: Und vielleicht auch, um Ihrem eigenen System zu entkommen?

SARTRE: Ja, insofern es sein konnte, daß mein System nicht alles erklärte, mußte ich mich außerhalb stellen. Und da ich dieses System selbst geschaffen habe, besteht große Wahrscheinlichkeit, daß ich wieder in es zurückverfalle; das wäre der Beweis, daß die Wahrheit für mich außerhalb dieses Systems nicht erfaßbar ist. Es würde aber auch bedeuten, daß das System auf einer gewissen Ebene gültig bleibt, selbst wenn es nicht die tiefste Wahrheit erfaßt.

Die Wahrheit bleibt immer zu finden, weil sie unendlich ist. Das heißt nicht, daß man nicht *Wahrheiten* erlangen kann. Und ich glaube, hätte ich tun können, was ich in jener Novelle, die über meine Wahrheit Aufschluß geben sollte, vorhatte, dann hätte ich mit etwas Glück einige Wahrheiten gefunden, Wahrheiten nicht nur über mich, sondern auch über mein Zeitalter. Aber ich hätte nicht die ganze Wahrheit erlangt. Ich hätte nur durchblicken lassen, daß sie erreichbar ist – obgleich heute noch niemand imstande ist, sie zu erreichen.

CONTAT: Würden Sie sich mit dieser Frage beschäftigen, wenn Sie jetzt schreiben könnten?

SARTRE: Ja, in gewissem Sinn habe ich mich immer damit beschäftigt.

CONTAT: Man weiß aus den Memoiren von Simone de Beauvoir, daß Sie von 1957 an mit einem Gefühl äußerster Dringlichkeit gearbeitet haben. Simone de Beauvoir sagt, Sie hätten einen «verzehrenden Wettlauf mit der Uhr, mit dem Tod» geführt. Mir scheint, wenn Sie sich so gedrängt fühlten, dann deshalb, weil Sie meinten, Sie allein wären imstande, etwas zu sagen, was unbedingt gesagt werden muß. Ist das richtig?

SARTRE: In gewisser Hinsicht ja. Das ist so, seit ich die *Kritik der dialektischen Vernunft* geschrieben habe. Diese Arbeit hat an mir gezehrt, hat meine ganze Zeit in Anspruch genommen. Ich arbeitete zehn Stunden täglich und schluckte Corydranpillen – am Ende bis zu zwanzig am Tag –, und ich fühlte, daß ich um jeden Preis mit dem Buch fertig werden mußte. Die Amphetamine verhalfen mir dazu, mindestens dreimal so schnell zu denken und zu schreiben wie gewöhnlich, und ich hatte es eilig.

Damals hatte ich wegen der Ungarn-Ereignisse mit den Kommunisten gebrochen. Der Bruch war nicht total, aber die Verbindung war abgerissen. Vor 1968 repräsentierte die kommunistische Bewegung, wie es schien, die gesamte Linke, so daß der Bruch mit ihr eine Art Exil darstellte. Wenn man von dieser Linken abgeschnitten war, mußte man entweder nach rechts rücken, wie jene, die sich den Sozialisten anschlossen, oder eine Art Wartestellung einnehmen und versuchen – das war das einzige, was einem übrigblieb –, das zu Ende zu denken, was die Kommunisten einen nicht denken lassen wollten.

Die *Kritik der dialektischen Vernunft* zu schreiben, bedeutete für mich sozusagen, mit meinem eigenen Denken abzurechnen, frei von dem Zwang, den die Kommunistische Partei auf das Denken ausübte. Die *Kritik* wurde gegen die Kommunisten geschrieben, obwohl sie marxistisch ist. Ich war der Auffassung, daß die Kommunisten den wahren Marxismus völlig entstellt, verfälscht hätten. Heute denke ich nicht mehr ganz so.

CONTAT: Wir werden darauf zurückkommen. Kam das Gefühl der Dringlichkeit, das Sie verspürten, auch von den ersten Anzeichen des Alterns? 1954, in Moskau, zeigten sich zum erstenmal Störungen in Ihrer Gesundheit.

SARTRE: Das war keine ernste Störung – nur eine Krise, hervorgerufen durch überhöhten Blutdruck. Ich führte sie auf Überanstrengung bei diesem meinem ersten Besuch in der UdSSR zurück, der nicht sehr angenehm war und mich ermüdet hatte. Ich glaubte nicht, daß irgend etwas sich geändert hätte. Aber etwas später hatte ich diesen Eindruck, etwa als de Gaulle die Macht ergriff. Ich arbeitete gerade an den *Eingeschlossenen von Altona*, und eines Tages, im Winter 1958, wurde ich plötzlich sehr unsicher.

Ich erinnere mich an diesen Tag, ich war bei Simone Berriau: Ich hatte ein Gläschen Whisky getrunken und wollte das Glas auf den Tisch zurückstellen, ließ es aber danebenfallen; das war nicht Ungeschicklichkeit, sondern eine Gleichgewichtsstörung. Simone Berriau bemerkte es sogleich und sagte: «Gehen Sie zum Arzt, das ist sehr schlimm.» Und tatsächlich, einige Tage darauf, immer noch bei der Arbeit an den *Eingeschlossenen*, passierte es mir, daß ich Sätze ohne Sinn, ohne Zusammenhang mit dem Stück hinschrieb, und Simone de Beauvoir war ganz erschrocken.

CONTAT: Und Sie selbst, haben Sie in diesem Augenblick Angst gehabt?

SARTRE: Nein, aber ich erkannte, daß ich fertig war. Ich habe nie Angst gehabt. Aber ich legte eine Pause ein: zwei Monate lang, glaube ich, habe ich nichts getan. Dann habe ich die Arbeit wiederaufgenommen. Aber es hat die *Eingeschlossenen* um ein Jahr verzögert.

CONTAT: Mir scheint, daß Sie damals ein sehr starkes Gefühl der Verantwortung hatten, Ihren Lesern und sich selbst gegenüber, das Gefühl für jene «Gebote, die man Ihnen unter die Haut genäht» hatte, wie Sie in *Die Wörter* sagen: es ging, kurz gesagt, darum, zu schreiben oder zu krepieren. Wann haben Sie begonnen, sich auszuruhen, sofern Sie sich überhaupt je ausgeruht haben?

SARTRE: In den letzten Jahren, seit ich den *Flaubert* aufgegeben habe. Auch an diesem Buch habe ich mit großer Intensität gearbeitet, mit Hilfe von Corydran. Ich arbeitete daran mit Unterbrechungen fünfzehn Jahre lang, schrieb gelegentlich anderes und kehrte dann zum *Flaubert* zurück. Aber ich werde ihn nicht vollenden. Ich bin jedoch darüber nicht besonders unglücklich, denn ich glaube, das Wesentliche, was ich zu sagen hatte, in den ersten drei Bänden gesagt zu haben. Den vierten Band könnte ein anderer schreiben, ausgehend von den dreien, die ich geschrieben habe. Trotzdem, dieser unvollendete *Flaubert* nagt an mir wie ein schlechtes Gewissen. Nun, «schlechtes Gewissen» ist vielleicht zuviel gesagt, ich mußte die Arbeit ja schließlich auf Grund höherer Gewalt aufgeben. Ich *wollte* sie zu Ende bringen. Und dann war dieser vierte Band sowohl der schwierigste für mich als auch derjenige, der mich am wenigsten interessierte: die Untersuchung des Stils von *Madame Bovary*. Aber, wie gesagt, das Wesentliche ist getan, selbst wenn das Werk unvollendet bleibt.

CONTAT: Gilt das für Ihr gesamtes Werk? Man möchte fast sagen, eines der Hauptmerkmale dieses Werkes sei sein Unvollendetsein . . . Fühlen Sie sich dadurch . . .

SARTRE: . . . beunruhigt? Ganz und gar nicht. Denn alle Werke sind unvollendet: kein Mensch, der ein literarisches oder philosophisches Werk schafft, vollendet es. Was wollen Sie, da ist die Zeit!

CONTAT: Sie fühlen sich also heute nicht mehr von der Zeit gehetzt?

SARTRE: Nein, denn ich habe beschlossen – ich sage ausdrücklich: ich habe beschlossen –, daß ich alles gesagt habe, was ich zu sagen hatte. Dieser Beschluß bedeutet, daß ich alles streiche, was ich noch zu sagen hätte, daß ich es nicht sage, weil ich das, was ich geschrieben habe, für das Wesentliche halte. Der Rest, sage ich mir, ist nicht der Mühe wert – da sind so Versuchungen, einen Roman über dieses oder jenes Sujet zu schreiben, aber dann gibt man es auf.

Genaugenommen stimmt das nicht ganz: Wenn ich höhere Ansprüche an mich stellte, wie ein Mensch, der noch viele Jahre vor sich hat und bei guter Gesundheit ist, würde ich sagen, daß ich mein Werk noch nicht vollendet habe, daß ich noch nicht alles gesagt habe, was ich sagen wollte, bei weitem nicht. Aber das will ich mir nicht sagen. Wenn ich noch zehn Jahre zu leben habe, dann ist das sehr gut, gar nicht schlecht.

CONTAT: Und womit wollen Sie sich in diesen zehn Jahren beschäftigen?

SARTRE: Mit Arbeiten wie diese Sendungen, die ich jetzt vorbereite und die ich übrigens als Teil meines Werkes ansehe. Mit einem Buch, das ich gemeinsam mit Simone de Beauvoir angefangen habe – aufgezeichneten Gesprächen –, das die Fortsetzung der *Wörter* ist, diesmal aber nach Themen geordnet, nicht im Stil der *Wörter*, da ich ja keinen Stil mehr haben kann.

CONTAT: Aber Sie investieren weniger in die Projekte, von denen Sie sprechen.

SARTRE: Ich investiere weniger, weil ich nicht mehr soviel investieren kann. Weil ich mit siebzig Jahren nicht hoffen kann, in den zehn Jahren, die mir vielleicht noch bleiben, *den* Roman oder *das* philosophische Werk meines Lebens zu produzieren. Man weiß ja doch, was das für zehn Jahre sind, von siebzig bis achtzig . . .

CONTAT: Es geht also weniger darum, daß Sie fast erblindet sind, als um Ihr Alter?

SARTRE: Das Alter macht sich für mich nur durch die Halbblindheit bemerkbar – die ein Unglück ist, es hätte mich auch ein anderes treffen können – und durch die Nähe des Todes, der absolut unleugbar ist. Nicht, daß ich an ihn denke, ich denke nie an den Tod; aber ich weiß, daß er kommt.

CONTAT: Das wußten Sie schon lange!

SARTRE: Ja, aber ich dachte nicht daran, wirklich nicht. Wissen Sie, früher einmal habe ich mich sogar für unsterblich gehalten, bis dreißig etwa. Aber heute weiß ich, daß ich sehr sterblich bin, ohne daß ich deshalb dauernd an den Tod denke. Ich weiß ganz einfach, daß ich mich in meiner letzten Lebensphase befinde und mir also gewisse Werke versagt sind. Wegen ihres Umfangs, nicht wegen ihrer Schwierigkeit, denn ich glaube, daß meine Intelligenz im großen und ganzen noch die gleiche ist wie vor zehn Jahren. Wichtig für mich ist, daß ich getan habe, was zu tun war. Gut oder schlecht, darauf kommt es nicht so an, Hauptsache, ich habe es versucht. Und dann, es bleiben ja noch zehn Jahre.

CONTAT: Sie erinnern mich an Gides *Theseus*: «Ich habe mein Werk getan, ich habe gelebt . . .» Er war damals fünfundsiebzig und ebenso gelassen, ebenso zufrieden mit der Erfüllung seiner Pflicht. Sagen Sie dasselbe?

SARTRE: Genau.

CONTAT: Im selben Geist?

SARTRE: Man müßte noch anderes hinzufügen. Ich denke nicht auf die gleiche Weise wie Gide an meine Leser. Ich denke nicht ebenso wie er an die Wirkung eines Buches. Ich denke von der kommenden Gesellschaft nicht so, wie er es getan hat. Aber um einzig das Individuum zu nehmen, ja, in gewissem Sinn: gut, ich habe getan, was ich zu tun hatte.

CONTAT: Sie sind mit Ihrem Leben zufrieden?

SARTRE: Sehr. Ich glaube, mit mehr Glück hätte ich mehr tun und es besser machen können.

CONTAT: Und auch, wenn Sie sich mehr geschont hätten. Denn schließlich haben Sie bei der Arbeit an der *Kritik der dialektischen Vernunft* mit Ihrer Gesundheit Schindluder getrieben.

SARTRE: Wozu ist die Gesundheit gut? Es ist mehr wert, die *Kritik der dialektischen Vernunft* zu schreiben – ich sage das ohne Stolz –, es ist mehr wert, etwas Umfassendes, Geschlossenes, Wichtiges zu schreiben, als gesund zu sein.

CONTAT: Vor einigen Monaten sagten Sie halb im Scherz, halb melancholisch: «Ich sinke im Wert, ich bin ein ‹has been›.» Haben Sie das Gefühl, verkannt zu sein?

SARTRE: Verkannt, nein, wenn man darunter das versteht, was einigen Dichtern und Schriftstellern im neunzehnten Jahrhundert widerfahren ist. Aber nicht sehr bekannt, das schon.

CONTAT: Als Kind hatten Sie zwei Ambitionen: ein Werk zu schaffen und berühmt zu werden. In welchem Augenblick wußten Sie, daß es Ihnen gelungen war?

SARTRE: Ich habe immer daran geglaubt, daß es mir gelingen wird; folglich hatte ich nie ein sehr klares Erfolgsgefühl. Aber schließlich, nach dem Krieg, war das Spiel für mich gewonnen.

CONTAT: Mit anderen Worten, dieser eher belastende Ruhm, der Ihnen 1945 zugefallen ist . . .

SARTRE: Sehr belastend . . .

CONTAT: Hat er Ihnen auch Freude gemacht?

SARTRE: Sehen Sie, nein; denn damit waren so viele Beschimpfungen und sogar Verleumdungen verbunden, daß er mir lästig wurde. Es war nicht zum Verzweifeln, durchaus nicht, da ich später auch Zustimmung fand. Aber im Anfang hat der Ruhm mich in der unangenehmsten Form getroffen: als Haß.

CONTAT: Stört Sie der Haß?

SARTRE: Nein, jetzt nicht mehr. Aber damals habe ich ihn zu spüren bekommen. Ich hatte gerade die deutsche Okkupation überstanden, die kein Spaß war, und stieß bei meinen Zeitgenossen auf Haß. Das erschien mir merkwürdig. Aber schließlich löste sich alles sehr zufriedenstellend. Man haßte mich zwar immer noch, aber das Entscheidende war, daß die jungen Leute ein gutes Verhältnis zu mir hatten. Bis ungefähr 1965. Ich möchte damit sagen, daß der Mai 68 ohne mein Zutun gekommen ist, ich hatte sein Kommen nicht einmal bemerkt. Dann, nach 1968, um 1969, habe ich mich den Jungen, oder einigen von ihnen, genähert und hatte weiterhin ein junges Publikum. Jetzt ist es anders, beginnt es anders zu werden: es ist Zeit, zu packen . . .

CONTAT: Sie bedauern, daß die jungen Intellektuellen Sie nicht *mehr* lesen und Sie auf Grund falscher Vorstellungen kennenlernen?

SARTRE: Ja, das ist bedauerlich für mich.

CONTAT: Für Sie oder für jene?

SARTRE: Um die Wahrheit zu sagen, auch für jene, glaube ich. Aber das wird wohl vorübergehen.

CONTAT: Dann stimmen Sie der Voraussage von Roland Barthes sicher gern zu, der kürzlich gesagt hat, daß man Sie wiederentdecken wird, und zwar bald und ganz von selbst?

SARTRE: Ich hoffe es.

CONTAT: Und welchen Teil Ihres Werkes wünschten Sie von der jungen Generation aufgegriffen zu sehen?

SARTRE: Die *Situationen*, den *Genet*, die *Kritik der dialektischen Vernunft* und *Der Teufel und der liebe Gott*. Die *Situationen* kommen von allen meinen nichtphilosophischen Werken der Philosophie am nächsten: sie sind kritisch und politisch. Von ihnen würde ich gerne sehen, daß sie blieben, daß man sie läse. Und dann auch *Der Ekel*. Der ist mir, vom rein literarischen Standpunkt aus betrachtet, am besten gelungen.

CONTAT: Nach dem Mai 68 sagten Sie: «Wenn man meine Bücher wieder liest, alle, wird man merken, daß ich mich im Grunde nicht geändert habe und immer ein Anarchist geblieben bin . . .»

SARTRE: Das ist richtig. Das wird man auch an den Sendungen erkennen, die ich für das Fernsehen vorbereite. Aber ich habe mich insofern geändert, als ich damals, da ich den *Ekel* schrieb, Anarchist war, ohne es zu wissen: es war mir nicht klar, daß das, was ich schrieb, als anarchistisch verstanden werden konnte, ich sah nur die Beziehung zur metaphysischen Idee des *Ekels*, zur metaphysischen Idee der Existenz. Später entdeckte ich durch die Philosophie den Anarchisten in mir. Aber ich entdeckte ihn nicht unter dieser Bezeichnung, denn der Anarchismus von heute hat nichts mehr mit dem Anarchismus von 1890 zu tun.

CONTAT: Sie haben sich aber nie mit der anarchistischen Bewegung identifiziert.

SARTRE: Niemals. Im Gegenteil, ich habe ihr sehr ferngestanden. Aber ich habe nie eine Macht über mir geduldet und war immer der Meinung, daß die Anarchie, das heißt, eine Gesellschaft ohne Macht, verwirklicht werden muß.

CONTAT: Sie sind, mit einem Wort, der Denker eines neuen Anarchismus, eines freiheitlichen Sozialismus. Ist das der Grund, warum Sie nicht protestieren, wenn ein Freund Ihnen versichert, Sie seien der Marx des einundzwanzigsten Jahrhunderts?

SARTRE: Ach, wissen Sie, solche Prophezeiungen . . . Und warum sollte ich schließlich protestieren, da ich ja wünsche, daß man mich noch in hundert Jahren liest – wenngleich ich mir dessen nicht so sicher bin. Aber ich wünsche mir, daß man an meine Arbeit anknüpft und über sie hinausgeht.

CONTAT: Wissen Sie, daß Sie, obwohl Sie jede Macht ablehnen, selbst Macht ausgeübt haben?

SARTRE: Ich habe eine falsche Macht gehabt: die Macht des Lehrers. Aber die reale Macht eines Lehrers besteht beispielsweise darin, das

Rauchen im Klassenzimmer zu verbieten – was ich nicht getan habe – oder Schüler durchfallen zu lassen – ich gab immer gute Noten. Ich übermittelte Wissen; meiner Meinung nach ist das keine Macht, oder es hängt davon ab, wie man unterrichtet. Fragen Sie Bost, ob ich Macht über meine Schüler hatte oder zu haben glaubte.

CONTAT: Meinen Sie nicht, daß der Ruhm Ihnen Macht verliehen hat?

SARTRE: Ich glaube nicht. Vielleicht fragt mich ein Polizist etwas höflicher nach meinen Papieren. Darüber hinaus wüßte ich nicht, was für eine Macht ich haben sollte. Ich glaube nicht, je eine andere Macht gehabt zu haben als die der Wahrheiten, die ich sage.

CONTAT: Wollen Sie damit sagen, Ihre Macht beruhe auf der moralischen Autorität, die Sie mit Ihren Büchern erworben haben?

SARTRE: Aber ich habe keine Macht! Sagen Sie mir doch, was für eine Macht ich habe. Ich bin ein Staatsbürger wie jeder andere . . .

CONTAT: Nicht jeder beliebige Staatsbürger kann beispielsweise den Vorsitz beim Russell-Tribunal führen . . .

SARTRE: Inwiefern ist das eine Macht? Eines schönen Tages sind Leute zu mir gekommen und haben gesagt: «Es soll da ein Tribunal über Vietnam gebildet werden, wollen Sie daran teilnehmen?» Ich sagte ja. «Sind Sie bereit, den Vorsitz zu führen?» – «Wenn Sie es für nützlich halten, gern.» – So ist es gewesen. Danach hat man mich Präsident tituliert, als ich in Schweden und dann in Dänemark war, um an dem Tribunal teilzunehmen. Aber ich hatte nicht mehr Macht als jeder andere Delegierte dort.

CONTAT: Wenn die amerikanische Regierung auch nicht vor dem Russell-Tribunal gezittert hat, so war es doch eine Kraft, die sie nicht gänzlich ignorieren konnte, da Ihr moralisches Ansehen und das der anderen Tribunal-Mitglieder den Anklagen Gewicht verlieh und so die Weltöffentlichkeit beeinflussen konnte.

SARTRE: Das hofften wir. Aber soviel ich nach meinen Kontakten mit Amerikanern beurteilen kann, habe ich den Eindruck, daß das Russell-Tribunal die Regierung der USA völlig kalt gelassen hat. Was die Weltöffentlichkeit betrifft, so weiß ich nicht genau, was das ist . . . Wir hofften, die Schlußfolgerungen des Tribunals würden von den Völkern aufgegriffen werden und nicht bloß die Schlußfolgerungen einer Anzahl von Personen bleiben, die sich auf das durch die Nürnberger Prozesse etablierte internationale Recht beriefen, und man kann nicht sagen, daß dies geschehen ist. Sie sehen also, in dieser Angelegenheit war es nicht weit her mit meiner Macht . . .

CONTAT: Im Grunde fällt es Ihnen schwer, Ihre eigene Berühmtheit zu ermessen . . .

SARTRE: Ich weiß nichts davon. Zur Zeit weiß ich nicht einmal, ob das, was ich sage, noch zählt, oder ob nicht die anderen literarischen und philosophischen Strömungen, die heute die geistige Welt beherrschen, mich völlig in den Schatten gestellt und überdeckt haben.

CONTAT: Möglich, daß Deleuze oder Foucault heute von den jungen französischen Intellektuellen mehr gelesen werden als Sie. Trotzdem sind sie lange nicht so berühmt, und bestimmt werden sie im Ausland weniger gelesen. Als Sie Andreas Baader im Gefängnis besuchen wollten, hat man Ihnen die Genehmigung dazu gegeben. Warum? Weil Sie eine Berühmtheit sind. Ein Teil der deutschen Presse hat Sie beschimpft. Warum? Weil man Ihren Widerhall fürchtete . . .

SARTRE: Aber sonst hat es keine Wirkung gegeben als eben diesen heiligen Zorn der Presse und der Leute, die mir geschrieben haben. Mit anderen Worten, ich glaube, mein Besuch bei Baader war ein Mißerfolg. Durch ihn ist die öffentliche Meinung in Deutschland nicht geändert worden. Er hat sogar der Sache, die ich fördern wollte, eher geschadet.

Ich konnte bei meiner Pressekonferenz noch so viel sagen, es ginge mir nicht um die Straftaten, die Baader zur Last gelegt werden, sondern nur um seine Haftbedingungen – die Journalisten glaubten dennoch, daß ich die politischen Handlungen Baaders guthieße. Es war also meiner Meinung nach ein Mißerfolg, aber ich würde es trotzdem wieder tun.

CONTAT: Doch ob Sie wollen oder nicht, Sartre, Sie sind nicht irgendwer . . . Manche Leute waren schockiert vom letzten Satz der *Wörter*: «Was bleibt, wenn ich das unmögliche Heil in die Requisitenkammer verbanne? Ein ganzer Mensch, gemacht aus dem Zeug aller Menschen, und der soviel wert ist wie sie alle und soviel wert wie jedermann.» Sie meinen, wenn einer behauptet, wie jedermann zu sein, dann ist er es schon nicht mehr.

SARTRE: Das ist ein monumentaler Irrtum. Fragen Sie auf gut Glück jemanden auf der Straße, was er ist: Er ist ein Mensch, ein ganzer Mensch und nichts anderes, wie jedermann.

CONTAT: Er steckt wahrscheinlich in totaler Anonymität und in einem Leben, das er verabscheut: er ist nur eine Nummer in einer Serie! Viele Menschen leiden gerade unter dieser Anonymität, und sie wären zu allem bereit, um nicht mehr nur irgendwer zu sein . . .

SARTRE: Aber irgendwer zu sein heißt doch nicht anonym sein! Man ist man selbst, ganz man selbst, in seinem Dorf, in seinem Betrieb oder in der Großstadt, und man hat Beziehungen zu anderen wie irgendwer . . . Warum sollte das Individuum etwas Anonymes sein?

CONTAT: Sie selbst, Sartre, haben aber doch gewünscht, berühmt zu werden . . .

SARTRE: Ich weiß nicht, ob ich es heute noch wünsche. Ich wünschte es vor dem Krieg, vor 1939, und wohl auch noch nachher, in den paar Jahren, in denen man mich beschimpft hat, wie Sie wissen. Aber jetzt . . .

CONTAT: Das sage ich ja: jetzt sind Sie berühmt . . .

SARTRE: Ich bin es, aber ich merke nichts davon. Ich bin hier, ich plaudere mit Ihnen. Schön, das wird dann im *Observateur* veröffentlicht, aber das ist mir im Grunde ziemlich gleichgültig . . .

CONTAT: Wenn Sie wünschten, berühmt zu sein, so war das eine Art zu existieren. Ein Freund von mir hat unlängst gesagt: «*Cogito, ergo sum* bedeutet heute: Man schreibt über mich in der Zeitung, also bin ich.»

SARTRE: Wenn einer berühmt sein will, dann will er nicht nur das: er will alles. Er will im Gedächtnis der Menschen bleiben, unabhängig von den Blättern, die ihn verewigen. Er will, daß die Menschen ihn lesen, weil sie sich seiner erinnern, nicht umgekehrt. Ich habe nie gemeint, daß mich Zeitungen oder irgendwelche Schriften über mich unsterblich machen und befriedigen könnten. Diese Rolle hatte ich meinem Werk zugedacht – noch bevor ich die erste Zeile geschrieben hatte: mein Werk sollte mich unsterblich machen, denn mein Werk, das war ich. Und niemand außer mir selbst konnte sich mit mir beschäftigen. Die anderen mögen daraus Nutzen ziehen oder auch nicht. Aber um zu wissen, wer ich wirklich bin und was ich wert bin, hätte ich einen perfekten Psychoanalytiker gebraucht, und den gibt es nicht.

CONTAT: In *Die Wörter* erklären Sie, daß Ihr Verlangen nach Ruhm eine Folge Ihrer Todesfurcht war und auch eine Folge Ihres Gefühls der Zufälligkeit, der unbegründeten Unverbindlichkeit Ihrer Existenz.

SARTRE: Genau. Und wenn man dieses Gefühl einmal hat, dann hilft nichts: man ist immer ungerechtfertigt. Und dann, wie Sie wissen, ist mir der Gedanke an den Ruhm nicht von selbst gekommen: ich habe ihn in den Büchern gefunden. Man ist ein Junge wie die anderen und möchte ein bißchen besser sein als die anderen: das impliziert noch nicht Ruhm. Ruhm ist eine Idee aus der Literatur: Ein Kind, das um 1910 zum erstenmal mit der Literatur in Berührung kam, fand dort eine ganze literarische Ideologie, die aus dem vorigen Jahrhundert stammte und ein Ensemble von Imperativen bildete, etwas, was ich «Literatur als Aufgabe» nannte. Da waren Autoren wie Flaubert, für den Literatur und Tod, Ruhm und Unsterblichkeit ein und dasselbe ist. Also habe ich es aufgeschnappt. Ich habe lange gebraucht, um es wieder loszuwerden.

CONTAT: Und meinen Sie nicht, daß in einer Gesellschaft, die ihre Mitglieder nicht von vornherein legitimiert – wie die theokratische oder die Feudalgesellschaft –, sich nicht mehr oder minder jeder nach Ruhm sehnt?

SARTRE: Ein einzelner wird durch die Gesellschaft legitimiert, wenn er es will. In Wirklichkeit ist er durch nichts legitimiert, aber die meisten

Menschen merken das gar nicht. Eine Mutter wird durch ihre Kinder legitimiert, eine Tochter durch ihre Mutter usw. Sie finden unter sich einen Dreh . . .

Contat: Zweifellos. Aber liegt es nicht daran, daß Sie sich in Ihrer Kindheit ohne jede Legitimation gefühlt haben, wenn Sie so stark wünschten, berühmt zu werden, und es dann auch geworden sind?

Sartre: Ja, das glaube ich. Ich glaube, man wird berühmt, wenn man es will, nicht durch angeborene Gaben oder Veranlagungen. Aber was schließen Sie aus all dem?

Contat: Ich denke, Sie begreifen kaum, was Sie für die anderen bedeuten. Es war, glaube ich, Claude Roy, der gesagt hat: «Sartre weiß nicht, daß er Sartre ist.»

Sartre: Ich weiß es ganz und gar nicht. Aber ich glaube, Sie wissen es auch nicht.

Contat: Ich weiß, was Sie für mich sind.

Sartre: Ja, aber Sie sind einer meiner Freunde, die mich nicht als eine Persönlichkeit sehen. Doch was die Leute betrifft, die mich nicht kennen, wie soll ich wissen, was ich für sie bin? Ich mache mir kein greifbares – für mich greifbares – Bild von mir selbst. Es gibt Leute, die sagen, nachdem sie mich gesehen haben: «Er wirkt überhaupt nicht einschüchternd!» Sie haben also erwartet, daß ich so wirke. Andere sagen mir: «Ihre Bücher haben mir gut gefallen.» Aber all das gibt mir keine äußere Statur, all das repräsentiert nur Beziehungen zu mir, sonst nichts.

Contat: Aber zugleich begegnen Sie Ihrem Namen ständig in der Zeitung, bald auch im Fernsehen oder in Werken, die sich mit Ihnen beschäftigen. Sie wissen sehr gut, daß Sie in der Öffentlichkeit besser bekannt sind als die meisten Menschen.

Sartre: Ja, das kann ich mir vorstellen. Obwohl ich es heute nicht mehr weiß. Seit einigen Jahren weiß ich es nicht mehr.

Contat: Sie sagen das mit Bedauern?

Sartre: Nein, es ist mir egal. Ich wollte über die Welt und über mich selbst schreiben, und das habe ich getan. Ich wollte gelesen werden, und das ist geschehen. Wenn man viel gelesen wird, gilt man als berühmt. Gut, einverstanden, ich bin berühmt . . . Das ist das Leben, von dem ich als Kind geträumt habe; in gewisser Weise habe ich es bekommen. Aber es stellte etwas anderes dar, ich weiß nicht mehr genau, was. Und das habe ich nicht bekommen . . .

Contat: Man sagt, Sie seien ein Meister der Publizität . . .

Sartre: Das halte ich für falsch. Ich habe mich nie um Publizität bemüht.

Contat: Sie haben Skandale erregt.

Sartre: Nun, aber schon lange nicht mehr.

CONTAT: Noch vor ganz kurzer Zeit mit dem Besuch bei Baader.

SARTRE: Die Zeitungen haben geschrieben, ich sei senil. Auch wenn sie mich damit nur herabsetzen wollten, so hatten sie es doch bis dahin nicht ausgesprochen. Das macht das Alter. Sehen Sie, wir kommen immer wieder auf dasselbe Thema zurück.

CONTAT: Obwohl in alldem, was wir eben besprochen haben, das Alter keine große Rolle gespielt hat. Seit wann fühlen Sie sich alt werden?

SARTRE: Das ist kompliziert, denn die Tatsache, daß ich nicht mehr richtig sehe, daß ich nur noch einen Kilometer weit gehen kann usw. – das ist in gewisser Weise das Altwerden. Das sind Leiden, mit denen ich leben kann, die aber damit zu tun haben, daß ich am Ende meines Weges bin. In diesem Sinn ist es also richtig. Andererseits denke ich kaum daran. Ich sehe mich, ich fühle mich, ich arbeite, als ob ich fünfundvierzig oder fünfzig wäre. Ich habe nicht das Gefühl, alt zu sein. Doch mit siebzig ist man ein alter Mann.

CONTAT: Glauben Sie, daß es den meisten Menschen in Ihrem Alter ebenso ergeht?

SARTRE: Das weiß ich nicht. Das kann ich Ihnen nicht sagen. Ich mag Leute meines Alters nicht. Alle Menschen, die ich kenne, sind viel jünger als ich. Mit ihnen verstehe ich mich am besten: sie haben die gleichen Bedürfnisse, das gleiche Nichtwissen, das gleiche Wissen wie ich. Die Menschen, die ich am häufigsten sehe, fast täglich, sind jetzt Pierre Victor und Philippe Gavi. Sie sind dreißig. Und mit Ihnen habe ich durchaus das Gefühl, nicht älter zu sein als Sie. Ich weiß, daß Sie viel jünger sind, aber ich spüre es nicht.

CONTAT: Was stört Sie an Menschen Ihres Alters?

SARTRE: Sie sind alt! Sie fallen einem auf die Nerven.

CONTAT: *Sie* fallen mir nicht auf die Nerven.

SARTRE: Ja, aber ich bin auch nicht wie die anderen alten Leute. Die Alten halten an ihren Ansichten fest, sie haben fixe Ideen, sie fühlen sich verstört durch das, was man heute schreibt . . . Oh, sie fallen einem auf die Nerven! In den meisten Fällen ist das Alter eine Strafe. Alte Menschen verlieren alles, was frisch an ihnen war. Es ist mir sehr peinlich, alte Leute zu treffen, die ich als junge gekannt habe. Die ältesten, mit denen ich mich noch unterhalten könnte, sind die Leute von *Les Temps Modernes*, die fünfzehn oder zwanzig Jahre jünger sind als ich. Das geht gerade noch. Aber normalen Kontakt habe ich mit Dreißigjährigen.

CONTAT: Und sind es die jungen Leute, die den Kontakt zu Ihnen suchen?

SARTRE: Ich bin es jedenfalls nicht.

CONTAT: Das ist übrigens etwas Erstaunliches an Ihnen: Sie ergreifen nie die Initiative, um eine Begegnung herbeizuführen.

SARTRE: Nie. Ich bin nicht neugierig auf Menschen.

CONTAT: Trotzdem haben Sie einmal geschrieben: «Ich habe die Leidenschaft, Menschen zu verstehen.»

SARTRE: Ja. Wenn ein Mensch erst einmal vor mir steht, wünsche ich leidenschaftlich, ihn zu verstehen, aber ich würde keinen Schritt tun, um ihm zu begegnen.

CONTAT: Das ist die Haltung eines Einzelgängers.

SARTRE: Einzelgänger, ja. Aber wohlgemerkt, ich bin ja von Menschen umgeben, aber von Frauen. Es hat mehrere Frauen in meinem Leben gegeben; Simone de Beauvoir war zwar in gewisser Weise die einzige, aber es waren doch mehrere.

CONTAT: Das muß Sie viel Zeit kosten. Und es muß Sie schon viel Zeit gekostet haben, als Sie im Grunde nichts anderes wünschten, als zu schreiben. Sie haben mir einmal gesagt: «Das einzige, das ich wirklich gern tue, ist an meinem Schreibtisch sitzen und schreiben, am liebsten über Philosophie.»

SARTRE: Ja, das liebe ich wirklich. Und man hat immer versucht, mich von meinem Schreibtisch wegzuziehen: ich mußte ausbrechen, um wieder dorthin zurückzukehren.

CONTAT: Aber Sie sind nicht gern allein, wenn Sie nicht schreiben?

SARTRE: In manchen Fällen bin ich gern allein. Vor dem Krieg beispielsweise bin ich gern, wenn Castor[1] keine Zeit hatte, allein ins «Balzar» essen gegangen: ich fühlte mein Alleinsein.

CONTAT: Das ist Ihnen nach dem Krieg nicht oft passiert . . .

SARTRE: Ich erinnere mich, daß ich vor drei oder vier Jahren einen Abend ganz allein verbrachte, und das war ein Genuß. Es war bei einer Freundin, die nicht zu Haus war. Ich habe getrunken. Ich war stockbesoffen. Ich bin zu Fuß nach Haus gegangen, und Puig, mein Sekretär, der gekommen war, um nachzusehen, ob alles in Ordnung sei, ist mir von weitem gefolgt. Dann bin ich gestürzt, er hat mir auf die Beine geholfen, mich gestützt und nach Hause gebracht. Das also hatte ich aus meinem Alleinsein gemacht. Und wenn ich zu Simone de Beauvoir sage, ich sei gern allein und man hindere mich daran, erwidert sie immer: «Da kann ich nur lachen.»

CONTAT: Wie leben Sie heute?

SARTRE: Mein Leben ist sehr einfach geworden, da ich mich nicht mehr viel bewegen kann. Um halb neun stehe ich auf. Oft übernachte ich bei Simone de Beauvoir und kehre nach Hause zurück, nachdem ich unterwegs in einem Café gefrühstückt habe. Im Montparnasse fühle ich mich

1 Simone de Beauvoir.

zu Hause. Vor dem Krieg lebte ich lange in einem kleinen Hotel, dem Hotel «Mistral», das immer noch steht, in der Rue Cels, zwischen dem Montparnasse-Friedhof und der Avenue de Maine, und dann auch in einem Hotel in der Rue de la Gaité. Als ich aus Saint-Germain-des-Prés wegzog, nachdem man mir eine Bombe in meine Wohnung in der Rue Bonaparte 42 gelegt hatte, lebte ich zwölf Jahre am Boulevard Raspail 222. Jetzt wohne ich in der Nähe des Neuen Turms. Fast alle meine Freunde wohnen im Montparnasse, und ich kenne die Leute des Viertels ein bißchen, die Kellner im Café, die Zeitungsverkäuferin, ein paar Händler.

CONTAT: Sie sind also ein bißchen eine «Gestalt vom Montparnasse» . . .

SARTRE: O nein. Manchmal höre ich zwar unterwegs sagen: «Sieh mal, da geht Jean-Paul Sartre.» Aber das sind bestimmt keine Leute aus meinem Viertel, die sind daran gewöhnt, mich zu sehen. In der «Coupole» waren oft Leute, die mich um ein Autogramm baten oder mir alle möglichen Fragen stellten; deshalb gehe ich nicht mehr hin. Wenn ich im Café sitze, will ich in Ruhe gelassen werden . . .

CONTAT: Und dieses gewisse Raunen, das sich erhebt, wenn Sie an einem öffentlichen Ort erscheinen, das stört Sie nicht?

SARTRE: Nein, davon nehme ich keine Notiz. Aber ich kenne Leute, denen das besonders unangenehm ist, wenn sie mich begleiten. Wissen Sie, so etwas ist nicht unbedingt feindselig gemeint, es entspricht eher einer indifferenten Bemerkung, wie: «Sieh mal, da geht der und der.»

CONTAT: Macht es Ihnen Freude, wenn Unbekannte Ihnen Freundschaft bezeigen?

SARTRE: Das kommt sehr selten vor. Es gibt Leute, die mir sagen, daß sie mich mögen; aber ich bin nicht verpflichtet, es zu glauben.

CONTAT: Und dieses Caféleben, halten Sie daran fest?

SARTRE: Ja, das ist mein Leben, so habe ich immer gelebt. Es ist nicht direkt ein Caféleben: ich esse spät zu mittag, so um zwei Uhr, und bleibe bis vier im Café. Von Zeit zu Zeit, aber nicht oft, gehe ich mit Simone de Beauvoir in ein Restaurant zum Abendessen. Sie entdeckt dann und wann eines, das ich ausprobieren soll; ich selbst wäre nicht neugierig genug.

CONTAT: Kommen Sie jetzt mit vielen Menschen zusammen?

SARTRE: Es sind immer dieselben, aber sehr wenige. Vor allem Frauen, die mir mein Leben lang nahestanden. Und dann drei oder vier Männer, regelmäßig alle vierzehn Tage, am Mittwoch, die Leute von *Les Temps Modernes*.

CONTAT: Woher kommt diese Regelmäßigkeit in Ihren Gewohnheiten? Jede Woche verläuft wie die vorherige, jeden Freund sehen Sie an einem bestimmten Tag, zu einer bestimmten Stunde, und es sind immer dieselben . . .

SARTRE: Ich glaube, das kommt daher, daß man regelmäßige Gewohnheiten haben muß, wenn man beim Schreiben produktiv sein will. Ich habe in meinem Leben nicht nur drei Romane geschrieben, sondern viele, viele Seiten. Ohne Arbeitsdisziplin kann man kein einigermaßen umfängliches Werk schreiben. Außerdem habe ich überall geschrieben. So beispielsweise *Das Sein und das Nichts* auf einem kleinen Berggipfel in den Pyrenäen, auf einer Radtour mit Simone de Beauvoir und Bost. Ich war als erster dort, setzte mich auf den Boden, auf die Steine, und begann zu schreiben. Dann kamen die anderen, setzten sich zu mir, und ich schrieb weiter.

Natürlich habe ich viel im Café geschrieben. So sind der *Aufschub* und *Das Sein und das Nichts* zum großen Teil in der «Coupole», in den «Trois Mousquetaires» und im «Flore» entstanden. Aber von 1945–1946 an, als ich bei meiner Mutter in der Rue Bonaparte wohnte, und dann später, nach 1962, am Boulevard Raspail, habe ich fast immer in meinem Arbeitszimmer geschrieben. Auch auf Reisen habe ich gearbeitet, und ich bin viel gereist . . .

Meine Gewohnheiten stammen also aus der Zeit, als ich mein Leben nach meinen Arbeitsstunden organisierte: von halb zehn oder zehn bis halb zwei, und dann wieder von fünf oder sechs bis neun. So habe ich mein ganzes Leben gearbeitet. Jetzt sind dies ein wenig leere Stunden. Aber ich halte daran fest, ich habe denselben Stundenplan. Um diese Zeit zum Beispiel, um halb elf, elf Uhr, treffe ich gewöhnlich bei mir zu Hause meine Kollegen, die mit Simone de Beauvoir und mir die Sendungen machen, und wir arbeiten dann bis halb zwei, zwei Uhr. Dann gehe ich in ein Restaurant in der Nähe zum Mittagessen und kehre gegen halb fünf nach Hause zurück.

Gewöhnlich ist dann Simone de Beauvoir da, wir plaudern eine Weile, dann liest sie mir vor, entweder aus den Werken, die wir für die Sendungen brauchen, oder irgendein Buch oder *Le Monde*, *Libération* und andere Zeitungen. Das geht so bis halb neun, neun Uhr, um diese Zeit gehen wir meist in Simone de Beauvoirs Studio beim Montparnasse-Friedhof und verbringen gemeinsam den Abend; fast immer hören wir Musik, oder sie liest mir weiter vor. Schlafen gehe ich mehr oder weniger immer zur gleichen Zeit, so gegen halb eins.

CONTAT: Die Musik spielt in Ihrem Leben eine große Rolle. Nur wenige Leute wissen das . . .

SARTRE: Die Musik hat mir viel bedeutet, als Zerstreuung ebenso wie als wichtiger Bestandteil der Kultur. In meiner Familie waren alle musikalisch: mein Großvater spielte Klavier und Orgel, meine Großmutter war eine recht gute Pianistin, und auch meine Mutter spielte gut Klavier und sang außerdem. Meine beiden Onkel – vor allem Onkel Georges, dessen Frau ebenfalls hochmusikalisch war – waren ausgezeichnete Pianisten, und wie Sie wissen, war mein Cousin Albert kein schlechter Organist. Kurz, bei den Schweitzers machten alle Musik, und ich habe meine ganze Kindheit in einer musikalischen Atmosphäre verbracht.

Mit acht oder neun Jahren erhielt ich Klavierunterricht. Dann tat ich nichts mehr, bis ich zwölf Jahre alt war, in La Rochelle. Dort, in dem Haus, wo ich mit meiner Mutter und meinem Stiefvater wohnte, gab es einen großen Salon, der nur für Gesellschaften benutzt wurde, und in diesem Salon stand ein Flügel. Also habe ich auf eigene Faust weitergelernt, zuerst spielte ich Klavierauszüge aus Operetten und später dann vierhändig mit meiner Mutter – zum Beispiel Mendelssohn. Nach und nach kamen schwierigere Stücke dran, Beethoven, Schumann und schließlich Bach, mit einem nicht sehr korrekten Fingersatz, aber ich erreichte schließlich beinahe die vorgeschriebenen Tempi; ich spielte ohne Präzision, im großen und ganzen aber im Takt.

Zuletzt konnte ich auch recht schwierige Sachen spielen, Chopin und Beethoven-Sonaten, außer den letzten, die sehr schwierig sind; von diesen spielte ich nur Teile. Und ich spielte Schumann, Mozart und auch Arien aus Opern und Operetten, die ich mitsang; ich hatte eine Baritonstimme, habe sie aber nie ausgebildet. Auch das Klavierspiel habe ich nicht richtig studiert; ich habe nie Geläufigkeitsübungen gemacht; ich wiederholte aber dieselben Stücke so oft, bis sich mein Spiel hören lassen konnte. Mit zweiundzwanzig Jahren habe ich sogar Klavierstunden gegeben, als ich an der École Normale war. Das Klavierspielen war am Ende wichtig für mich geworden. Zum Beispiel kam Simone de Beauvoir oft nachmittags zu mir in die Rue Bonaparte, um zu arbeiten. Sie las oder schrieb, und ich setzte mich dann ans Klavier, oft für zwei Stunden. Ich spielte zu meinem Vergnügen, entweder ein neues Stück vom Blatt oder zum soundsovielten Male ein Präludium oder eine Fuge von Bach, eine Sonate von Beethoven.

CONTAT: Haben Sie auch Freunden vorgespielt?

SARTRE: Nein, niemand hat mich je darum gebeten. Später habe ich mit meiner Adoptivtochter Arlette gespielt; sie sang oder spielte Flöte, und ich begleitete sie. Wir haben das viele Jahre lang gemacht, aber jetzt kann ich leider nicht mehr spielen. Ich habe übrigens damit schon aufgehört, bevor das mit den Augen begann, weil meine Finger die Beweglichkeit verloren hatten und ich Koordinationsschwierigkeiten hatte. Dafür höre ich jetzt mehr Musik als früher. Ich kann sagen, ich habe eine gute musikalische Bildung, von der Barockmusik bis zur atonalen Musik.

Fast jeden Abend hören Simone de Beauvoir und ich Platten, die verschiedensten Werke, und manchmal höre ich am Tag France-Musique. Nie habe ich beim Schreiben das Radio spielen lassen, wie es anscheinend manche Schriftsteller tun. Heute aber, wo ich weniger arbeite, höre ich sehr gern die Programme von France-Musique, die im großen und ganzen nicht schlecht sind.

CONTAT: Welches sind Ihre Lieblingskomponisten?

SARTRE: Ich würde sagen, Beethoven, der ist für mich der Größte, dann Chopin, Schumann und von den Modernen die drei berühmtesten Atonalen, das heißt Schönberg, Berg und Webern; die liebe ich sehr, vor allem Webern, aber auch Berg, etwa das «Konzert zur Erinnerung an einen Engel» und natürlich den «Wozzeck». Schönberg mag ich etwas weniger, er ist mir zu professoral. Und dann gibt es noch einen Komponisten, den ich sehr liebe: Bartók. Ich entdeckte ihn in Amerika, 1945, als ich in New York war. Vorher hatte ich ihn überhaupt nicht gekannt. Bartók war und ist noch immer eine meiner großen Lieben in der Musik. Auch Boulez habe ich sehr gern: er ist kein Genie, aber ein großes Talent. Wie Sie sehen, habe ich einen eklektischen Geschmack. Ich liebe auch sehr die alte Musik: Monteverdi, Gesualdo, die Opern jener Zeit. Übrigens mag ich Opern ganz allgemein. Sie sehen also, solange ich bei voller Gesundheit war, beschäftigte ich mich vier Stunden am Tage mit Musik, und jetzt sogar noch länger. Hätte ich die Wahl gehabt, mein Gehör oder mein Augenlicht zu verlieren, so hätte ich das Gehör vorgezogen, aber es hätte mir sehr leid getan, eben wegen der Musik.

CONTAT: Haben Sie nie komponiert?

SARTRE: Doch, ich habe sogar eine Sonate geschrieben. Ich glaube, Castor hat sie noch. Sie hatte etwas Ähnlichkeit mit Debussy, aber ich kann mich nicht mehr genau erinnern. Ich habe Debussy sehr gern, auch Ravel.

CONTAT: Und gibt es für Sie in der Musik kein schwarzes Schaf?

SARTRE: Ein richtiges schwarzes Schaf eigentlich nicht. Allenfalls Schubert, wenn Sie wollen, besonders die Lieder. Sie sind nicht zu vergleichen mit den Liedern Schumanns, beispielsweise. Die Schubert-Lieder sind derb und von einer billigen Melodik. Nehmen Sie die Melodie eines Schumann-Liedes und vergleichen Sie!

CONTAT: Mögen Sie auch Jazz?

SARTRE: Ich habe ihn sehr geliebt. Aber ich kann nicht sagen, daß ich diese Art Musik wirklich kenne. Ich denke da zum Beispiel an die musikalische Bildung von Michelle Vian, der Frau von Boris, die Jazz gespielt hat: sie kann natürlich über Jazz reden. Ich kann es nicht. Vor dem Krieg habe ich viel Jazz gehört, guten übrigens, aber nur das, was mir zufällig über den Weg kam, ich höre heute noch gelegentlich Jazz, zusammen mit Simone de Beauvoir: zum Beispiel Thelonius Monk, den ich zur Zeit sehr mag, ferner Charlie Parker, Charlie Mingus . . . Parker bin ich 1949 in Paris begegnet; er sagte, wenn er Zeit hätte, würde er gern am Pariser Konservatorium studieren. Wenn ich Jazz im Radio höre, kann ich meist die Musiker, die spielen, nicht erkennen, außer vielleicht Parker und höchstens noch Duke Ellington; und Monk natürlich, den erkennt man gleich bei den ersten Akkorden . . . Aber das ist auch schon so gut wie alles. Ich bin jedoch der Meinung, daß wahre musikalische Bildung von der alten bis zur modernsten Musik reichen und sich natürlich auch auf den Jazz erstrecken muß.

CONTAT: Nicht auch auf Pop-Musik?

SARTRE: Davon verstehe ich, offen gesagt, gar nichts. Ich habe gelegentlich Pop-Musik gehört, und ich kann nicht sagen, daß sie mir mißfallen hat, aber ich hatte ein wenig den Eindruck, daß jeder Musiker seinen Part spielt, ohne sich um die anderen zu kümmern. Ich kenne einen, der Pop-Musik macht, Patrick Vian, den Sohn von Michelle und Boris, und eine seiner Platten hat mir sehr gut gefallen. Trotzdem muß ich Ihnen sagen – Sie fragen mich nach Jazz, weil Sie selber Jazz spielen –, die Musik, die für mich wirklich zählt, ist die klassische Musik.

Bei alldem ist es wirklich merkwürdig, daß in meinen Büchern nie von Musik die Rede ist. Ich glaube, weil ich darüber nicht viel zu sagen hatte, was nicht schon bekannt war. Da ist zwar die Einleitung, die ich seinerzeit zu dem Buch von René Leibowitz geschrieben habe – das ist einer der wenigen Musiker, die ich persönlich näher gekannt habe –, aber ich spreche dort weniger von der Musik als vom Problem der Bedeutung in der Musik, und es ist gewiß nicht einer meiner besten Texte.

CONTAT: Aber in *Der Ekel* gibt es die berühmte Stelle, aus der man schließen könnte, daß Sie die ernste Musik verabscheuen: «Und die Konzertsäle sind voll von Erniedrigten und Beleidigten . . . Sie glauben, die Schönheit werde sie trösten. Die Arschlöcher.»

SARTRE: Es stimmt, ich war nie der Meinung, daß die Musik dafür geschaffen sei, im Konzertsaal gehört zu werden. Musik muß man allein hören, im Radio oder von Platten oder von drei, vier Freunden gespielt. Musik hören, wenn man von einer Menge Menschen umgeben ist, die man nicht kennt und die ebenfalls zuhören, hat keinen Sinn. Musik muß von jedem individuell gehört werden. Höchstens symphonische Musik eignet sich für den Konzertsaal – obwohl auch sie für den einzelnen Zuhörer bestimmt ist –, aber bei Kammermusik, intimer Musik ist das absurd.

CONTAT: Sie ziehen intime Musik vor?

SARTRE: Ich meine, bisher hat noch niemand wirklich Symphonien zu schreiben vermocht, das ist zu schwer.

CONTAT: Nicht einmal Beethoven?

SARTRE: Nicht einmal Beethoven. Höchstens die Neunte, die ist fast eine schöne Symphonie.

CONTAT: Ist Ihre Ablehnung des Konzerts nicht im Grunde eine Ablehnung alles Zeremoniellen, Förmlichen?

SARTRE: Vielleicht. Jedenfalls, abgesehen von meinen eigentlichen Freunden – die mich selten einladen –, gehe ich nirgends hin. Ich habe das immer verabscheut, Diners mit Unbekannten: Dort ißt man nicht, dort wird man gegessen.

CONTAT: Es hat aber doch eine Zeit gegeben, in der Sie sehr gern neue Menschen kennengelernt haben?

SARTRE: Ja, zum Beispiel nach dem Krieg, da habe ich Hemingway und Dos Passos kennengelernt. Ich bin mit Schriftstellern wie Salacrou, Leiris, Queneau, Cocteau zusammengekommen. Ja, ich hatte Bekanntschaften, wie jeder Schriftsteller sie mit den Schriftstellern seiner Zeit unterhält. Das hat übrigens erst 1942 oder 1943 begonnen. Alle Schriftsteller, mit denen ich Kontakt hatte, waren gegen die Nazis und auf die eine oder andere Weise in der Widerstandsbewegung tätig. Nach dem Krieg begegnete ich amerikanischen, italienischen, einigen englischen Schriftstellern. Und dann waren da diejenigen, die nach Frankreich kamen und mich sehen wollten: zwischen 1945 und 1948 hatten viele Leute den Wunsch, mich kennenzulernen.

CONTAT: Und warum haben diese literarischen Beziehungen, die doch manchmal sehr freundschaftlich waren, sich gelockert?

SARTRE: Das lag teils an den anderen, teils an mir selbst. Bei den ausländischen Schriftstellern war es ganz einfach die räumliche Entfernung und der Umstand, daß ich sehr wenig Briefe schreibe: ich habe nie mit Schriftstellern korrespondiert. Also sahen wir einander von Zeit zu Zeit, wenn sie nach Paris kamen. Mit den französischen Schriftstellern ist es anders; einige habe ich aus den Augen verloren, ohne daß es den geringsten Streit zwischen uns gegeben hätte, weil unsere Tätigkeiten und Sorgen zu verschieden geworden waren – Sie wissen, wie das ist. Mit anderen hatte ich, trotz unserer Differenzen, weiterhin ausgezeichnete Beziehungen. So mochte ich zum Beispiel Cocteau sehr gern, den ich 1944 kennengelernt hatte und mit dem ich bis zum Ende häufig zusammenkam: noch einige Tage vor seinem Tod habe ich mit ihm diniert. Ich fand ihn sehr sympathisch und viel weniger clownhaft, als man ihn heute hinstellt.

Er war es zumeist, der redete. Er sprach davon, wie er die Welt sah, von seinen Ideen – von denen ich wenig gehalten habe, weil er meiner Meinung nach sehr oberflächlich war. Er war ein brillanter Causeur, er hatte Sensibilität, aber wenig Ideen. Damit will ich nicht sagen, daß ich ihn nicht für einen Dichter hohen Ranges halte.

CONTAT: Während jener ganzen Periode gehörten Sie zu dem, was man «Tout-Paris» nennt.

SARTRE: Ich gehörte nicht wirklich dazu. Ich bin vielmehr durch das Theater mit Menschen in Berührung gekommen, die ich sonst nie kennengelernt hätte. So bin ich Colette bei Simone Berriau begegnet, mit der ich gut bekannt war, weil alle meine Stücke, ausgenommen *Die Eingeschlossenen*, in ihrem Theater aufgeführt worden sind. Sie kannte ungeheuer viele Leute und war eine liebenswerte Gastgeberin. Ich hatte viel übrig für Yves Mirande, mit dem sie damals lebte; er amüsierte mich. Er besaß Sensibilität, und er war komisch. Ich erinnere mich: Einmal las ich Jouvet aus *Der Teufel und der liebe Gott* vor; ich hatte von dem Stück erst den ersten Akt fertig, und Jouvet hatte seinen Beichtvater um die Erlaubnis gebeten, es zu inszenieren. Nun hörte er mir also zu, während ich ihm den ersten Akt vorlas; es war in Simone Berriaus Salon, und Mirande war auch dabei. Jouvet sprach kein Wort, er lauschte meiner Vorlesung mit gerunzelten Augenbrauen und streitbarer Miene. Als ich zu Ende war, sagte Mirande nach langem Schweigen: «Du hast Worte wie Vitriol.» Das war der einzige Kommentar, denn daraufhin stand Jouvet auf und entschuldigte sich: Er müsse am nächsten Tag nach Amerika abreisen. Der arme Mirande, der mir ein Kompliment machen wollte, hatte nur dieses Klischee aus der Mottenkiste gefunden! Solche Dinge – stets im Zusammenhang mit dem Theater – waren meine einzige Konzession an «Tout-Paris». Sonst empfing ich, immer zur gleichen Zeit, nach der Vormittagsarbeit, gegen ein Uhr, Leute, die mich sprechen wollten, die mir ein Buch zeigen wollten, das sie geschrieben hatten, oder mich in irgendeiner Angelegenheit um Rat fragen wollten . . .

CONTAT: Noch heute empfangen Sie junge Leute, die über eines Ihrer Werke arbeiten.

SARTRE: Ja, die empfange ich immer. Neulich habe ich mit Schülern gesprochen, Freunden von Puig, die einen Aufsatz über *Die ehrbare Dirne* schreiben sollten und gern von mir einiges zu diesem Thema gehört hätten.

CONTAT: Aber es hat eine Zeit gegeben, in der es Ihnen anscheinend Spaß machte, mit Berühmtheiten zusammenzutreffen?

SARTRE: In Wirklichkeit war nie ich es, der sie sehen wollte. Sie schrieben mir oder traten über Cau mit mir in Verbindung, und ich sagte ja oder nein. Auf diese Weise habe ich zum Beispiel einen Schauspieler kennengelernt, den ich sehr schätzte: Erich von Stroheim. Ich habe ihn mehrmals getroffen. Aber die Gespräche, die man mit solchen Leuten führen kann, haben immer etwas Geziertes, selbst wenn man offen spricht. Mit einem Menschen, der sich erst auf dem Weg zur Berühmtheit befindet, ist es interessanter: man sieht, durch welche Etappen, durch welche Phasen er hindurchgeht. Man kann seine Transformation und sein Wesen erfassen. Begegnet man aber einem Herrn, der schon «der» Chaplin oder «der» Stroheim ist, dann sieht man nur das, was er gewohnheitsmäßig durchscheinen läßt, und man hat nur die Rolle vor sich. Er spielt sie nicht – sie hat von ihm Besitz ergriffen.

CONTAT: Und Sie, hat auch Ihre Rolle von Ihnen Besitz ergriffen?

SARTRE: Nein, weil ich keine solche Rolle habe. Gewiß weiß ich, daß man sich ein Bild von mir macht, aber es ist eben das Bild der anderen, nicht das meine. Ich weiß nicht, welches das meine ist: Ich denke nicht viel nach über mich selbst, über mich als Person. Wenn ich nachdenke, dann vielmehr über Dinge, die alle betreffen.

Für mich selbst habe ich mich interessiert, als ich ungefähr neunzehn war. Später, als ich, um *Das Imaginäre* zu schreiben, mich wieder selbst beobachtete und in meinem Bewußtsein forschte, war es vielmehr das Allgemeingültige, was ich suchte. Bei *Die Wörter* wollte ich meine Kindheit verstehen, mein vergangenes Ich, und erfassen, wie ich zu dem geworden bin, der ich im Augenblick des Schreibens war. Aber ich hätte noch viele Bücher schreiben müssen, um zu erklären, was ich bin. Das tue ich gegenwärtig, wenn ich Zeit habe, zusammen mit Simone de Beauvoir für diesen autobiographischen Band.

Ich versuche zu erklären, wie die Dinge sich verändert haben, wie gewisse Ereignisse auf mich gewirkt haben.

Ich glaube nicht, daß die Lebensgeschichte eines Menschen schon in seiner Kindheit vorgeprägt wird. Ich meine, daß es andere, ebenso wichtige Phasen gibt, die für die Entwicklung entscheidend sind: die Pubertät, die Jugend, sogar das reife Alter. In meinem Leben gibt es einen deutlichen Einschnitt, der mein Leben in zwei völlig unterschiedliche Etappen teilt, so daß ich jetzt in der zweiten mich in der ersten nicht mehr so recht wiedererkenne – nämlich die Etappe vor dem Krieg und die nachher.

Sehen Sie, bis jetzt haben wir vor allem über mein Privatleben gesprochen, als ob es getrennt wäre von meinem sonstigen Leben, das heißt von meinen Ideen, von den Büchern, die ich veröffentlicht habe, von meinem politischen Denken und Handeln, kurz, von dem, was man zusammenfassend mein öffentliches Leben nennen könnte. Aber wir wissen doch, daß diese Unterscheidung zwischen privatem und öffentlichem Leben in Wirklichkeit nicht existiert, daß sie eine reine Illusion, eine Mystifikation ist. Deshalb nehme ich erst gar nicht für mich in Anspruch, ein Privatleben zu haben, das heißt ein verborgenes, geheimes Leben, und deshalb auch antworte ich bereitwillig auf Ihre Fragen. Es gibt zwar in dem sogenannten «Privatleben» Widersprüche, die vom gegenwärtigen Zustand der zwischenmenschlichen Beziehungen herrühren und die uns, wie ich bereits sagte, noch in einem gewissen Maß zu Heimlichkeit und sogar Lüge zwingen. Aber jede menschliche Existenz bildet ein unteilbares Ganzes: Inneres und Äußeres, Subjektives und Objektives, Persönliches und Politisches spiegeln einander zwangsläufig wider, weil sie Aspekte ein und derselben Gesamtheit sind, und man kann ein Individuum, wer immer es sei, nur verstehen, wenn man es als ein gesellschaftliches Wesen ansieht. Jeder Mensch ist politisch. Aber darauf bin ich erst im Krieg gekommen, und wirklich verstanden habe ich es erst nach 1945.

Vor dem Krieg verstand ich mich einfach als Individuum, ich sah keinerlei Verbindung zwischen meiner individuellen Existenz und der Gesellschaft, in der ich lebte. Am Ende meiner Studienzeit hatte ich daraus eine ganze Theorie gemacht: Ich war «nichts als ein Mensch», das heißt der Mensch, der sich kraft der Unabhängigkeit seines Denkens der Gesellschaft entgegenstellt, der der Gesellschaft nichts schuldet und über den die Gesellschaft nichts vermag, weil er frei ist. Auf dieser Ansicht basierte alles, was ich vor 1939 dachte und schrieb, mein ganzes Leben. Vor dem Kriege hatte ich keine politische Meinung und ging auch nicht wählen. Ich hatte offene Ohren für die politischen Reden Nizans, der Kommunist war, hörte aber mit ebensolchem Interesse Aron und manchen anderen zu, die Sozialisten waren. Ich selbst hingegen betrachtete es als meine Aufgabe, zu schreiben, und ich sah im Schreiben absolut keine gesellschaftliche Tätigkeit. Ich hielt die Bürger für Schweine und glaubte, dieses Urteil begründen zu können, was mich nicht daran hinderte, mich an eben diese Bürger zu wenden, um sie durch den Dreck zu ziehen. *Der Ekel* ist nicht ausschließlich ein Angriff gegen das Bürgertum, aber er ist es zum großen Teil: siehe die Bilder im Museum. *Der Ekel* ist, wenn man so will, das literarische Ergebnis der Theorie, «nichts als ein Mensch» zu sein, und ich kam nicht darüber hinaus, obwohl ich schon die Grenzen dieser Position ahnte, die im wesentlichen darauf hinauslief, die Bürger als Schweine zu verdammen und über meine Existenz Aufschluß zu geben, indem ich versuchte, für das vereinzelte Individuum die Bedingungen einer nichtmystifizierten Existenz zu definieren. Die Wahrheit über die Existenz zu sagen und die bürgerlichen Lügen zu entmystifizieren, das war ein und dasselbe, und das hatte ich zu tun, um meine Bestimmung als Mensch zu erfüllen, denn ich war zum Schreiben bestimmt. Und das übrige, das heißt: mein Privatleben, sollte, so meinte ich, vor allem aus Annehmlichkeiten bestehen – ich würde auch Unannehmlichkeiten haben wie jeder, sie würden mich treffen, ich würde ihnen nicht ausweichen können, aber im wesentlichen würden es Annehmlichkeiten sein: Frauen, gutes Essen, Reisen, Freundschaften . . . Ich war Lehrer, sicher, ich mußte ja meinen Lebensunterhalt verdienen, aber ich hatte nichts dagegen, zu unterrichten, im Gegenteil, obwohl der Übergang zum Dasein eines Erwachsenen und zu den Verantwortlichkeiten eines Erwachsenen mir recht schwerfiel: Um 1935 hatte ich eine Art Depression, die mehrere Monate dauerte und die ich heute mehr oder weniger als eine mit dem Übergang zum Erwachsenendasein verbundene Identitätskrise deute.

Schließlich aber gelang es mir, die mit dem Lehrerberuf verbundenen gesellschaftlichen Verpflichtungen auf ein Minimum zu reduzieren, und das war sehr gut. Also sah ich mein Leben folgendermaßen: Vor allem Schreiben und daneben angenehm leben.

Erst von 1936 an begann ich allmählich zu sehen, daß es damit allein nicht getan war. Zunächst die Volksfront – die wir übrigens, wie Castor gesagt hat, von ferne bewunderten: Wir standen auf dem Gehsteig und sahen die Aufmärsche der Volksfront an uns vorbeiziehen, und im Zug gingen unsere Freunde mit; wir waren außerhalb, abseits, und wir fühlten es. Dennoch, es zwang uns, aus der Indifferenz herauszutreten: wir waren voll und ganz für die Volksfront. Aber ich tat nichts, was mich berechtigt hätte, mich als Stütze der Volksfront anzusehen. Dann entwickelte sich die soziale Bewegung, die Ereignisse überstürzten sich, dann kam 1938 das Münchener Abkommen. Zu dieser Zeit war ich hin- und hergerissen zwischen meinem individualistischen Pazifismus und meinem Antinazismus; aber zumindest in meinem Kopf gewann der Antinazismus die Oberhand. Der Nazismus erschien uns damals als der Hauptfeind, als Feind, der uns, die Franzosen, vernichten wollte, und das verband sich mit einer Erfahrung, die – mir damals noch unbewußt – nicht bloß eine individuelle, sondern bereits eine gesellschaftliche Erfahrung gewesen war: die Erfahrung, die ich 1933 bei einem einjährigen Aufenthalt in Nazideutschland gemacht hatte. Ich hatte Deutsche kennengelernt und mit ihnen gesprochen, ich hatte Kommunisten gesehen, die sich vor den Nazis versteckthalten mußten. Damals hatte ich dem in politischer Hinsicht keinerlei Bedeutung beigemessen, aber es hatte doch schon Wirkungen auf mein Denken und mein Leben gehabt – nur begriff ich es noch nicht. Nazideutschland brachte mich einfach in Wut, und da es in Frankreich Doumergue – einen sozusagen harmlosen Faschisten –, die Ligen, die Feuerkreuzler usw. gab, bezog ich kurz nach meiner Rückkehr aus Deutschland eine Position, die mich Nizan und meinen kommunistischen oder sozialistischen Freunden nahebrachte, das heißt, eine antifaschistische Position. Daraus zog ich allerdings keine praktischen Konsequenzen . . . Sie sehen also, es finden sich bereits in der Zeit vor dem Kriege Elemente, die meine spätere Haltung ankündigen.

CONTAT: Man braucht diese Elemente gar nicht zu kennen, um zu sehen, daß *Der Ekel* ein linker Roman ist. Und was die *Kindheit eines*

Chefs betrifft, so glaube ich, es gibt aus jener Zeit keinen radikaleren Angriff gegen den Faschismus, jedenfalls nicht außerhalb der marxistischen Perspektive. Wenn man übrigens diese beiden Texte von Ihnen mit denen Nizans aus derselben Zeit vergleicht, wird offenkundig, daß die Ihren viel virulenter sind.

SARTRE: Das liegt daran, daß ich einen Gegner hatte: den bürgerlichen Leser; ich schrieb *gegen* ihn, wenigstens zum Teil, während Nizan sich Leser wünschte, *für* die er schreiben konnte. Und da er als kommunistischer Schriftsteller im wesentlichen von demselben Publikum gelesen wurde wie ich, geriet er in einen Widerspruch, von dem ich frei war. Ich fühlte mich im Grunde sehr wohl in meiner Lage als antibürgerlicher und individualistischer Schriftsteller.

Das alles zerbrach dann mit einem Schlag, als ich im September 1939 den Einberufungsbefehl bekam und gezwungen war, nach Nancy in die Kaserne zu fahren, zusammen mit anderen jungen Männern, die ich nicht kannte und die wie ich einberufen worden waren. Das war es, was mir die gesellschaftliche Bedingtheit ins Bewußtsein brachte: Plötzlich begriff ich, daß ich ein gesellschaftliches Wesen war, als ich von meinem Aufenthaltsort und von den Menschen, die mir nahestanden, fortgerissen wurde und der Zug mich irgendwohin brachte, wo ich gar nicht hinwollte, zusammen mit Leuten, die ebensowenig dorthin wollten wie ich, die ebenso wie ich noch in Zivil waren und sich ebenso wie ich fragten, wie das alles gekommen war. Als mir diese Leute dann in der Kaserne begegneten, wo ich ziellos umherwanderte, weil ich nicht wußte, was ich dort anfangen sollte, erkannte ich in ihnen, trotz aller Unterschiede, eine gemeinsame Dimension, die auch die meine war: Es waren nicht mehr einfach Personen wie jene, die ich einige Monate zuvor in meinem Gymnasium vor mir gehabt hatte, als ich noch nicht ahnte, daß sie ebenso wie ich gesellschaftliche Individuen waren. Bis dahin hatte ich mich für souverän gehalten, und ich hatte die Verneinung meiner eigenen Freiheit durch die Mobilmachung erleben müssen, um mir des Gewichts der Welt und der Bande zwischen mir und den anderen bewußt zu werden.

Der Krieg hat mein Leben regelrecht in zwei Teile geteilt. Er brach aus, als ich vierunddreißig Jahre alt war, und endete, als ich vierzig war – das war für mich die Zeit des Übergangs von der Jugend zur Reife. Zugleich zeigte mir der Krieg gewisse Aspekte meiner selbst und der Welt. Zum Beispiel lernte ich damals die tiefe Entfremdung der Gefangenschaft kennen und auch die Beziehung zu Menschen, den Feind, den wirklichen Feind, nicht den Gegner, der in derselben Gesellschaft lebt wie man selbst und einen mit Worten angreift, sondern den Feind, der einen verhaften und einsperren lassen kann, indem er einfach bewaffneten Männern ein Zeichen gibt.

Und dann habe ich damals auch die, wenn auch unterdrückte, geschlagene, aber immer noch existierende, soziale Ordnung, die demokratische Gesellschaft kennengelernt, und zwar in dem Maße, wie sie unterdrückt und zerstört war und wir für die Erhaltung ihres Wertes kämpften, in der Hoffnung, daß sie nach dem Krieg wieder erstehen würde. Dort also bin ich, wenn Sie so wollen, vom Individualismus und vom reinen Individuum der Vorkriegszeit zum Sozialen, zum Sozialismus gelangt. Das war der eigentliche Wendepunkt in meinem Leben: vor dem Krieg, nach dem Krieg. Vorher hat es mich zu Werken wie *Der Ekel* geführt, in denen das Verhältnis zur Gesellschaft ein metaphysisches war, und nachher dann allmählich zur *Kritik der dialektischen Vernunft*.

CONTAT: Waren nicht auch 1952, das Jahr Ihrer Annäherung an die Kommunisten, und 1968 entscheidende Wendepunkte?

SARTRE: 1952 war nicht sehr wichtig. Ich stand vier Jahre lang den Kommunisten nahe, aber meine Ideen waren nicht die ihren, und sie wußten es. Sie benutzten mich, ohne sich zu kompromittieren, sie ahnten, daß ich bei einem Ereignis wie Budapest «umfallen» würde – was dann auch geschah. Objektiv mag es ein wichtiger Wendepunkt gewesen sein, aber subjektiv war es keiner; ich hatte ziemlich klare Vorstellungen, und ich habe sie nicht aufgegeben, als ich den Kommunisten nahestand; und ich habe sie in der *Kritik der dialektischen Vernunft* wieder aufgegriffen und weiterentwickelt.

1968, ja, das war wichtig. Für jeden. Aber für mich ganz besonders, denn letztlich hatte ich mich den Kommunisten genähert, weil es vor 1968 links von ihnen nichts gab, außer den Trotzkisten, die im Grunde nur unglückliche Kommunisten waren. Hätte es nach dem Krieg eine linksradikale Bewegung gegeben, ich hätte mich ihr sogleich angeschlossen.

CONTAT: Es gab da die Gruppe «Sozialismus oder Barbarei» . . .

SARTRE: Das war eine Sekte von rund hundert Intellektuellen und ein paar Arbeitern, auf die jene sehr stolz waren: sie hatten «ihre» Arbeiter . . . Das mißfiel mir an ihnen, und mir mißfiel auch das trotzkistische Erbe, das sie noch nicht abgeschüttelt hatten. Der einzige Intellektuelle in dieser Gruppe, zu dem ich eine Beziehung hatte, weil er ebenfalls bei *Les Temps Modernes* mitarbeitete, war Lefort, doch konnte er mich keineswegs überzeugen. Ich äußerte mich über sie in der *Antwort an Lefort* nach meinen Artikeln *Die Kommunisten und der Frieden*, mit denen Merleau-Ponty und er nicht einverstanden waren.

CONTAT: Ja, und wenn man heute liest, was Sie und die beiden anderen damals geschrieben haben, dann stellt man fest, daß der freiheitliche Sozialismus, auf den Sie sich neuerdings berufen, eher bei jenen als bei Ihnen zu finden ist . . .

SARTRE: Sehen Sie, ich weiß, daß ihre Ideen in der Vorgeschichte des Mai 1968 eine Rolle gespielt haben, ich weiß, daß Cohn-Bendit sie kannte und auch Pierre Victor sich dafür interessierte. Aber zu der Zeit damals war bei *Sozialismus oder Barbarei* nichts zu sehen von dem Willen zur Aktion, der sich im Mai 68 manifestierte.

Heute mögen ihre Gedanken vielleicht richtiger erscheinen als jene, die ich 1952 formulierte, damals waren sie es jedoch nicht, weil ihre Position falsch war.

CONTAT: Sie üben also keine Selbstkritik an *Die Kommunisten und der Frieden*, obwohl Sie in bezug auf die Rolle der Partei eine leninistische Auffassung entwickelten, die mit Ihren heutigen Positionen unvereinbar ist?

SARTRE: Ich übe Kritik an der Auffassung, die ich damals von der Rolle des Intellektuellen hatte. Aber ich konnte gar keine andere haben, und es war notwendig, die Kommunistische Partei zu unterstützen, die von der Regierung daran gehindert werden sollte, sich zu äußern.

CONTAT: Sie hätten das tun können, ohne gegen sich selbst und fast schon gegen die Freiheit zu argumentieren. Sie haben einen langen Umweg gebraucht, um sie wiederzufinden.

SARTRE: Der Umweg war nicht sehr lang, drei oder vier Jahre.

CONTAT: Warum halten Sie Ihre Position der Jahre 1952 bis 1956 heute immer noch für richtig und die von *Sozialismus oder Barbarei* für falsch?

SARTRE: Weil ich immer noch der Meinung bin, daß in den Jahren des Kalten Krieges die Kommunisten recht hatten. Die UdSSR – mit all den Fehlern, die sie hatte und die wir kennen – war immerhin bedroht, sie war noch nicht stark genug, den Vereinigten Staaten in einem Krieg standhalten zu können, und sie wollte daher den Frieden. Deshalb konnten wir uns mit der Haltung der Kommunisten identifizieren: im wesentlichen warfen sie den USA dasselbe vor, was wir ihnen vorwarfen.

CONTAT: Und was ihnen auch die Leute von *Sozialismus oder Barbarei* vorwarfen.

SARTRE: Aber das war doch nur ein ganz bedeutungsloses Häuflein!

CONTAT: Haben Sie nie Ihr Vertrauen auf eine Minderheit gesetzt?

SARTRE: Seither schon . . .

CONTAT: Warum wollen Sie dann nicht zugeben, daß diese Leute damals nicht unrecht hatten? Ihre Haltung erinnert mich an eine Anekdote, die ich kürzlich von Gorz gehört habe und die mir überaus bezeichnend für das maoistische China zu sein scheint: Etwa 1959 warnten chinesische Techniker, Mitglieder der KP Chinas, ihre Partei vor den Russen und wiesen darauf hin, daß die Zusammenarbeit zwischen den beiden Ländern letztlich nur der UdSSR nütze. Sie wurden aus der Partei ausgeschlossen mit der Begründung, «gegen den proletarischen Internationalismus verstoßen zu haben». Bald darauf kam es zum Bruch zwischen der Sowjetunion und China. Nun verlangten die Techniker, wieder in die Partei aufgenommen zu werden; dies wurde abgelehnt, wobei man ihnen sinngemäß folgendes erklärte: «Ihr hattet unrecht, etwas erkannt zu haben, was der Vorsitzende Mao selber noch nicht erkannt hatte und unter den damaligen historischen Bedingungen auch gar nicht erkennen konnte. Solange ihr nicht Selbstkritik übt, kann die Partei euch nur als undisziplinierte Elemente betrachten.» Damit sagte man ihnen im Grunde: Ihr hattet unrecht, recht zu haben, und wir hatten recht, unrecht zu haben. Und das sagen Sie im Grunde auch zu *Sozialismus oder Barbarei*.

SARTRE: Ich sage überhaupt nichts dergleichen, und zwar, weil sie nichts erkannt hatten, was ich nicht auch schon erkannt hatte: sie hatten ihre Ideen, ich hatte die meinen, und wir waren verschiedener Meinung darüber, wie man sich zu den Kommunisten verhalten sollte. Wenn ich heute die Partei ebenso beurteile, wie sie es damals taten, so bedeutet das nicht, daß ihre Gründe gut waren. Wahrheiten sind etwas «Gewordenes»; es kommt auf den Weg an, der zu ihnen führt, auf die Arbeit, die man an sich selbst und zusammen mit anderen leistet, um dorthin zu gelangen. Ohne eine solche Arbeit kann eine Wahrheit nur ein wahrer Irrtum sein.

CONTAT: Sagen wir also, sie waren der Zeit voraus. Jemand wie Cohn-Bendit, mit dem Sie heute in den wesentlichen politischen Fragen übereinstimmen, hat durch sie Zeit gewonnen.

SARTRE: Möglich, aber keineswegs sicher. Was Sie «Zeitgewinn» nennen, kann in der Folge zu einem Zeitverlust werden und umgekehrt. Das steht nicht von vornherein fest.

CONTAT: Worin besteht Ihrer Meinung nach die grundlegende Originalität des Mai 68?

SARTRE: Meiner Ansicht nach war die Mai-Bewegung die erste umfassende soziale Bewegung, die für kurze Zeit etwas verwirklicht hat, was der Freiheit nahekommt, und die davon ausgehend versucht hat, zu begreifen, was reale Freiheit ist. Aus dieser Bewegung sind Menschen hervorgegangen – ich zähle mich dazu –, die zu dem Schluß kamen, daß man nun versuchen muß, positiv zu beschreiben, was das ist: Freiheit, verstanden als politisches Ziel. Denn letztlich, was verlangten sie denn, die im Mai 68 auf die Barrikaden stiegen? Nichts, zumindest nichts Bestimmtes, was das System ihnen hätten geben können. Das heißt, sie verlangten alles: die Freiheit. Sie forderten nicht die Macht und versuchten gar nicht, die Macht zu ergreifen, denn für sie – wie heute für uns – ging es darum, die die Machtausübung ermöglichende Gesellschaftsstruktur selbst zu beseitigen. Das möchte ich zeigen in einem Buch, das ich demnächst zu schreiben versuchen werde und das heißen wird: *Macht und Freiheit*[1].

CONTAT: Gerade in bezug auf dieses Problem sehe ich ein Paradox in Ihrer Haltung, auch nach 68. Denn nach dem, was Sie jetzt sagen, wäre man eher darauf gefaßt gewesen, Sie 1970–1971 bei einer Gruppe wie «Vive la Révolution» zu finden, die versuchte, den auf den Mai-Barrikaden geborenen neuen Freiheitsgeist im Leben zu verwirklichen, als bei der ehemaligen «Proletarischen Linken», die eine überhierarchisierte Gruppe war und sich auf die traditionellen leninistischen Vorstellungen von der Partei als Avantgarde stützte.

SARTRE: Die Maoisten waren tatsächlich innerhalb der Gruppe stark hierarchisiert, dabei wollten sie es gar nicht sein. Andererseits wollten sie in den Massen aufgehen, nicht als Avantgarde, sondern als Militante, die den Willen der Massen artikulieren. Sie wollten die Organisation und zugleich die Spontaneität der Massen und widersprachen somit sich selbst. So waren sie eben, die Maoisten. Ich selbst war fast zwei Jahre nach dem Mai 68 noch damit beschäftigt, über das Geschehene nachzudenken, und ich hatte eines noch nicht recht verstanden: Ich sah noch nicht, was die Jungen wollten und welche Rolle dabei die alten Knacker wie ich spielen könnten. Ich war ihnen gefolgt, ich hatte sie mit Glückwünschen überhäuft, mit ihnen an der Sorbonne gesprochen, aber das besagte nicht viel. Richtig verstanden habe ich es erst später, als ich engere Beziehungen zu den Maoisten hatte. Anfangs, als sie mich baten, die Redaktion von *La Cause du peuple* zu übernehmen, wollten sie sich einfach meiner bedienen, aber sie sagten es mir ganz offen, da war nichts Machiavellistisches im Spiel, und ich erklärte mich in voller Kenntnis der Umstände bereit. Später dann wurde daraus etwas ganz anderes als die Beziehungen eines bekannten Intellektuellen zu einer von ihm unterstützten Gruppe.

CONTAT: Dennoch, wenn ich Ihre politische Entwicklung betrachte, wundert mich Ihr Mitläufertum. Mit Ausnahme der Gruppe «Sozialismus und Freiheit», die sich 1941 hauptsächlich auf Ihre Initiative hin formierte, und vielleicht auch des R.D.R.[2] von 1948, haben Sie Ihr politisches Engagement immer in der Form einer solidarischen Haltung zu einer schon bestehenden Bewegung verstanden.

SARTRE: Das ist kein Mitläufertum. Ich bin der Meinung, es ist nicht Sache des Intellektuellen, Gruppen zu bilden. Ich meine damit nicht, daß

1 Sartre plant, sich in dieser Arbeit mit Robespierre auseinanderzusetzen.

2 Rassemblement Démocratique Révolutionnaire. (Demokratisch-revolutionäre Sammlung), 1948 von Sartre mitgegründete Linkspartei.

der Intellektuelle nur als Hilfskraft dienen soll. Nein, er soll einer Gruppe angehören und an ihren Aktionen teilnehmen, dabei aber an seinen Grundsätzen festhalten und die Aktion kritisieren, wenn sie davon abweicht. So sehe ich heute die Rolle des Intellektuellen. Trotzdem ist der Intellektuelle als ein Mensch, der für andere denkt, dazu bestimmt, zu verschwinden. Für andere denken, das ist eine Absurdität, die schon den Begriff «Intellektueller» unmöglich macht.

CONTAT: Wir befinden uns aber in einer Situation, wo der Intellektuelle noch notwendig ist. Also soll er als Intellektueller arbeiten und nicht «in die Fabrik gehen», wie Sie 1971 predigten, während Sie in aller Ruhe an Ihrem *Flaubert* weiterschrieben.

SARTRE: Sie übertreiben, ich habe nie gesagt, daß alle Intellektuellen in die Fabrik gehen sollten. Ich sagte, sie sollten ihre Widersprüche überwinden, indem sie versuchen, andere Mittel des Engagements als die Unterzeichnung von Petitionen und das Schreiben von Artikeln für andere Intellektuelle zu finden. Betriebsarbeit war nur eines dieser Mittel. Und denjenigen Intellektuellen, die in die Betriebe gingen, ist es nicht schlecht bekommen, auch wenn sie heute wieder etwas anderes machen. Und was mich betrifft, nun, wenn ich wirklich an ein Fabriktor geklopft hätte, um mich als Arbeiter anlernen zu lassen, wäre das grotesk gewesen, schon deshalb, weil ich bereits erheblich über das Pensionsalter hinaus bin. Was wollen Sie, da ich erst mit siebenundsechzig Jahren richtig begriffen habe, wie die Beziehungen eines Menschen zur Politik wirklich sein sollen und wie eigentlich die Situation eines politischen Menschen ist – in dem Sinne, daß jeder Mensch ein politisches Wesen ist –, konnte diese Einsicht, die ich in gewisser Weise den Maoisten verdanke, für mich nicht die gleichen praktischen Folgen haben wie für einen jüngeren und gesünderen Menschen.

CONTAT: Wollen Sie damit sagen, wenn Sie erst vierzig oder fünfzig Jahre alt gewesen wären, hätten Sie dem moralischen Druck, den die Maoisten auf die Intellektuellen ausübten, nachgegeben und darauf verzichtet, das zu tun, was Sie am liebsten tun?

SARTRE: Ich hätte auf gar nichts verzichtet. Nichts hätte mich daran gehindert, weiterhin zu schreiben, was ich glaubte, schreiben zu können und zu sollen, und was ich Lust hatte, zu schreiben. Pierre Victor bat mich, lieber einen volkstümlichen Roman zu verfassen, statt am *Flaubert* weiterzuarbeiten: Ich habe nicht im Traum daran gedacht.

CONTAT: Dachten Sie nicht einmal daran, einen Liebesroman zu schreiben?

SARTRE: Ach, das war viel früher. Das war in dem Jahr, als ich in Rom war und gerade nicht wußte, was ich schreiben sollte, 1961 oder 1962. Ich suchte also nach einem Romanthema. Bald dachte ich an eine Liebesgeschichte, dann wieder an einen Mann, der durch die Straßen Roms schlendert, den Mond betrachtet und über den Lauf der Welt nachdenkt . . .

CONTAT: Noch immer also «nichts als der Mensch»?

SARTRE: Nun ja, wenn Sie so wollen, aber stark verwandelt . . .

CONTAT: Außer Ihren engsten Freunden, der «Familie», wie Sie sagen, kommen Sie mit sehr wenigen Menschen zusammen. Halten Sie Ihre Tür auch denen verschlossen, die über Ihr Werk schreiben?

SARTRE: Nein, Leute, die über mich arbeiten und denen ich dabei helfen kann, empfange ich gern. Wie diesen jungen Kritiker, den Sie kennen, Michel Sicard, der eine Studie über *Der Idiot der Familie* schreibt. Oft stellen britische oder amerikanische Studenten, die eine Dissertation über den einen oder anderen Aspekt meines Werkes vorbereiten, mir Fragen, auf die meine Bücher keine eindeutige Antwort geben. Das Wenige, was ein Schriftsteller sagt, läßt so viele mögliche Interpretationen zu. Also muß man ausnutzen, daß der Schriftsteller noch lebt . . .

CONTAT: Und ist es umgekehrt schon vorgekommen, daß Kommentatoren Sie auf bestimmte Aspekte Ihres Werkes hingewiesen haben?

SARTRE: Nein. Ich habe noch von keinem meiner Kommentatoren etwas gelernt. Nach 1945 dachte ich aber daran, daß so etwas passieren könnte, daß jemand eines Tages etwas über mich schreiben könnte, was mich über mein eigenes Denken aufklären würde. Ich sah sehr wohl, daß man 1940 oder 1945 beim Lesen von Zola oder Hugo Dinge hineinlegte, die sie selbst nicht bewußt hineingelegt hatten, daß man sie also anders interpretierte. Ich glaubte, so etwas könnte auch einem lebenden Autor passieren. Aber es stimmt nicht: dazu muß man erst tot sein. Oder der Kommentator müßte dem Schriftsteller, mit dem er sich beschäftigt, voraus sein – und das ist sehr selten der Fall.

CONTAT: Gibt es unter den vielen Arbeiten, die sich mit Ihnen befassen, wirklich nichts Brauchbares?

SARTRE: Das zu sagen, wäre übertrieben. Aber ich kann sagen, daß ich aus all dem, was ich über mich gelesen habe – ich habe natürlich nicht alles gelesen, kaum ein Zehntel –, nichts gelernt habe. Entweder finde ich – bestenfalls – eine wahrheitsgetreue Darstellung meiner Ideen, oder es handelt sich um Polemiken gegen mich, denen ich keinen Wert beimessen kann, weil sie – meiner Meinung nach – auf einem krassen Mißverstehen dessen beruhen, was ich sagen wollte.

CONTAT: Jedenfalls gibt es einen, der seit langer Zeit hartnäckig Ihre Ideen aufs Korn nimmt, nämlich Ihren alten Gefährten Raymond Aron.

SARTRE: Ich kenne Arons Ideen nur zu gut. Ich weiß, wohin er geht. Was mich betrifft, so bin ich lange über seinen Standpunkt hinaus. Wenn er über mich schreibt, legt er sein eigenes Denken dar, aber er bringt nichts, was das meine beträfe. Ich habe sein letztes Buch gelesen, in dem er die *Kritik der dialektischen Vernunft* zu widerlegen sucht. Er wirft Probleme auf und stellt Fragen, zu denen er von seinem Standpunkt aus durchaus berechtigt ist, die mich jedoch absolut nicht betreffen. Meiner Meinung nach verdreht er meine Theorie, um sie besser angreifen zu können.

CONTAT: Aron sagt, mehr mit Trauer übrigens als mit Bitterkeit, Sie hätten auf seine Argumente stets nur mit Injurien geantwortet.

SARTRE: Ich habe ihn während meines ganzen Lebens kaum beschimpft. Ich habe ihn allerdings 1968 beschimpft, weil mir in jenem Augenblick seine Haltung unerträglich erschien. Daß dieser intelligente, gebildete Professor den Mai 68 nicht anders aufgenommen hat, als er es getan hat, zeigt, daß seine Intelligenz und sein Wissen Grenzen haben: Er hat überhaupt nicht begriffen, was damals vorging.

CONTAT: Das war nicht unbedingt ein Grund, ihn zu beschimpfen.

SARTRE: Doch. Und ich habe es ganz bewußt getan. Das war für mich eine Möglichkeit, zu demonstrieren, daß er sich selbst von der Gesellschaft, die der Mai 68 ankündigte, ausgeschlossen hatte, und diesen Ausschluß von mir aus zu vollziehen. Bis dahin war er ein Professor mit Ideen, mit denen ich nicht einverstanden war, die er aber an der Sorbonne den Studenten darlegte, die sie diskutieren konnten. All das fand ich vor 1968 völlig in Ordnung. Als ich aber sah, was er von den Studenten dachte, die seine Studenten gewesen waren und die das Universitätssystem als Ganzes in Frage stellten, erkannte ich, daß er nie etwas von seinen Schülern begriffen hatte. Ich habe den *Professor* angegriffen, den Professor, der gegen seine eigenen Studenten war, nicht den Leitartikler des *Figaro* – der kann sagen, was er will.

CONTAT: Im allgemeinen neigen Sie wenig dazu, über Ideen zu diskutieren . . .

SARTRE: Ich schreibe Bücher, darin finden sich die Ideen, und man kann darauf nur antworten, indem man andere Bücher schreibt.

CONTAT: Aber Sie haben weder Merleau-Ponty noch Lévi-Strauss noch Raymond Aron geantwortet, die doch Texte geschrieben hatten, in denen sie Ihre Ideen bestritten.

SARTRE: Nein, wozu? Ich habe gesagt, was ich zu sagen hatte, und sie vertreten einen anderen Standpunkt. Wer mit dem, was sie über mich geschrieben haben, nicht einverstanden ist, braucht es nur zu sagen. Das ist nicht meine Sache. Das hat nichts mit Verachtung zu tun. Ich bin zum Beispiel weit davon entfernt, Lévi-Strauss zu verachten – im Gegenteil, ich halte ihn für einen ausgezeichneten Ethnologen –, aber er hat meiner Meinung nach über die *Kritik der dialektischen Vernunft* Dinge geschrieben, die absurd sind. Wozu sollte ich ihm das vorhalten?

CONTAT: Und der einfache Austausch von Ideen?

SARTRE: Ich hasse das, diese theoretischen Diskussionen unter Intellektuellen, man ist dabei immer unter seinem Niveau und sagt große Dummheiten.

CONTAT: Sind Sie nie auf einen neuen Gedanken gestoßen, indem Sie ihn einem Gesprächspartner gegenüber formulierten?

SARTRE: Nein. Ich konnte Simone de Beauvoir gegenüber Gedanken formulieren, die noch nicht ganz zu Ende gedacht waren. Ihr habe ich die Grundgedanken von *Das Sein und das Nichts* auseinandergesetzt, bevor das Buch geschrieben war. Das war während des *drôle de guerre*[1]. Ich habe ihr alle meine Ideen dargelegt, als sie im Entstehen begriffen waren.

CONTAT: Weil sie denselben philosophischen Wissensstand hatte wie Sie?

SARTRE: Nicht nur deshalb, sondern auch, weil sie mich und das, was ich vorhatte, genausogut kannte wie ich selbst. Sie war daher der ideale Gesprächspartner, ein Partner, wie man ihn kaum jemals findet. Es war ein einzigartiges Glück. Es gibt wahrscheinlich viele Schriftsteller, männliche und weibliche, die von sehr intelligenten Partnern Liebe und Hilfe erhalten haben. So war es etwa bei George Eliot: ihr zweiter Mann hat ihr sehr viel geholfen. Aber das Einzigartige bei Simone de Beauvoir und mir ist unser Verhältnis absoluter Gleichberechtigung.

CONTAT: Sie beide geben einander sozusagen das «Imprimatur»?

SARTRE: Genau. Das ist die richtige Formel. Die Kritiken, die später in Zeitungen und Zeitschriften erscheinen, können mir mehr oder weniger Freude machen, aber sie zählen nicht wirklich. Seit *Der Ekel* ist es stets so gewesen.

CONTAT: Es ist doch schon vorgekommen, daß Sie sich gegen die Kritik von Simone de Beauvoir verteidigen mußten, nicht wahr?

SARTRE: Das will ich meinen! Wir haben einander sogar beschimpft ... Aber ich wußte, daß sie am Ende recht behalten würde. Damit will ich nicht sagen, daß ich ihre Kritik immer akzeptiere, meist aber tue ich es.

CONTAT: Sind Sie mit ihr ebenso streng wie sie mit Ihnen?

SARTRE: Selbstverständlich. Es ist sinnlos, anders als mit äußerster Strenge zu kritisieren, wenn man einander liebt.

CONTAT: Sie sagen, Simone de Beauvoir sei Ihr einziger Gesprächs-

---

1 Nach der durch Hitlers Überfall auf Polen erfolgten französischen Kriegserklärung unterließ es die französische Heeresleitung, das Deutsche Reich anzugreifen und Hitler damit einen Zweifrontenkrieg aufzuzwingen. Während Hitler Polen besetzte, wurden die französischen Soldaten in ihren Grenzstellungen mit Frontkabarett unterhalten. Diese Kriegsphase nennt man daher in Frankreich *drôle de guerre* (Komischer Krieg).

partner. Aber von den Diskussionen, die Sie als Student mit Nizan oder Aron hatten, ist Ihnen trotz allem etwas geblieben . . .

Sartre: Eigentlich nicht. Ich habe viel diskutiert mit Aron oder mit Politzer, aber es hat zu nichts geführt. Mit Nizan, ja, das schon ein wenig mehr. Nur, es trennte uns, daß er Marxist wurde, das heißt, daß er ein Denken übernahm, das er sich zu der Zeit, als wir Freunde waren, noch nicht angeeignet hatte, ein Denken, dessen Implikationen weit vielfältiger sind, als er damals meinte. Ich war plötzlich mit einem Denken konfrontiert, das ich kaum verstand und das ich nur sehr wenig kannte – ich hatte das *Kapital* gelesen, aber ohne es zu verstehen, das heißt, ohne dadurch verändert zu werden –, und dieses Denken störte mich, wie etwas Verfluchtes, Grimassierendes, Höhnisches, weil ein anderer, einer, den ich liebte, es anwandte, und zwar als ernste Wahrheit und zugleich, um mich zum Narren zu machen.

Ich fühlte mich durch den Marxismus in Frage gestellt, weil er die Gedankenwelt eines Freundes ausmachte und weil er unserer Freundschaft in die Quere kam. Zumindest bis zum Krieg ist der Marxismus für mich etwas Störendes gewesen, etwas, das mir Unbehagen bereitete und mir zeigte, daß ich bei weitem nicht alles wußte und noch viel zu lernen hatte. Aber es gelang mir nicht, es zu lernen. Zu einer bestimmten Zeit, in Le Havre, habe ich Werke von Marx und marxistische Werke gelesen; aber sie gingen mir nicht ein, ich konnte ihren Sinn nicht begreifen.

Während des Krieges, unter der Okkupation, begann es in mir zu wirken, als ich in einer Widerstandsgruppe war, in der es auch Kommunisten gab. Und dann, nach dem Krieg, habe ich Dutzende von Heften mit Notizen über eine Ethik vollgeschrieben – leider habe ich sie verloren: diese Notizen waren nichts anderes als eine Auseinandersetzung mit dem Marxismus.

Contat: Vertreten Sie heute noch die Autonomie des Existentialismus innerhalb des Marxismus, wie Sie es 1957 getan haben?

Sartre: Ja, durchaus.

Contat: Sie betrachten sich also immer noch als Existentialist?

Sartre: Die Bezeichnung ist idiotisch. Wie Sie wissen, habe nicht ich sie gewählt: man hat sie mir umgehängt, und ich habe sie akzeptiert. Heute würde ich sie nicht mehr akzeptieren. Aber niemand nennt mich noch einen Existentialisten, höchstens noch die Lexika, wo es nichts zu sagen hat.

Contat: Welches Etikett ziehen Sie vor, das des «Existentialisten» oder das des «Marxisten»?

Sartre: Wenn unbedingt ein Etikett nötig ist, dann lieber Existentialist.

CONTAT: Eine Probe hat der Existentialismus nicht zu bestehen gehabt, die Probe der Macht. Nun behaupten heute viele Leute, daß der Marxismus, als er zur Ideologie einer Macht – der sowjetischen Macht – wurde, sein wahres Wesen als Machtdenken enthüllt hätte. Was meinen Sie dazu?

SARTRE: Es stimmt, auch ich meine, daß der Marxismus, obwohl in der UdSSR modifiziert, im sowjetischen System trotzdem er selbst geblieben ist. Der Marxismus ist keineswegs eine deutsche oder englische Philosophie des 19. Jahrhunderts, die als Deckmantel für ein Diktatursystem des 20. Jahrhunderts dient. Ich meine, daß der Marxismus sehr wohl dem sowjetischen System zugrunde liegt und daß er durch dieses System nicht pervertiert worden ist.

CONTAT: Aber Sie sagen doch, daß das Sowjetregime ein völliger Fehlschlag sei. Widerspricht das nicht dem, was Sie 1957 sagten: «Der Marxismus ist die unüberschreitbare Philosophie unseres Zeitalters»?

SARTRE: Meiner Meinung nach gibt es wesentliche Aspekte des Marxismus, die bleiben werden: Klassenkampf, Mehrwert usw. Die Sowjets haben das im Marxismus enthaltene Machtelement aufgegriffen. Als Machtphilosophie glaube ich, hat der Marxismus in Sowjetrußland sein wahres Gesicht gezeigt. Ich bin der Meinung, wie ich es auch in *Der Intellektuelle als Revolutionär* zu sagen versuchte, daß heute ein anderes Denken vonnöten ist, ein Denken, das dem Marxismus Rechnung trägt, indem es ihn überschreitet, zurückweist und wieder aufgreift, ihn in sich aufnimmt. Das ist die Voraussetzung, um zu einem wahren Sozialismus zu gelangen.

Ich glaube, zusammen mit vielen anderen Denkern von heute Wege zu dieser Überschreitung des Marxismus aufgezeigt zu haben. In dieser Richtung würde ich jetzt gern arbeiten, aber ich bin zu alt dazu. Nun kann ich nur noch wünschen, daß andere meine Arbeit übernehmen. So wünsche ich zum Beispiel, daß Pierre Victor diese zugleich theoretische und politische Aufgabe übernimmt.

CONTAT: Sehen Sie bei Pierre Victor die besten Chancen für ein Gelingen dieser Arbeit?

SARTRE: Ja. Von allen, die ich kenne, ist er der einzige, der mich in dieser Hinsicht vollauf befriedigt.

CONTAT: Sie scheinen bei ihm vor allem die Radikalität seiner Ambitionen zu schätzen. Und das haben Sie auch bei Giacometti geschätzt.

SARTRE: Ja, genauso ist es. Nizan hatte nicht so radikale Ambitionen. Die Partei bewirkte, daß er in seinem Radikalismus nicht bis ans Ende ging. Wäre er nicht gestorben, dann hätte er es vielleicht noch getan, weil die Partei ihn seiner Meinung nach verraten hatte.

CONTAT: Die Menschen, denen Sie sehr viel Hochachtung entgegenbringen, sind also im Grunde jene, die «nach dem Absoluten dürsten», wie man im neunzehnten Jahrhundert sagte?

SARTRE: Ja, das stimmt. Ich schätze Menschen, die alles wollen. Auch ich habe alles gewollt. Natürlich erreicht man nicht alles, aber man muß alles wollen.

CONTAT: Gibt es noch andere Ihrer Zeitgenossen, die Sie sehr schätzen? 1960 haben Sie beispielsweise Ihre Hochachtung und Freundschaft für Fidel Castro ausgedrückt.

SARTRE: Ja, aber ich weiß nicht, wie er inzwischen geworden ist. Er hat uns jedenfalls abgewiesen, als wir gegen die Einkerkerung Padillas protestierten. Er wurde direkt ausfällig, dabei waren wir sehr zurückhaltend gewesen, weil ich immer noch Freundschaft empfand für den Mann, den ich gekannt hatte. Er hatte mir gefallen, das ist eine Seltenheit; er hatte mir sehr gefallen.

CONTAT: Und wer noch?

SARTRE: Mao. Ich hatte große Hochachtung vor Mao, wenigstens bis vor einigen Jahren. Ich habe die «Kulturrevolution» nicht so recht verstanden; nicht, daß ich auch nur im geringsten dagegen wäre, aber es ist mir nicht gelungen, mir ein klares Bild von ihrer Bedeutung zu machen, und ich meine, daß die Fakten nicht klar sind.

Eine der Reisen, die ich gern noch machen würde, wäre eine Reise nach China. Ich war in China, in einem bestimmten Augenblick seiner Geschichte, 1955. Und dann kam die «Kulturrevolution». Ich würde China gern jetzt wiedersehen, ich glaube, ich würde es besser verstehen.

CONTAT: Und Bewunderung – ist das ein Gefühl, das Sie kennen?

SARTRE: Nein. Ich bewundere niemand, und ich möchte auch nicht bewundert werden. Die Menschen sind nicht zu bewundern; sie sind einander alle ähnlich, alle gleich. Es kommt darauf an, was sie tun.

CONTAT: Sie haben mir einmal gesagt, daß Sie Victor Hugo bewundern.

SARTRE: Aber nur ein wenig. Ich kann Ihnen nicht genau sagen, was ich für Victor Hugo empfinde. Es gibt vieles bei ihm zu kritisieren, und anderes, das wirklich schön ist. Es ist verworren, gemischt, also zog ich mich aus der Affäre, indem ich sagte, ich bewunderte ihn. In Wirklichkeit bewundere ich ihn nicht mehr als sonst jemanden. Nein, Bewunderung ist ein Gefühl, das voraussetzt, daß man sich für geringer hält als den, den man bewundert. Aber wie Sie wissen, bin ich der Meinung, daß alle Menschen gleich sind und daß Bewunderung nichts zwischen den Menschen zu suchen hat. Achtung, das ist das richtige Gefühl, das man von einem Menschen einem anderen Menschen gegenüber verlangen kann.

CONTAT: Eher als Liebe?

SARTRE: Nein, Liebe und Achtung, das sind zwei Aspekte derselben

Sache, es ist das gleiche Verhältnis zum anderen. Das soll nicht heißen, daß die Achtung absolut notwendig ist für die Liebe, oder die Liebe für die Achtung. Aber wenn man beides hat, dann hat man die richtige Einstellung von Mensch zu Mensch. So weit sind wir noch nicht. So weit werden wir erst sein, wenn das Subjektive völlig offen sein wird.

CONTAT: Aber wie erklären Sie selbst es sich, daß Sie in der Freundschaft unbeständig und in Ihren Liebesbeziehungen beständig sind?

SARTRE: Ich bin nicht unbeständig in der Freundschaft. Wenn Sie wollen, sagen wir es so: Meine Freundschaften haben nicht so stark gezählt wie meine Liebesbeziehungen. Warum nennen Sie mich unbeständig?

CONTAT: Ich denke an Camus, zum Beispiel.

SARTRE: Aber ich bin nie gegen Camus gewesen. Ich war gegen das Schreiben, das er an *Les Temps Modernes* gerichtet hatte: er nannte mich darin «Herr Chefredakteur» und entwickelte unsinnige Gedanken über den Artikel von Francis Jeanson[1]. Man konnte Jeanson widersprechen, aber nicht so, wie Camus es tat: sein Artikel hat mich in Wut gebracht.

CONTAT: Und hat der Bruch, der darauf folgte, Sie nicht berührt?

SARTRE: Nein, nicht wirklich. Wir hatten einander nur noch selten gesehen, er hatte mir in den letzten Jahren bei jeder Begegnung Vorwürfe gemacht: Ich hätte dies getan, ich hätte das gesagt, ich hätte jenes geschrieben, was ihm nicht gefiel, er machte mir dauernd Vorwürfe. Es war noch kein Zerwürfnis, aber es war auch nicht sehr ersprießlich. Camus hatte sich sehr verändert. Zu Anfang hatte er noch nicht gewußt, daß er ein großer Schriftsteller war, er war voller Witz, und wir unterhielten uns gut miteinander; er sprach eine sehr freie Sprache, ich übrigens auch, wir erzählten allerhand Schweinereien, und seine Frau und Simone de Beauvoir taten entrüstet. Zwei oder drei Jahre lang hatten wir eine wirklich gute Beziehung zueinander. In intellektueller Hinsicht durfte man nicht zu weit gehen, denn er wurde leicht kopfscheu; ein bißchen war er immer noch der kleine Gassenjunge aus Algier, sehr ungezogen und frech. Er ist vermutlich mein letzter guter Freund gewesen.

CONTAT: Es gibt viele Menschen, die aus Ihrem Leben ausgeschieden sind, vor allem Männer.

SARTRE: Es sind auch viele Frauen aus meinem Leben ausgeschieden. Manchmal durch Tod, manchmal auf andere Weise. Aber insgesamt sehe ich nicht, daß ich in meinen Freundschaften unbeständiger gewesen wäre als andere. Meine Beziehungen zu Bost zum Beispiel sind fast so alt wie meine Beziehung zu Castor. Die Leute, die wir «die Familie» genannt

1 *Les Temps Modernes*, Nr. 82, August 1952.

haben, sehe ich fast alle noch . . . Mit Pouillon bin ich seit fünfunddreißig Jahren befreundet . . .

Meine Freundschaft mit Giacometti dagegen hat ein merkwürdiges Ende gefunden – durch ein Mißverständnis, das ich nie ganz verstanden habe, aber das ist ein anderes Kapitel . . . Auch er hat sich kurz vor seinem Tod gegen mich gewendet, und das war meiner Meinung nach ein Mißverständnis seinerseits.

CONTAT: Viele Menschen wundern sich, daß Sie lange Zeit einen Menschen wie Jean Cau als Sekretär haben konnten, angesichts dessen, was dann aus ihm geworden ist.

SARTRE: Hören Sie, die Entwicklung von Jean Cau betrifft mich überhaupt nicht.

CONTAT: Kommen wir auf die Frauen zurück . . .

SARTRE: Meine Beziehungen zu Frauen sind immer besser gewesen, weil das sexuelle Verhältnis es eher ermöglicht, daß das Objektive und das Subjektive zugleich gegeben sind. Die Beziehungen zu einer Frau – übrigens auch wenn man nicht mit ihr schläft, es aber getan hat oder getan haben könnte – sind reicher. Vor allem gibt es da eine Sprache ohne Worte, die Sprache der Hände, die Sprache der Blicke. Ich meine nicht die sexuelle Sprache im eigentlichen Sinn. Was die Sprache selbst betrifft, so kommt sie aus größerer Tiefe, aus dem Geschlecht, wenn es sich um eine Liebesbeziehung handelt. Bei einer Frau ist die Gesamtheit dessen, was man ist, gegenwärtig.

CONTAT: Eines fällt mir auf, solange ich Sie kenne: Wenn Sie von Ihren Freunden sprechen, sind Sie oft sehr hart . . .

SARTRE: Weil ich weiß, wie sie sind! Und wie ich bin! Ich könnte auch sehr hart über mich selbst reden.

CONTAT: Und was würden Sie dann über sich sagen?

SARTRE: Hauptsächlich, daß ich in meiner Radikalität nicht zu Ende gegangen bin. Natürlich habe ich in meinem Leben eine Menge Fehler begangen, kleine und große, die verschiedene Ursachen gehabt haben mögen. Aber im Grunde hat es jedesmal, wenn ich einen Fehler machte, daran gelegen, daß ich nicht radikal genug war.

CONTAT: Leute, die Sie kennen, sind im allgemeinen der Auffassung, eine Ihrer Haupteigenschaften sei Ihre Freiheit von jeglichem Narzißmus. Stimmen Sie dem zu?

SARTRE: Ich glaube, es wäre gut, wenn ich frei wäre von Narzißmus, und tatsächlich verhalte ich mich wie jemand, der frei davon ist. Doch das heißt nicht, daß es auch voll und ganz zutrifft. Narzißmus ist meiner Auffassung nach eine bestimmte Art, sich selbst reflexiv zu betrachten, sich selbst zu lieben, sich so wiederfinden zu wollen, wie man in dem zu sein glaubt, was man gemacht hat, kurz, es ist eine konstante Beziehung zum eigenen Ich, übrigens nicht zum aktiven Ich, das spricht, denkt, träumt, handelt, sondern vielmehr zu einer aus diesem fabrizierten imaginären Persönlichkeit. Nun, ich kann nicht behaupten, daß ich davon gänzlich frei bin. Ich versuche, es zu unterdrücken, und in manchen Augenblicken bin ich wirklich frei davon. Jetzt zum Beispiel sprechen wir über bestimmte Dinge, die mich betreffen, ich könnte also narzißtisch reagieren, tatsächlich aber denke ich nur daran, so gut wie möglich zu antworten, und reagiere nicht narzißtisch. Zu anderen Zeiten jedoch kann sich wieder Narzißmus einstellen. Er entsteht auch aus der Art, wie andere mich sehen; ein Satz, den jemand in meiner Gegenwart sagt, kann mich dazu anregen.

CONTAT: Aber Sie meinen nicht, daß man sich selbst lieben muß, um glücklich zu sein?

SARTRE: Liebt man sich selbst? Ist es nicht ein anderes Gefühl, das man für sich selber empfindet? Jemanden lieben, das ist relativ einfach und leicht zu verstehen, denn die Person, die ich liebe, ist nicht immer da, sie ist nicht ich selbst. Diese beiden Gründe genügen, um zu zeigen, daß das Gefühl, das ich für mich empfinde, der immer da ist und der ich selbst bin, der also der Liebende und der Geliebte zugleich ist, daß dieses Gefühl gar nicht existiert, außer wenn ich mir von mir selbst ein Bild mache, und damit sind wir wieder beim Narzißmus. Ich glaube nicht, daß die richtige Beziehung des Ich zum Ich eine Liebesbeziehung sein soll. Ich meine, die Liebe ist die richtige Beziehung des Ich zu den anderen. Umgekehrt, wenn man sich nicht liebt, sich fortwährend anklagt, sich verabscheut, dann kann man auch nicht in vollem Maß im Besitz seiner selbst sein.

CONTAT: Wovon Sie wirklich in erstaunlicher Weise frei zu sein scheinen, das sind Schuldgefühle.

SARTRE: Das stimmt. Die habe ich nicht. Ich fühle mich niemals schuldig, und ich bin es auch nicht.

CONTAT: Aber es ist ein Gefühl, das Sie in Ihrem Werk beschrieben haben, es ist sogar eines Ihrer Hauptthemen. Um Schuldgefühle so gut beschreiben zu können, mußten Sie sie doch kennen, und wenn Sie heute keine haben, so ist das vielleicht eine Errungenschaft und keine Gegebenheit.

SARTRE: In meiner Familie hat man mir von Anfang an das Gefühl gegeben, ein Kind von besonderem Wert zu sein. Zugleich war da jedoch das Gefühl meiner Zufälligkeit, das zur Vorstellung des Wertes ein wenig in Widerspruch stand, denn Wert, das ist ein ganzer Komplex, der Ideologien und Entfremdungen voraussetzt, und die Zufälligkeit ist die nackte Realität. Aber ich habe einen Dreh gefunden: Ich erkannte mir Wert zu, weil ich die Zufälligkeit fühlte, die die anderen nicht fühlten. Also wurde ich der Mann, der von der Zufälligkeit sprach und folglich seinen Wert darin sah, daß er im Zufall Sinn und Bedeutung suchte. Das ist sehr klar.

CONTAT: Meinen Sie nicht, daß man in Ihrer Art, mit Geld umzugehen zum Beispiel, Spuren von Schuldgefühlen finden könnte?

SARTRE: Ich glaube, nicht. Als erstes wäre dazu zu sagen, daß ich nicht aus einer Familie komme, in der das Verhältnis von Geld und Arbeit klar erfaßt wurde als etwas Hartes, Strenges.

Mein Großvater arbeitete viel, aber er beschäftigte sich mit Schriften, und für mich bedeutete Lesen und Schreiben ein Vergnügen. Er schrieb mit Vergnügen, ich sah die Abzüge, die er korrigierte, und das machte mir Spaß; er hatte Bücher in seinem Arbeitszimmer, und er sprach mit Leuten, gab ihnen Deutschunterricht. Und das war alles, was ihn mit dem Geld verband. Wie Sie sehen, war das kein klarer Zusammenhang. Später, als ich selber schrieb, war der Zusammenhang zwischen den Büchern, die ich schrieb, und dem Geld, das ich einnahm, für mich inexistent: Ich verstand ihn nicht, da ich der Ansicht war, der Wert eines Buches erweise sich erst nach Jahrhunderten. Folglich war das Geld, das mir meine Bücher einbrachten, für mich gewissermaßen etwas Zufälliges. Man könnte sagen: ich bin bei meiner ursprünglichen Einstellung zum Geld geblieben. Es ist eine dumme Einstellung. Da war meine Arbeit, meine Art zu leben, meine Bemühungen, die mir Freude machten – es hat mir stets Freude gemacht, zu schreiben –, und zusätzlich mein Lehrerberuf, der mit dem anderen ein wenig zusammenhing und mich nicht belastete: ich übte ihn gern aus. Warum sollte man mir unter diesen Umständen Geld geben? Und doch gab man mir dafür Geld.

CONTAT: Als ich von Schuldgefühlen sprach, dachte ich eher an Ihre Art, Geld zu verschenken.

SARTRE: Um es zu verschenken, mußte ich erst welches haben. Und Geld hatte ich erst mit achtzehn, neunzehn Jahren, als ich auf der École Normale war und Nachhilfeunterricht gab, wofür man mich bezahlte. Ich hatte also etwas Geld und konnte es verschenken. Aber was verschenkte ich? Jenes Papiergeld, das ich nach einer Arbeit, die mir Spaß machte, bekommen hatte. Ich empfand nicht den Wert des einzelnen Sou, sein Gewicht: für mich waren das nur Papierscheine, die ich weggab, wie ich sie bekommen hatte – für nichts.

CONTAT: Sie hätten doch den Wunsch haben können, Sachen zu kaufen, etwas zu besitzen.

SARTRE: Das war auch manchmal der Fall. Ich verschenkte nicht alles, was ich bekam, ich kaufte auch Sachen. Aber ich hatte nie das Verlangen, ein Haus oder eine Wohnung für mich allein zu haben. Jedenfalls glaube ich nicht, daß meine Neigung, Geld zu verschenken, auch nur das geringste mit Schuldgefühlen zu tun hat. Ich verschenkte es, weil ich dazu in der

Lage war und weil jene, für die ich Interesse hatte, es brauchten. Nie habe ich Geld verschenkt, um mich von einer Schuld freizukaufen oder weil das Geld als solches mich belastet hätte.

CONTAT: Als ich Sie kennenlernte, fiel mir anfangs auf, daß Sie oft dicke Bündel Banknoten bei sich trugen. Warum?

SARTRE: Das stimmt, manchmal hatte ich mehr als eine Million[1] in der Tasche. Man hat mir oft vorgehalten, daß ich zuviel Geld mit mir herumtrage. Simone de Beauvoir zum Beispiel fand es lächerlich, und tatsächlich ist es auch dumm. Aber, um die Wahrheit zu sagen, wenn ich es heute nicht mehr tue, so nicht, weil ich es verlieren oder weil man es mir stehlen könnte, sondern weil ich so schlecht sehe: ich verwechsele die Scheine, und das kann zu peinlichen Situationen führen. Trotzdem habe ich gern mein Geld bei mir, und es ist mir unangenehm, daß es jetzt nicht mehr geht. Wissen Sie, Sie sind der erste, der mich danach fragt.

Ich weiß, es wirkt protzig, wenn man ein dickes Geldbündel herauszieht. Ich erinnere mich an ein Hotel an der Côte d'Azur, wo wir, Simone de Beauvoir und ich, oft abgestiegen sind: einmal beklagte sich die Vertreterin der Chefin bei Simone de Beauvoir, daß ich beim Zahlen soviel Geld aus der Tasche gezogen hätte. Aber ich bin kein Nabob. Nein, wenn ich gern viel Geld bei mir habe, so entspricht das, glaube ich, gewissermaßen der Art, wie ich mit meinen Möbeln lebe, der Art, wie ich mit meiner Kleidung umgehe – fast immer dieselbe –, mit meiner Brille, meinem Feuerzeug, meinen Zigaretten.

Dahinter steckt der Gedanke, möglichst viele Dinge, die für mein Leben bestimmend sind, bei mir zu haben, alles, was mein Alltagsleben in dem Moment ausmacht. Der Gedanke, in jedem Moment ganz das zu sein, was ich bin, von niemandem abzuhängen, niemanden um etwas bitten zu müssen, alles nur Mögliche sofort verfügbar zu haben. Das gibt mir gewissermaßen das Gefühl, anderen überlegen zu sein, was natürlich falsch ist, wie ich sehr wohl weiß.

CONTAT: Oft geben Sie auch übertrieben hohe Trinkgelder.

SARTRE: Immer.

CONTAT: Das könnte den Empfängern peinlich sein.

SARTRE: Da übertreiben Sie.

CONTAT: Aber ich habe doch bei Ihnen gelernt, daß Gegenseitigkeit möglich sein muß, wenn Großzügigkeit nicht irgendwie demütigend wirken soll.

SARTRE: Gegenseitigkeit ist nicht möglich, aber Freundlichkeit. Die Kellner im Café wissen es zu schätzen, daß ich große Trinkgelder gebe, und sie vergelten es mir mit Freundlichkeit. Mein Gedanke dabei ist

---

1 Alte Francs.

folgender: Sobald ein Mensch von unseren Trinkgeldern lebt, will ich ihm so viel geben, wie ich kann; denn ich meine, wenn schon ein Mensch von mir lebt, dann soll er gut leben.

CONTAT: Sie haben ungeheuer viel verdient . . .

SARTRE: Ich habe gut verdient, ja.

CONTAT: Wenn man zusammenrechnet, was Sie verdient haben, würde eine enorme Summe herauskommen. Was haben Sie mit dem Geld gemacht?

SARTRE: Das kann ich schwer sagen. Ich habe es anderen gegeben, und ich habe viel für mich selbst verbraucht. Viel, das heißt für Bücher, für Reisen – ich gebe sehr viel für Reisen aus. Früher, da ich mehr Geld hatte als heute, neigte ich immer dazu, mehr bei mir zu tragen, als notwendig war.

CONTAT: Aus Angst, es zu brauchen und nicht genug bei sich zu haben?

SARTRE: Vielleicht, ein bißchen. Wenn meine Großmutter mir Geld gab, sagte sie immer: Wenn du eine Scheibe zerbrichst, hast du wenigstens ein paar Groschen bei dir. Davon ist mir etwas geblieben. Heute noch ist mir nicht recht wohl, wenn nicht mehr viel auf meinem Konto ist. Wie es gegenwärtig der Fall ist. Und es hat Zeiten gegeben, wo ich keinen Heller hatte. Einmal gab mir meine Mutter zwölf Millionen, damit ich meine Steuern zahlen konnte. Man kann sagen, ich habe immer mehr ausgegeben, als ich besaß . . . Ich dachte nicht an die Steuern . . . Seit einigen Jahren behält Gallimard etwas auf meinem Konto zurück für das Finanzamt . . .

CONTAT: Und wofür geben Sie Ihr Geld aus?

SARTRE: Wenn man von den Reisen absieht, gebe ich für mich selbst ziemlich wenig aus. Einmal am Tag ins Restaurant, aber immer in Begleitung – das macht zehntausend Franc täglich –, Zigaretten, sehr selten etwas zum Anziehen. Bücher bekomme ich – früher habe ich viele Bücher gekauft, aber das ist lange her –, die Hausgehilfin, die relativ teure Wohnung – 200 000 Franc monatlich. Aber das ist nicht alles, was ich im Monat ausgebe.

CONTAT: Wieviel geben Sie monatlich aus?

SARTRE: Alles zusammen? Es gibt Menschen, die finanziell von mir abhängig sind: das macht insgesamt anderthalb Millionen alte Franc feste Ausgaben im Monat, mehr als ich für mich selbst ausgebe, etwa 300 000 alte Franc. Zusammen also ungefähr eine Million achthunderttausend alte Franc pro Monat. Und tatsächlich bringt Puig die 725 000 alten Franc, die mir Gallimard jeden Monat für meine Bücher zahlt, plus gewöhnlich eine Million.

CONTAT: Und woher kommt diese Million?

SARTRE: Zum Teil vom Autorenverband für Werke, die in Frankreich aufgeführt oder im Rundfunk oder im Fernsehen gebracht werden, zum Teil von Gisèle Halimi, meiner literarischen Agentin, für die Auslandsrechte, das sind Einkünfte aus meinen Theaterstücken, Filmen, Interviews usw. Eigentlich bringt mir das alles weit mehr ein als meine Bücher. Voriges Jahr hatte ich, soweit ich mich erinnere, fünfzehn Millionen Steuern zu zahlen. Und dann habe ich eine Selbständigen-Pension, rund achthunderttausend alte Franc alle sechs Monate. Am meisten bringt mir das ein, was über Gisèle Halimi geht: das kommt zweimal im Jahr, und meist ist es viel, mehrere Millionen. Aber im Augenblick gibt es nichts mehr, und zum erstenmal frage ich mich, wie ich zurechtkommen soll.

CONTAT: Dann steht es also nicht mehr zur Debatte, Gruppen zu helfen, wie Sie es früher getan haben, zum Beispiel *Libération*?

SARTRE: Nein, das kann ich nicht mehr.

CONTAT: Verdient Simone de Beauvoir soviel wie Sie?

SARTRE: Nein, aber auch ziemlich viel.

CONTAT: Führen Sie eine gemeinsame Kasse?

SARTRE: Nein, dazu besteht auch kein Grund. Sie gibt übrigens weniger aus als ich.

CONTAT: Glauben Sie, daß diese Einstellung zum Geld ganz allgemein bezeichnend ist und daß man, wenn man die Details kennte und geschickt interpretierte, eine Wahrheit über Sie entdecken würde, von der Sie selber nichts ahnen?

SARTRE: Ich glaube, nicht. Tatsache ist, daß ich das Geld nie um seines Geldwerts wegen geschätzt habe. Ich habe es nie benutzt, um Aktien zu erkaufen oder um etwas Dauerhaftes anzuschaffen.

CONTAT: Sie hätten doch die Angst vor Geldschwierigkeiten, von der Sie gerade gesprochen haben, auf ganz andere Weise loswerden können durch eine Versicherung, wie es die meisten Menschen tun. Haben Sie das deshalb nicht getan, weil Sie seit, sagen wir, 1945, als Sie sahen, was Sie geworden waren, ganz sicher waren, daß es Ihnen nie mehr an Geld fehlen würde?

SARTRE: Im großen und ganzen habe ich wirklich gedacht, daß die Geldfrage sich nicht mehr stellen würde. Aber sie wird sich mir stellen: Wenn ich bis achtzig lebe, dann werde ich von einem gewissen Augenblick an keine andere Einnahmequelle mehr haben als die Bücher, die ich früher geschrieben habe.

CONTAT: Gibt es Arbeiten, die Sie in erster Linie gemacht haben, um Geld zu verdienen?

SARTRE: Es hat welche gegeben. Jedenfalls erinnere ich mich an eine, das war das Drehbuch über Freud, das ich für John Huston schrieb. Ich hatte gerade entdeckt, daß ich kein Geld mehr hatte – das war damals, glaube ich, als meine Mutter mir die zwölf Millionen gegeben hatte, damit ich meine Steuern zahlen konnte. Sie waren gezahlt, ich hatte keine Schulden mehr, aber auch keinen Pfennig Geld. In diesem Augenblick sagte man mir, Huston wolle mich sehen. Eines Morgens kam er und sagte mir: «Ich schlage Ihnen vor, einen Film über Freud zu machen; ich zahle Ihnen dafür fünfundzwanzig Millionen.» Ich sagte ja und bekam die fünfundzwanzig Millionen.

CONTAT: Wenn ein obskurer, talentloser Regisseur Ihnen diesen Vorschlag gemacht hätte, hätten Sie dann trotzdem angenommen?

SARTRE: Nein. An diesem Projekt war schon etwas recht Komisches: Man verlangte eine Arbeit über Freud, den Großmeister des Unbewußten, ausgerechnet von mir, der ich ein Leben lang behauptet hatte, es gebe kein Unbewußtes. Übrigens wollte Huston anfangs nicht, daß ich vom Unbewußten spreche. Und an dieser Frage ist dann das Ganze schließlich gescheitert. Die Arbeit an dem Film hat mir vor allem eine bessere Kenntnis Freuds gebracht und mich veranlaßt, meine Meinung über das Unbewußte zu ändern.

CONTAT: Wechseln wir das Thema. Um 1967 sagten Sie: «Die Pleiade ist ein Grabstein, ich will nicht zu meinen Lebzeiten begraben werden.» Später haben Sie Ihre Meinung geändert, und wir, Michel Rybalka und ich, werden in Kürze Ihre Romane in der Pleiade herausbringen. Warum haben Sie Ihre ursprüngliche Haltung geändert?

SARTRE: Vor allem unter dem Einfluß Castors; und auch anderer, die ich gefragt hatte, was sie davon hielten, und die mir sagten, das wäre eine sehr gute Sache. Und dann sind in der Pleiade auch andere lebende Autoren erschienen, sie hat also nicht mehr den Charakter eines Grabsteins. In der Pleiade veröffentlicht zu werden, bedeutet einfach den Übergang zu einem anderen Typus der Berühmtheit: Ich werde ein Klassiker, während ich früher ein Schriftsteller war wie andere auch.

Contat: Eine Konsekration also?

SARTRE: Das ist es, jawohl. Das macht mir jetzt Freude. Und wirklich, ich kann es kaum abwarten, diesen Pleiade-Band veröffentlicht zu sehen. Ich glaube, das stammt noch aus meiner Kindheit, als Berühmtheit bedeutete, in einer großen, sorgfältig betreuten Edition herauszukommen, um die sich die Leute reißen. Davon muß etwas in mir zurückgeblieben sein: man erscheint in derselben Reihe wie Machiavelli . . . Und dann mag ich die Pleiade, weil sie eine Reihe mit kritischem Apparat ist. Ich besitze sie fast komplett. Seit langem schenkt mir Robert Gallimard alle neuerscheinenden Bände, und das sind die einzigen, die ich mich beharrlich weigere zu verleihen. Ich habe sie viel benutzt und immer alle Anmerkungen gelesen, denn diese Anmerkungen bieten im allgemeinen den gegenwärtigen Wissensstand über ein Werk; ich lerne also Dinge, die ich noch nicht weiß.

CONTAT: Die Aufnahme in die Pleiade bedeutet für Sie aber sozusagen eine Art Abschluß Ihres Lebenswerkes.

SARTRE: Dieser Abschluß ist eine Realität: ich werde noch dieses letzte Buch mit autobiographischen Gesprächen veröffentlichen, die Fernsehserie wird vielleicht noch gemacht – Sie kennen die damit verbundenen Schwierigkeiten –, und dann, was kann ich noch machen? Ich kann keinen Liebesroman schreiben! Vielleicht kann ich aus diesem oder jenem noch ein Buch machen, indem ich meine Gedanken über verschiedene Dinge niederschreibe; aber die Hauptsache ist getan.

CONTAT: Von diesem Gesichtspunkt aus erscheint es mir etwas paradox, daß Sie den Vorschlag von Rybalka und mir ablehnten, einen Band Ihrer bisher unveröffentlichten philosophischen Schriften herauszubringen, zum Beispiel mit der *Psyche* und der *Moral* von 1947–49, den beiden unveröffentlichten Kapiteln aus der *Kritik der dialektischen Vernunft*.

SARTRE: Das ist nie fertig geworden. In der *Moral* sollte eine Idee dargelegt werden, die ich dann nicht mehr ausgeführt habe. Ich schrieb einen ersten Teil, der eine Grundidee einführen sollte, und bin dann plötzlich in eine Sackgasse geraten. Die meisten meiner Notizhefte sind verlorengegangen. Darin wäre noch einiges gewesen, was man hätte veröffentlichen können. Ein Heft ist noch da, von den anderen weiß ich nicht, wo sie sind.

CONTAT: Ich wollte damit sagen, daß Ihre Ablehnung eine andere Art Beziehung zu Ihrem Werk anzeigt. Da sind einerseits Ihre schon veröffentlichten Schriften – die Sie in der Pleiade herausbringen möchten, damit sie möglichst weite Verbreitung finden –, sie sind endgültig, abgeschlossen; und andererseits gibt es diese unveröffentlichten Sachen. Nun haben Sie immer primär mit dem Ziel geschrieben, Leser zu haben, und was man über Ihre Person dachte, war Ihnen letztlich gleich. Doch als ich Ihnen sagte, wir wollten Ihre unveröffentlichten philosophischen Schriften herausbringen, weil wir sie interessant finden, antworteten Sie: «Sie können sie veröffentlichen, wenn ich tot bin.» Ich kann nicht verstehen, wieso diese Texte, vom Standpunkt des Lesers, etwas anderes sein sollen, wenn Sie einmal nicht mehr leben.

SARTRE: Sie werden interessanter sein, insofern sie zeigen, was ich zu einer bestimmten Zeit machen wollte und dann aufgegeben habe, und das wird endgültig sein. Solange ich hingegen am Leben bin, bleibt – wenn ich nicht völlig senil werden sollte und gar nichts mehr machen kann – die Möglichkeit, daß ich die alten Sachen wieder aufgreife und in einigen Worten sage, was ich daraus machen wollte. Nach meinem Tod veröffentlicht, bleiben diese Texte unvollendet, so wie sie sind, unklar, da ich darin noch nicht völlig ausgereifte Gedanken formuliere. Es wird beim Leser liegen, zu interpretieren, wohin sie hätten führen können. Zu meinen Lebzeiten dagegen gibt es die Möglichkeit, daß ich diese Gedanken selbst wieder aufgreife und sie in einer anderen Richtung fortführe. Wenn ich tot bin, bleiben diese Texte so, wie sie zu meinen Lebzeiten wirklich waren, und die Unklarheiten bleiben, auch wenn es für mich vielleicht keine Unklarheiten waren . . . Ich lasse Sie die unveröffentlichten Sachen herausbringen, die völlig tot sind, wie etwa die Jugendschriften, die Sie in die Pleiade aufnehmen und in denen ich mich selbst nicht wiedererkenne oder die ich vielmehr mit einer Art Überraschung zur Kenntnis nehme wie die Texte eines Fremden, mit dem ich vor sehr langer Zeit bekannt war.

CONTAT: Das Paradox, von dem ich gesprochen habe, ist im Grunde folgendes: Einerseits halten Sie Ihr Werk für abgeschlossen, andererseits wollen Sie, solange Sie leben, die Kontrolle darüber behalten. Sie sind also gewissermaßen der Auffassung, daß dieses Werk mehr Ihnen gehört als Ihren Lesern.

SARTRE: Es ist sehr schwer zu sagen, wem das Werk gehört. Es gehört dem Autor und zugleich auch dem Leser, das ist sehr schwer zu vereinbaren. Aber der Leser betrachtet es nur sehr selten als das seine, während der Schriftsteller es als sein Eigentum ansieht. Ich meine, das Werk eines Menschen gehört ihm bis zu seinem Bewußtseinstod – das heißt bis zu seinem wirklichen, körperlichen und geistigen Tod oder bis er in Wahnsinn verfällt. Solange er aber lebt, gehört das Werk, das er geschrieben hat, ihm. Es gehört ihm vor allem dann, wenn es unvollendet ist, denn es könnte ihm – theoretisch – einfallen, es zu vollenden. Was mich betrifft, gilt dies für die *Moral* und für die *Kritik der dialektischen Vernunft*. Vor allem für die *Moral*. Denn im Fall der *Kritik* ist es auch eine Zeitfrage: dazu müßte ich mich noch einmal mit Geschichte befassen.

CONTAT: Welche Anweisungen werden Sie Ihren Erben hinterlassen, was die unveröffentlichten Schriften betrifft?

SARTRE: Ich habe noch kein Testament gemacht, aber ich würde sagen: Sie sollen das den Verlegern überlassen und den Leuten, die ich als Nachlaßverwalter einsetzen werde, und das werden keine Verwandten und keine nahen Freunde von mir sein. Um die Wahrheit zu sagen, das beschäftigt mich kaum, es gibt nicht soviel Unveröffentlichtes.

CONTAT: Es gibt zahlreiche, hier und da verstreute Manuskripte von Ihnen, die zweifellos eines Tages auftauchen werden. Und es gibt bestimmt nicht wenige Briefe. Vor einigen Jahren sagten Sie uns, Sie wünschten, daß wie im Fall Flauberts, Ihren Lesern alles zugänglich wäre. Wünschen Sie das noch immer?

SARTRE: Ehrlich gesagt, es ist mir egal. Meine Briefe sind nicht die

Briefe der Madame de Sévigny, es steht nichts Sensationelles darin. Ich habe nie einen Brief geschrieben mit dem Gedanken, daß er veröffentlicht werden könnte, und ich habe mich nie um den Stil gekümmert. Ich habe meine Briefe so geschrieben, wie es mir gerade einfiel. Die Briefe an Castor könnten publiziert werden, wenn man sie wiederfindet, denn wie Sie wissen, hat sie, abgesehen von denen, die sie Ihnen für die Pleiade gegeben hat, mindestens zweihundert auf der Flucht verloren. Es sind auch andere Briefe verschwunden, die recht komisch gewesen sein dürften, nämlich die Briefe an «Toulouse», Simone Jollivet, die Frau von Dullin, mit der ich während der Jahre an der École Normale lange befreundet war. Ich habe ihr eine Menge Briefe geschrieben, und sie hat sie bis wenige Jahre vor ihrem Tod aufgehoben und dann eines Tages alle verbrannt. Ich habe darin allerlei über die École berichtet und so meine Gedanken entwickelt. Ich war Vautrin, sie war Rastignac. Von wenigen Ausnahmen abgesehen, habe ich nichts gegen eine Veröffentlichung meiner Briefe einzuwenden – sie sind übrigens fast alle an Frauen gerichtet; aber ob sie veröffentlicht werden oder nicht, das ist wirklich meine geringste Sorge.

CONTAT: Sie wollten nie Schüler haben. Warum?

SARTRE: Weil ein Schüler meiner Meinung nach das Denken eines anderen übernimmt, ohne etwas Neues oder Wichtiges hinzuzufügen, ohne es durch eigene Arbeit zu bereichern, zu entwickeln und weiterzuführen. Ich bin zum Beispiel absolut nicht der Ansicht, daß *Der Verräter* von Gorz die Arbeit eines Schülers ist. Was mich an dem Buch interessierte – und darum habe ich auch das Vorwort dazu geschrieben –, war nicht, daß ich darin einige Gedanken von mir wiederfand, den Versuch, einen Menschen in seiner Gesamtheit zu begreifen, sondern daß ich etwas daraus lernen konnte: mich interessierte das, was von Gorz war, und nicht das, was von mir hätte sein können. Es ist ein sehr gutes Buch, das heißt, es hat etwas Neues gebracht.

CONTAT: Und Francis Jeanson?

SARTRE: Er hat Bücher *über* mich geschrieben, das ist etwas anderes. Die letzten sind übrigens weniger interessant; ich glaube, er interessiert sich jetzt für andere Dinge und täte besser daran, über sie zu schreiben. Nein, ich weiß zur Zeit niemand, der von mir ausgehend auf neue Art denkt.

CONTAT: Betrachten Sie Pierre Victor nicht als Ihren Schüler?

SARTRE: Absolut nicht. Er ist nicht wegen meiner Werke zu mir gekommen, sondern aus einem ganz konkreten politischen Grund: Er bat mich, die Leitung von *La Cause du peuple* zu übernehmen, damit die Zeitung weiterhin erscheinen könnte. Als ich ihn 1970 kennenlernte, war er sehr weit von meinem Denken entfernt: er kam aus einer anderen intellektuellen Landschaft, er war von Louis Althussers Marxismus-Leninismus geprägt worden. Er hatte einige meiner philosophischen Schriften gelesen, aber durchaus nicht alles akzeptiert. Bei ihm hatte ich es also glücklicherweise mit einem Denken zu tun, das in sich geschlossen war und das dem meinen widersprach, ohne es en bloc zu verwerfen. Das ist die Voraussetzung für eine aufrichtige Beziehung zwischen zwei Intellektuellen, für eine Beziehung, die es ihnen erlaubt, einander weiterzubringen. Wir haben Diskussionen über die Freiheit geführt, bei denen, wie ich glaube, etwas herausgekommen ist.

CONTAT: Vor allem, so scheint mir, haben Sie in ihm die Verkörperung eines Intellektuellen neuen Typus gesehen, der zwei bis dahin getrennte Gestalten in sich vereinte und sie damit überschritt: den klassischen Intellektuellen, den gewissermaßen Sie repräsentierten, und den Militanten, den Mann der Tat.

SARTRE: Wenn Sie so wollen. Pierre stellte die autonome – das heißt, von Parteianweisungen unabhängige – theoretische, radikale Aktivität dar und war zugleich der mit einer konkreten Massenaktion verbundene politische Militant. Jetzt werden Sie – mit Recht – einwenden, daß Pierre ein politischer Führer war und damit dem widersprach, was man meiner Meinung nach anstreben muß: die völlige Gleichheit aller Mitglieder einer Gruppe und – darüber hinaus – einer Gesellschaft.

Gewiß, die Geschichte meiner Beziehungen zur ehemaligen «Proletarischen Linken» ist vor allem die Geschichte meiner Beziehungen zu einem Mann, zu Pierre, der der Führer dieser Gruppe war und beträchtliche Macht über sie ausübte. Eine Macht, die er schließlich selbst als schädlich erkannte. Das war einer der Gründe, weshalb die Proletarische Linke sich aufgelöst hat. Wir haben viel darüber diskutiert – das sieht man übrigens in *Der Intellektuelle als Revolutionär*–, und Pierre hat sich meinen Ideen nach und nach angenähert – besonders, was die Freiheit und die Ablehnung von Hierarchien – aller Hierarchien – und die Ablehnung des Führerbegriffs betrifft.

CONTAT: Sie haben von Wandlung beider Seiten gesprochen. Tatsächlich hat nur er sich geändert, nicht Sie. Handelt es sich nicht also doch um ein Vater–Sohn-Verhältnis, in dem der Vater den Sohn, wenn schon nicht erzogen, so doch gewandelt hat?

SARTRE: Ich betrachte Pierre ganz und gar nicht als meinen Sohn, ebensowenig wie er mich als Vater ansieht! Es wäre absolut verfehlt, unser Verhältnis so zu interpretieren. Unsere Beziehung war eine von völlig Ebenbürtigen, und sie hatte trotz des Altersunterschiedes nichts mit einem Vater–Sohn-Verhältnis zu tun. Sie müssen wissen: Ich habe mir nie einen Sohn gewünscht, nie, und ich suche in meinen Beziehungen zu jüngeren Männern keineswegs einen Ersatz für eine Vaterrolle.

CONTAT: Worin unterscheidet sich die Arbeit, die Pierre zur Zeit macht – die Fernsehreihe mit Ihnen und seine theoretische Arbeit –, von der eines klassischen Intellektuellen? Ist das nicht ein Rückschlag, der die Vorstellung vom Intellektuellen neuen Typus in Frage stellt?

SARTRE: Nein, das glaube ich nicht. Es bedeutet nur ein Moment – ein vorübergehendes Moment – in der Entwicklung des neuen Intellektuellen. Wir befinden uns in einer Phase der Demobilisierung, des Rückzugs der revolutionären Kräfte. Pierre weiß nicht genau, wo er hingeht, aber er sucht einen Weg, den er mit Hilfe seiner politischen Erfahrung finden wird. Ich bin sicher, daß etwas dabei herauskommen wird, doch hängt das offenbar nicht nur von ihm ab. Seine jetzige Arbeit liegt auf der Linie seiner früheren Tätigkeiten, da ist weder ein Bruch – wenngleich er heute viele seiner früheren Positionen ablehnt – noch ein Rückschritt.

CONTAT: Warum haben Sie Pierre nicht in die Redaktion von *Les Temps Modernes* geholt?

SARTRE: Das hat nie zur Debatte gestanden. Pierre hatte anderes zu tun. Und außerdem besteht *Les Temps Modernes* seit dreißig Jahren, die Redakteure – Simone de Beauvoir und mich ausgenommen – sind zwischen fünfzig und sechzig Jahre alt: sie haben ein halbes Jahrhundert französische Geschichte erlebt und sind dadurch geprägt worden, und Pierre hat das nicht erlebt; sie sind wie eine Familie mit einer gemeinsamen Vergangenheit, gemeinsamen Denkgewohnheiten und einer gemeinsamen Sprache. Es sind Leute mit sehr ausgeprägter Persönlichkeit, dabei untereinander sehr verschieden. Sie haben seit langem ihre festen Anschauungen, die sie nicht so leicht ändern werden. Trotzdem – davon bin ich überzeugt – hätten sie Pierre freundlich aufgenommen und seine Fähigkeiten anerkannt. Sicher hätten sie mit ihm diskutiert und ihm mit Interesse zugehört. Übrigens haben wir die Maoisten in einer Sondernummer von *Les Temps Modernes* zu Wort kommen lassen und mehrere Texte veröffentlicht, die in ihre Richtung gingen. Allerdings haben wir auch Artikel gebracht – beispielsweise gegen die chinesische Außenpolitik –, die damals für die Maoisten unannehmbar waren.

CONTAT: Sie selbst interessieren sich heute viel weniger für diese Zeitschrift, die doch vor allem *Ihre* Zeitschrift ist, als früher?

SARTRE: Im Prinzip nehme ich an den Redaktionssitzungen teil, die alle vierzehn Tage bei Simone de Beauvoir stattfinden. Von Zeit zu Zeit muß sie mich ein wenig drängen; sie sagt: «Sartre, jetzt sind Sie schon dreimal nicht dagewesen, diesmal müssen Sie.» Also gehe ich hin, höre mir an, was für Artikel erscheinen sollen, sage meine Meinung dazu wie die anderen Redaktionsmitglieder, und meine Meinung wird auch berücksichtigt, aber sie hat kein größeres Gewicht als die Meinungen der anderen. Voriges Jahr wollte ich, daß ein Artikel von einem ehemaligen

Führer der Proletarischen Linken über die Einführung des Taylorismus in der UdSSR durch Lenin erscheint – der Autor sagte im wesentlichen, daß man damals nichts anderes tun konnte. Wir waren uns über diesen Text nicht einig, und am Ende wurde er nicht gebracht; ich war dafür eingetreten, obwohl ich mit dem Inhalt nicht völlig übereinstimmte. Aber es kommt selten vor, daß man sich nicht einigt. 1970 traten Pingaud und Pontalis – die gewissermaßen die Rechte in den *Temps Modernes* repräsentierten – aus der Redaktion aus, weil sie nicht einverstanden waren mit der Veröffentlichung eines Artikels von Gorz, der sich dafür aussprach, die Universität zu liquidieren. Auch seither kam es vor, daß ein Redaktionsmitglied mit dem Austritt drohte, aber es ist mir jedesmal gelungen, die Meinungsverschiedenheiten zu schlichten. Im allgemeinen vertragen wir uns gut, wir verstehen einander auf Andeutungen hin, und im wesentlichen kommt das Einvernehmen ganz von selbst zustande.

CONTAT: Auf Kosten von Themen, die Uneinigkeit auslösen könnten. Zum Beispiel hat *Les Temps Modernes* nicht zur Präsidentenwahl 1974 Stellung genommen.

SARTRE: Nun, wir waren verschiedener Meinung: Simone de Beauvoir, Bost und Lanzmann wollten für Mitterand stimmen, Pouillon, Gorz und ich wollten uns der Stimme enthalten, übrigens nicht ganz aus den gleichen Gründen. Aber eine Zeitschrift muß nicht zu allen politischen Ereignissen Stellung nehmen. 1973, bei den Parlamentswahlen, haben wir klar gegen die Stimmabgabe, gegen das «Wahlmanöver» des Gemeinsamen Programms (der Sozialisten und Kommunisten) Stellung genommen. Aber wir sind keine politische Gruppe mit einer fest umrissenen Linie. Die Homogenität einer Zeitschrift wie *Les Temps Modernes*, die sehr links steht, gewiß, aber vor allem eine Zeitschrift der Reflexion und der Dokumentation ist, diese Homogenität liegt auf einer anderen Ebene: sie wird à la longue sichtbar in der Gesamtheit der Texte, die wir veröffentlichen, auch wenn diese manchmal auf den ersten Blick unvereinbar scheinen mögen. Es ist eine tiefere Homogenität, die wir selbst oft nicht gleich erkennen können, die aber darin besteht, daß wir trotz unserer Differenzen eine gemeinsame Grundlage haben. Die Leser erkennen das wohl, glaube ich, denn wir haben ein Publikum. Ein extrem linkes Publikum, sicherlich, von dem wir aber nicht viel wissen. Es hat sich im Laufe der Jahre erneuert, aber es existiert: Die Zeitschrift hat heute mehr oder minder die gleiche Auflage wie am Anfang, 11 000 Exemplare. Jeder von uns bringt sich durch seine Textvorschläge zur Geltung. Denn außer Pouillon und Gorz, die von Zeit zu Zeit einen Artikel beisteuern, schreibt kaum einer von uns gegenwärtig etwas. So trägt Simone de Beauvoir vor allem ihre Chronik zur Lage der Frau bei, eine Chronik, die von revolutionären Feministinnen geschrieben wird.

Sie schlägt Artikel vor und liest alle Artikel, die von den anderen vorgeschlagen werden. Sie leitet die Zeitschrift sehr gewissenhaft und energisch. Die tatsächliche praktische Redaktionsarbeit jedoch, das, was wir «eine Nummer machen» nennen, wird zur Zeit vor allem von Pouillon und Gorz abwechselnd geleistet. Unser einziges Problem ist, für das nötige Gleichgewicht zu sorgen, damit keiner von uns der Zeitschrift *seine* Linie aufzwingen kann. Und auch die Kontrolle zu behalten über die – recht zahlreichen – Nummern, die von Leuten gemacht werden, die wir dazu einladen, wobei wir ihnen weitgehend freie Hand lassen. Im allgemeinen klappt das.

Nach dem Krieg war *Les Temps Modernes* für mich wichtig, dann wieder während des Algerienkrieges und ein bißchen auch nach 68. Kurz, wenn ich mich seit einiger Zeit weniger dafür interessiere, so liegt es daran, daß die Zeitschrift ihr eigenes Leben lebt, daß es keine großen Entscheidungen zu treffen gibt, außer vielleicht der, die Zeitschrift einzustellen. Aber dazu sehe ich keinen vernünftigen Grund. Den anderen ist sie ans Herz gewachsen, es ist meiner Meinung nach eine gute Zeitschrift, sie wird gelesen und bringt oft Sachen, die nur wir zu bringen bereit sind. Ich sehe jedoch auch keinen Grund, sie zu ändern, indem man jüngere Leute hereinholt, die andere Ansichten haben als wir – das hieße, eine andere Zeitschrift daraus zu machen.

CONTAT: Im Laufe des letzten Jahres haben Sie zu einer Anzahl außenpolitischer Fragen persönlich Stellung genommen. Zur Innenpolitik haben Sie geschwiegen. Wenn die Linke die Präsidentenwahl gewonnen hätte, glauben Sie nicht, daß Sie dann heute ein viel virulenterer Opponent der Regierung wären?

SARTRE: Das ist schwer zu sagen. Hätte Mitterand die Präsidentschaftswahl gewonnen, dann würde er jetzt zweifellos die Kommunisten aufs Messer bekämpfen. Und dann wäre die radikale Linke wahrscheinlich viel stärker. Bestimmt würde ich in Opposition zur Sozialistischen Partei stehen und hätte Verbindungen zu den Gruppen der extremen Linken, die zwangsläufig in Opposition zu Sozialisten *und* Kommunisten stänaden. Aber man kann unmöglich wissen, welche sozialen Kräfte ein Wahlsieg der Linken in Bewegung gesetzt hätte. Dazu können Sie von mir keine Stellungnahme erwarten. Was die Probleme der französischen Innenpolitik betrifft, so ist es richtig, daß ich nicht viel sehe, was ich tun könnte: Was jetzt in Frankreich geschieht, ist alles so verkorkst! Es gibt keine Hoffnung im Augenblick, keine Partei gibt auch nur zur geringsten Hoffnung Anlaß . . .

CONTAT: Im allgemeinen geben Sie optimistische politische Erklärungen ab, obgleich Sie privat sehr pessimistisch sind.

SARTRE: Ja, das bin ich. Und meine Erklärungen sind nie sehr optimistisch, denn bei jedem sozialen Ereignis, das uns betrifft, das wichtig für uns ist, spüre ich deutlich die offenkundigen oder noch wenig sichtbaren Widersprüche; ich sehe die Fehler, die Gefahren, alles, was eine günstige Entwicklung in Richtung auf Freiheit verhindern kann. Ich bin also pessimistisch, weil die Risiken jedesmal enorm sind. Nehmen Sie Portugal: dort hat die Art Sozialismus, die wir wollen, heute (Sommer 1975, Anm. d. Übers.) eine kleine Chance, die sie vor dem 25. April 1974 nicht hatte, und läuft dennoch größte Gefahr, für sehr lange Zeit zurückgedrängt zu werden. Wenn ich von einem allgemeinen Standpunkt ausgehe, sage ich mir: Entweder ist der Mensch erledigt – und in diesem Fall ist er nicht nur erledigt, sondern er hat nie existiert: die Menschen wären dann nur eine Spezies gewesen wie die Ameisen –, oder der Mensch wird Mensch, indem er den freiheitlichen Sozialismus verwirklicht. Wenn ich die konkreten sozialen Fakten betrachte, neige ich zu der Ansicht, daß der Mensch erledigt ist. Bedenke ich aber die Gesamtheit der Bedingungen, die erfüllt werden müssen, damit der Mensch Mensch werde, dann sage ich mir, daß man nur eines tun kann, nämlich mit allen Kräften unterstreichen, zur Geltung bringen und unterstützen, was in den konkreten sozialen und politischen Verhältnissen zu einer Gesellschaft freier Menschen führen kann. Tut man das nicht, dann findet man sich damit ab, daß der Mensch nur ein Dreck ist.

CONTAT: Gramsci hat gesagt: «Man muß kämpfen mit dem Pessimismus des Verstandes und dem Optimismus des Willens.»

SARTRE: Ich würde es nicht ganz so formulieren. Man muß kämpfen, das ist richtig. Aber das bedeutet nicht Voluntarismus. Wäre ich überzeugt, daß jeder Kampf für die Freiheit notwendig zum Scheitern verurteilt ist, dann hätte das Kämpfen keinen Sinn. Nein, wenn ich kein völliger Pessimist bin, dann vor allem deshalb, weil ich in mir Bedürfnisse fühle, die nicht nur die meinen sind, sondern – durch mich – die eines jeden Menschen. Anders ausgedrückt, es ist die erlebte Gewißheit meiner eigenen Freiheit, insofern sie die Freiheit aller ist, welche mir das Bedürfnis nach einem freien Leben gibt und zugleich die Gewißheit, daß dieses Bedürfnis – mehr oder minder bewußt – von jedem Menschen geteilt wird. Die kommende Revolution wird sehr verschieden sein von allen vorhergegangenen, sie wird viel länger dauern, sie wird viel härter sein, viel tiefer gehen. Ich denke dabei nicht nur an Frankreich: ich identifiziere mich heute mit den revolutionären Kämpfen in der ganzen Welt, und darum treibt mich die französische Situation, so verfahren sie ist, nicht in noch größeren Pessimismus. Ich sage nur, daß mindestens fünfzig Jahre Kampf nötig sein werden, mit Teilsiegen der Volksmacht über die bürgerliche Macht, mit Fortschritten und Rückschlägen, mit begrenzten Erfolgen und vorübergehenden Mißerfolgen, bis man zu einer neuen

Gesellschaft kommen wird, in der alle Macht abgeschafft sein wird, weil jedes Individuum im vollen Besitz seiner selbst sein wird. Die Revolution ist nicht der Augenblick, in dem eine Macht durch eine andere gestürzt wird, sie ist ein langer Prozeß der Überwindung der Macht. Nichts garantiert uns den Erfolg, aber es kann uns auch nichts rational überzeugen, daß der Mißerfolg unvermeidlich ist. Doch die Alternative lautet: Sozialismus oder Barbarei.

CONTAT: Letztlich schließen Sie eine Wette, wie Pascal.

SARTRE: Ja, mit dem Unterschied, daß ich auf den Menschen setze, nicht auf Gott. Entweder geht der Mensch unter – dann wird man nur sagen können: in den zwanzigtausend Jahren, seit es Menschen gibt, haben einige vergeblich versucht, den Menschen zu erschaffen –, oder die Revolution gelingt und erschafft den Menschen, indem sie die Freiheit verwirklicht. Nichts ist weniger gewiß. Deshalb ist auch der Sozialismus keine Gewißheit, sondern ein Wert: er ist die Freiheit, die sich selbst zum Zweck erhebt.

CONTAT: Das setzt doch Glauben voraus?

SARTRE: Ja, insofern es unmöglich ist, den revolutionären Optimismus rational zu begründen, denn das, was *ist*, ist die gegenwärtige Realität. Und wie soll man die Realität der Zukunft begründen? Nichts gestattet mir das. Ich weiß mit Gewißheit, daß man eine radikale Politik machen muß. Aber ich weiß nicht mit Gewißheit, daß sie zum Erfolg führen wird, und genau das ist der Glauben. Ich weiß, was ich ablehne, ich kann die Gründe aufführen, weshalb diese Gesellschaft abgelehnt werden muß, ich kann zeigen, daß sie unmoralisch ist, nicht für den Menschen gemacht, sondern für den Profit, und daß sie daher radikal geändert werden muß. All das ist möglich und impliziert nicht Glauben, sondern Handeln. Ich als Intellektueller kann nur versuchen, so viele Menschen wie möglich – das heißt die Massen – dafür zu gewinnen, diese Gesellschaft durch radikale Aktionen zu verändern. Das habe ich versucht, und ich kann nicht sagen, ob es mir geglückt ist oder nicht, da ja die Zukunft unbestimmt ist.

CONTAT: Sie haben siebzig Jahre Geschichte dieses Jahrhunderts erlebt. Sie haben zwei Weltkriege durchgemacht, Sie waren Zeuge ungeheurer sozialer Veränderungen, Sie haben gesehen, wie Hoffnungen vernichtet wurden und andere, unvorhersehbare, auftauchten. Würden Sie sagen, daß wir «besser dastehen» als zu Beginn des Jahrhunderts, oder meinen Sie, daß für uns die Gefahr eines endgültigen Scheiterns des menschlichen Abenteuers noch genauso groß ist wie bisher?

SARTRE: Ich möchte sagen, beides stimmt: wir sind vorangekommen und dabei, dem entscheidenden Augenblick der Geschichte, das heißt der Revolution, entgegenzugehen, und auch: die Gefahren sind die gleichen geblieben. Mit anderen Worten, ich sehe keinen Grund, optimistischer zu sein als vor fünfzig oder sechzig Jahren. Aber ich meine auch, daß viele Gefahren vermieden worden sind und daß es in gewisser Weise trotzdem einen Fortschritt gegeben hat. Hätten Sie die Zeit von 1914 bis 1918, in der ich bewußt zu leben begonnen habe, gekannt, dann könnten Sie, wie ich, den Unterschied ermessen und sehen, daß er ermutigend ist.

CONTAT: Trotz der Millionen Toten des letzten Weltkriegs, trotz der Konzentrationslager Hitlers, trotz der Atombombe, trotz GULAG?

SARTRE: Aber ja! Glauben Sie mir, auch die Pharaonen hätten nicht gezögert, fünfzig Millionen ihrer Feinde umzubringen! Sie haben es nur deshalb nicht getan, weil sie es nicht konnten. Daß dies heute möglich ist, bedeutet fast schon einen Grund zum Optimismus: es zeigt, daß es auf einer gewissen Ebene einen Fortschritt gibt.

CONTAT: Das ändert nichts daran, daß die Opfer Menschen sind, deren Verlust unwiederbringlich ist . . .

SARTRE: Völlig einverstanden: vom Standpunkt des einzelnen gibt es keine Rechtfertigung für das erlittene Übel. Ich will nur sagen, daß die enormen Zahlen der Opfer in diesem Jahrhundert auch mit dem Wachstum der Weltbevölkerung zusammenhängen und daß kein Grund besteht, deshalb zu verzweifeln.

CONTAT: Waren Sie in der Politik immer aufrichtig?

SARTRE: Soweit das möglich ist. Es hat Umstände gegeben, unter denen ich – da die Politik nun einmal so ist – zweifellos auch Ideen unterstützt habe, deren ich nicht ganz sicher war; aber ich glaube nicht, jemals das Gegenteil dessen behauptet zu haben, was ich dachte.

CONTAT: Auch nicht in bezug auf die UdSSR?

SARTRE: Ah ja, das stimmt, nach meinem ersten Besuch in der Sowjetunion 1954 habe ich gelogen. Na, «gelogen» ist vielleicht zuviel gesagt: Ich verfaßte einen Artikel – den übrigens Cau zu Ende schrieb, weil ich krank war, ich hatte in Moskau ins Krankenhaus gehen müssen –, in dem ich über die UdSSR freundliche Dinge sagte, die ich nicht wirklich dachte. Ich tat das einerseits, weil ich der Meinung war, wenn man eben bei Leuten zu Gast gewesen sei, dann könne man sie nicht, kaum wieder zu Hause, mit Dreck bewerfen, und andererseits, weil ich mir über die UdSSR und über meine eigenen Ideen nicht ganz klar war.

CONTAT: Als Sie zum erstenmal in die UdSSR fuhren, wußten Sie da schon von den Lagern?

SARTRE: Ich wußte davon, ich hatte ja vier Jahre zuvor gemeinsam mit Merleau-Ponty dagegen protestiert. Übrigens machten die Schriftsteller, die mich empfingen, darüber einen Witz; sie sagten: «Vor allem besichtigen Sie keine Lager ohne uns!» Aber ich wußte nicht, daß die Lager auch nach Stalins Tod noch existierten, und vor allem hatte ich keine

Ahnung, was GULAG war. Damals wußte das im Westen noch niemand mit Sicherheit . . .

CONTAT: Fürchten Sie nicht, eines Tages erfahren zu müssen, daß es auch in China ein GULAG gibt?

SARTRE: Man weiß doch schon einiges darüber: Sie haben ja Jean Pasqualinis Buch über die chinesischen Straflager gelesen! Als ich 1955 in China war, hat man mir Gefängnisse gezeigt, aber sie waren nicht zu vergleichen mit dem, was in diesem Buch berichtet wird – was ich übrigens nicht in Zweifel ziehe. Aber ich glaube, das System der Konzentrationslager in China ist viel weniger ausgebaut als das in der UdSSR, aber es ist zweifellos schrecklich . . .

CONTAT: Und Sie meinen nicht, daß man auf unangenehme Überraschungen gefaßt sein muß?

SARTRE: O doch, das meine ich. Darum darf man seinen Glauben nicht mit der chinesischen Revolution begründen ebensowenig wie mit irgendeiner anderen Revolution von heute. Aber nochmals, das sagt nichts gegen den Optimismus.

CONTAT: Eine der wenigen politischen Fragen, in denen Sie nie Ihre Haltung geändert haben, ist der israelisch-arabische Konflikt. Sie sind fest geblieben, obgleich Sie das einer gewissen Isolierung von Ihren Kampfgefährten aussetzte. Dennoch glaube ich, daß viele Menschen Ihnen für diese Unabhängigkeit dankbar sind.

SARTRE: Ich glaube nicht, daß man mir dankbar ist. Eher scheint mir das Gegenteil zuzutreffen: Jedes der beiden Lager möchte, daß ich mich vom anderen distanziere. Aber ich habe Freunde auf beiden Seiten und erkenne das gute Recht jeder der beiden Seiten an. Meine Position, ich weiß es, ist rein moralisch; aber das ist genau einer der Fälle, die beweisen, daß man den politischen Realismus ablehnen muß, weil er zum Krieg führt. Der israelisch-arabische Konflikt mit den emotionalen Implikationen, die er für mich hat, hat dazu beigetragen, mich von dem politischen Realismus, dem ich vor 68 in einem gewissen Maße huldigte, abzubringen. Und da war ich tatsächlich nicht einer Meinung mit den Maoisten.

CONTAT: Was den Einfluß Ihrer Ideen betrifft, so habe ich vor kurzem eine merkwürdige Erfahrung gemacht. Ich stand oben auf dem Montparnasse-Turm und schaute mir eine Schülerdemonstration an. Neben mir stand eine Frau von etwa fünfunddreißig Jahren, die im Turm beschäftigt ist. Wir gerieten ins Gespräch über die Demonstration. Sie war dagegen, sie war gegen jede Revolte. Und sie sei gegen jede Revolte, sagte sie, weil sie sich voll verantwortlich fühle für ihr Schicksal. Sie liebe ihr Leben nicht besonders, aber sie sei der Meinung, daß sie in jeder Etappe, die sie dorthin geführt habe, wo sie heute sei, stets die Wahl gehabt habe. So habe sie sich aus freiem Willen entschlossen, mit siebzehn zu heiraten, statt zu studieren. Jeder ist frei wie ich, sagte sie, und daher verantwortlich für seine Lage. Es überraschte mich, daß sie fast wörtlich einige Ihrer Formulierungen gebrauchte. Was hätten Sie dieser Frau gesagt, die Sie vielleicht in der Schule gelesen hat und möglicherweise Ihnen die Ideen verdankt, mit denen sie ihre Resignation rechtfertigt?

SARTRE: Nun, ich hätte von der Entfremdung gesprochen. Ich hätte ihr gesagt, daß wir frei sind, daß wir uns aber selbst befreien müssen, daß die Freiheit sich also gegen die Entfremdungen aufbäumen muß. Hätten Sie das nicht auch gesagt?

CONTAT: Ja, sicher, das war es im wesentlichen, was ich ihr sagte. Aber sie blieb bei ihrem Standpunkt . . .

SARTRE: Nun, das ist ihre Sache. Und wie ist es ausgegangen?

CONTAT: Wie ein solches Gespräch gewöhnlich ausgeht: jeder ging seiner Wege. Sie wissen sehr gut: um jemanden zu ändern, muß man ihn sehr lieben. Aber was ich Sie fragen wollte: Haben Sie nicht manchmal daran gedacht, daß die am meisten verbreiteten Begriffe Ihres Denkens – Freiheit und individuelle Verantwortlichkeit – das Entstehen eines wirklichen politischen Bewußtseins behindern könnten?

SARTRE: Das ist möglich. Aber ich glaube, Mißverständnisse dieser Art ergeben sich immer, wenn ein Werk auf Publikum stößt. Der lebendigste und tiefste Teil eines Denkens ist zugleich der, der am meisten Gutes bewirken und, wenn er mißverstanden wird, am meisten Unheil anrichten kann. Ich glaube, daß eine Theorie der Freiheit, die nicht zugleich erklärt, was Entfremdungen sind, in welchem Maße die Freiheit manipuliert, pervertiert und gegen sich selbst gekehrt werden kann, tatsächlich eine grausame Täuschung sein kann, wenn man nicht versteht, was diese Theorie alles impliziert, und glaubt, die Freiheit sei überall. Aber wenn man genau liest, was ich geschrieben habe, dann kann man, glaube ich, nicht in einen solchen Irrtum verfallen.

Was das politisch bedeutet, werde ich in meinen Sendungen erklären. Das wird eines der großen Themen der zwei, drei abschließenden Sendungen sein. Aber ich werde es dann an bestimmten, konkreten Fällen erläutern, und das wird keine Philosophie oder zumindest nicht philosophisch formuliert sein.

CONTAT: Und Sie meinen, daß Sie die Leute überzeugen werden?

SARTRE: Das weiß ich nicht. Ich werde es versuchen.

CONTAT: In seinem letzten Artikel in *Les Temps Modernes* schreibt François George: «Wenn meine Ideen nicht jeden überzeugen konnten, dann liegt das zweifellos daran, daß sie nicht ganz richtig waren.» Würden Sie so etwas auch sagen?

SARTRE: Das ist gut gesagt, und es ist das, was jeder zu einem bestimmten Zeitpunkt einmal denkt. Damit ist aber noch nicht bewiesen, daß es wahr ist; es gibt Ideen, die länger brauchen, um zu überzeugen. Jeder hat Augenblicke der Mutlosigkeit. In einem solchen Augenblick hätte auch ich etwas Ähnliches sagen können. Damit würde allerdings diesem «jeden» zuviel Ehre erwiesen – denn es ist die Richtigkeit der Ideen, die hier in Frage gestellt wird, und nicht dieser «jeder» –, und zugleich würde damit behauptet, richtige Ideen setzten sich sofort durch – was ebenfalls falsch ist. Stellen wir uns vor, Sokrates hätte sterbend einen solchen Satz ausgesprochen. Das wäre lächerlich gewesen! Sein Denken hat auf die ganze Welt eingewirkt, aber lange nach ihm.

CONTAT: Und haben Sie den Eindruck, daß Ihr Denken gewirkt hat?

SARTRE: Ich hoffe, daß es wirken wird. Ich glaube, man hat selber wenig Anhaltspunkte, welche Bedeutung seine Ideen während der eigenen Lebensdauer gehabt haben, und das ist gut so.

CONTAT: Aus den Briefen, die Sie bekommen, geht in dieser Hinsicht nichts hervor?

SARTRE: Es sind Briefe einzelner Leser – was repräsentieren sie schon? Übrigens schreibt man mir jetzt nicht mehr so oft. Eine Zeitlang habe ich viele Briefe bekommen. Jetzt erhalte ich fast keine mehr. Und die Briefe, die kommen, interessieren mich nicht mehr so sehr. Wenn man mir sagt, daß man mich liebt, dann beeindruckt mich das nicht mehr besonders, das hat nicht viel zu bedeuten. Ich habe mit Leuten korrespondiert, die ich nie kennengelernt habe. Sie schrieben mir, und ich antwortete ihnen. Und eines schönen Tages brach es dann ab, sei es, weil sie mit einer meiner Antworten unzufrieden waren, sei es, weil sie plötzlich anderes zu tun hatten. Das hat dann dazu geführt, daß ich die Briefe, die ich bekam und die ganz aufrichtig klangen, mit weniger Illusionen betrachtete. Und außerdem bekomme ich nicht wenige Briefe von Verrückten. Ich weiß nicht, wie viele von den Briefen, die zum Beispiel ein Schriftsteller wie André Gide erhielt, von Verrückten stammten. Ich hatte jedenfalls, seit ich anfing zu publizieren, immer einige, die sich an mich hängten. Ich weiß nicht, ob das an dem liegt, was ich schreibe, oder ob alle Schriftsteller Selbstbekenntnisse und Anfragen von Verrückten herauslocken. Nach dem Roman *Der Ekel* haben viele Leute gesagt, ich wäre verrückt oder ich hätte die Geschichte eines Verrückten erzählt: das hat offensichtlich bestimmte Leute dazu gebracht, mit mir in Verbindung zu treten. Nach *Saint Genet* habe ich auch Briefe von Päderasten bekommen, ganz einfach, weil ich von einem Päderasten geschrieben hatte und sie sich isoliert fühlten. Aber die Briefe, die mich jetzt noch erreichen, interessieren mich fast überhaupt nicht mehr.

CONTAT: Haben Sie den Eindruck, daß diese Gleichgültigkeit vom Alter kommt?

SARTRE: Ich habe nicht gesagt, daß ich gleichgültig bin.

CONTAT: Was interessiert Sie noch wirklich?

SARTRE: Musik, wie ich Ihnen schon sagte. Philosophie und Politik.

CONTAT: Aber regt Sie das noch auf?

SARTRE: Nein, es gibt nicht mehr viel, was mich aufregt. Ich stehe ein wenig über den Dingen . . .

CONTAT: Gibt es etwas, was Sie gern noch hinzufügen möchten?

SARTRE: Einerseits alles, wenn Sie so wollen, andererseits nichts mehr. Alles, weil über das hinaus, was wir eben formuliert haben, noch so vieles andere zu sagen bleibt, all das, was gründlich vertieft werden müßte. Aber das ist in einem Interview nicht möglich. Das spüre ich jedesmal, wenn ich ein Interview gebe. In gewissem Sinne ist ein Interview frustrierend, weil es so viele Dinge zu sagen gäbe. Das Interview läßt diese Dinge zugleich mit den Antworten, die man gibt, als ihr Widerpart entstehen. Aber immerhin, ich glaube, als Porträt dessen, was ich mit siebzig bin, war das genau richtig.

CONTAT: Sie würden also nicht, wie Simone de Beauvoir, zu dem Schluß kommen, daß Sie vom Leben «geprellt» worden sind?

SARTRE: Nein, das würde ich nicht sagen. Übrigens hat Simone de Beauvoir, wie Sie wissen, mit Recht erklärt, sie habe nicht sagen wollen, daß sie vom Leben «geprellt» worden sei, sondern daß sie sich «geprellt» fühlte zu der Zeit, als sie dieses Buch schrieb[1], das heißt, nach dem Algerienkrieg usw. Ich aber würde das nicht sagen; ich bin durch nichts geprellt, durch nichts enttäuscht worden. Ich habe Menschen erlebt, gute und böse – die Bösen sind übrigens nur böse in bezug auf bestimmte Ziele –, ich habe geschrieben, ich habe gelebt, es gibt nichts zu bedauern.

CONTAT: Kurz, bisher ist das Leben für Sie gut gewesen?

SARTRE: Im großen und ganzen, ja. Ich sehe nicht, was ich daran auszusetzen hätte. Das Leben hat mir gegeben, was ich wollte, und mich zugleich erkennen lassen, daß es nichts Besonderes war. Aber was kann man da machen?

(Das Gespräch endet in großem Gelächter über den abgeklärten Ton dieser letzten Äußerung.)

SARTRE: Man muß sich das Lachen bewahren. Fügen Sie hinzu: «Gelächter».

(Juni 1975)

---

1 *Der Lauf der Dinge, La Force des choses*, Paris 1963. Dt.:, Reinbek 1966.

Nachwort von Traugott König

Wenn Jean-Paul Sartre sich über sein eigenes Leben äußert, dann gibt er selten Aufschluß über sein «Privatleben» im herkömmlichen Sinne des Wortes, sondern zeigt am Beispiel seiner persönlichen Erfahrung, was er sonst am Leben anderer zeigt: die existentielle Dialektik von Notwendigkeit und Freiheit, das heißt, die Wechselbeziehung zwischen der physiologischen, sozialen, historischen Bedingtheit eines Menschen und dem, was er aus dieser Bedingtheit macht. Als *Autobiographische Schriften* sind in diesem Band Texte und Interviews gesammelt, in denen Sartre ausdrücklich oder anläßlich seines Verhältnisses zu Freunden von sich selbst spricht. Sie sind, um die Entwicklung des Autors sichtbar zu machen, nicht nach ihrem Erscheinungsdatum geordnet, sondern folgen der Chronologie seines Lebens. Den ersten Teil der *Autobiographischen Schriften* bildet das 1964 erschienene Buch *Die Wörter*, in dem Sartre über seine Kindheit berichtet. Der hier vorliegende Band, *Sartre über Sartre*, enthält zunächst einen Text über seinen engsten Schul- und Studienfreund, den Schriftsteller Paul Nizan, der 1926 aus der scheinbar behüteten Welt der Pariser Universität ausbrach und nach Aden ging, von wo er nach einem Jahr als geschworener Feind der kapitalistischen Gesellschaft zurückkehrte. Die Schilderung dieser Freundschaft ist eine nachträgliche Selbstanklage Sartres, in der er sich beschuldigt, in der unverbindlichen Selbstgenügsamkeit seiner Schul- und Studienjahre zwischen den beiden Weltkriegen die Berechtigung und Dringlichkeit der radikalen Revolte seines Freundes nicht begriffen zu haben. Während des Zweiten Weltkriegs schrieb Sartre an der Front ein ausführliches Tagebuch, das sowohl Aufzeichnungen persönlicher Beobachtungen als auch Entwürfe seiner Philosophie enthielt. Davon sind nur die wenigen Seiten erhalten, die 1942 in einer Sammlung von Kriegszeugnissen mit dem Titel *Exercice du silence* in Brüssel veröffentlicht wurden. Diese Beobachtungen des Kriegsalltags fanden später ihren literarischen Niederschlag in dem Roman *Der Pfahl im Fleische*, dessen französischer Titel – *La mort dans l'âme* – derselbe ist wie der dieses Tagebuchfragments. Sartres politisches Engagement im Widerstand gegen die Nazis und zwischen den Fronten des Kalten Krieges nach 1945 war geprägt durch seine enge Beziehung, den späteren Bruch und die schließliche Wiederversöhnung mit seinem politischen Mentor, dem Philosophen Maurice Merleau-Ponty. Er zeichnete diese Entwicklung in einem Aufsatz nach, den er nach Merleau-Pontys Tod verfaßte. Ihre Zusammenarbeit begann 1941 in der von Sartre mitgegründeten Widerstandsgruppe *Socialisme et Liberté*, hatte ihren Höhepunkt in der gemeinsamen Leitung der Zeitschrift *Les Temps Modernes* und endete 1952 anläßlich ihres Streits über ihre Einstellung zur sowjetischen Politik. Sartres weitere Entwicklung bis 1964 wird dann in dem erstmals in deutscher Übersetzung veröffentlichten *Playboy*-Interview skizziert. Zur Sprache kommen hier der Kontrast zwischen Sartres illusionsloser Philosophie und dem Eskapismus verschiedener Bewegungen der Nachkriegszeit, die sich auf ihn beriefen, sein Buch über den Schriftsteller Jean Genet als erstes Beispiel einer existentiellen Psychoanalyse, seine Parteinahme für die Algerische Befreiungsfront und seine Lösung von den Illusionen des «bürgerlichen Schriftstellers». Das Interview, das Sartre 1969 der englischen Zeitschrift *new left review* gab, gibt Aufschluß über die Entwicklung seines Denkens von den philosophischen Frühwerken *Das Imaginäre* und *Das Sein und das Nichts* bis zur *Kritik der dialektischen Vernunft* und der großen Flaubert-Studie *Der Idiot der Familie*. Im Mittelpunkt steht die Auseinandersetzung mit der Theorie Sigmund Freuds und seiner eigenen frühen Philosophie, die er als undialektisch kritisiert, und die Begründung seines Versuchs einer dialektischen Vermittlung von Psychoanalyse und Marxismus in seinen späteren Werken. In diesem Zusammenhang nennt er die Motive und den theoretischen Anspruch seiner Arbeit über den jungen Gustave Flaubert, die er zugleich wie einen Roman gelesen wissen möchte und aus der er die Episode einer an die Studentenbewegung vom Mai 68 erinnernden Schülerrevolte von 1831 beschreibt. Das leitet über zu seiner Einschätzung eben jener Studentenbewegung von 68 im Zusammenhang mit dem Vietnamkrieg und der chinesischen Kulturrevolution. In einem Interview mit Simone de Beauvoir äußert er sich über seine Beziehung zu seiner Lebensgefährtin und über die Feministinnenbewegung. Den Abschluß bildet das große «Selbstporträt mit 70 Jahren», das hier erstmals vollständig in deutscher Übersetzung veröffentlicht wird – das ausführlichste, inhaltsreichste, persönlichste Interview, das Sartre je gegeben hat. Es handelt vom Lebenmüssen mit einer fortschreitenden Erblindung, von seinem Verhältnis zu seinem philosophischen und seinem literarischen Werk und deren Sprachen, zu seiner Berühmtheit und moralischen Autorität, von seiner Beziehung zu Frauen, Freunden und Kritikern, von Narzißmus, Schuldgefühlen und dem Umgang mit Geld, von seiner Einstellung zur Sowjetunion, zu China und Israel, von den maoistischen Freunden aus der Zeit nach dem Pariser Mai 1968, von der notwendigen Überschreitung des Marxismus und von der revolutionären Utopie einer herrschaftslosen Gesellschaft.

Quellennachweis

Paul Nizan («Was brauchen wir eine Kassandra?» Über Paul Nizan). Zuerst veröffentlicht als Vorwort zu: Paul Nizan, *Aden Arabie*. Paris 1960. Wiederabgedruckt in: *Situations, IV*. Paris 1964. – Deutsch von Gilbert Strasmann. In: *Porträts und Perspektiven*. Reinbek 1968. Und in: Paul Nizan, *Aden. Die Wachhunde. Zwei Pamphlete*. Reinbek 1969

La mort dans l'âme (Den Tod im Herzen. Tagebuchfragment aus dem Jahre 1940). Zuerst erschienen in: *Exercise du silence*. Brüssel 1942 (Heft 5 der Zeitschrift *Messages. Cahiers de la poésie française*). Wiederabgedruckt in: Contat/Rybalka, *Les Écrits de Sartre*. Paris 1970. Deutsch von Edmond Lutrand. Der Text wird hier zum erstenmal in deutscher Übersetzung veröffentlicht.

Merleau-Ponty vivant (Freundschaft und Widersprüche. Über Maurice Merleau-Ponty). Zuerst veröffentlicht in: *Les Temps Modernes*, Nr. 184/5, Sondernummer anläßlich des Todes von Maurice Merleau-Ponty. Paris 1961. Wiederabgedruckt in: *Situations, IV*. Paris 1964. Deutsch von Hans-Heinz Holz: *Jean-Paul Sartre, Freundschaft und Ereignis, Begegnung mit Merleau-Ponty*. Frankfurt 1962. Und in: *Porträts und Perspektiven*. Reinbek 1968.

Playboy Interview: Jean-Paul Sartre. A candid conversation with the charismatic fountainhead of existentialism and rejector of the Nobel prize («Wir müssen unsere eigenen Werte schaffen». Ein *Playboy*-Interview über philosophische und literarische Fragen). Zuerst erschienen in: *Playboy*, Chicago, Nr. 5, 1965. Auszüge aus diesem Interview in: *magazine littéraire*. Paris 1971. Die Übersetzung folgt der französischen Fassung. Die nicht im *magazine littéraire* abgedruckten Passagen wurden aus dem Englischen übersetzt. Deutsch von Annette Lallemand. Der Text wird hier zum erstenmal in deutscher Sprache veröffentlicht.

Itinerary of a thought (Sartre über Sartre. Interview mit Perry Anderson, Ronald Fraser und Quintin Hoare). Zuerst ervöffentlicht in: *new left review*, Nr. 58. London, November/Dezember 1969. Wiederabgedruckt in: *Le Nouvel Observateur*, Paris, Januar 1970. Und in: *Situations, IX*. Paris 1972. Deutsch von Leonhard Alfes. In: *Das Imaginäre*, Reinbek 1971. Und in: *Mai '68 und die Folgen*, Band 2, rororo Nr. 1758.

Simone de Beauvoir interroge Jean-Paul Sartre (Machismus und Eben-bürtigkeit. Simone de Beauvoir befragt Jean-Paul Sartre zur Frauenbe-wegung). Zuerst veröffentlicht in: *L'Arc*, Nr. 61. Aix-en-Provence 1975. Wiederabgedruckt in: *Situations*, X. Paris 1976. Deutsch von Annette Lallemand. Der Text wird hier zum erstenmal in deutscher Übersetzung veröffentlicht.

Autoportrait à soixante-dix ans (Selbstporträt mit siebzig Jahren. Interview mit Michel Čontat). In Auszügen in: *Le Nouvel Observateur*, Nr. 554/5/6, Paris 1975. Vollständige Fassung in: *Situations*, X. Paris 1976. Deutsch in Auszügen in: *Der Spiegel*, Nr. 27, Hamburg 1975, und in: *Neues Forum*, Nr. 265/6 und Nr. 267, Wien 1976. Deutsch von Peter Aschner. Der vollständige Text des Interviews wird hier zum erstenmal in deutscher Übersetzung veröffentlicht.

Von Paul Nizan liegen in deutscher Übersetzung vor: *Aden, Die Wach-hunde*. Reinbek 1969; *Für eine neue Kultur*. Reinbek 1973; *Das Leben des Antoine B.* Frankfurt 1974; *Die Verschwörung*. München 1975.

Von Maurice Merleau-Ponty liegen in deutscher Übersetzung vor: *Die Phänomenologie der Wahrnehmung*. Köln/Berlin 1966; *Humanismus und Terror*. Frankfurt 1966; *Das Auge und der Geist*. Reinbek 1967 (*L'oeil et l esprit, Signes* (Auszüge), *Eloge de la philosophie* (Auszüge).

Jean-Paul Sartre

Gesammelte Werke in Einzelausgaben.
In Zusammenarbeit mit dem Autor
herausgegeben von Traugott König

In dieser Ausgabe werden im Laufe der nächsten Jahre (in den Reihen *rororo* und *das neue buch*) Neuauflagen der Werke in durchgesehenen Übersetzungen sowie zahlreiche bei uns noch unbekannte Texte erstmals in deutscher Übersetzung erscheinen.

Romane und Erzählungen: Der Ekel · Zeit der Reife · Der Aufschub · Der Pfahl im Fleische · Die letzte Chance (Fragmente) · Erzählungen und Entwürfe.

Theaterstücke und Drehbücher: Stücke: Bariona · Die Fliegen · Bei geschlossenen Türen · Tote ohne Begräbnis · Die respektvolle Dirne · Die schmutzigen Hände · Der Teufel und der liebe Gott · Kean · Nekrassow · Die Eingeschlossenen von Altona · Die Troerinnen. *Drehbücher:* Das Spiel ist aus · Die falschen Nasen · Im Räderwerk · Die Hexen von Salem.

Philosophische Schriften: Die Transzendenz des Ego · Das Imaginäre · Das Sein und das Nichts · Bewußtsein und Erkenntnis · Kritik der dialektischen Vernunft · Determination und Freiheit.

Schriften zur Literatur: Der Mensch und die Dinge · Baudelaire · Was ist Literatur? · Sankt Genet, Komödiant und Märtyrer · Schwarze und weiße Literatur · Was kann Literatur? · Der Idiot der Familie, Gustave Flaubert 1821–1857.

Schriften zu Theater und Film: Mythos und Realität des Theaters.

Schriften zur bildenden Kunst und Musik: Die Suche nach dem Absoluten.

Politische Schriften: Paris unter der Besatzung · Überlegungen zur Judenfrage · Krieg im Frieden · Der Kolonialismus ist ein System · Der Intellektuelle und die Revolution.

Autobiographische Schriften: Die Wörter · Sartre über Sartre · Sartre. Ein Film.

Reisen: USA, Skandinavien, Italien, Sowjetunion, China, Kuba.

Von Jean-Paul Sartre, Gesammelte Werke in Einzelausgaben, sind erschienen:

Schriften zur Literatur: Band 1: «Der Mensch und die Dinge» (rororo Nr. 4260); Band 2: «Baudelaire» (rororo Nr. 4225); Band 6: «Was kann Literatur?» (rororo Nr. 4381); Band 7–11: «Der Idiot der Familie. Gustave Flaubert 1821–1857». I: «Die Konstitution» (das neue buch Bd. 78), II: «Die Personalisation 1» (das neue buch Bd. 89), III: «Die Personalisation 2» (das neue buch Bd. 90), IV: «Elbehnon oder Die letzte Spirale» (das neue buch Bd. 114), V: «Objektive und subjektive Neurose» (das neue buch Bd. 132).

Schriften zu Theater und Film: «Mythos und Realität des Theaters» (rororo Nr. 4422).

Politische Schriften: Band 1: «Paris unter der Besatzung» (rororo Nr. 4593).

Autobiographische Schriften: Band 1: «Die Wörter» (rororo Nr. 1000); Band 2: «Sartre über Sartre» (rororo Nr. 4040); Band 3: «Sartre. Ein Film» (das neue buch Bd. 101).

In anderen Ausgaben erschienen:

«Der Teufel und der liebe Gott» (Drama; 1951), «Das Sein und das Nichts» (1952), «Kean» (Drama; 1954), «Nekrassow» (Drama; 1956), «Kritik der dialektischen Vernunft» (1967), «Gesammelte Dramen» (1969), «Gesammelte Erzählungen» (1970), «Das Imaginäre» (1971); «Das Spiel ist aus» (Drehbuch; rororo Nr. 59), «Die Fliegen» und «Die schmutzigen Hände» (Dramen; rororo Nr. 418), «Zeit der Reife» (Roman; rororo Nr. 454), «Der Aufschub» (Roman; rororo Nr. 503), «Der Pfahl im Fleische» (Roman; rororo Nr. 526), «Die Eingeschlossenen» (Drama; rororo Nr. 551), «Der Ekel» (Roman; rororo Nr. 581), «Bei geschlossenen Türen», «Tote ohne Begräbnis» und «Die ehrbare Dirne» (Dramen; rororo Nr. 788), «Porträts und Perspektiven» (rororo Nr. 1443), «Die Mauer» (Erzählungen; rororo Nr. 1569), «Bewußtsein und Selbsterkenntnis» (Essay; rororo Nr. 1649), «Mai '68 und die Folgen» (rororo Nr. 1757 und 1758); «Die Transzendenz des Ego» (Essay; Rowohlt Paperback Bd. 40), «Situationen» (Essays; Rowohlt Paperback Bd. 46), «Kolonialismus und Neokolonialismus» (Essays; Rowohlt Paperback Bd. 68); «Was ist Literatur?» (Essay; rowohlts deutsche enzyklopädie Bd. 65), «Marxismus und Existentialismus» (rowohlts deutsche enzyklopädie Bd. 196).

Zusammen mit Bertrand Russell: «Das Vietnam-Tribunal oder Amerika vor Gericht» (rororo Nr. 1091) und «Das Vietnam-Tribunal oder Die Verurteilung Amerikas» (rororo Nr. 1213); mit Philippe Gavi und Pierre Victor: «Der Intellektuelle als Revolutionär» (rororo Nr. 1994).

In der Reihe «rowohlts monographien» erschien als Band 87 eine Darstellung Jean-Paul Sartres in Selbstzeugnissen und Bilddokumenten von Walter Biemel, die eine ausführliche Bibliographie enthält.

Ferner erschien «Sartres Flaubert lesen. Essays zu ‹Der Idiot der Familie›». Hg. von Traugott König (das neue buch Bd. 116).

JEAN-PAUL SARTRE

*Als Buchausgaben
liegen zur Zeit vor:*

Gesammelte Erzählungen
Sonderausgabe · 288 Seiten · Geb.

Kritik der
dialektischen Vernunft
Band I
*Theorie der gesellschaftlichen
Praxis
880 Seiten · Geb.*

Das Sein und das Nichts
*Versuch einer
phänomenologischen Ontologie
Erste vollständige deutsche
Ausgabe · 788 Seiten · Geb.*

Das Imaginäre
*Phänomenologische Psychologie
der Einbildungskraft
304 Seiten · Geb.*

Gesammelte Dramen
*Die Fliegen · Bei geschlossenen Türen · Tote ohne Begräbnis · Die
ehrbare Dirne · Die schmutzigen
Hände · Der Teufel und der liebe
Gott · Kean · Nekrassow · Die Eingeschlossenen · Die Troerinnen des
Euripides
Sonderausgabe · 768 Seiten · Geb.*

Als Rowohlt Paperback erschien:

Kolonialismus und
Neokolonialismus
Sieben Essays · Rowohlt Paperback 68 · 128 Seiten*

*In der Reihe «das neue buch»
erschienen:*

Der Idiot der Familie
Gustave Flaubert 1821–1857.
I. Die Konstitution
das neue buch 78
II. Die Personalisation I
das neue buch 89
III. Die Personalisation II
das neue buch 90
IV. Elbehnon oder die letzte
Spirale
das neue buch 114
V. Objektive und subjektive
Neurose
das neue buch 132
Sartres Flaubert lesen
*Essays zu «Der Idiot der Familie.
Hg. von Traugott König
das neue buch 116*

Sartre. Ein Film
*von Alexandre Astruc und Michel
Contat. Unter Mitwirkung von Simone de Beauvoir, Jacques-Laurent Bost, André Gorz, Jean Pouillon · das neue buch 101*

In der Reihe «rowohlts monographien» erschien:

Jean-Paul Sartre
*in Selbstzeugnissen und Bilddokumenten dargestellt von Walter
Biemel · rowohlts monographien
Band 87* *

* Eine Veröffentlichung des Rowohlt Taschenbuch Verlages

ROWOHLT

124/32–32a

JEAN-PAUL SARTRE

Als rororo Taschenbuchausgaben erschienen:

ROWOHLT TASCHENBUCH VERLAG